白バラの声

Briefe und Aufzeichnungen

ショル兄妹の手紙

Hans Scholl＼*Sophie Scholl*

ハンス・ショル＼ソフィー・ショル

インゲ・イェンス 編

山下公子 訳

新曜社

Hans Scholl, Sophie Scholl

Briefe und Aufzeichnungen

日本の皆さんへ

日本の読者の皆さんが、この本をどのように受け取ってくださるのか見当もつきませんし、また私自身日本の歴史を詳しく知っているとはとても申せませんので、何とごあいさつしたらよいのか、正直申し上げて判断に苦しみます。

ただ、ここに取り上げてある人間たちのたどった道そして何よりもその人間たち自身は、国が違い、生き方の違う方々にも理解していただけるのではありますまいか。ここに記された物語は、すべての人間をつなぐ、おそらく人間性の基本ともいうべきものを示していますから。

「これでおしまいではないわ」妹ソフィーは、処刑を目前に控えて、両親にこう言い残しました。このことばは何だったのでしょう。たんに、自分たちに引き続いてヒットラーに対する抵抗運動が起こってくれるだろうという期待を述べたとは言い切れないように思います。実際、その限りで妹たちに続く人はいませんでした。けれども、やはり「これでおしまい」ではなかったのです。今も、そして海を距てた遠い国に至るまで。妹はこう言いたかったのかもしれません。勇気を呼び醒まし、励ますこと。他人に左右されるのでなく、生活の場面で出会う政治あるいは社会のできごとに対する判断を自分で下し、自分の考えで身の回りのできごとを肯定あるいは否定する勇気。どうせなんにもできやしないんだからという声に屈することなく、今、この時の問題に背を向けずにいつづける勇気を。

自由は与えられるものではなく、各々の生活がつきつけてくる問題に自分で答えを出そうとするとき、そこに初めて自由が生まれるのです。国を問わずすべての人に、この本が本当の意味での自由とは何かを伝えてくれればと願います。問題を見つめ、それと向き合うことを避けていてはなりません。

一九八五年九月一三日

インゲ・アイヒャー＝ショル

目次

装丁　菊地信義

ソフィー・ショル自画像（1937年ないし1938年）

まえがき

ハンス・ショル。一九一八年九月二二日生れ。一九四三年二月二二日処刑。ソフィー・ショル。一九二一年五月九日生れ。一九四三年二月二二日処刑。二つの名前。二つの運命。星のようにきらめいて何千という人の頭《こうべ》を飾っている。学生グループ「白バラ」の仲間たち。ヴィリイ・グラーフ、クリストフ・プロープスト、アレクサンダー・シュモレル、そしてクルト・フーバー教授。彼らはショル兄妹と同じ処刑台に上った。ミュンヒェン以外の土地にいた「白バラ」の友人たち。フライブルク、ハンブルク、ウルムなどにいた彼らは、ゲシュタポに追われた。それ以外の数限りない無名の人びとを忘れてはならない。無法に従うことを肯ぜず、牢獄、ないし軍の懲罰隊につながれた人たち。本書の主人公と同様、これらの人びとも人権のために戦ったのだ。

ハンスにせよソフィーにせよ、まだ成熟には遠く、矛盾のない世界観を確立していたとはいえない（早熟であったことは間違いないが）。また、時勢をおもんばかって、彼らが書簡のなかで政治的な問題に触れる場合には、ブレヒト的策を弄し、それとなく匂わせたり、わかる人にしかわからないように気をつけていたことも確かである。しかし——というよりはむしろだからこそ——逆に、それらの書簡のもつ、さまざまの相反する要素、政治的広がり、さらには蜂起の意図さえ見え隠れするという性格が、読む者に親しみを覚えさせる。ここにわれらの代表がいる、と。

何千という人間が考えていたことを、二人の人間がはっきりと語った。ことに政治的な素養をもち、芸術、信仰、学問の分野に、人間的な反体制勢力が残存することを感じていた若い、学生、生徒たち。彼らは、頭を雲のなかにつっこみ、現実を無視して、精神上の問題だけを論じることは許されない、今、ファシズムの支配下にあるこの日常のなかで抵抗の意志を明確にせねばならぬと意識していたのだ。二人の語ったことばは、その美的価値そのものによってすでに反体制活動たりえている。

本書に採り上げたハンスおよびソフィー・ショルの書簡および手稿は、したがって、たんにその内容のみならず、表現方法、どのように語っているかをも配慮して選んである。最初の書簡が送られた一九三七年（それ以前の書簡は失われている）から死までの五年半にたどった二人の生、およびその間の二人の成長が生き生きと立ち現れてくれればよいのだが。

ハンスにせよソフィーにせよ、自分たちの私信を、後年、受け取り人以外の人間が読むことがあろうとは、想像もしていなかったに違いない。ためらいを残しつつ、それでも彼らの遺稿をこうして公表するに至ったのは、むろん、二人の選びとった死の形によって、生前語ったことば一つ一つが、なにげないものに至るまで言いがたい重みを帯びているからではある。しかし何よりも彼らの書簡は率直であり、はじけるような生気にあふれ、文学性にみちている。二人は明らかに気をつけてことばを選び、上手に書いてやろう、などと考えてはいなかった。二人の手紙はむしろ、生き生きとしたおしゃべりの精気を漂わせている。まさにこの性格こそ、国家社会主義体制下で反体制的な意識をもっていた若い人間が何を感じ、考えていたかを知るに最適といえる。それらの若者のなかから、読書、瞑想、友との対話によって、国全体が閉じこめられていた隔離状態を脱する者が生れたのだ。彼らはもともと私的な領域でだけ通用していた理屈としての反体制モデルから、一般の人びとにまで及ぶ、社会全体の解放をめざす政治活動を生み、育てた。

インゲ・イェンス

ハンス・ショルの書簡と手稿

ハンス・ショル

Ich sehe, dass ein Arzt
Philosoph und Politiker sein muss.
So ~~wa ist~~ waren also die verflossenen Jahre
eher ein Gewinn als ein Verlust. ~~Was~~
Denn was ich an rein fachlichem Wissen
verloren habe, werde ich rasch nachge-
holt haben. Dafür kann ich aber
den Menschen, der immer im Mittelpunkt
des ärztlichen Denkens steht, in die
Welt und in den Staat einordnen.
Ich liebe das Spezialistentum nicht. Ein
grosser Dilettant weiss mehr um den
eigentlichen Sinn der Dinge, als ein
grosser Spezialist.

Für heute herzliche Grüsse!

Hans.

一九三七年春、ハンス・ショルはウルムの高等実科学校で、大学入学資格試験《アビトゥア》に合格した。ハンスにとってウルムは三番目の居住地だった——一歳で去っているが、誕生地、ホーエンローイッシュのクライルスハイム郊外インゲルスハイムを勘定に入れれば、四番目ということになる。

一九一八年九月二二日生れのハンス・ショルは、一九三二年ウルムに移ってきたときほぼ一四歳であった——ヒットラーの「政権奪取」の時期には一五歳近かった。一九三三年秋、ハンスはヒットラー・ユーゲントに加入する。二年の後、ユーゲントリーダーの立場を利用しつつ、ハンスは友人たちとともに独自のグループを結成した。非合法のｄ・ｊ・一・一一（ドイツ青少年同盟一一月一日）系統の組織である。

高等実科学校卒業後、ハンスはウルムから四五キロ離れたゴェッピンゲンの基地で、勤労動員義務を果たすよう命令された。この任務につくようになった後も、青少年同盟当時の友人たちとの関わりは続いていた。

ゴェッピンゲン発、母宛
一九三七年五月四日

ママ！

送ってくださった小包着きました。丸パンはとってもおいしかった。——

つまりこれが僕の、ママへのお誕生日お祝いの手紙というわけなのですが。いったい何を書いたらいいのかわからない。たぶん今度の日曜には家に帰れると思います。僕が家を離れてから、ずいぶん時間が経ったように〔思える〕っておっしゃるのはよくわかります。僕の方は、この四週間半、あっという間に過ぎてしまったけど。

僕はたぶん少し変わったでしょう。内的にも、外側も。ただし、これは、以前もっていた原則や認識を捨ててしまったという意味ではありません。僕は階段を一段上ったんだと思います。ここにいるといろいろ大変な経験をしますから。

心配しないで。僕は全身全霊を挙げて働いていますし、身を屈することもありませんから。外見上のことをいうと、僕の髪はずっと短くなって、膚ははるかに浅黒くなり、落ち着いた顔つきをしている。——

だいたいこういったところです。

僕たち男の子がこうやって家を離れるのはいいことじゃないかしら。古い諺がありましたね。出ていかないものは戻ってこないって。

でもとにかく僕たちはしょっちゅう、おなかの底から歌を歌ってます。自分の気持を歌にこめてであれ、とにかく外へ出せるっていうのは、ありがたい。たとえばこんなふうにね。

「ふるさとへの道はるか、はるか――森辺にかかる星たちのかたえでいにしえが笑う――勇敢なる火銃兵のひそかに恋うるはそなた――されどふるさとへの道はるか、はるか」。

さて、お誕生日のお祝いを言わなくっちゃ。ママにいいことがたくさんありますように。

忠実なる息子
ハンス

ゴェッピンゲン発、姉インゲ宛
一九三七年一〇月八日

インゲ

送ってくれた小包受け取りました。誕生日のプレゼント本当にありがとう！　僕は今のところゲオルゲの作品を読める状態じゃない。ゲオルゲを読むからには、彼のことばを完全に聞き取りたいし、そのためには時間と、ひたすらなる静謐が必要だ。ゲオルゲをわかるのはとても、とても難しいんだよ。ただそれでも感じることはできる。ゲオルゲの抜きんでた、侵しがたい、孤独な偉大さをね。

僕たちの仕事はたいへん単調だ。夕方になると班ごとの部屋に集まって、皆で大きな机の周りに座って本を読む。いろんな本がある。各人の趣味によって選ぶんだ。僕はそこでクニッテルの『ヴィア・マラ』を読んだ。とても面白かった。もう読み終わったけど。

明日の夜はお別れの晩だ。日曜になったら僕はシュトゥットガルトに出発する。フルトヴェングラーを聴けるとよかったんだけど、でも残っているのは八マルクか一〇マルクの席だけだから。

皆元気でね！

じゃあまた！

ハンス

勤労動員終了後、一九三七年一〇月半ば、ハンス・ショルは兵役に服すべく召集された。少年のころから馬が大好きだった彼はシュトゥットガルト近郊バート・カンシュタットの騎兵隊を志望した。

ハンスが兵役に服したばかりの一九三七年晩秋、ドイツ全土に非合法の青少年組織の加盟者、および同調者に対する摘発の嵐が吹き荒れた。その結果、一一月末、ショル家の子どもたち、インゲ、ヴェルナーおよびソフィーも逮捕された。ソフィーは即刻釈放されたが、インゲとヴェルナーの二人は八日間にわたってシュトゥットガルトのゲシュタポの拘置所に留置された。兵役に服していたハンスは、直接市民法の適用対象とならず、一九三七年一二月半ば、参考人として召喚されるまで自由の身であった。

バート・カンシュタット発、母宛
一九三七年一一月二七日

僕のママ

何もかも無事に到着しました。僕は本当に大喜びしました。だって今日着くか明日着くかって待っていたんだもの。お手紙とってもうれしかった。書いてくださってた聖書のことばはすばらしいと思います。おかげで落ち着きを取り戻せました。僕たちみんな再びほがらかになれる日がくることを、あきらめずに待つことにしましょう。自分で殉教者みたいなつもりになるのはよしましょう。ときに、それも無理ないと思うこともあるけれど。僕たちの純粋さに指をさされるのはいやですものね。精神の力と強靱さこそ僕らの最強の武器なんだ。このことをいつもグループの子たちになんとかしてわかってもらいたいと思っていたんです。僕たちが一緒にやった遠足だとか家庭集会だとかは、僕たちがこの強靱さに近づくのを助けてくれたし、僕はそのときのことを決して、決して忘れたりしません。本当に、僕たちは紛れもない本物の少年期ってやつを送れた!

今ではすべてだめになってしまい、ひどいことばかりいわれているけど、それでも僕は、あのころのグループの仲間たちの心のなかに、当時の気持が生きつづけていてくれることを願わずにはいられません。この上の望みはないんです。

来週の日曜はたぶん帰宅休暇は出ないと思います。今日「愛国者たち」という映画に行ってきました。来週は別に大したことなくすむでしょう。

ではまた

ハンス

バート・カンシュタット発、両親宛
一九三七年一二月一二日

パパ、ママ

送ってくださった小包受け取りました。本当にありがとう。僕は元気でカンシュタットに戻りましたし、うまくやっています。今日は午すぎからシュトゥットガルト市内に住んでいる仲間のところに招かれて行ってきました。この一週間僕たちはちょっと面白いことをやったんですよ。水曜には野戦訓練、木曜は実弾射撃訓練（僕は三発のうち二発中心点に命中させました）、金曜は夜に完全装備で夜間訓練、土曜日は備品の清掃だけ。僕はこの間シュトゥットガルトでも名の通った店でズボンをあつらえました。四八マルクもします。――すさまじい額ですよね！　でも将校は皆それを穿いているんです（僕もたぶん予備役将校ってことになるだろうと思いますから）。その店にはもうその生地がそれだけしかなくて、その意味では僕は運がよかったんです。店の主人は生地が足りないとひどく嘆いていました。注文は山のようにあるのに全然応じられないって。僕のズボンは木曜にでき上ります。でも代金引換えでないと取りにいけません。僕たち騎兵中隊のものは誰からも金を借りてはいけないことになっているので。だからパパに心からお願いなのですが、できるだけ早くお金を送っていただけないでしょうか。――〔……〕

シュトゥットガルト拘置所発、両親宛
一九三七年一二月一八日

僕のパパ、ママ
パパが面会に来てくださってから一日が経ちました。で、お手紙を書こうと思います。お父さんが面会に来てくださって、どんなにありがたかったか。おかげで希望を取り戻しました。僕のために家のみんながこんなひどい目に会ったと思うと、僕はどうしようもなくつらくて、つかまって何日かの間は絶望的な気分になることが何度もあったんです。でも、もう大丈夫。僕はお二人に約束します。きっと立派にやり直してみせますから。釈放されたら任務に邁進して、それ以外のことには目もくれません。お二人がまた僕のことを誇らしげに見つめてくださるように必ずなります。

僕にはいま考えにふける暇がたくさんあって、そうすると眼の前にキラキラ輝いていた少年時代が最初から最後まで浮んでくるんです。彩かに。一番はじめは子ども子どもした遊び、それからまじめな勉強、そして最後に、グループのためにわれを忘れて力を傾けたこと。でもこんなに申し分なく立派な、すばらしい少年時代を送れた人って、ほんの一握りしかいないんだ！　いまや僕はそれに加えて自分の将来に対する見通しも取り戻したわけですから。僕は自分の力を信じることにします。そしてこの力がどこから来たかっていうと、結局お二人からきているわけなんだ。僕は今はじめてお父さんの意志の力を余すところなく感じています。お父さん自身がもっていらして、僕にくださった力。人類のために何かすばらしいものになろうという意志。

ママ、お願いだから、ほがらかなママであることを忘れないで。子どもたちのために。何よりももうすぐクリスマスでしょう。うちのクリスマスは喜びの祭じゃなくちゃ。いつもの通り。

いつもお二人のことを思っています。

ハンス

P・S・リースル、インゲ、ソフィー、ヴェルナーに心からよろしく。ソフィーのくれたクリスマス・プレゼントは、残念ながら受け取ることを許されませんでした。どうぞ英語の教科書を送ってください。一番最後の学年のだけでも。職業のための準備に使う本は許されているんです。勉強の本も何冊か送っていただけるとありがたいのですが。ただしそのとき忘れずに、僕が後年就くであろう職業のために必要だと書き添えておいてください。そうでないと僕の手には入りませんから。

また家に戻れる日が早くくるといいんだけど！

シュトゥットガルト発、両親宛
一九三八年一月六日

僕のパパ、ママ！

月曜の早朝三時に、僕は無事兵営に戻ってきました。駅からタクシーを奮発したんです。二、三時間しっかり眠って、それから勤務に就きました。午前七時に実弾射撃のためにドルンハルデに出発。僕は二回分の訓練を補習しなくっちゃなりませんでした。あまりうまく命中したとはいえないけど、とにかく一応全部こなしました。午後には自動車運転を初めて習いました。今朝起きてみたら、またずいぶん雪が降っています。午前中ずっと降っていたし、まだやみそうもありません。シュトゥットガルトにこんな雪が降ったことはないんじゃないかと思います。今日は日曜ですが、僕は兵舎に残って、本を読んだり、書いたりしています。

ウルムではきっともうスキーができるでしょうね。

休暇のすばらしかったこと、面白かったことばかり山のように思い出して、今度家に戻れる日のことを今から心待ちにしています。でも今、ここでも、以前とは全然違って「ホッとして」いる。本当に、お二人にはなんとお礼をいったらいいのかわかりません。気持余ってことば足らずというやつです。たぶん僕はこの経験のおかげで、自分でも考えていなかったくらいおとなになった。でももし後年僕が当時のことを思い返して見ることがあったら、そのときだめになってしまわなかったのは誰のおかげかっていうことは、ちゃんとわきまえていますから。

　ではまた！　　ハンス

バート・カンシュタット発、インゲ宛
一九三八年一月一八日

インゲ

　残念だが今日はウルムに行かれない。分隊全体が休暇差止めを食っているのでね。みんな元気？　そうであってほしい。僕はまあまあ。いろんなことすべて忘れてしまうこともよくある。そのときには楽しいし落ち着いた気分でいる。でもそのうちまた暗い影がやってきて、何もかもみじめに空しくなっちまう。そういうときには将来のことを考える。現在よりもよいものであるはずの将来。それだけが僕を支えてくれる。僕がどれほど大学に行けるのを楽しみにしてるか、わかってもらえるかしら。

　今度の日曜こそウルムに戻れるといいんだけど。みんなに会って、みんなとおしゃべりがしたくてたまらない。ここでやってることは何もかもお芝居なんだから。〔……〕

　ではまた！　　ハンス

バート・カンシュタット発、母宛
一九三八年一月二二日

僕のママ

　お手紙ありがとう。僕はお返事せずにいられません。ママの静かな炎、ママのもっていらっしゃるこの紛れもないぬくもり以上にすばらしいものはこの世に存在しない。僕はまだ若い。そして別に、年をとって経験豊かになりたいとも思っていません。でも、僕のこの若い魂がメラメラと燃えあがるその彼方に、ときとして果てしなく偉大で、そして静かな何ものかの息吹きを感ずることはあるんです。神でしょうか。運命だろうか。

　ママのお手紙はその静かで紛うことなき何かのことを本当にたくさん教えてくれます。ママの書いてくださったことばを僕がないがしろにするだろうなんて思わないで。母親のことばというものは、望むと望まざるとにかかわらず、必ず人の心に留まっているものだから。

ではまた

ハンス

バート・カンシュタット発、両親宛

一九三八年三月三日

僕のパパ、ママ

まず何よりも、小包と、それからママのお手紙とカードありがとうございます。

僕はこのところ以前とは全然変わってしまいました。でも、僕がひどく考えこんだりするからって心配したりしないで。はっきりこうとはいえないけれど、でもすべてうまくいくに違いないっていう感じがするんです。いつかこういうことすべて忘れて、また全然違う人間に生れ変われる日がきてくれることを、どれほど楽しみにしていることか。

僕の肉体のすべて、腱の一本、血管の一すじに至るまで、根底から生命をあこがれています。僕は自分の力を存分に揮わなくては。

この間の月曜、裁判の後で、僕はきれいな喫茶店にもぐりこんで、そこからお二人に手紙を書きました。その後でバスに乗ってレオンベルクに行ったんです。レオンベルクの夜はとてもすてきでした。兵舎に戻ったのは真夜中寸前でした。火曜と水曜は何事もなく過ぎたんです。でも木曜がくるのはこわかった。木曜の夕方には、しかし完全に落ち着きを取り戻していました。金曜に僕は部隊の少尉殿に僕の話をして聞かせました。少尉殿は完全に僕の味方をしてくれます。ただその少尉殿はお父上が弁護士をしているというわりにはひどく単純なものの見方をする人なんです。部隊長は現在のところ部隊を離れています。別に当然だけれど、いまやすべての下士官が例の為替の話を知っている。だから、できる限り早く、別の部隊に移りたい。僕たちはこれからブルッフザールに移ることになっていますが、どっちみち、そんなところには行きたくありませんから。

今、班のなかでは僕が部屋年寄です(本当は一番若いんですが)。

土曜の午後リーサと一緒にロートヴィルト公園に行きました。リーサはウルムに行かれるのを本当に楽しみにしています。

今日はリーダー・ハレでシューベルトの『未完成』を聴きました。

来週の日曜と月曜にはベートーヴェンの九番があるでしょう。ヴェルナーはその日（日曜日）来ればいいのに！　ヒットラーがシュトゥットガルトに着いたとき、僕たちは栄誉礼をやりました。ヒットラーは最前列の前を車に乗って通りすぎた。僕はつまりあいつの型にはまったような顔を間近に見たわけです。〔……〕

今のところパパの誕生日に僕たちの休暇が始まるはずです。

心から

ハンス

バート・カンシュタット発、両親宛
一九三八年三月一四日

僕のパパ、ママ

残念ながら結局オーストリア行きはだめになりました。もっと早く手紙を書けるとよかったんだけど、全然暇がなくて。

ママの送ってくださった小包は金曜に届きました。本当にありがとうございます。

先週は特別にすることのない週でした。僕たちのしたことといったら、車と火砲の装備ばっかり。結局それでおしまいだったんですからね。もっとも僕たちの頭は興奮してましたから、空想のなかではありとあらゆる空中楼閣をこしらえてました。ヴィーンの宵だとか、ドナウ河畔の遊歩道とか。結局オーストリアに行ったのは戦車隊の精鋭と、バイエルンの部隊だけでした。（僕たちだって同じ装備をもっているんだけど）コルンヴェストハイムのA二五（だったと思います）と、それからルートヴィヒスブルクの高射砲も、オーストリア旅行に同行を許されました。しかしこれから先いったいどうなるんでしょう？　僕たちの部隊ではサーベルを使った剣術が流行っています。僕は政治的なことに関わる発言は一切控えています。頭が重くて。僕はもう人間が理解できない。ラジオから例のわれを忘れた熱狂ぶりが聞こえてくると、たまらなくて、どこか広い野原に行って一人になりたい。

土曜の晩にはレオンベルクに行きました。リーサのなかには僕が心から愛せる人間がいます。誤解しないでください。リーサがまだ半分子どもだってことはよくわかっています。それにその子どもらしさを取り上げたいとは思わない。だからつまり、彼女と哲学の話なんかはできません。でも本当に自然で、すれたところがない子なんだ。今の僕には何よりも

そういう人間が必要なんです。〔……〕
ゲルハルト・ハウプトマンの戯曲『ミヒャエル・クラーマー』はずいぶん僕の気分をしゃんとさせてくれました。今は毎晩リルケの『マルテの日記』から一章ずつ読んでいます。
お元気で！

ハンス

バート・カンシュタット発、両親宛
一九三八年三月二八日

僕のパパ、ママ
今、区裁判所から戻ってきたところです。身上書を提出しただけですからご心配なく。これからどうなるのか尋ねてみたんですが、こういう返事でした。数日のうちに僕に対する告訴状が出されて、それから審理が始まる。告訴状は勤務先経由で来るそうです。それが一番いやだな。早く何もかもすんじゃうといいんだけど。
心から

ハンス

手相を見てもらいに行きました。手相見の言うことには、なんでも恐れずに受け留めなければならないんですって。こわがることはないそうです。それから、後半生はあらゆる面で幸福に恵まれるんですって。たとえば女運だとかね（おかしいでしょう）。でももう一つ大事なことを教えてくれました。問題はもうじき片づいてしまうだろうって。

シュトゥットガルト発、インゲ宛
一九三八年六月一一日

インゲ
手紙何通もありがとう。やっと返事の書ける心理状態になった。なかなか落ち着けなくて。大げさなことはいいたくない。この何日かの間に起こったことは知っての通り。家のみんな、ことに姉さんにはお礼をいわなくっちゃね。
ウルムでの休暇はすばらしかった。ほとんど毎日イラー川に泳ぎにいったんだよ。フリッツ、アンネリーゼ、エリカ、ソフィー、ヴェルナー、リースルなんかと一緒にね。日の出前に起きて、誰もいないドナウ河べりの湿地で鳥を見たこともあった（ちょうどその日はリーサの誕生日だった）。夕方エリカのところに集まって、エリカが演奏してくれたこともあった。とてもよかったよ。暖かくて。〔……〕
僕はこのごろフェンシングをたくさんやる。ついこのあいだ自分用の剣を一本手にいれた。僕のフェンシングの先生はとても立派な人だ。昨日ルネ・ジンテニスの本を買った。リーサにあげようと思って。一気に読んでしまった。是非読むといい。一人の現代婦人に関する考察だけれど、本当にすばらしいから。

明日リーサに会う。

またすぐ手紙するね。

ハンス

インゲ

シュテッテン発、インゲ宛
一九三八年六月二七日

僕たちの部隊はまた練兵場での演習に来ている。このあいだの演習は何日も続いた。そのときはじめて兵隊として宿営に入ったんだけどね。あれはやっぱり兵士としての生活に一章を画する経験だった。一日中激務が続いた後、夕方くたびれはて、泥だらけ、汗まみれで小ぎれいな宿営に戻る。体もきれいに洗えるし、テーブルにはテーブルかけもちゃんとかけてある。ベッドもきちんとしてあるっていうのは本当にちょっとすばらしいものだよ。

もうずいぶん長い間家に戻っていない。いつでも何か邪魔が入るんだ。レオンベルクに行けるのはそのぶん余計にありがたい。〔……〕

マティルデとはシュトゥットガルトでよく会うよ。なんとなく友だちになっちゃったみたいだな。別にそんなつもりでもなかったんだけど。まあ、そういうこと。

ここしばらくの間にたぶん何回かドナウタールに行って泳げるんじゃないかな。僕はここの地形が好きなんだ。アルプと同じくらいいね。演習の後休暇がもらえたら遊びにいくよ。

僕の胸ポケットにはバラの蕾が入っている。この小さな植物が僕には必要なんだ。これは生の別の面だからね。軍隊生活とはまったくかけ離れているんだけど、でも別に矛盾してるってわけじゃない。いつでも何かしら小さな自分だけの秘密をもって歩いていずにいられないんだ。僕の今の戦友たちみたいな連中と生活しているときにはとくに。

ではまた！

ハンス

P.S. 二週間ばかりあの写真を貸してくれないか。演習が終わりしだいすぐ返すから。〔……〕

シュテッテン発、両親宛
一九三八年六月二八日

僕のパパ、ママ

僕たちはもうホイベルク山の上に気持よく休めそうな場所をこさえました。きっと死にそうに暑いだろうと覚悟していたんだけど、ありがたいことにそれほどじゃありません。一日じゅう日は照っています。ただ「さわやかに風は吹けり！」なんです。とてもきれいなところです。ホイベルク山に上って三日間の演習というのは初体験でした。いま僕はとてもほがらかでいいご機嫌です。

今日の午後実弾射撃をやりました。まだ耳のなかでズーンというような、妙な感じがしています。でも僕たちは今のところ月にいるのと同じじゃないかしら。政治だとかそういうものはホイベルクにはありません。もう何週間も新聞一つ読んでいないのですからね。いったいこれからどうなるのかな。

もちろんしょっちゅう戦争の話はしています。今後の戦争でこれはどうなるだろうかとか、あれはどうなるかしらって。でもみんなちっとも考えないらしいんだなあ、どうしていったい戦争なんかするんだろう、とはね。ほとんどの連中は何一つ自分の目では見ないまま、ちょっとした好奇心、ないしは冒険心を抱いておとなしく戦場に駆り出されていくんでしょうよ。大衆。僕は毎日このことばが嫌いになる。

ママ、着替えは送ってくださらなくて結構です。

ではまた！

ハンス

ブルッフザール発、インゲ宛
一九三八年一〇月二一日

インゲ

この何週間かひどく落ち着かなかったけれど、それもすんだ。やっと落ち着いて手紙が書ける。手紙を書くのも近ごろは楽じゃない。

今年の一〇月初旬ほど僕がことばの本来の意味で愛国者だったことはない。祖国がかつての意味を失ってしまったのではないかと疑わねばならないとき、祖国の旗も雄弁な演説も意味を失って価値のないものになりはててしまったとき、そのとき初めて純粋な理想が立ち現われるんだ。

すてきな誕生日のプレゼントをどうもありがとう。

一一月にウルムで会えるのを楽しみにしている。

僕の部隊は昨日ブルッフザールに移動した。ただし僕と、その他同じ連隊から二、三人は、一一月一日付でルートヴィヒスブルクの衛戍病院に勤務を命ぜられた。一九三九年の春には大学に入れると思う。

先週予備役士官の試験をすませた。

ヴィーヒェルトの本は、シュトゥットガルトにいるヴィーヒェルトの友人から買った。もうこれが最後の一冊で、新版は出ないんだそうだ。その同じ人からWが釈放されたっていう話も聞いた。ただし、彼の一番最近書いた本には出版許可が出ないんだって。

僕たちの心にも秋が乗りこんできて、出ていってくれないんだね。これはどうしようもないみたい。でもいつかはまた春が来るさ！

もうじき会えるね！

ハンス

一九三八年一一月一日、ハンス・ショルは規定の兵役を終えたが、大学の医学部入学の前提条件として、衛生兵訓練を受けよとの命令を受けた。ハンスはテュービンゲンの予備衛戍病院に配属された。

テュービンゲン発、両親宛
一九三八年一一月四日

僕のパパ、ママ

テュービンゲンにやってきました。別にお話ししなくちゃいけないこともありません。今までにしたことったら、まったく久しぶりに本式に二、三日怠けたというぐらい。僕は士官付の当番ということになりました。他の任務にも後で回されます。二週間毎に交替することになっているので。残念ながらまだ上等兵としての給料が支払われません。ブルッフザールからテュービンゲンまでの電車賃も、今のところ立てかえておかなくちゃなりません。ですから、どうぞお金を送ってください。そうじゃないと日曜日家に帰れない（日曜に勤務がなければ、の話ですが）。〔……〕

テュービンゲンは気に入っています。

ではまた

ハンス

テュービンゲン発、両親宛
一九三八年一一月八日

僕のパパ、ママ

また僕の日常生活に戻ってきました。でも僕には、土地の人がいっているような日常生活はない。だって、毎日何か新しいことがやってくるし、朝ごとに新しい日は別の顔をしていますもの。夕方もう一度ちょっと一日をふり返ってみても、やっぱり何か新しい経験をしてるし、新しい光景、新しい人間に出会っています。とりわけ自然との出会いは僕たちを成熟させてくれる。

ビンディングの書いた現代に及ぼすゲーテの影響を読みました。全面的にお父さんのご意見に同感です。

今日は心の底から揺り動かされることがあって、身動きできなくなってしまいました。ちょっとの間本当に息もできなくて、目の前がまっ暗になるんじゃないかと思った。E・K・フォン・Bが今夜亡くなって、僕は遺体解剖に立ち会ったんです。個人的なことは考えちゃいけない。この人間とかつて相識った仲で、何日も一緒にいたことがあったとか、ましてや長い一生の一部をともに歩んだ、なんてことは決して思い浮べちゃいけない。今はその人間の肉を剝ぎとって、その死の原因を見つけることにかかっているんだ、なんてことは。

そう、秋になったんです。それを知らんぷりしていてはいけない。秋。この苦いことばには、たんに枯れ葉が落ちる季節という以上の意味がある。空が荒れて雲が渦巻いて流れていくというだけじゃないし、柔らかな霧が垂れこめて、すべてを包んで、物悲しい気分にさせるというだけでもない。秋は死にゆくことそのものなのです。死にゆくことは、若いからといって、そして再びくる春を信じているからといって、逃れられるものではない。僕たちはこの死にゆくことを通り抜けていかなければ。これはもともと絶対永遠の死とは違うのだから。

ほんのしばらくでいいからドーレと二人になって、慰めになるようなことを言ってやれるといいんだけど。でもそれは不可能です。——

今日の夕方、ヘレニズム時代に関する哲学の講義(リュッケルト教授)を聞いてきました。〔……〕

今度の日曜はたぶんウルムには戻らないでしょう。

心から

ハンス

テュービンゲン発、父宛
一九三八年一一月二一日

〔……〕今のところこの病院はとても結構です。勉強も少し始めました。予備役演習をやっている、とても人柄のよい医師が幾人かいますし。できるだけ気をつけて吸収できる限りのことは身につけるつもり。先週僕は休暇中の看護婦の代理をやったんですよ。〔……〕

テュービンゲン発、両親宛
一九三八年一二月六日

僕のパパ、ママ
大きな荷物をありがとう。これでいるものは全部揃いました。近いうちに今度こそ本当にウルムに行けるといいんだけど。

今年も家でクリスマスを迎えられないのは、本当につらくてたまりません。でも去年の冬とは状況が全然違うから。病気の人のために働くのは人間としてすばらしいことだし、自分が健康で、他の人間を助けてあげられるのを喜び、感謝すべきだと思う。だから、家には戻れないけれど、今年のクリスマスは僕にとって、やっぱりすてきな祝祭になるでしょう。

とはいうものの、せめてクリスマス前に一度ウルムに行きたいな。

今のところ僕はまことに満足すべき環境にあります。こういう生活をしていると、やっとまた自分自身のことを考えられるようになるし、本当の意味で生きられる。兵舎での生活は、あれは人間らしい生活とはいいがたい。〔……〕

今日は手術の見学をしました。とても面白かった。絶対気分が悪くなるっていう話だったけど、僕は一秒もそんなことありませんでした。相応の覚悟をしていさえすれば大丈夫なんじゃないかな。――

クリスマスまで着替えを送っていただく必要はありません。なんとこのあいだ、部隊からの支給だといって新しいシャツとズボン下までもらいましたよ。偉大なる進歩ですね。

昨夜は二回も出かけなくちゃなりませんでした。それから患者に付き添って寝ていたんですが、朝の四時に起こされました。皆ひどく痛がって、寝ていられなかったんです。でも疲れてなんかいません。疲労だの眠気に対しては抗戦を辞さないつもりです。そういうものは習慣の問題にすぎないんだから。〔……〕

テュービンゲン発、両親宛
一九三八年一二月八日

僕のパパ、ママ

次の日曜にも、やっぱり家に戻れません。だからどうぞ大学入学のために必要な書類を送ってください。いるものを書いておきます。資格証明書、アーリア人種証明書、H－J証明書。書類をいただいたら、ここから入学申込みをします。一九三九年の夏学期はたぶんそれほど特別入学者が多いわけではないでしょう。きっと兵役修了者ばっかりかもしれない。

このあいだの手紙で、パパのくださった二〇マルクのお礼をいうのを忘れていました。遅ればせながら本当にありがとうございます。大いに助かります。

今日は盲腸手術の見学をしました。そういえばもう二週間も本式の外出をしないままだな。でもここにいると時はあっというまに経ってしまう。一緒に来ている仲間の一人が僕のラテン語の勉強を手伝ってくれています。今までのところたいへんうまくいきました。すばらしい日曜日を。

ハンス

テュービンゲン発、両親宛
一九三八年一二月一八日

また日曜が過ぎていきました。第四待降節の主日。僕はやっぱり家に戻れなかった。別にここにいると何もできないというわけじゃないけど、でもやっぱり家にいるのとは全然別だから。僕はでも今日すてきな散歩をしましたよ。病院を出て、ピンと張りつめて、今にも切れそうに冷たい、限りなく清澄な冬の大気のなかへ。僕はこういう冬の天気が大好きです。こういう日には暖かい部屋のなかにじっとしてなどいられない。でも家では皆でクリスマス前のこの最後の日曜日をそれにふさわしく祝ったんだろうなあ。

しかし、なんだかだいっても、一年前とは全然違います。あのときから今までに過ぎたこの一年という時間のことをやっぱりまじめに振り返ってみなければ。僕は本当にあのころより善良になっただろうか？　僕の努力は空しくなく、僕は進歩しているだろうか？　去年とは本当にいろんなことが違ってきています。でもときどきね、この人間的なかこいのなかにいる自分が、ちっぽけで滑稽なように思えてたまらなくなることがある。僕たちを縛っているしがらみをすべて振り捨て、自由に澄んだ気持で別の世界に行きたい。そう思うんです。

クリスマス休暇が待ち遠しくてたまりません。クリスマス・イヴに家にいられないのはゲッソリするほど残念です。でもどうしようもない。僕はとにかくお祝いをしますよ。一人でだって祝えないわけじゃない。

ヴェルナーにスキーの用意をしておいてくれって頼んでいただけますか。スキー板からは古い汚れを全部きれいにけずり取って、新しくワックスをかけなくちゃならないし、ベルトにはクリームを塗っておかなくちゃならない、等々。それ以外のことは全部インゲがやってくれるでしょう。インゲに任せておけば大丈夫。

カマラートの話（ユダヤ人の召使いとかなんとかいう）は本当なんですか？　一緒にいる奴らの一人が話してくれたんだけど。

スクーピン騎兵大尉にはクリスマスの間に手紙を書きます。ただし自宅の住所を知らないんだ。中隊宛に書けばいいんですよね。

クリスマス前にもう一度おたよりします。

ではまた

ハンス

テュービンゲンでの養成訓練に合格した後、ハンス・ショルは一九三九年夏学期、ミュンヒェンのルートヴィヒ－マクシミリアン大学医学専攻正規学生として正式に登録された。――一九三九年一月一二日付の両親宛の郵便はがきには、ほんのついでという調子で次のように書いてある。「試験はまあ、僕たちみんな受かりました」。――

ミュンヒェン発、両親宛
一九三九年四月一七日

僕のパパ、ママ

つい今しがた、インゲの送ってくれた小包届きました。どうもありがとう。

授業が始まって二日経ちました。僕がどんなに幸福か、わかっていただけるかしら。やっと本当に生きてるって感じられる。

僕の部屋には長椅子があります。最初それが嬉しかったんだけど、でも実際には無用の長物みたい。僕には横になってわが空しき軀を労わってる暇なんかなさそうです。

これまで聴いた講義中一番よかったのは、必修の植物学の講義でした。でも動物学もすごく面白そうです。たぶん金曜の午後は動物学演習（三時間）を取るつもり。僕がどれだけ登録したか教えてやったら、きっと他の連中は僕のこと気違いだと思うでしょうよ。僕は取る科目数が多いから、連中より二五マルク余計にかかることになると思うけど。でも、絶対役に立つんだから。知は力ですからね。ギリシャ語はすごく面白い。実際文科の学生のなかに、医学生は僕一人っていう講義もたくさんあります。

ニーチェを勉強するには本当いってニーチェ全集がないと困るんです。パパがどこかの古本屋さんで安く買ってくださるといいんだけど……もしそれがだめのようだったら無理しないで。図書館で借りるから。それからプラトンの全集もいるんだな。いるものばっかりですね。今日はギリシャ語の教科書を買いました。ママにお願い。できるだけ早く僕のトレーニングウェアとセーターを送ってください。夜になると部屋のなかでもまだ相当冷えるから。

部屋には花も飾ったし、壁にはサンテニスの絵を懸けました。だんだん人間のすみからしくなってます。むろんまだ足りないものがあるけど。

日曜になったらエルンスト・ヴィーヒェルトを訪ねてみるつもりです。ミュンヒェンのすぐ近くに住んでるはずなんだ。それからまたウルムに回れるといいなと思ってます。

ではまた

ハンス

ミュンヒェン発、両親宛
一九三九年五月六日

御両親様

ただいま拝受つかまつりました小包、まことにありがたく、お礼申し上げます。

何といっても組織学の教科書が一番ありがたかった。まだ解剖学の本が残ってます。定価一六マルク。こっちで買います。でもね、とにかくころいろ本はどうしても必要なんです。授業だけじゃやっぱりだめです。教授の言うことを一つ残らず書くのは無理だし、それに授業では言ってくれないこともたくさんありますからね。

今日はまたゲッソリするほどの降りでした。僕はビショ濡れになっちゃって、部屋に戻ってすぐ着替えました。この天気で自転車に乗るのはまるで無理です。

今度何か送ってくださるときにはメモ用紙を何束かと、僕の皮膚（雨用の）を一緒に入れといてね。

僕はこのごろずっと出納帳をつけていますよ。克明にね

（ときにはウンザリするけど）。絶対無駄使いなんてしていませんから。一日の食費は八〇ペニヒでやれるんですよ（むろん、家から食糧救援物資が送られてこないところはいきません。お茶とかコーヒーとかバターとかね）。

それから文房具だとか講義用の資料の類に二〇ペニヒかかります。もちろんこいつはときどき新しい本がいるなんてことになって高額支出をやむなくさせられることがあるけど。

僕の部屋にはあと、ぜひスタンドがいるんです。決して贅沢で言ってるんじゃありません。目のためです。夜ずいぶんたくさん本を読みますからね。

本当は日曜に家に戻りたいんだけど、お金が足りるかどうかおぼつかないんです。でもなんとか、鉄道に乗る以外の方法が見つけられるかもしれません。

ではまた

ハンス

グラープニク発、両親宛

一九三九年七月二三日

僕のパパ、ママ

信じられないほど鉄道に乗って、やっとグラープニク（マズーア）に着きました。僕の雇い主は三〇〇モルゲン（約二四三ヘクタール）ほどの地所持ちの自作農です。相当しっかり働かされそう。――でも景色がすばらしいし、馬もたくさんいるから。毎日でも馬に乗れるんですからね。でもとにかく、三週間が早く過ぎてくれることを祈ります。自由が欲しい、気ままな旅ガラスの生活が恋しいですからね。

もしかして背嚢を送ってくださるおつもりがあったら、一緒にトレーニングシューズとポロシャツも入れてください。ここでは本を読む時間はないと思います。夜の九時まで仕事ですからね。マズーア地方の農民はときに理解不可能です。僕はこんなに自分たちは特別だと思いこんでる連中って見たことない。それからみんなよく焼酎を飲みます。

今日は日曜日、みんな寝てます。馬に餌をやって、夢のようにきれいな雌馬に飛び乗り、おめざめの一駆けをやってきました。すごく眠かったので。もし雨にならなかったら午から海の方に行ってこようかなと思ってます。泳ぎに。泳ぎたくってどうかなりそうなんだもの。ここらへんの女の子たちは夢のようにきれいです。ただし、その子たちの家のなかの清潔度は、顔の美しさに反比例するみたい。大麦の取り入れは昨日で終わりました。来週は格納。

この東プロイセンていうのは妙に好戦的な土地です。土地の人の血のなかに、まだひっきりなしにコサックに襲われていたころの恐怖が流れているようなんだな。だからご連中としては、身を守るためにすぐに刀を手に取りたがるんだ。またすぐお手紙しますね。ソフィーによろしくお伝えください。楽しい旅になりますようにって。お母さんはもうジャムを作り終えられたころかな。

ではまた

ハンス

この、東プロイセンへの収穫期学徒動員期間中、一九三九年九月一日、ハンス・ショルは開戦を知る。最後の船で東海を渡り、ハンスは自宅に戻った。しかし彼に渡されたのは召集令状ではなく、医学の研修に戻るようにという命令であった。

日記

一九三九年九月二〇日

しっかり気をひきしめていなければ、俺は自分の気違いじみた気分にひきずり回されてしまう。——

トゥラ宛の手紙を投函しにいった。明日か、遅くとも明後日には着くだろう。外に出たとき冷たい夜風が顔に当たった。秋の風だ。夜はまったき闇だ。しかしこの闇は冷やかに遠いものではない。まるで雲のように俺を取り囲み、包みこむ。手紙を読んだらトゥラはなんと思うだろう。「不思議な落ち着きが深い陰を覆っている」と書いてやった。深い陰というのは戦争のことなんだ。俺の前の手紙の返事に、前線に行きたいという俺の気持はよくわかると書いてあったのを見て、俺には彼女が俺の気持をまるっきりわかっていないのがよくわかった。君が考えているのとはちょっと違うんだが、君にはわからないんだね、かわいいトゥラ。俺は戦争に行って「いさおし」を上げようなどと思っているんじゃないのだ。俺が求めているのは浄化なのだ。俺は俺を取りまいているあらゆる陰がどこかへ行っちまってくれればいいと思っている。俺は俺を見つけたいのだ。俺自身、俺だけを。なぜか。俺にはわかっているからだ。真実というものがもしあるとすれば、俺がそいつを見つけられるのは俺自身の内部でだけなのだ。最初俺たちはみんなやっと戦争になってくれたと喜んでいた。俺たちを縛りつけている軛からの解放をもたらしてくれるだろうというので。しかしドイツは自らこの軛を負ったのではなかったか。

おそらくこの大量殺戮は長く続くだろう。もしかするとヨーロッパ中の人間がゴッソリ間引かれることになるかもしれない。そうしたら俺たち人間はもう少しましなものになるかしら？

俺たちの希望のすべてが、このおぞましい戦争一つにかかっているんだ！

日記

日付なし〔一九三九年九月ないし一〇月〕

今日、昔の手紙を読んでみた。長い旅に疲れはてて戻ってきたとき、静かな部屋で昔の恋文を読むくらい慰めになることはなさそうに思える。

しかし違うのだ！　老いぼれた旅人、海賊、木こりにとっても話は同じことだった。それはあまりにも心に食いこむ。読む者の瞳は燃え、唇はひきつり、頬は赤く染まる。ああ、まさに魂が捕えられるのだ。お前は泣きたくなる。しかしもはや泣くことはできない。ああ、憩いなき者よ、いたずらにいにしえに沈むことをやめよ。依って立つ地歩を固めてからでも間に合うではないか。――

俺は人間の自然に対する立場に関してあれこれ考えている。というよりむしろ、こういうことだ。自然は真か？　俺はまだまだ自分のなかに入っていきたりない。そしてすべての原因の原因たるものを捜し出してきてやるのだ。

一年前俺はリーサにこう言った。秋になると森は虚栄に輝く。なぜなら森はもうじき自分が禿げた黒い枝を冬の空につき出して立たねばならなくなることを承知しているから、と――これは嘘だ。自然に虚栄などない。人間が自然にも虚栄があるかのごとく言うだけなのだ。人間が自分の都合のよいように世界を眺め、結論を出しているのだ。

一九三九年一〇月、ハンス・ショルはミュンヒェン大学で医学部学生としての第二学期目を迎えることができた。ただしこの学期は、戦争条件下の全学科集約化のため新たに設定された三カ月学期であった。

ミュンヒェン発、両親宛
一九三九年一二月一日

〔……〕僕たちのところは大忙しです。何もかもゴッチャになって進んでいく。だってもうすぐ終わりなんですもの。学期の終わりは今月二二日です。たぶん新聞でお読みになったかと思いますが、一九四〇年も三カ月学期を続行するんですって。ということは、僕らは勉強しすぎで体をこわし、親の方は財布をこわすということですよね。ただし、来年もそうやって勉強できるものかどうか、相当あやしいようです。現在当市で新たな師団が結成されており、学生が次から次に召集されていますから。来年の一月一日までには頭文字でAからKまでの連中が連れていかれるだろうという話です。もしそうなら、僕の番になるまでにはまだちょっと間があるけど。〔……〕

クリスマス休暇といっても全然なんにもできないんじゃないかと思います。一月八日には新学期が始まっちゃいますから。だから僕としては、休暇になる前にラテン語の小資格試験をすませておきたいんですが。ただそうすると、先生に補習授業をやってもらわないといけないだろうと思います。補習なしではたぶん合格できません。

今度の日曜はミュンヒェンに残ります。山のようにやることがあるんだもの。

お元気で！

ハンス

こうして短縮された二学期間、ハンス・ショルは学生として大学で勉強を続けた。しかし一九四〇年三月、ミュンヒェンの学生中隊に配属されることになる。

ミュンヒェン発、両親宛
一九四〇年三月一九日

僕のパパ、ママ

今日の通告によると、僕らはもうしばらくミュンヒェンに残っていなければならないようです。ただし、戦闘準備は解除にならない。つまりわれわれは、まことに残念ながら一四日間の執行猶予を受けたわけで、これには皆ウンザリしています。だって考えてもみてください。兵舎に閉じこめられてなんにもできず、ただ時の過ぎていくのを待っていなくちゃならないんだから。戦争はまだなかなか始まらないのかしら？　このままなんとなくウヤムヤになっておしまいになってくれるんじゃないかなんて希望的観測を洩らす奴らもいます。でも僕は全然そんなふうには思えない。……もし今この状態で講和ということになんかなったら、そもそもこの戦争には何の意味もなかったということで、これまでに死んだ人は死に損てことじゃありませんか。

イースター前後は軍務からは解放されます。でも衛戍地を離れることは許されません。たぶん友だちと一緒に自転車で、この付近をちょっとうろついて終わりじゃないかと思います。もっともうろついている間に、またトョルツに「触れる」ことは大いにありえますが。だけど僕はひどく恥知らずなんじゃないかしら、何度も何度も同じ人のところに押しかけて行ってコーヒーをごちそうになったりして。今度は軍用パンを何斤か持っていくつもりです。僕がこれまで食べちゃったケーキの埋め合わせにね。〔……〕

パート・トョルツ発、母宛
一九四〇年三月二二日

僕のママ
ママはこの間の手紙で僕のことを本当に心配してくださって、いろいろ書いてくださったから、僕も、聖金曜日をどう過したかお知らせした方がいいと思います。ママは、どこかの教会に行って聖餐式にあずかった方がいいとおっしゃってましたね。僕はそれはしなかった。だって、そんなことをしたところで人間はおのれの罪から解放されるわけじゃないもの。聖餐式に行くっていうのはたんに外面的な行為にすぎない。もちろんその行為自体に意味があることはわかるし、それを認めないわけじゃありません。それをすることで解放を得られる人が確かに少なからずいるわけだから。僕は昨日、キリストが十字架に懸かられた日、マタイ受難曲を聴きにいってきました。この作品がどう響いてきたのだったか、それをことばで説明することは不可能です。そのとき感じた深い宗教的感覚も、うまくことばにできません。でもたぶんわかっていただけますよね。この音楽がどれほど僕の深奥を揺り動かし、どれほど多くのものを掘り起こし、引きはがしてくれたか。少なくとも音楽に耳を傾けている間だけは。その後僕は幸福な気持で部屋に戻ってきました。肉体は死んでも、霊は三日後に死者のうちから甦ることを、僕は確かに知ったわけだから。――
明日僕は、この山あいの静寂のなかで一人復活の祭りを祝います。〔……〕
心から
ママのハンス

ケンプテン発、両親宛
一九四〇年四月九日

僕のパパ、ママ
〔……〕ところが日曜になったら突然またミュンヒェンに逆戻り。そこで重軍装を整えようというわけです。とにかくやっと僕たちはまたこのかわいいケンプテンの町にいます。

今日、四月は一番美しい顔を見せていてくれる。外出したくてたまりません。だいたい何もすることはないですから。僕たちのここでの生活はたいへんおだやか（あまりにもおだやか）ですが、それも全大隊が一週間後に前線に送られると決まっているからです。つまり僕たちはつねにある予感の裡に生きているということです。しかし、そんなことは大したことじゃありません。

〔……〕でも今のところ僕が前線に出るのはほんのしばらくのことで、またすぐにミュンヒェンに戻るはずだと思います。

ウルム発、妹エリーザベート宛
一九四〇年四月二九日

かわいいエリーザベート

長いこと手紙しなくてごめんよ。でもここのところ落ち着いて何か考えられる時間て全然なかったんだ。別に軍務が激しかったわけじゃない。でもほとんど毎時間、何かしら新しいことが起こって、それを見逃すわけにも、いい加減にすますわけにもいかなかったのさ。

ケンプテンで楽しい四月を過させてもらってから、僕らは西部戦線までちょいと旅に出た。一応ツヴァイブリュッケンの近くに配備されはしたんだが、またすぐミュンヒェンに戻された。今日ウルムにいるのはカッセルへの移動中、一時休止なんだ。これからどうなるのかはわかっていない。もっともそんなことは全然どうだっていいんだけど。僕は僕のいるところならどこにでもいるわけだから。それに今や見渡す限り木々が花開いているじゃないか。午後には野原に出て、白樺の木陰に身を横たえることさえできる。僕らをどういう世界が取りまいているかが問題なのではない。僕らの方が周囲の世界にどういう意味を与えるかが問題なんだ。

送ってくれた本も手紙も無事だったよ。リルケが大好きだって聞いて本当に喜んでる。僕にとってもリルケは長い間最高の詩人だった。シュテファン・ゲオルゲを知るようになるまではね。……

カッセルに着き次第、また手紙を出すよ。

元気でね

ハンス

一九四〇年五月の学期開始時、ハンス・ショルはバート・ゾーデンからもよりの大学ゲッティンゲンに通って勉学を続ける許可を得た。ハンスの部隊はカッセルからバート・ゾーデンに移動していたのである。

バート・ゾーデン発、両親宛
一九四〇年五月二日

〔……〕僕は本当に喜んでいます。また勉強ができるなんて。そうでなかったら退屈で死んじゃってたでしょう。待ってる以外何一つすることなんかないんですから。もしここで学期末まで勉強できたら、一〇週間後ミュンヒェンで医師資格の予備試験を受けるつもりです。その後前線に行けばいいと思う。

ゾーデンというのは清潔な小さな街で、いろんな色の木組みの家があります。文化的にはヘッセン選帝侯国の由緒ある伝統の上に立っている。街の下の峡谷には茶色い川が流れています。ヴェラ川っていうんですって。川のほとりからはなだらかな山地になっています。目の届く限り森、また森なんだ。

僕の宿舎はある年配の貴族のご婦人の家です。とても居心地のいいところですよ。部屋なんてこれ以上考えられないくらい。ここなら勉強できます。今日は昇天祭だけど僕は自発的に居残り下士官をやってます。こんなにいいお天気に檻に捕われたライオンのまねをするのは実際腹立たしい限りですが、しかし明日はいよいよゲッティンゲンに行けるんですから。今現在の憂鬱もすべて償われるというものです。

これから当分ずいぶん勉強させられるでしょうよ。大いに結構。

お元気で！

ハンス

O・U・母宛
一九四〇年五月四日

優しいママ！

僕が去年ママのお誕生日に出したお手紙のことを覚えていらっしゃいますか。まったくあっというまに一年経ってしまった。お母さんの誕生日に書くべきことって本当はあまりないですね。いつでもとてもママに感謝しているし、ママのことをいつでも考えています。そして神様がずっとママを取り上げないでいてくださるよう祈っています。これくらい。

ここ当分頑張って勉強するつもりです。学問の世界にもう一歩踏みこみたいですからね。でも僕は絶対、学問一辺倒にはなりたくありません。勉強ばっかりして魂が枯渇しちまってはなんにもならないもの。僕は幸い自分の思うように一日の時間を配分できてます。夜は自分の部屋で本を読みますけれど、寝る前にヴェラ川まで散歩に行くんです。僕は川が好きなんだなあ。それにもう夜でも空気はおだやかで暖かいんです。ときには漁師と話をします。この人たちは深更まで川辺に立ってパイプをふかしながら静かに自分たちのなりわいにいそしんでいるんです。

この手紙はお誕生日には間に合いませんね。ごめんなさい。昨晩はあんまり眠くて、まともに何か書ける状態じゃなかったので。

心からママのことを思っています。

ハンス

一九四〇年五月一〇日、ドイツ軍はオランダならびにベルギーに侵攻した。西部への行軍が始まり、ハンス・ショルの部隊も行軍命令を受けた。

O・U・両親宛
一九四〇年五月一一日

僕のパパ、ママ

先日走り書きの葉書でちょっとお知らせしておきましたが、たぶん数日のうちに部隊の移動があるようです。僕自身は手術室付に配属されました。看護婦は一人もいないのです。

勉強のことですが、ゲッティンゲンでの第四学期はどうやら履習したと認めてもらえそうです。今後もときどき休暇をもらって、予備試験を片づけてしまえればいいんですが。戦争だからってウカウカしてちゃいけないと思うんです。戦争が終わったときには医師として一人立ちできるようになっていたいな。

お金は大事に取ってあります。教科書に三〇マルク払ったでしょう。学生定期が一五マルク。それから除籍手続き料だとかその他の雑費もあったし。それに昼食代も自分で払わなくちゃならなかったから、それに八〇マルクくらいかかっちゃった。〔……〕

本のうち何冊かは持っていけます。それに外国の医師が何人かいるから、何か勉強できるんじゃないかと思うんですが。

僕はもう相当勉強に集中していたし、多少進歩したなって自分でも喜んでいましたから、軍務に引き戻されて、また多少気持の整理をしなくちゃなりませんでした。わかってくださると思うけど。でももしかすると軍務の方が教室よりも実際の医師の仕事には役に立つかもしれませんね。まあ、そうじゃないかもしれないけど。

昨晩はじめてヴェラ川で泳いでみました。夏にならないとダメですね！

今日、エルンスト・レーデンが戦争のことについて書いたものを読みました。ユンガーも同じようなことを言っていたと思います。でも僕としては正直、全然賛成できません。ヘラクリトスの言ってることだって決定的だとは思えない。だってヘラクリトスは僕らのこの時代に生きてたわけじゃありませんもの。

今晩僕は電話当番です。いつでも誰か一人下士官がいなくちゃならないんですって。

お元気で！

ハンス

O．U．両親宛

一九四〇年五月二二日

僕のパパ、ママ

今日は公休日。確かに休息が大いに必要です。あまり心配なさらずにすむように、こうしておたよりしています。今の状態では長い手紙は書けません。僕の手首はすっかり腫れ上ってしまいました。ひどい道を走ってたせいですが、おまけに痛むんです。部隊の前進中伝令役をおおせつかっているので。あまりいろんなものを見ている余裕はありません。

ルクセンブルクを通っている間はすてきでした。国中とてもきれいで、僕たち皆大いに喜びました。道路はいいし、建物は清潔だし、人間はきれいだし。僕にはベルギーもたいへん気に入りました。ただしこの国はすでに所によって相当破壊されていて、道路は掘り返されているし、村という村は避難民でいっぱいです。僕はすぐに土地の農民と仲よくなりましたよ。ことばもすぐにしゃべれるようになったし。いまや部隊の通訳です。ここはたいへん居心地がいい。農民たちはとても親切です。ミルクとか卵とかいう貴重品でさえ毎日手に入ります。僕たちはここに二日留まり（ここはヌーシャトー）、それからまた出発です。

またすぐお手紙しますね。

お元気でいらしてください

ハンス

O．U．両親宛
一九四〇年五月二九日

昨晩待ちに待っていた家からの手紙と小包が届きました。僕たちは皆ローソクを燈したテーブルの周りに座って、皆それぞれ何分間か自分の家に戻っていたんだと思います。――実際に僕らが今いるのはサン・カンタンです。ここで指令を待てということらしい。毎日僕は三〇〇キロほどの道のりを指令を受け取りにオートバイで行き来しています。ちょっときついですね。

でもとにかく、この兵站生活は気に入りません。ときには確かに空襲があったりしますが、それ以外まったく何もすることがないんですから。こんな怠惰な生活、一刻も早くすんでくれるといいんですが。それに、ここにはまともな話のできる相手なんて一人もいないんですからね。歩兵部隊の衛生兵に志願した方がましじゃないかと思っています。

この街で一番の建物を宿舎として接収しました。麦わらの中で寝てる方がずっと気分がいいのに。だってこれじゃ泥棒とどこが違うんです？　ここのものは何もかも盗まれてしまう。

僕のフランス語はだんだん上手になります。何とかして本を手に入れようという努力はまだあきらめておりません。

フランス軍のやり方はどうかと思います。連中は毎日ソンム川の橋を爆破しようとするんですが、うまくいったためしがありません。

今日は日射しのきつい日です。ただし泳ぐのは禁止されています。

もっとたびたびお手紙するようにしますね。

ハンス

O．U．両親宛
一九四〇年六月三日

僕のパパ、ママ

ここ何日か続けて家からの手紙やら小包やら、いくつも受け取りました。僕の方からのお礼のいい方ったら、まったくお恥ずかしい限りですね。ごめんなさい。インゲに出そうと思って、ずっと前に手紙を書きはじめたんだけど、でも書き終えられないでいるんです。お金と下着には不自由していませんからご心配なく。

昨日三回目の事故をやりました。で、しばらく休養です。僕らの部隊はサン・カンタンから六〇キロばかり退却しました。今いるところは大変落ち着いた農村です。牧場があって、飼主不明の馬がたくさんいます。草を刈る人もいません。でもとても静かなんですよ。ただ時折遠くから銃撃の響きが聞こえてくるだけ。

僕はたいがいの時間丈の高い草の間に寝ころんでいます。いまアンドレ・ジイドのとてもすばらしい本の翻訳をやっているところ。そんなことしかしてないのかなんていわないでください。こんなことしかできないんです。今は。このみじめな世界を目のあたりにしながら冷静でいることは不可能です。

僕は一〇番目の肋骨が折れて、腎臓にささりました。それ以外のところはみんな大丈夫。

ヴェルナーにと思って『田舎司祭の日記』を買いましたが、サン・カンタンに置いてきてしまいました。

何かしていられるというのはありがたい。ここではなんでもない時間てのはないのです。悲しい時間はあるけれど。

僕はできる限りフランス精神に親しみ、フランス気質を理解すべく努めるつもりです。

でもそれは簡単じゃありません。ここの人たちはとても控え目ですから。だけど皆親切にいってくれるんですよ。女の人たちのほとんどがドイツの兵隊に対して見せている態度も、すばらしいと思います。

家からの手紙は本当にうれしい。どんなものでも。どうぞ皆さんによろしく。またすぐ書きますね。

ハンス

O. U. 両親宛

一九四〇年六月六日

僕のパパ、ママ

骨折している身ではありますが、今日は馬をつかまえてちょっとばかり乗り回さずにいられませんでした。すばらしいんだもの。きっと体もすぐよくなると思います。部隊の連中は戦争は八月には終わるだろうと言ってます。僕にはそいつは信じられない。確かにフランス軍のやり方はまるで素人ですけど。毎日送られていく捕虜の数たるや、まさに驚くべきものです。〔……〕

ずっと快晴続きです。しかし泳ぐわけにはいきません。ソンム川の流れはあまりにも遅く、オアーズ川も似たようなものです。どちらの川も泥が深く、濁っていますから。ああ、美しいイラー川！　イザール川のことですが、なんと洪水になったんだそうですね。
ヴェルナーに、僕の送った本二冊、届いたかどうか返事をよこせって伝えてください（『悪魔の陽の下に』と『田舎司祭の日記』）。あいつにはぜひフランス語を勉強しろといいたいですね。すばらしいことばです。
どうぞお元気で
ハンス

O．U．両親宛
一九四〇年六月一一日

僕のパパ、ママ
現在僕たちは援護要員として師団附設の衛戍病院に配属されています。
一九四〇年六月一二日
ところが急に進発することになってしまいました。おそろしく忙しかった。ソアソン近郊で行われた戦闘のため、負傷者が多数出たのです。はじめは昨夜中にランスに衛戍病院を作るはずでした。しかしどうもフランス軍が町を奪回したらしいのです。でもそれも長いことではないでしょう。どうせすぐ撤退するに決まっています。ほんとにフランス軍のやってることはわかりません。
ズボン下の入った小包今日届きました。本当にありがとうございます。
僕はこれ以上自軍の人殺しぶりを落ち着いて見ていられるかどうか、自信がありません。歩兵部隊の衛生兵として受け入れてもらえるかどうか試してみるつもりです。
あれ以来ずっと天気が続いていました。昨夜はじめて雨が降ったんです。で、われわれは野営しました。
どうぞお元気で
ハンス

O．U．両親宛
一九四〇年七月二日

僕のパパ、ママ
僕はまだ例の野営地にいます。ここなら除隊になるまでいてもいい。今日のうちに大学で勉強するための賜暇願いを書くつもりです。もしかすると僕たちの部隊は占領軍として駐屯することになるかもしれないので。太陽は相変わらず断固として輝いています。僕の犬は日一日と図々しくなる。昨日はまた新しい馬を一匹つかまえました。いまや厩舎には三頭の乗馬が揃ったわけです。庭にはバラが咲き誇っています。

お元気で！

ハンス

O.U. インゲ宛

一九四〇年七月二日

インゲ

手紙どうもありがとう。みんな本当にたくさん手紙をくれて、ありがたいと思ってます。僕はどうも手紙が書けない。時間がないわけじゃないんだが。戦争は今のところ一応おしまいになっているんだからね。僕たちはいわば正統の農奴生活を送っているようなものさ。考えこんだりしないように、いろんなことをやってみているといってもいい。卑怯、だろう？

本も読めない。頭は縁までいっぱいなんだ。戦争で人間がガラッと変わってしまったなんて思わないで。そんなことは絶対ない。戦争で必要なのは、外面を少々荒っぽく見せることだけさ。自分から負け犬になるわけにはいかないからね。ここはとても静かで落ち着ける。でも明日は出発しなくちゃ。なんてことだ！

家からの手紙は僕ら兵士の一番の財産なんだよ。僕らの仕事は楽しいものじゃないから。家からの手紙、それと馬たち。僕らは夕方になると馬に乗って森を駆け抜ける。

元気で！

ハンス

O.U. 両親宛

一九四〇年七月一二日

僕のパパ、ママ

二日前から負傷者四〇〇名を抱えた衛戍病院を受け持っています。僕たちの前任はプロイセンの連隊でした。連中ったら患者をまったくひどい状態にして放り出していきやがった。フランス人看護婦が何人か補助に来てくれてますが、しかしたいがいのことは自分でやらなくちゃなりません。毎日平均二〇くらい手術をこなします。今日は二つ大腿部切断をやりました。

何度かパリに行きましたよ。朝六時から七時までテニスをやります。それだけが息抜き。

僕の犬はとてもかわいくなりました。子どもたちの大の人気者です。

お元気で

ハンス

O．U．両親宛

一九四〇年七月二一日

僕のパパ、ママ！

ほんの走り書きしかできませんが、少なくとも僕の生きてる証拠にはなるから。

仕事は限りなくあります。休む暇もありません。

パパのお手紙はちゃんと届いてます。勉強のことですが、書類が送られてきた後すぐにゲッティンゲンには手紙を書きました。

フランス人は立派な愛国者揃いです。毎日それを教えられているところ。フランス人の看護婦のうちいく人かとはずいぶんいろんな話をするようになりましたから。ドイツの赤十字の看護婦なんかよりずっと自分の仕事に愛情をもっているみたい。

患者の看護というのはいかなる軍隊精神とも一致しえません。それも毎日感じさせられています。僕はあらゆる手術の助手をやってるんですが、ものすごく勉強になる。毎晩何か事故があるし、僕らの病院以外この周辺には病院らしきものはありません。

まったく事故の数ときたら、まるで戦闘中と変わらないほどあるんですからね。皆さん徴発した車に乗ってできる限りふっ飛ばす。で、ぶつかって仲よく死んでいく、わけです。

パリの街もパリ市民も、とてもすばらしいと思いました。

もう少し我慢すれば家に帰れるはずです。

ハンス

ヴェルナーにフォークトレンダー・ブリリアントを買いましたが、でも僕のライオンの方がよければソフィーと取り換えればいいと思います。

ヴェルサイユ発、インゲ宛

一九四〇年八月一日

インゲ

この間の手紙は闇夜に輝く星みたいに僕の心を照らしてくれた。ありがとう。

今日からまた暇だ。もう何もしなくていいというのはステキなものだね。だってこの何週間かの働かされ方ときたら、まったく想像を絶するもんだったんだぜ。看護の甲斐なく亡くなった患者も多かった。でも、僕たちが移動するとき、ずいぶんたくさんの患者が泣いてたよ。フランスではとても深くいろんなことを考えさせられた。あたり前だけどね。でも手紙じゃ書けない。僕には書けない。彫り師が木片を自由自在に操れるようにことばを操れればいいんだろうけどね。そいつは無理だ。

戦争から復員するものは賢明になり、成熟しているはずだと思うだろうね。でもそんな人はほんのちょっぴりしかいない。僕自身は、この気違い沙汰を目のあたりにして、ちょっと自省的になり、感受性がちょっと鋭くなったかな。

でも戦争というのは人を退歩させる。まったく信じられないほど人間がどうでもいいもの扱いされるところだ。手術室を出るだろう。残された者は今まさに死のうとしている。そのとき僕らは外で煙草を喫ってるんだから。

おととい南フランスに行ってきた。ビスケー湾で泳いだけど、ステキだった。

休暇中お天気だといいね。日光は欠くべからざるものだからな。パパも二、三日休みが取れるといいのにね。とてもすばらしい手紙を下さったよ。お礼を申し上げなくちゃね。

本当に元気で

ハンス

ヴェルサイユ発、両親宛
一九四〇年八月四日

僕のパパ、ママ

今まさにすさまじい荷物の一部を次々と故郷に向けて送り出しはじめようとしているところです。この写真は僕がフランスで過した一番すばらしい時期に撮りました。難民の世話をしていた時期に。僕は決して惨めな場面は撮るまいと決めていました。他の連中は逆だったみたいです。

今日は日曜日。太陽は夢のように優しく地を照らしています。ヴェルサイユを見たいとは全然思わない。僕はテニスをして、本を読み、ラジオでいい音楽を聴いてます。こんな静かな日はもうあまりないでしょうから。

今晩はヴィクトル・ユゴーの詩をじっくり読むつもり。アンドレ・ジイド、ベルナノス、ジャムなんていう人が、フランスでは全面的な評価を受けていないんですね。妙な話じゃありませんか。ジイドなどは人の心を混乱させる奴だというのでほとんどのおとなが拒絶反応を起こして読みもしないみたいです。つまりフランス版ニーチェというところなんでしょう。いろんな意味で。パリ大学は講義を再開しました。僕も行けるといいんだけど。フランスの医学者中でも一、二といわれた人が自殺しました。ドイツ人に支配された祖国に生きていたくないんですって。なんておかしな愛国者なんだろう。今ほどフランスが立派な男を必要としている時はないのに。

お元気で！

ハンス

僕の飲んでるパイナップル・ジュースを少し送って差し上げられたらなあ！　すばらしい味ですよ！

ヴェルサイユ発、姉インゲ宛
一九四〇年八月一一日

インゲ

またパリに行ってきた。戦災の跡があんなにあっさり見えなくなってしまうなんて信じられないくらいだ。パリでの生活はおそろしく刺激的だ。ありとあらゆる思想、着想、資料があふれ、沸き立ち、宙で跳びはね、そして見事に着地してみせる。あまり目まぐるしくて、どうにかなりそうなくらい。

でもね、僕が心を打たれたのは、そんなことじゃないんだ。僕の心の奥にある思いは、そういうのとは全然違う次元で戦っているんだから。

毎日四時間近くテニスをやっている。それ以外の時はフランス語の詩を読んでる。ときには自転車で並木道を走る。広い庭園を突っ切って、トリアノン宮の傍を抜け、噴水のそばを。今度何枚か写真を送るよ。かわいい一一歳の女の子がいて、日暮れ時になると僕にとってもきれいなフランス語で本を読んでくれるんだ。僕の先生さ。すごく面白いことがよくある。ケルンから送ってもらうよう手配した小包三個届いたかな。教えてください。

元気でね！

ハンス

ヴェルサイユ発、母宛
一九四〇年九月一日

僕のママ！

日曜のお手紙二通、どうもありがとう。今日僕は特別よい気分です。やっと泳ぐことができたので。ここのところ僕の一番の仕事はスポーツをやることといっていいでしょう。インゲがプリンテン（訳注　蜂蜜、香料入りの、チョコレートのかかった柔らかいクッキー）を一包み送ってくれたので、おお喜びで食べています。僕の犬は、かくもすばらしい甘味のお相伴にあずかれたというのでわれを忘れていました。リースルも手紙をくれたんですよ。

最近戦争がすんでしまう前に将校になってしまおうかどうしようかと迷っています。今みたいにどこまでいっても人の下という身分は、だんだん我慢ならなくなるに決まっていますから。ああ、でも正直のところ、とにかくなんでもいいから賜暇になってほしいんです。だってこのままじゃ、勉強を進める見込みなんてないんだもの。昨日パリ大学医学部をやっと捜し当てました。残念ながらまだ講義は再開されてません。

フランス国民はようやく気を取り直しつつあります。これも軍の圧政のしからしむるところでしょう。

昨日毛糸を買いました。冬のためにいいんじゃないかと思って。フランス人は今度の冬のことをひどく心配していますす。来週、パリのオペラ座でカルメンを聴くんですよ。パリの長期滞在許可をもらったんです。

賜暇まであと四週間！

お元気で！

ハンス

一九四〇年九月末、ハンス・ショルは帰国を許された。ウルムでの一四日間の休暇の後、一〇月一五日改めて学生中隊に配属されたハンスは、医師の予備試験合格までミュンヒェン大学に通うことを許可された。

ミュンヒェン発、両親宛
一九四〇年一〇月二五日

僕のパパ、ママ！

長い間方々捜し回って、やっと小さなかわいい部屋を見つけました。ミュンヒェン市外のペルラッハ森林区に接するところです。何よりもとても静かで、すばらしい森の空気を吸えます。それに部屋を貸してくれる家の人たちもとても親切だし。

クリスマス過ぎまでには予備資格試験を修了してなきゃならないわけです。せっせと勉強しなきゃなりません。でも、たぶんうまくいくんじゃないかと思います。

とにかく何よりもお金が必要なんです。登籍許可料を払わなきゃなりませんから。僕の頭骸骨と紅茶を少し（トランクには入っていませんでした）送ってください。それから薄色のハイソックスも。衣料切符も両親の居住地で配給を受けること、だそうです。

ここ何日かはつっけんどんな書類を何枚も書き、まったくどうでもよさそうなことに山のような時間と労力を費やして過しました。来週からは頭のてっぺんまでズッポリと勉強につかりたいものです。

どうぞくれぐれもお元気で

ハンス

ミュンヒェン発、両親宛
一九四〇年一一月七日

僕のパパ、ママ

戻ってきたら家からのすてきな小包が届いていて、大喜びしました。またプリンテンを送ってくれてありがとうとインゲに伝えてください。

お話しして面白いことはあまりありません。僕の頭ったら、解剖学だの生理学だの、その他諸々の学でいっぱいなんだから。僕らはお互いにしょっちゅう「我慢、我慢、しいぃぃぃんぼう！」と声をかけ合ってます。ああ、でもこの一〇週間がすんでしまったら！　もう二ヵ月早く生れてたらよかったかなと思いますが、そんなこと思ったって仕方ありません。しかし、とにかく、今みたいな勉強の仕方はよくありません。こんなこと続けてると最後には一番力のある人間だって嫌になるに決まってます——がしかし、しんぼう、しんぼう！

元気でいらしてくださいね！

ハンス

ミュンヒェン発、両親宛
一九四〇年一一月二一日

僕のパパ、ママ

昨日の午後小包いただきました。どうもありがとう。リンゴはもうありません。二人だとものすごいスピードでなくなるものですね。ヘルムートはいい部屋がなくて、まだ僕のところにいます。白いジャケットもずいぶんきれいになりましたね。どうもありがとうございます。

いまや試験勉強のまっただなかですが、しかし、やっつけるべき材料は減るどころか、増える一方です。一人になったら、もっと集中できるかなと思うんだけど。僕の試験は一月一三日から一五日までです。

待降節に家に戻るか、それともこっちに残った方がいいか決めかねています。いまや日曜が勝負なので。

オルトリープさん一家は僕のことをとても歓待してくれました。とてもいい人たちです。

どうぞお元気で！

ハンス

ミュンヒェン発、両親宛
一九四〇年一二月四日

僕のパパ、ママ！

バターとアーモンド届きました。他のものももちろん。どうもありがとう。こっちは昨日から一段と寒くなりました。膝かけとベストがあるといいんだけど。

試験委員長が僕たちになんと言ったと思います。今回の予備試験は辞退して来学期にした方がいい。戦時だから試験は特別に厳しいぞ、ですってさ。今になって何言ってやがるといいたいところです。試験まであと一月を切ったときになってそういうことをいうんですからね。まったくあの官僚主義者の奴らときたら。僕たちは出征していた。今度はその戦争がいけないというのでいじめられなくちゃならない。法学部の連中は六学期で国家試験が受けられるっていうのに。

たぶん二二日に戻ります。

お元気で！

ハンス

ミュンヒェン発、インゲ宛
一九四〇年一二月六日

〔……〕パパたちに、どうしても金がいるんだって言ってくれないか。本がいるんだ。それにゲルステンベルガーさんにまだ二〇マルク払っていない。払うのをすっかり忘れてたんだ。それに復習コースの料金もまだ払い終わってない。まったく何をしても金がいる。想像を絶してるよ。何もかも高くなってるし、僕は今のところ、食事代を切りつめてる暇はない。絶対贅沢なんかしてないからね。二二日一番で家に戻って、二五日までいるよ。

いろいろ難しいことはあったにせよ、一九四一年一月中旬、ハンス・ショルは医師予備試験に合格した。しかし今度は、再び召集されるであろうという危惧が始まる。

ミュンヒェン発、両親宛
一九四一年一月二八日

僕のパパ、ママ!

〔……〕このあいだお手紙したばかりだけど、でも昨日すばらしくたくさん雪が降って、山にスキーをやりに行きたくなっちゃったし、それから何よりも、昨日、珍妙なるドイツ語で書かれた手紙が一通僕の部隊から舞いこんできたものですから。医師予備考査を終了したる上はただちに、かの合格したる試験につき公の証明書を送付のこと、だそうです。また僕を召集するつもりなんです。悪魔にでも食われちまえ!

僕たちの年の人間にはどこにも行き場がない。気が狂いそうです。本当なら世界は僕らに向かって大きく開かれているはずなのに! 僕らはまるで囚人だ。早く戦争が終わってくれないかなあ! 講義のたびにいつも同じ連中の阿呆面にお目にかかるのにも我慢ならなくなってきました。別の大学に移る時期なのかもしれません。

でもねえ、ハルラッヒングはとても住み心地がいいんですよ。午後散歩に行くのはとってもすてきです。

これから臨床の本をいっぱい買わなくちゃいけません。もちろん臨床はものすごく面白そうです。〔……〕僕は目いっぱいやってます。一週三〇時間取ってます。講義がないときは自分で勉強しなくちゃなりません。というか、そっちの方が大事なくらいです。

ブリーフケースと白いオーバー(どっちも持ってきてあります)それと腕時計が今すぐいります。

国家試験まで僕らをu. k.にするっていう話があるんです。でも部隊が許可を出すかな? 部隊長はやかまし屋でかつ頭が固いですからね。昨日、軍隊手帳をなくしたと届けを出しました。新しいのが早く来ればいいんですけど。そうでないと鉄道料金が割引にならないから。

ヴェルナーとソフィ助の試験がうまくいきますように。

お元気でいらしてください

ハンスより

ミュンヒェンにはもう封筒がありません。そちらでも気をつけた方がいいですよ!

ミュンヒェン発、ローゼ・ネーゲレ宛
一九四一年二月三日

ローゼ!

今日は信じられないくらい降った。部屋で居心地よくし

で、パイプをつけて、罪について考えをめぐらす以外なくなったというわけさ！　もし頭のなかで僕が君に出した手紙を君がみんな受け取ってたら、君はきっとことばの山に埋もれちゃってるだろう。しかし真実を忘れちゃいけない。僕はね、力にあふれて両脚でしっかり大地を踏みしめて立っている若者じゃないんだよ。何を考えても、何をしても、その根底には気違いじみた悲しさが腰を据えてる。だから僕は君に手紙を出すわけにいかないんだ。わかってほしい。僕は外から見て弱虫だとかいうのじゃない、そんなことは言っていない。僕が言いたいのは内面の、個としての不安のことなので、これは弱さというのとは全然違うはずのものだ。腰が落ち着かないということでもない。ただときどき世にあることに何となくくたびれて、善を求めてのいかなる営為も実りなく、無駄なことに見えてしまう。もしかするとこれは一時的なものなのかもしれない。だとしたらそれに負けてしまうことなんてあっちゃいけないはずだけど。

ミュンヒェンに友だちがいたでしょう？　ときどきその子のところに遊びにきて、ついでに僕とも会ってくれないかな？　スキーにも今年はまだ行かないんだね。

またすぐ書くよ。

ではね

ハンス

ミュンヒェン発、両親宛
一九四一年二月八日

僕のパパ、ママ！

金曜に発って、レンクグリースまで来ました。そのまま山に泊まったんです。土曜はいい天気で、雪もすばらしかった。すてきな滑降が何回かできました。夕方、空気がとても澄んでいて、もうすぐ暖かくなるなというのがわかりました。

送ってくださったお金はみな本になりました。医学の本にはまだ良質の紙が使われていますから、それだけでも買う価値があるというものです。〔……〕

このどうしようもない戦争の畜生が早く終わってくれさえしたら。僕はドイツから出てみたいんです。

僕と仲のよかった学生連中はいっこう出てきません。皆ひどく出不精になっちまったようです。皆もうそれほど意欲にわいてるというようじゃない、まあ当然の話なんですが。どこでも同じことでしょう。

どうぞお元気でいらしてください。

ハンスより

ミュンヒェン発、両親宛
一九四一年二月一〇日

僕のパパ、ママ！

大きな荷物、今日着きました。あと二つ小さいのも一緒に来ましたよ。本当にどうもありがとう！

いよいよ春だというのでみんな喜んでいます。山のような人が郊外にやってきてます。僕だって春はうれしいけれど。でもむしろ誰もいないところに行きたいな。

インゲとお父さんがお天気のいいうちにちょっぴりでもこの暖かい春風を味わえますように。ママはまた庭仕事を始めたくなるんでしょうね。

今日の手紙で、u．k．にする話は完全にだめということになりました。まあ、予想通りですけど。ということは僕のいうところの自由はあと二カ月ということです。時によると僕はすごく腹を立てるんだけど、でも今日はそんなことまったくどうでもいいような気がしています。何より、太陽は正しい者も正しくない者も照らしていますから。とにかく太陽はいつでも照っているはずです。だからたぶん軍隊のなかでも僕の内的な自由を守りつづけることができるはずだと思う。ヴェルナーの方が最初ちょっと大変でしょう。――

僕は英語を正式に習いはじめたんですよ。何とかうまくいったら、国家試験の後、半年か一年船に乗って、世界というものを知りたいと思っているので。

今度の週末はぜひ家に戻りたいんですが。でも戻るとしたら金曜のうちに戻ると思います。週はじめに一番大事な講義がくるように組んでありますので。

今日はじめて入院患者を診ました。

お元気で！

ハンス

ミュンヒェン発、ローゼ・ネーゲレ宛
一九四一年二月二四日

ローゼ！

もうあと少ししたら、そしたら僕のこのちょっぴりの自由もおしまいだ。今僕はいつでもあっちへ行ったりこっちへ行ったりしている。だって、何もかも放り出してどこかに行きたくてたまらなくなるんだ。ああ、今になってやっとまた自由っていうのがなんだかはっきりわかるようになった。僕はまた田舎の道で馬を駆けさせ、他のことは神の手にお任せしちまうか、自分の気まぐれに従う。そうでなければ、その気になったときにはゴールを決めて、そこまで行く。そんなことをやっている。

昨日山から戻ってきた。でももう一度行かなきゃ。信じられないくらいきれいだよ。君が一緒に来てくれて、君のきれいな澄んだ声をすぐそばで聴けたら。ああ、ダメダメ、そんなこと考えちゃいけないんだったね。畜生、僕は考えずにいられない。

陽が射している。雪割り草が咲いている。空を白い雲が流れていく。地面は黒く、空は澄んでいる。僕はすべてにそうだと言いたい気分だ。そうだって。僕は君を愛している。そうだ。自分の行く道もわかっている。そうだとも。ああ、人間であるってことはなんてすばらしいことだろう。

ところがそこで誰かが僕の部屋のドアを閉めてしまう。またまっくらな、夜になるんだ。ちっぽけな人間が、身を縮めて、苦悩に押し潰されそうになりながら暗闇のなかにしゃがんでいる。考えて、考えに考えて、そしてそんなことできない、無駄なことだと思う。〔……〕

君が手紙で書いてたことはその通りだ。僕たちは謙虚じゃない。とくに僕はそうだ。僕は涙が流せない、だからののしる。確かにただ僕がそう思いこんでるだけってこともたくさんあるのかもしれない。戦争のせいで僕の頭も少し変になっているのかもしれないね。

僕が君にこんなことまで書くのは、決してただ今晩そういう気分だからじゃないんだ。僕は今この何カ月かの経験が本当は自分にとってどういう意味のものだったのかをじっくり考えようとしているところなんだ。ここ以外ではそれはできない。だっていろんな物が目について、落ち着いて冷静な判断が下せないからね。

またすぐ手紙を下さい。

ではね!

ハンス

ミュンヒェン発、インゲ宛
一九四一年三月一〇日

インゲ

お願いだから金を貸しておくれ!

なんて恥知らずないい方だろう。でも他人にそんなこといったらもっと恥知らずなことになっちゃう。つまり、ローゼ・ネーゲレとスキーに行くってことになったんだ。ローゼは今モンタフォーン（アールベルク）にいる。僕のためにわざわざそんな遠くから出てきてくれるっていうのに、その上彼女にたかるなんてできないじゃないか。そのくらいの自尊心はまだあるんだからね。だからお願い、すぐ二〇マルク送って。出来しだい返すから。

エルンスト・レーデンが『ユリシーズ』をくだらないって言ってきたんだって？　僕も同意見だな。二巻目を読んだけどね。よくわかるとはお世辞にもいえない。

昨日トョルツに呼ばれて行った。四週間ぶりだ。たぶんもう行けないと思う。ボルヒャーの奥さんとは本当に心から打ち開けた話ができるようになった。小さなウーテのことは、あの子の子どもらしさに任せておくよりほかない。僕の気持としてはしのびないんだけど、理性の方がそうしろというんでね（煙草をちょっとくらい喫うからって理性がなくなってるわけじゃないんだぞ）。

軍隊手帳が見つかったのはたいへんありがたい。これで心おきなく落っことせる。

今日駅でオルガに会った。オルガもスキーだって。帳簿のことでまた何か手伝えるようだったら言ってください。

ではね！

ハンス

ミュンヒェン発、両親宛
一九四一年三月一三日

僕のパパ、ママ！

ママのお手紙と小包、本当にありがとう。

ヴェルナーがプロイセンに行く前何日か、一緒に山ごもりでもできればいいんだけど。とにかく、自分自身に対して、自分が自由なのだということを明確な行為によって明らかにしておくべきだと伝えてください。人間は観念だけで生きているわけでもないし、思い出だけで生きられるものでもないんだからって。ローゼと一緒にいられるのはほんの二、三日でしょう。月曜か火曜には戻らなくちゃなるまいと思います。

連隊には復帰予定日を通知しました。u．k．の話もあきらめたわけじゃなくて、国家試験に必要な講義が再開され次第行きたいという申請をしています。四二年のクリスマスには試験がすんでるといいんだけど。

おととい、トョルツからの戻り道、一時間近くずっと信じられないくらい美しい稲妻が光りつづけていました。あんなにきれいなのは見たことがありません。もしかしたらそちらで雷が鳴ってたんじゃないかしら。ずっと西の方でしたから。

今、リリイ・アベック（お父さんはご存じかもしれませんね）の『中国の改革』を読んでます。副題、空間は武器だ！ソシエテ出版、一九四〇年。

おかしいけど、今みたいに日焼けした顔の学生がたくさんいたことはないんです。将来のことは本当にどうなるかわからないまま進んでいかなきゃならないものだから、それができる限り、生きよ！　ってのが皆のやり方になっちゃったんですね。

僕は別に自分たちの年代はどうのこうのというつもりはありませんけど、でもちょっとみじめだとは思います。〔……〕

ミースバッハ発、ローゼ・ネーゲレ宛

一九四一年四月一五日

ローゼ

僕の出したもう一通の方もきっともう届いてるだろうね。――僕がこうしているってことは別に大したことじゃあない。でも、僕が考えていたことが正しいことは、改めて実証された。大衆としての人間について言ったことがあったでしょう。あれは絶対に正しい。証拠なら数え切れぬほどある。まったく、大学に戻って教室でボーッとしたご学友どもの顔をながめなくちゃならないのはたまらない。別の顔になってでもいればまだましだけど、いつもとまるっきり同じ。どうしようもない。

賢者の道は狭い、なんていうけどね、でもその道の方が千倍も美しいと思うね。それに、ほら見てごらん、賢者が通りすぎたその道に落ちる影は、その道を歩んだものの魂の内でダイヤモンドとなってきらめくんだ。

僕は自分の納得できる生き方をしたいし、別に騒ぎを起こすつもりもなく、すっこんでいる。この町でもだからホテルに部屋を取って、群衆の雑踏から逃げているのさ。これでようやく今晩静かに本が読める。僕の友人と呼べる人はほんのわずかで結構だ。

でもね、やっぱり僕は骨の髄まで社会主義者なんだよ。その話はまた今度にするけど。

僕は君と一緒に過せた復活節のことを思い出す。ああなんて幸福なんだ！　たとえ僕らの魂の上をいかに多くの嵐が吹き荒れようと、僕らはきっと自分たちの生の均衡を失うことはないだろう。若者の美神エロスに僕らがどれほど崇拝を捧げるにせよ、僕らを結びつけている最奥の基盤は純粋に精神的な、最広義の意味で精神的なものだもの。将来これが重要な意味をもつだろうことを僕は知ってる。二人の人間が澄みきった精神を抱いて向い合って立ち、男と女というのでなく、二人の人間として、互いに「はい」と言おうとするとき、そこには、性なんかはるかに超越したことがらが一つならずあるんだ。

僕は、自分の手が震えていること、すべてが不明瞭で、混乱し、青臭く、波打っていること、どんな考えにも不安定なところがあることを承知している。でも、力あるものが道を示してくれている。目には見えない、愛の炎から生れた、清らかで新たな力が。

手紙をおくれ！

君のハンス

一九四一年四月ハンス・ショルは再び学生中隊に召集された。四月中旬に提出した、国家試験終了までu．k．にしてほしいとの申請は却下された。その代わり新学期までの数日、賜暇が与えられた。

ウルム発、ローゼ・ネーゲレ宛
一九四一年四月一八日

いとしいバラ君！

僕はまたウルムにいる。賜暇は四月二三日まで延期になった。それが終わったら残念ながらまたミュンヒェンで学校に戻らなきゃ。どういうふうになるかはまだ決まっていない。兵営暮らしか下宿できるか、軍服着用か私服でいいかなんてことだけど。まあどっちにしたって大したことじゃない。

〔……〕

ウルム発、ローゼ・ネーゲレ宛
一九四一年四月一九日

いとしいバラ君！

昨日の晩、目が醒めるちょっと前にこんな夢を見たんだよ。

僕はパリの地下鉄にいる。君もいて、他にも知っている人がたくさん一緒なんだ、その人たち、僕のきょうだい、友だちと、街中を地下鉄で廻ろうという話なんだ。電車が轟音とともに入ってくる。僕たちはわあステキだなんていって大喜びする。僕らが乗りこんだその電車は地下を抜けて地上に出、家や高い塔の間にはりめぐらされた線路を走りはじめる。山を上り、山を下り、轟音を立て、うなり、シュッ、シュッと音をさせ、きしみ、別方向に行く列車と幾本もすれ違う。地下鉄——だけじゃなくて、高架の所もあり、ジェットコースターみたいな所もあり、本当に夢みたいにゴチャゴチャにいろんな鉄道類が組み合わさっている。でもとにかく猛烈な勢いで、どこへともわからぬまま走ってるんだ。僕は世の中にこんなすばらしいことはない、なんて思っている。僕たちみんな夢中になって景色に見とれている。景色は次々に僕らの目の前を通りすぎ、変わっていく。灰色の家並、かと思うと緑のみずみずしい野原に色とりどりの花が咲いている、という具合に。とうとう郊外の小さな町に着いて、みんな下りた。その町の建物の破風が、僕らを見下ろしている、僕の方でもそれをうっとりとみつめながら、君にこの町は中世-地方的性格を有しており、われわれをここまで運んできたかの信じがたき近代技術の産物とはまことに明確な対照をなしている、なんて言っている。この町もとても気に入っている。何もかもとても落ち着いた、ホッとできる感じなんだ。太陽も、噴水のある広場も、老木の間を通りすぎる風のささやきも。

僕は思いきって一軒の家に入っていく。大きく口を開けた通路を手探りしながら、薄暗がりの中を進んでいく。空のぶどう酒樽の匂いがする。扉に手が触れる。グッと押すとそれはきしみながら開く。するとどうだ、ああ恐ろしい、ありとあらゆる不気味なものを集めた気違いじみた地獄絵。僕にはすぐわかった。そこは古い、ひどく古い病院なんだ。壁は灰色に変色し、ひび割れ、傾き、床はガサガサで、天井は煤けている。ベッドはただ板切れを継ぎ合わせただけの代物で、それが大きな部屋中ゴチャゴチャと、順序も何もなしで置いてある。一つのベッドに二人の患者が重なるようにしているものもずいぶん多い。何よりもその部屋全体に信じられないような悪臭が漂っている。ところが僕はなんとも思わず観察を続ける。僕は夢中だった。ここは新大陸で、自分は間違いなく、まったく誰にも知られていない土地の完璧な征服者になれる。僕こそこの土地にやってきた初めての人間だ。僕は胸をそらしてベッドに近づくが、奇妙にも、そこで見るものはもう僕を全然ギョッとさせない。僕の気分はこの限りなくみじめな場所を目にして完全に切り換えられ、冷静な専門家らしく見えるものを当然のこととしてそのまま受け取る。あたかも教会で皆が声を出して祈りを唱えはじめるのが当然のことであるのと同じように――ローズちゃん、僕のバラ、わざとこんなセカセカした長い文章を書いてるんだと思っているだろうね。ああ、でも、僕は洗っていない不潔きわまりない人体の臭気、地獄から漂ってくるとしか思えない匂いをはっきり嗅いだんだよ。だから君にもそれを感じてほしいんだ。だから怒らないで僕の話をちゃんと聞いておくれ。いいかい、そこに寝ていた患者たちはギョッとするほどの障害を負った人間だった。想像を絶するほどの先天性欠損、不具で、まさに悪魔以外には思いつけないような状態なんだ。兎唇、狼咽、狐眼の娘たちがいる。まったく下肢をもたない男、乳房があまりにも腫れ上って、床にまで垂れ下っている老婆がいる。僕を気にする者はほとんどいない。やっと男たちの一人が僕に何の用があるんだと尋ねた。この男にも両脚がなく、しかし、それでもまっすぐベッドに座っている。「私は医者だ」僕は答えた。「そう、そう、お医者さんね」馬鹿にしたようにニヤニヤしながらそのかたわは言い返す。他の連中も同じように笑う。女たちも娘たちも。連中は顔の上を走っている裂け目をゾッとするような笑いにひきゆがめた。その笑いがベッドにも、窓にも床にも広がっていくようなんだ。空気そのものが言いようのない不気味な、何ともしれない恐ろしい悪意の笑いにゆがんだ。「そう、そう、お医者さんね」それがその患者の返事だったんだけど、話はそれですんだわけじゃない。そいつは続けて言った。「ここで医術が何の役に立つんだね？」床は崩れ、天は砕け下ちた。息が詰まり冷たい死の息吹きを感じる。僕は逃げた。走った。でもそれがふつうの夢のなかと違ってよろめいたりしないんだ。何もかも恐ろしく現実的でね。僕は走った。誰かが僕を捕えて命令を伝える。即刻手術の補佐に行けって。その途端僕は君のことを思い出す。君が外で僕を待ってるんだ。畜生、どうすればいい。僕は劇的な考え方などせず、愛と義務ってのは古典劇お好みの主題だけど。僕は君のところに走っていって、手術の手伝いをしなくちゃいけない、二時間かかると言う。君は黙っている。答えてくれればいいのに。僕は君の胸に棘が刺さり、それがじわじわと傷を拡げていくのがわかっていた。それなのに君はなんにも言わない。悲しそうな顔さえしない。僕に見えるのはただ、限りなく愛らしい君の顔だけ。ここで目が醒めた。

まあね、単なる一つの夢さ。でも、あまり妙な夢だから、君に話さずにいられなかった。目が醒めたときどんな気分だったかわかってくれるよね。……

ハンスペーターが来たんだって？　いつでも何かしらあるんだね。僕も君のところに行ければいいのに。明日はミュンヒェンに戻る。新学期さ。第七学期目。

もし明日お天気だったらどこか草の上に横になって、君は静かにまどろむだろう。

ゆっくりお休み！

君のハンス

ミュンヒェン発、両親宛
一九四一年四月二三日

僕のパパ、ママ！

いまのところ、われわれの存在を呼ぶにふさわしいことばは一つしかありません。みじめ。僕たちは古い学校の校舎に住んでいます。一八人の大の男が一つ部屋に。軍務というのはただ点呼を受けて、そして待つこと。これだけです。しかしこいつは、僕に状況判断ができる限りで考えても、まったく何の役にも立たない、無茶なやり方だし、なんとか早急に改革されるべきだと思いますね。たぶんどこかに小ぎれいな部屋を見つけて、点呼のときはおとなしく出頭するし、まあ夜も一応は兵営で寝るにしても、それ以外の時間は自分の好みに合った生活をするつもりです。可能な限り。

とにかくママのお誕生日には家に戻りますからね、誰が何と言おうと！

お元気で

ハンス

ミュンヒェン発、妹ソフィー宛
一九四一年四月二四日

妹クン！

何か話すことなんてもう思いつかない。君もあれ以上僕にする話なんてたぶんないと思うけど。でも手紙を書くって約束してたよね。もうちょっと待っててごらん、そしたらきっと長い長い、想像を絶する、しかしときによっては面白いこともある手紙を山のように受け取りはじめるから。あまり山のようで君はきっとこわがったりドキドキしたりするだろうよ。

なぜかわかる？　「スナハチ」僕は今日から新しい部屋を

使えるようになったのだ。前の部屋より広くてきれいなくらいなんだぜ。もっとも今のところ、相当数のゴミだの花瓶だの、ブロンズの胸像、浮彫、アフリカの戦勝記念トロフィーなんぞがゴロゴロしているから、それをまずすべて大家の奥さんにつき返してやらなくちゃならないが。でも、そんなのはすぐすんじゃう。そしたら君も遊びにおいでね。軍務なんてほんの短時間しかないんだよ。本当に。本のことでも相談に乗るよ。もちろんできる限りでだけど。

兵舎はひどいもんだ。だけど僕は花を買って、僕らの部屋に飾るつもりさ。地上で最も不潔な場所でも、花と輝くひとみがあればきれいに見える。

元気でいておくれ

ハンス兄より

ミュンヒェン発、ローゼ・ネーゲレ宛

一九四一年四月二五日

僕のいとしいバラ！

新しい部屋で過す初めての晩だ。兵舎には戻らなかった。この部屋には暖房がないし、まだ片づけ終わったわけではないけれど。しかし僕はここで、窓ぎわに腰かけ、パイプをふかしながら、君にこうして手紙を書いている。この僕の新しいすみかは、とっても居心地がいい。なんとなく安心できるんだ。相当大きくて、天井の高い部屋だよ。窓は一つしかないが、大そう立派な出窓だ。ベッドは置いてない。午前一時には兵舎にいなくちゃならないんだから。今壁に懸っている絵は順次はずして、自分の好きなのと取り換えるつもり。それが完了したらこの部屋は完璧だ、君がときどき訪ねてきてくれれば、だけど。

僕の前にはボーデン湖に行ってたとき撮った君の写真がある。そのうち送ります。でも写真なんかなくても、あのすばらしい日々の思い出に不足はない。僕は今でも日用の糧のごとくあの思い出によって養われて、いますよ。

ああ早くまた太陽が顔を見せてくれるといいのにね。そちらもここと同じくらい寒くて曇ってるのかしら。でも君は紛れもない南の子だろ、太陽を恋わずにいられない。

僕のこの間の夢の話はどうだった？　ちょっと軽薄に書いちゃったかもしれないね。僕が現代文学に対して相当批判的なのはご存知の通り。自分自身の夢の話でも、覚醒時に書くってことになるとその批判からまぬかれない。僕にしたって別の書き方をしたいと思うこともあるんだが、どうしてもそういうふうには書けないのさ。ああ、でもこうして繰り返しているのが一番無駄なんじゃないかしら。いつか言ったことばかりじゃないか？

いとしい、かわいいローゼ、これから君はもう決して一人じゃないよ。君が仕事をしているとき、僕も君と競争で仕事をする。朝起きるときには、ああ、バラちゃんはもうとっくに起きてるなと思う。残念ながら僕の方は午前七時より早い起床は許されていない。でもローゼ、晩は逆だよ、ハンスはまだずっと起きてるなって考えておくれ。だけど僕だってときには露に濡れた朝まだき、一日の始まりに挨拶するつもりだ。毎朝君がしているようにね。兵舎で眠らずにすむ日があるかもしれない。そしたら僕はうんと早く起きて出かける。君のように……

ローゼ、僕のこと夢想家だなんて思わないで。またすぐ君に会いにいくから。おかしい？　そんなことないよね、君に会いたいと思わなかったとしたらそれこそおかしいんだ。だからどうぞ、いつの土曜の晩なら暇で、どこでなら会えるか教えておくれ。今度の手紙に必ず書いてね！

思いをこめて！

君のハンス

ミュンヒェン発、姉インゲ宛
一九四一年四月二五日

インゲ！

写真と手漉きの紙、本当にちょうどいいときに届きました。どうもありがとう。まあ割合きれいな部屋が見つかったのは、まるで天恵のような気がする。だってここの、この自分の場所にいられると、あのどうしようもなく暗い軍隊の雰囲気に囲まれているよりははるかに落ち着いていられるんだもの。遊びに来てね！

大きくって天井の高い部屋です。窓は一つしかないけど、たいへん大きくて、ちょっと出っぱってる。だからそこのところで壁から少し空間が張り出す形になるので、ちょうどテーブルと古風な形の椅子が何脚かおさまるんだ。その机で手紙も書くし、午後には好きな本を読む。晩はだいたいいつも書きもの机に向かっている。こっちはむくのオーク製で、おまけにスタンドが載っていて、柔らかい光をあたりに投げかけているという寸法。まだ前の住人の残したガラクタのかたがすっかりついたわけじゃないけど、とにかく一つ一つそういうものを片づけていけば、そのうちこの部屋も持ち主とそれほど矛盾しない表情を見せるようになるんじゃないかしら。

フリッツがくれたあのフランツ・マルクの絵、いつか送ってくれない？　表装させて、しばらく部屋に懸けておきたいんだ。

もうすこししたら、もっとすてきな手紙を出すね。まだすべて建設途上だものだから！

ハンス

P.S.　パパの下さった二〇マルクも確かにいただきました。心からお礼をいいます！

ミュンヒェン発、ローゼ・ネーゲレ宛
一九四一年四月二七日

〔……〕読書には絶好の時期だ。僕はまたリルケの初期の詩を読んでいる。五年前とはずいぶん受ける感じが違うけど。あのころの僕には、リルケはすべてだった。今になってようやく、本当のリルケが見えるようになった。だからもう一度はじめから読み直したいんだ。

グリムの『ミケランジェロ』も読みはじめたけれどまだ終わらない。それがすんだらグヮルディーニのヘルダーリン研究を読みたい。五月二日にはようやく授業も始まる。僕は本当に知識に飢えている。（長い間こんなことはなかったんだ）。〔……〕

ミュンヒェン発、ヴェルナー宛
一九四一年五月一日

手紙をくれない人のことも忘れないようにしなくちゃね。

天は僕をして部屋に残らしめた。本当は自転車でヴァィアルンまで行って、そこに残っているギュンター工房作のバロック建築を見たかったんだけど。でも、シトシト雨が小止みなく降りつづいているものだからやむをえずこうしてパイプをふかし、手紙を書いてるってわけさ。僕は生きている。そしてパイプ煙草の香りを楽しみつつ呼吸している。雨の日もまた楽しからずや。

さて、おまえにぜひ言っておきたいんだけど、ママの六〇の誕生日には必ず家に戻れよ。休暇願いの理由としちゃ充分じゃないか。ちょっとの間でももう一度一家揃うのはとてもすてきな考えだと思わないか？　お前はこれからどこへ行かされることになるのかわからないんだし。

近ごろガイヤーがこの近くの教会で窓の工事をしている。

僕はよく訪ねていくんだ。信じられないほどよく働いてるよ。ソフィーは、勤労動員でどれほどいろんなことをやらされても根本のところでは自分にはそれほど大したことじゃないと思うって言ってきた。おまえもそうだといいんだけど。われわれの生活中、この表面的な部分に関してはワイルドのいった通りだと思うね。精神を失った者のみが争う。

元気で！

ハンス

ミュンヒェン発、ローゼ・ネーゲレ宛
一九四一年五月二日

僕の優しい、いとしい、けなげなバラ君！

五月は雨とともにやってきたみたいだけど、でも牧場はどこも限りなく美しい緑に輝いている。鈍色の雲の海にかすかな裂け目が開き、太陽の光輝がほとばしり出る。と、世界中が天の光を浴びて笑い、きらめくんだ。僕はただ立ちつくし、呆然としていた。こんなことを考えながら。神は僕たちを嘲っているのか？　僕たち人間が神を讃えずにいられなくなるほど、完璧に美しく世を栄光の裡に輝かされるとは。世界の別の場所では略奪と殺人が支配しているというのに。いったい何が真実なのか？　あの美しい世界に進み行き、小さな家を建て、窓に花を飾り、玄関先に庭を作って、そこで神を讃え、恵みを感謝し、そして現世には、その汚れもろとも背を向けるべきなのか？　しかし、そんな遁世は裏切りではないのか、逃亡では？　美と汚れが交互にくるというのならまだわかる。廃墟のなかから若々しい精神が光を求めて立ち上るのなら。しかし、両者の並存は矛盾だ。廃墟と光が同時にあるなんて。僕は取るに足らぬ弱い者だ。しかし正しいことをしたいのだ。

ゲーテはこんなことをいっている。もしこの世で奇蹟が起きるのなら、それは愛にあふれた純粋な心が起こすのだ。僕にもこのことばのなぐさめがわかるようになった。君が僕を愛していてくれるから。

そちらではもう桜は咲いた？

近ごろ僕は君と同じくらい早起きなんだよ、でもここではその時間だとまだ太陽が見えない。建物が高すぎて。

明日家に帰る。母の誕生日なんだ。たぶん他の連中も皆やってくるだろう。ソフィー、リースル、ヴェルナーもね。エーフェは僕にしゃれた手紙をくれたよ。きっと書くのが好きなんだね。

僕は君に書くのだけが好き！

野戦郵便をわが下宿に送り給わんことを！

君のハンス

ミュンヒェン発、母宛

一九四一年五月八日

僕の優しいママ！

この間の手紙でお知らせした通り、いろいろややこしいことはありますが、勉強に関する限り大いに元気で張り切っています。小包二つともとてもうれしく頂戴しました。今日は正真正銘の春の好日ですが、しかし僕はちゃんと講義に出ます。現在のところ間違いなく自然科学に没頭したい気分なんです。山のように読み、勉強しますが、それがまったく苦にならない。まるで特別製の日曜日のお散歩みたいに楽しいの。〔……〕

僕はまだ下宿の方で寝ていますが、今までのところ、誰も気がついていないようです。たぶん今でも兵営で寝ているのはせいぜい全体の三分の一ほどじゃないかしら。シュピースがそんなことを知ったら、きっとよく眠れなくなっちゃうでしょうね。

すばらしい、いい一日でありますように。とくにお父さんは仕事ばかりなさらないでもっと外に出ていい空気をお吸いにならなきゃ。

お元気で！

ハンス

P.S. 僕もお父さんと同じように寝床のなかで空襲警報を聴いていました。

ミュンヒェン発、ローゼ・ネーゲレ宛

一九四一年五月九日

〔……〕僕は全身全霊を挙げて勉強している。どうしても自然科学を根本的に理解しなくちゃならないと思うんだ。僕たちを苦しめている問題をいつの日か解決するためにね。最近僕は思いついたことがある。大ざっぱに言うとこういうことなんだ。真実を発見するには二通りの道筋がある。第一に論理によって、第二は事物を刻明に研究することによって。現在この二つの方法は無意味な争いをやめられずにいる。しかしこの双方はどこかの次元で統合されなきゃならない。哲学と科学とは同一の目標に向うはずのものなんだ。一方のもたらすものは、もしそれが本当に正しければ、他方にとっても

証明であるだろう。〔……〕

ミュンヒェン発、インゲ宛
一九四一年五月一一日

インゲ！

僕がこの間話した僕の友だちは、今衛戍病院にいる。急性の虫垂炎だったんだが、ありがたいことに命は助かった。でも虫垂は穿孔を起こし、腹腔内は膿でいっぱいだった。pus bonum et laudabile. 助かりはしたものの、こいつはもちろん長期入院を命ぜられて、大事な講義に出られないのはもちろん、わかってもらえるだろうけど、緊張を要することは一切禁止ということになった。で、そいつは僕に、フランス現代文学をいくつか読んでみたいと言ったんだよ。僕はベルナノスが一番いいと思うんだ、ことばがすばらしい、本当の詩人だと思うし、それに筋の運びもうまくて退屈しないだろう。『悪魔の陽の下に』を借りられるとありがたいんだけど。

僕はまたラテン語の勉強を始めた（今度は独習だ）。本当に面白いよ。

日曜日はだいたい部屋にいる。雨降り続きでまだ寒いし、それに読みたいもの、「いじり」たいものがこんなにたくさんあるんだもの。昨日はでも久しぶりに晴れたから、自転車でイザール河畔を上ってシェフトラーンの修道院まで行ってきた。

パパの温度計がもうちょっと上を指すようになるといいね。

Cordiale poignée de mains

ハンス拝

ミュンヒェン発、ソフィー宛
一九四一年五月一四日

かわいいソフィア！

今晩は時間があるから君に手紙を書こう。ふつうの日は息つく暇なしだ。講義はだいたい七時まであるし、それに自由時間になるとわけのわからない命令が来る。しかし、できるだけ目立たないように頑張ってるよ。兵営で寝るなんてもう全然考えられない。それどころか今度は支給の長靴さえ耐えがたくなりかかってる。ことにこんなにすばらしい暖かい春の陽気だとね。

そう、とうとう春が来た！　人間はもう何千年の昔から、新しい年の来るたびにそう思いつづけている。でも、それは真実なんだ。上へ下へ揺さぶられ、絶望の谷に落ちて自分たちの頭上の光を見上げる。そして言語を絶する苦しみと努力の末はい上ってくると、ホッとして嘆息を洩らす。そういうことだったのだ。また上向きになるはずだって。

君が家にいられるようになったのには、みんな大喜びしたんだよ。インゲはきっと君がいなくなると寂しがるだろうね。でももうじき君はここに来るんだろう。すばらしいだろうな！

聖霊降臨祭前後ちょっと暇じゃないか？　たぶんそっちに行けると思うんだ。もうあと一四日しかないね！

今日はモーツァルト祭週間の最終日で、トーンハレでオーケストラ・コンサートがあった。君もいるとよかったのに！　ああいう芸術こそ僕らが必要としているものだ。日々の糧と同じく。欠くべからざるものだ！　芸術なしの生活なんて何になるだろう。

そうともさ。来週はバッハ週間だ。ブランデンブルク全曲。

もっともこういうことは大局からすると僕の一日のほんの片はしのできごとでしかない。それ以外の時間だって言うまでもなく重要だし、ここでこうしている限り、単なる日常の流れに流されることなど決してない。君もここに来ればわかるよ。

今日はこれでね！

ハンス

ミュンヒェン発、ローゼ・ネーゲレ宛

一九四一年五月一四日

〔……〕今晩もたいへんすばらしい天気で、昔だったらとても家の中にじっとしてなどいられなかったに違いない。しかし僕は部屋の中で本を読んでいる方がよいのだ。今パスカルの『瞑想録』を読んでいる。それがすんだらデムプフの宗教哲学を読むつもり。ときどきリルケのムゥゾーからの手紙から一篇選んで読んだりしている。僕自身の内奥の願いがあこがれにひたることをほんのちょっぴり正当化する、というか少なくともその願いを慰めてやるためにね。パスカルは信じられないほど厳格だ。息抜きがいるんだよ。

僕はもちろんちゃんと勉強している。講義は週に四〇時間登録した。〔……〕

ミュンヒェン発、ローゼ・ネーゲレ宛
一九四一年五月二二日

〔……〕僕はまだ相変わらずのテンポで勉強している。ちょっとでもよくわかるようになると子どもみたいに喜ぶ。でもときとして自分たちがいかに何も知らないかと思うとまっくらな深い穴をのぞいてるような気分になって、完結した世界像がもてたらいいのにと思わずにいられなくなる。〔……〕

ミュンヒェン発、ヴェルナー宛
一九四一年六月六日

ヴェルナー!
やっとおまえがどこにいるのかわかった。でこうしてご機嫌伺いを書いている。おまえ宛ての手紙をフランスに出すんてなんだかとっても奇妙で、おとぎ話みたいだ。去年自分がいて、あんなにいろいろな側面を見聞き味わってきたその国に、今は君がいる。あのときの破壊の跡は今もくっきりと残っているに違いない。でも轟音はやんでいるんだし、あの当時は戦火のなかで、慣習だとか名誉だとか仕事なんていうものをかなぐり捨てて逃げまどっていた人たちも、今はきっと、ズタズタになり焼け焦げた古い衣を拾い集めて身を覆い、歯をくいしばって生きようとしているんだろうね。それともそうじゃないのかしら……子どもたちはここでもそちらでも遊ぶことをやめない。でもおとなの男たち、女たちは、もう戦火の跡を顔に留めてはいないのかもしれないね……たぶんそうかな、こちらと同じように、表面だけの、不得要領な、何にもならない変化でしかなかったのかな。

おまえがそちらで、近づいてくるすべての善きものには心を開いて受け入れ、しかしつねにしっかりした気持で汚れたことを避けて思うままに進み、他の人のことばかり斟酌しないですみますように。気をつけていないと一番美しい真珠を取り上げて、それを豚にくれてやりかねない連中だよ。

よけいなことを書いちゃったとしたらごめん。おまえにはフランスがどう見えたか教えてくれないか。ぜひ知りたいところなんだ……

ハンス

ミュンヒェン発、ローゼ・ネーゲレ宛
一九四一年六月一五日

僕のバラ君
先週のご報告。あまりにも早くすんでしまった。もっと自分のための時間を使うべきなんだ。新しいものばかり捜していちゃだめなんだ。印象ばっかり集めたって、それがじっくり心のなかに浸みこんで、心の内側で明確な形となり、自由に動き回れるようにならなくちゃなんにもならない。そこまでに至るには時間がかかる。とても長い時間が。ところが人間はそれが待ちきれず、退屈だと文句を言う。気を紛らわすなんて、最低だ。自分の興味の対象を別の方向にそらすなんてことはしちゃいけないんだ。まったく逆なんだ。それから雨が降るって文句を言うんだっておかしい。やってみてわかったんだが、夜、雨のなかを散歩するって一番いいんだよ。その日は午後中シトシト降る雨のなか、森の縁に沿ってずっと歩き回っていた。襟を立て、パイプをくわえて。〔……〕

ミュンヒェン発、ソフィー宛
一九四一年七月一日

ソフィー！
じゃあ僕は来週の週末、ってのはつまり土曜から日曜にかけて、そっちに行くよ。いいんだね。どこに行ったらいいのか早く教えてくれないと。僕としたら君の泊りこんでいるお百姓さんの家に行くのが一番いいんだけど。

昨日の晩ブルンネンホーフでハイドンのセレナーデとそれからもう二、三曲すてきな弦楽四重奏の演奏会があったよ。早く君にもこういう音楽を聴かせてやりたい。僕はもしかして、来学期就学許可をもらえないかもしれないが、でも少なくとも君用の部屋はちゃんと確保してあるわけだ。
じゃあまた！

ハンス

ミュンヒェン発、ローゼ・ネーゲレ宛
一九四一年七月一七日

疑いとはいったい何だ。つまるところ自分自身に対する疑いにつきる。頼りないというのは他人、ないしその他人に対する関係内部よりむしろ、ほとんどの場合自分自身の心に原因がある。自分の心のなかの不安を世の中一般のことにしてしまおうとするのだ。僕らを囲んでいるこの世界よりわかりやすいものがあろうか。すべてはそれを律する法に従っている。ただそれらのものの本質をわきまえさえすればよいのだ。しかしその世界の中心に立つ人間は、まるで炎だ。やむことなくゆらめき、少なくとも見ただけではとてもわけのわからぬ仕方でめらめらと燃え上り、燃焼し、燃えつきる。この危険を見て見ぬふりをすべきだろうか？　やむことなく打ちこまれる痛みを身に受けて滅びてしまう方がよくはないか、心軽やかに朗らかに、しかし誤った形で世をさまよいつづけるよりは？　いったい、慰めというものは存在しないのか？

慰めるものは愛しかない。愛は証拠を求めたりしないからだ。愛はただそこにある。神がそこにいますように。もちろん神を証明することだってできないことはあるまい。しかし何一つ証拠ももたぬまま、人間は神の存在をはるか以前から感じつづけてきたではないか。それ自らのためにそこにある愛というものが存在するのだ。間違いなく。この愛は自由で、人間のこしらえたいかなる規矩にも従わない。

一九四一年夏学期終了時、ハンス・ショルは初めて、自ら病院を選んでの実習を許可された。

ミュンヒェン発、両親宛
一九四一年七月一七日

僕のパパ、ママ！

僕たちは自分の行きたい病院で実習できるようになったんですよ。軍管区内であればどこでもいいんです。僕はコッヒェルの病院に申し込んでみました。そこがだめだったらムルナウを試してみるつもり。本当言うと、ニュンフェンブルク病院に来るようにって誘われたんです。ミュンヒェン中で一番立派な病院ですけどね。でも僕はミュンヒェンじゃなくて、どこか地域の病院に行った方がいいと思うんだ。そういうところの方がありとあらゆることにお目にかかれるでしょうから。だって、今の僕は別に複雑な頭蓋骨手術ができるわけでもないし。〔……〕

友人アレクサンダー・シュモレルがハルラッヒングの市立病院で実習生となったため、ハンスも同病院での実習を申し込んだ。一九四一年八月一日、同病院での実習が始まった。

ミュンヒェン発、両親宛
一九四一年八月三日

僕のパパ、ママ！

昨日僕の前の下宿に新しく引越してきました。いまや、郊外の方が街よりずっとすばらしいと感じています。人の意見は変わるもの。僕の屋根裏部屋はとっても住み心地よくこしらえ終わりました。

ママからのお手紙とお金いただきました。小包も。僕たちはまた食事の心配をしなくちゃならなくなりました。病院では食事が出ないので。

病院での仕事は今のところ大変順調です。医師の人たちともたいへん親しくなれそう。これは大事なことですよね。仕事は二時まで、それでおしまいです。一日一マルク二〇ペニヒくれます。今いるところは外科。この病院では肺の手術しかやりません。胸部整形術と気胸法がほとんどみたい。

今日は兵営で軍務がありました。(当番将校)。週に八回点呼もあります。

おととい の晩エリイ・ナイがブルンネンホーフでさすらい人幻想曲を弾きました。今日は午からシュライスハイムに出かけます。お城でベートーヴェンのピアノ四重奏があるので。

またすぐ家に戻りますね。

それでは!

ハンス

ミュンヒェン発、ローゼ・ネーゲレ宛
一九四一年八月八日

僕のローゼ!

手紙本当にありがとう。君の言ってくれたことがうれしくて、太陽はいつもよりもっと輝かしく、トウモロコシ畑の黄金色の穂はつねに増してきらめいてみえる。毎日毎日君はこの輝きのなかにいる。だから、僕は農夫に生れたってとても幸福だったに違いない。君もそう思うでしょ。でも実際はそうじゃない。僕には与えられた道があるし、それにそれも気に入らないわけじゃない。僕の問題にしているのはね、危険だの誘惑だののために道を踏みはずすとかいう話じゃない。僕はものごとを正しく、落ち着いてあるがままにわかりたいだけなんだ。でもそうなるまでには……まだたくさん嵐をくぐらなくちゃならないだろうし、その嵐に吹き飛ばされそうにもなるに違いない。それでも僕は自分の燈火《ともしび》を灯したい。その火はユラユラ揺れ、今にも消えそうになるかもしれない。それでもその燈火はそれなりに明るく赤く暖かく、孤独なさすらい人の道しるべになってくれるだろう。

どうしても、どうしても君に会わなくちゃ。愛っていうけれど、僕たちはあまりにもお互いの愛を知らなさすぎるよ。

二人の人間が愛し合っていて、うてなを寄せ合う花のように思い合っている、だけじゃだめなんだ。相手のことをよく知り、よくわからなきゃいけない。でも愚痴は止める！ 僕がいつか突然君のところに出かけていくだろうってことぐらいはもうわかっててくれるものね。

今のハルラッヒング（肺病）病院での仕事は楽だ。僕は相当自由に時間が使える。仕事は午前中。わりあい面白い。

いま収穫の真只中かな？ 大麦はもう片づいたころだね？

一番下の妹のかわいそうな話のことはもう聞いてくれたかな。この上もう半年勤労動員に行かなきゃならないんだ。妹は慰めようもなくガッカリしているし、僕もガッカリした。妹が来るのをとても楽しみにしてたんだのに。ハンスペーターは東部に行ったの？ 手紙一本借りがあるんだ。

お家の皆さんと君に神様のお恵みがありますように、とくにこの何週間か！

君のハンス

ミュンヒェン発、ローゼ・ネーゲレ宛

一九四一年八月一二日

いとしいローゼ！

僕が不安でいるように思えて仕方がないって？ きっとそいつは手紙の書き方のせいだ。これから気をつけるね。でも、手紙、それも愛する人に出す手紙には、精神、思い、望みのすべてが心のくらがりから現れてくるに任せ、思いつくままのことばを白い紙に書き連ねてみたい。こいつは大変な誘惑なんだよ。僕は決してめちゃくちゃになったり気分が散漫になったりなんてしていない。むしろ逆だ。容赦もない否定の世のさなか、僕は肯定できる価値を識った。ヨーロッパ人の最大の真の価値は苦悩だという認識は、人をうわつかせるものでないことは確かじゃないか。そんな人間は寂しい、おそらく根底的に孤独なのだろう。しかし、人間がそういう存在でなかったことが一度でもあったか？ 僕は見せかけの世界なんていらない。でも、わかっておくれ、僕は厭世家になって人間にしかめつらをしてみせる気はないから。むしろ人間をありのままに見て、皆に対して寛大でありたい。僕はどんなにひどい匂い、汚い色にもひるみはしない。それがそこにあるのだから。光あればこそ影があるのだ。はじめにあったのは、でも光なのだよ。

もうやめよう。僕たちの問題は、僕らがこんなに遠く離れていることだ。何週間という時間をかけて体験してきたことを一通の手紙のなかに押しこめるのは無理だ。また君の傍に寄り添えたら。ああどんなにすばらしいだろう。僕は君の顔、君の髪、君の香り……すべてを喜び、驚くだろう。で、一人ぼっちのとき考えていたことは忘れてしまう。

もし僕が君に会いにいっても、それは戦争だからとか僕が一応兵隊だからじゃなくて、そんなのとは全然違う理由なんだからね。

僕の生れは一九一八年九月二二日、処女座《おとめ》。もう一度自分自身のことを言わせてもらうと、僕は自分がこの世に生れたのがよかったのか悪かったのかちっともわからない。僕の生れることはでも必然だったのだし、いま僕が生きているというのは現実だ！　たった一つ真なものがあるとすればそれは現実だ。これで最初自分自身のことについて言っていたところに遠からぬ地点に戻った。でもとにかく僕にはどんな暗い夜にも輝いている星が一つ、ついていてくれる。

夜になると日中の仕事の疲れが出るだろうね。labor improbus のことを君はどう思ってるのかな。顔の汗のなかにあるってもののことを？　本当にそうかしら？　僕に何か言ってあげられることがあるとすれば、そうね、夕方詩篇から一つ選んで読んでごらん。世界文学中最高の傑作だし、それにそれだけじゃないから。

愛している

ハンス

ミュンヒェン発、母宛
一九四一年八月一三日

お母さん！

この間家に戻ってからこっち、ずっとお母さんのことが気にかかっています。早く元気になってくださいね。ソフィーの動員のことより、その方が先ですよ。どうぞまた手紙をください、気分はどうかとかお医者はなんて言っているか書いてね。

僕はまことに元気です。食事も〔……〕たいへん結構だし。ですからそのことはどうぞご心配なく。仕事はとても面白いですし、かといってあまり大変だというほどではありません。僕はもうずいぶんいろんなちょっとした技術をこなせるようになりましたよ。静脈からの採血、静脈注射、穿刺なんか。ですからたいへん僕のついてる指導医のお役に立っているんです。もちろんその人に教えてもらってるんだけど、もう相当僕が横取りしちゃってることもあるな。

今、ハンス・カロッサの最新作を読んでいます。ミュンヒエンでの学生時代のことを書いたものなんだけど、今と同じだなと思わせるところがたくさんあります。カロッサは大戦の前に大学へ行ったんだし、僕たち「今の」学生は、いろんな事情で当時の人たちほどうわついたこととか、どうでもいいことにかかずらわることが少なくてすんでると思うけど。僕たちはずいぶん早くに、本物と偽物の選択を余儀なくされました。僕らのうちのよい連中はだからそのとき、本物、真実を選ぼうと決意せざるをえなかったんです。それにもしかすると僕らは、前の年代よりも、そして後からくる連中に比べても、真実を真実として明確に摑みうる立場にあるのかもしれない。

ヴェルナーが小包をくれました。本が二冊入ってました(パスカルの『パンセ』と『悪の華』)。とても喜んでいます。僕はこの二人のフランス人、パスカルもボードレールも、たいへんすばらしいと思っていますから。

軍需工場に動員されている女子学生が手紙をくれて、とてもひどいところで我慢できない。病気になりそうなんですって。ソフィーがそんな目に合わないようになんとかしなくっちゃいけませんね。

今日はこれでやめます。どうぞくれぐれもお大事に!

ハンス

ミュンヒェン発、ローゼ・ネーゲレ宛

一九四一年八月一九日

いとしいローゼ!

明日の朝手紙がこないと、今週はもう君の手紙がもらえないってことだ。このあいだの日曜日は仕事しなくちゃいけなかった? そっちの収穫はきっと悪くないだろうね? 違った? わかってるんだ。農家の仕事に終わりはないってことは。取り入れが全部すんで、本当なら休みを取ってのんびりしなくちゃいけないときでも、何かしらあるんだろうね。

僕の方にはあまり話すことはない、ことにしとく。そうでないと、君は僕のことをいい気なものだと思うだろう。だって、ここにいるとまるで休暇みたいなんだよ。やっと自分の時間がもてる。僕は本当にありがたいと思ってるんだ。僕みたいな人間にとって、この閑暇がどれほど意味のあるものか。時間をつぶしたりなんかしていないよ。それどころかやることはいっぱいある。ボンヤリ夢見たりもしない(夜は大いにやるけどね)、僕は「瞑想」し、考え、読み、学んでいる。

だからこの何週間かは、その前の何カ月よりも、僕の内面にとって役に立ってくれている。僕はだんだん僕自身が掌握できるようになってきたし、欺かれたり迷ったりしつづけながらも、自分の歩む一筋の道が見えてきつつある。なんて言いきっていいんだろうか？　そうであってほしいことは確かなんだけど。

まあとにかく、僕はそういうつもりでいるんだし、それに、以前にはわからなかったことがわかるようにもなったよ。それが何であるかは直接話してあげる（二週間先かそうでなければ三週間後に。最近出かけるのが難しいんだ。軍の連中はありとあらゆる手を使って僕らをミュンヒェンに縛りつけようとしている。それが何かの役に立ちでもするみたいにね！）。

今度の日曜インゲが来るよ。君もいつか週末、こっちに来てくれないかなあ？　エーフェはエルザスからすごく面白い手紙をくれた。あのまま続ければ、いい作家になれるね。

たぶんもうじき秋になるんだ。バラはもう盛りを過ぎてる。でもまだ庭はしっとりとした夏の香りに覆われている。それに、世界中にもうたった一つしか、やさしいバラがなくなってしまったとしても、その香りはちゃんと僕を導いて、いとしいバラのところまで連れていってくれるさ。すべてが色あせ、萎れたとしても、君は決して色あせない。

君のハンス

ミュンヒェン発、ソフィー宛
一九四一年九月三日

ソフィー！

もうずいぶんお互いに手紙を出していないね。すべてのゴタゴタが片づく日まであと何日だっけ？　途中じゃまが入ったりしなければ、もうあと二七日ぐらいのものだったね。その後君がこっちに来られさえすれば、万々歳だな。今度の日曜は家に戻る。君もなんとか戻れないか？　そうすれば家で会えるもの。――昨日とってもすてきなロシアのサモワールを買ったんだよ。昨夜のうちに使いぞめをした。かわいい音でうなったり歌ったりするんだぜ！　それにそいつで淹れたお茶のおいしいことったら。これはね、例の木炭を使ってあっためるやつなんだ。冬になったらきっと暖かいよ！

デッサンしたり絵を描いたりする暇はあるの？　少なくともデッサンはできるよね。しようと思えばいつでもできるもの。そういうことをしたいっていう気持をなくしちゃだめだぜ。でも僕はむきになってあくせくするのは賛成しない。だってそんなことで力を使いはたすのはもったいないじゃないか。

秋、そして戦争三年目とがやってきた。霧と、冷たい風を連れてね。でもまだ夏の遅咲きの花々は見事に彩かな色で咲き誇っている。いまやヒマワリのまっ盛りだ！　オルトリープ家の庭では、輝くような黄色が他を圧している。

あとどのくらいしたら、木の葉が落ちて、裸の枝が黒々と灰色の空に浮び上がるようになるんだろうね？　でもそういう季節だって悪くはない。そう、たぶん特別の魅力があるんじゃないかな。乾いた寒さで赤らんだ顔、吐く息は白い。空は色を失い、夕べには部屋でサモワールを囲む。

動員解除になったら、とにかくこの部屋においでよ。

元気で！

ハンス

ミュンヒェン発、ヴェルナー宛
一九四一年九月一六日

ヴェルナー

レティナで撮った写真を送るよ。手紙をどうもありがとう、何週間も返事しないでごめん。

ママが相当よくないって話はたぶんもう聞いてるだろうね。皆で八方手をつくして、ソフィーがあのアホらしい学徒動員をやめられるよう運動してみた。そいつがうまくいけばいいんだけどね。ママには安静が必要だし、世話をする人間もいなくちゃならないんだから。

本がいるかい？　今ここにエティエンヌ・ジルソンのアウグスティヌスの本がある。たぶん面白いだろう。読み終わったら送ろうか。それとも他に何かある？　『神曲』を読んでみる気はないか？　よくできた特製コンサイス版（インゼル社）があるよ。

今年の冬おまえがミュンヒェンにいられるんだといいのに。山のように計画があるんだぜ。今度の日曜にはインゲがこっちへ来る。ソフィーの話がどうなるかも、たぶん一一月までには決まってくれるだろう。

グロゴは高射砲隊に入ってシュテッティンまで連れていかれた。ハンス・ロークナーは重傷だ。

僕はまだここで実習医をやってる。

元気で！

P.S. また何か撮りしだい、送るね。

ハンス

実習は一〇月はじめに終了した。冬学期に入る前に再び二週間の休暇が与えられた。

ミュンヒェン発、ローゼ・ネーゲレ宛
一九四一年一〇月七日

いとしいローゼ

突然休暇をもらった。明日アレックスとヴィーンに行って、そこからドナウ下りをやる。僕たちはあっさりさっさとそれに決めちゃって、ドイツ帝国ないし世界中の指導医首脳陣もそのボスも、煙に巻いてやった。僕らは何も、全然何も持っていかない。歯ブラシだけ。〔……〕

リンツ発、ソフィー宛
一九四一年一〇月一五日

ドナウからこんにちは。僕らはリンツまで漕いできた。そこから軽便鉄道でメルクまでのしてみるつもり。そこで旅はおしまい。ああ、残念!

ハンス

一一月初旬ミュンヒェン大学での授業が再開された。ハンス・ショルはウルム在住の友人オトゥル・アイヒャーの紹介で、カトリックの出版社を経営し、――ちょうど当時発禁になった!――月刊誌『高き地』の編集長でもあったカール・ムートと知り合った。この人物は以後ハンスに影響するところ最も多かった。ハンスはこの七十翁の蔵書分類を引き受けた。ムートはハンスに好感をもち、親身になって指導したので、ハンスは反体制の神学、哲学、文学者を徹底的に論ずる機会を得た。たとえばテオドール・ヘッカー、アルフレート・フォン・マーティン、ヴェルナー・ベルゲングリューン、ジギスムント・フォン・ラデッキ、そしてムート本人。これらの人物を知ったことで、個人のさらされている道徳危機のすさまじさ、および国家社会主義によって強行される価値の倒錯に対するハンスの感覚はとぎすまされた。

ミュンヒェン発、オトゥル・アイヒャー宛
一九四一年一〇月二四日

オトゥル!

僕のサモワールはご機嫌でうなっている。外を冷たい風が吹くようになって以来、部屋の中がとってもいい気持のことがよくある。——お手紙どうもありがとう。君の手紙とほとんど同時に、テートとオルーフも移動先からはじめて手紙をくれた——三通ともそれぞれ違うけど、でも僕にはみんなうれしかった。

君が弁証法が必要だというのはその通りだと思う。弁証法こそ個人的誤謬を排除し、かつ同時に他者に対して最大限責任を果たすことを可能にしてくれる方法だ（僕はこの後半の方が自分に欠けていると深く反省している。僕はこれまでどんな場合でも、いつでも要求する側だった。一度として完璧な答えを求められる側に回ったことはない——そういう要求を僕にしてくる人間が何人か出てこないかなと期待している）。しかし他方弁証法はおそらく、僕ら二人を結びつける唯一の絆だ。だって、それ以外何が役に立つ？

君はブロワの『貧者の血』をよく知ってる。だから、貧困の神秘のことでちょっと聞いてほしい。最近僕はこの問題とずっと取っ組んでいて、今の僕にとってはこれが一番の問題だし、なんとか片をつけなきゃならないと思ってた。そのときドストエフスキーからブロワまでたどり着いたわけだ。しかし悲劇なんだぜ。ドストエフスキーもブロワも、間違いなく完全な貧困の不可欠であることを証明してくれた。貧困の神秘を認めるじゃまをしていたものは、彼らの本を読んだおかげで取りのぞけたんだ。しかし、僕の頭のうち政治的な考え方をする部分は、まったくわけがわからなくなっちまっている。

「絶対の」キリスト教信仰につながる貧困とは、何よりも精神的な意味で考えらるべきであり、その上で二義的には物質的な意味でも考えうるもののはずだ。しかしそれにしたってここにも矛盾はある。物質的貧困は精神的貧困につながる道なのだ。僕の考えている貧困は、詩人ブロワの貧困よりもおだやかだ。僕の貧困は富む者の持ち物をよこせなどとは言わない。ただそれを軽蔑する。貧困は本質の価値がどこにあるかを知っているから。——それともブロワは貧しい者が本来有する権利にふさわしく生きる手伝いをするつもりなのか？　もしそうなら政治家にならなくちゃね。

僕は貧困のもつ意義を納得しようと努力している。僕自身はもてるものであって、足りぬものとてない身分だから。でもね、それでも根本のところでは、僕の貧困と詩人レオン・ブロワの貧困は似ているんだと思う。「絶対への巡礼」ということばには、たいへん強い印象を受けた。

元気で！

ハンス

ベルジャエフというロシア人の本二冊君に貸せるよ。『新しき中世』というのと『人間の人格と超人格的価値』というのだ。どっちも小さい版型でハードカバー。送ろうか?

ミュンヒェン発、ローゼ・ネーゲレ宛
一九四一年一〇月二八日

いとしいローゼ!

君の手紙はうれしい、でも喜ばしいばかりの手紙だというわけにはいかない。君が君の母なる地にしっかり根を下しているのはうれしい——それに君が何よりも真実を大切にしていて、だからその真実を手紙の最初に書いてくれたことも。

僕は今一種の精神的危機にある。生涯で最も重大な危機だといっていい。だから僕がまともにそれとぶつかるのも、あたり前のなぐさめを言ってもらっても仕方がないのも当然といえば当然なんだ。それに僕はなぐさめてもらう必要も全然ない。確かに僕のこの状態は、外から助けてもらえるようなものじゃない。でもそれは僕が精神の最奥の部分ですでに危機を克服し、認識し、幸福であるからなのだ。何という矛盾だ! 僕は頭が痛い。でも僕は幸福なんだ。これはたぶん、戦いの終わりを予見している勝者の幸福なんだろう。

この戦争は(他の意味ある戦争すべてと同様)本質的には精神的な戦いだ。ときどきまるで僕の小さな頭が、あらゆる戦闘の戦場になっちまってるような感じだ。僕はでも高みの見物はできない。高みにいたって幸福じゃないもの——それにこの戦争は根本のところでは真実のための戦いだ。誤てる玉座はすべてまず砕かれねばならない。これが一番難しく、つらいことだが、それ抜きでは真実は本当の姿を見せない。僕の話は政治の話じゃない、一人一人の人間、精神の話だよ。僕は選択を迫られたんだ。——

君がもっと僕と一緒にいられたのだったら僕の考えをたぶん少しよくわかってもらえたのに。こんな手紙を読むと、君はきっと僕のことを間違って受け取るんじゃないかな。

もしかしたらクリスマスにそちらに行けるかもしれない。そうなったらどんなにすてきだろう。

心をこめて!

君のハンス

『風防燈火《カンテラ》』論文「貧困について」
日付なし〔一九四一年一一月〕

彼岸へ

とは誰しも願う。しかしかかえ取ってくれる者はない。我らは渡し舟を捜す。しばしば足を滑らせ、ころび、再び起き上りつつ。我らの前には深く逆まく、暗き流れがある。夜、しかも空には星一つない。彼岸に通ずる径も橋もありはしない。ただあえかな光が彼岸に、風にも消されぬよう守られてあるのみ、そして流れを横切るはただ一つの舟。

　この舟の名を貧困という。彼岸の光を見て、その光に至りたくば、まず貧しくならねばならない。この光は二千年来飢えたるものを照らしていた。おお、空しき装いの愚か者たちよ、そなたらはむしろ流れに身を任そうとする。身の破滅につながるというのに！　そなたらは光を見ている。しかも光に届くことがない。道を知りながら、その道を歩もうとはしない！　愛ゆえに、彼に苦しみとみじめな思いとを与えよと祈ったことも少なからず。さもなくば彼は決して貧困に思い至るまい。貧困は富より強い。古き放縦を悔いなく風に任せ得るための、貧困は人間の能力なのだ。すべて持てるものを精神的価値に従わしめるための力なのだ。貧困は人を絶対の選択の前に引き据える。

　この戦争により、我らは皆非常な貧困に陥るであろう。うまく行くのではないかなどという希望は完全に捨てねばならぬ。まずはじめに空腹とみじめな思いとが我々の傍を去らぬようになる。しかして破壊された町、破壊された国、破壊され、絶滅に瀕しつつある国民の間から、起き上り、廃墟に埋れた壊たれることなき金剛石を求めて捜し始める人が出る。

　この試みの杯が我らの前を素通りせぬよう祈ろうではないか。杯は最後の一滴まで干されねばならぬ。我らの敵は屋根から撃ち落されず、地からなぎ払われることもあるまい。敵が滅びるとすれば、むしろそれは敵自身の無能力による。敵は自らのぬかるみの中で息をつまらせるに過ぎぬ。

　さもなくば後代は再び自国の歴史をひきゆがめ、栄光で飾り立ててしまう。それを許してはならぬ。

　この戦争はヨーロッパ全体に大いなる貧困をもたらすであろう。忘れるな、友人たちよ、この貧困こそ光に至る道である。

ミュンヒェン発、オトゥル・アイヒャー宛

一九四一年一一月二三日

オトゥル！

『風防燈火《カンテラ》』第一号に書いた僕の小論をどう思うか、意見を聞かせてくれると嬉しいんだけど。僕はあそこに書いたようなことをずっと前から考えていたんだ。それが、何よりレオン・ブロワを読んで、とにかく何か形にしないではいられなくなった。まだ表現は練れていない。たぶんなんとか別のいい方をしなくちゃなるまいと思う。でも、基本の考えは間違っていないはずだ。

君の描いた表紙のカットはちょっと素人くさいんじゃないか。いま僕の部屋の壁に懸かっている君の木版画のすばらしさに比べると見劣りがする。象徴的作品はつねに最高の技能を求めるものだから。

君の書いた物語『奇蹟について』は内容的には完璧だ。あれ以上つけ加えるべきものも、はずすべきものもないと思う。ことばの使い方なんだけど、ちょっと完了と非完了の違いに気をつけた方がいいんじゃないかな（完了ってのは何かの過程がすんでしまっていることで、非完了は確かに過去ではあるんだけど、行為、過程のつながりはまだすんでしまってはいない。一種の継続を表すといってもいいだろう。接続法現在と過去の使い方はもっと難しいよね）。下らないことを偉そうにいってごめん。怒らないでくれ。

ムート先生は何度か君はどうしてるっていってらしたよ。君からの手紙を待っていらっしゃるんじゃないかな。今はご病気だ。気管支炎なんだけど、でも本当の病因は精神的なものだと思うね。国内と占領地域で行われている反ユダヤ人活動にひどく心を傷めていらっしゃるから。

毎日先生のところに伺えるのはたいへんありがたい。先生の蔵書の整理にはおそらく二、三カ月かかるだろう。この冬はちょっと医学から離れて、言語学と、それから哲学関係の勉強に主力を割くつもり。

クリスマスに休暇がもらえるといいのにね！　僕たちはみんなで、クリスマスにかけて山小屋に出かけるんだぜ。

ベルジャエフの本を一緒に送る。

じゃあね！

ハンス

ミュンヒェン発、オトゥル・アイヒャー宛

一九四一年一二月三日

オトゥル！

手紙が行き違いになっちゃった。で、大急ぎで君の手紙に返事をします。君の言ってきてくれたことは皆その通りだと思う。すごいやと感心するあまり、君の議論のきっかけが何だったのか見逃すところだった。君は僕が素人くさいと言ったのを気にしてるんじゃないか。僕は君のデッサンがだめだとか上手じゃないとか本質を摑んでいないとか言ったんじゃない。素人くさい、っていうのは誤解を招きやすい言い方だったな。ごめん。たぶん習作って言った方がよかったんだと思う。つまりすばらしい思想が表現されてはいるんだけど、それがまだ残念ながら充分に表現しきれていない。まだちょっと生硬で、生き生きしたところが欠けているってことなんだ。もちろんそれだって、君には君のいい分があるだろうが。でも、君がはっきり言ってくれたんでよかったよ。君が言ってくれたことは美術だけに限らずその通りなんじゃないかと思う。

　残念ながらベルジャエフの本はこのあいだ送ったやつしか手に入らない。今、僕は『自由の哲学』を読んでるが、これはムート先生に拝借したんだ。すばらしい本だよ。『新たなる中世』だったらもう一度送ってもいいけど。

　今ベルジャエフはパリにいるそうだ。いつかパリに行く機会があったら遠慮しないでぜひ尋ねて行きたまえ（そしてムート先生からよろしくって伝えてくれ）。

　君の言ってきた他のことも、今はちょっと無理だ。チェッ、僕は昨日本を買うのに一銭残らず使っちまって、一夜にして乞食に逆戻りさ。君の言ってきたクリスマスプレゼントはやめにしときなよ。それより君が直接手紙をくれた方が、うちのご令嬢方はずっと喜ぶに決まってるんだから。もちろん、一等いいのは、君本人が……かくのごとき望みを抱いていてもかまわないかな？

　この何日かとても重要なことがあって一所懸命やってる。例のトリノの聖骸布さ。話は知ってるだろ？『風防燈火《カンテラ》』にその話を書いてもいいかしら？

　心から君の！

ハンス

『風防燈火《カンテラ》』論文　「トリノの聖骸布について」

闇でなければならなかったのだ、この燈火《ともしび》が現れるために。

――クローデル

この姿を論ずることは正しいのであろうか、未だ知られざるものの陰から浮び出たこの貌を、眩しい日の光に曝し、人を新たな疑いに誘う必要があろうか？　すでにしてキリストを我らの主と認めている我らに、この不可思議な証拠が必要なものであろうか？　一体ではなぜ私はこうして語っているのか？　それを見たからである。夜の闇の中で何かを捜す、光と、確かな実質をもつ何ものかを求める憧憬とがまずあった。私の懐疑はこの画像の一撃で沈められ、長い時間の後ようやく再び心に浮んできた。しかもこの新たな疑いには、もはや根拠がなかった。私の心はすでに備えられたものになっていたのだ。私のことばはいかにも貧しく、私の魂にこの画像が与えたすさまじいまでの印象を伝える力はさらにない。それはよくわかっている。しかしそれでも私は声を上げる。自ら偉大たろうとするのではない。ただ歓びと真実の声を。

十字軍の兵士たちが、聖地からトリノにこの屍衣を持ち帰った。この布はそれ以来、代え難い聖遺物として大切に守られてきた。幾世紀もの事多き時代を生き延びて。布の周囲の焼け焦げは、この布の潜った困難の厳しさを語っている。教会そのものは焼け落ちてしまった。が、布は残った。先世紀末、イタリアのピス氏が初めてこの布を写真に撮った。そのとき、ネガのはずの原板にポジを見た彼の驚きはいかばかりであったろう。しかもそのポジの画像は！　彼の手は震え、恐れと歓喜が心を満たした。我を忘れて仕事を進める。そしてそこに彼の見たものは、二千年の間人の目に触れることなく隠されていた、その肉体、言わんかたなき貌。目を閉じ、眠るがごとくでありながら、驚くばかりに力にあふれ、死したるものながら、人の耐え得ぬ幾多の苦しみの跡を生けるが如く残す。書かれしままの惨たるいけにえの様を示す、脇腹の槍傷、無数に残るローマ兵士の二重の鞭の打ち傷、手、足首のくぎ跡。キリストの犠牲が欠けることなき形で我らの目の前に現れた！　震憾せぬものがあろうか。心の底から改めて神の名を呼ばぬものがあろうか！

以来、フランスの生物学者アルフレド・ド・ヴィニョンを中心とする学者たちが、無数の写真を撮り、ありとあらゆる手段と観点から布を調べた。各方面で布の真贋に関する疑いが強く表明されたからである。ここで厖大な証拠の数々を繰り返すつもりはない。とにかく次のことは確実に言えるのだ。この布には人間の死体の外型が印されており、この画はカメラのレンズを通し、光学処理される際には、ネガと同様の性質を示す。人体に死後生ずる生理学的および化学変化によって布にこの種の印画が与えられることは可能である。ただしその場合、死体は一定時間、すなわち約三日間以上その布に包まれていてはならないし、死体には没薬およびアロエが塗られていなければならない。問題の布はキリストが処刑された時代に織られたものであることには疑いの余地がない。埋葬の様式は新約聖書に書かれたところと一致する。この印画を残した遺体は灌されていない。ユダヤの習慣によれば、死者を洗わずに葬ることは考えられない。ただし聖書にある通り「その日は金曜日で安息日が始まった」。キリストの弟子たちは安息日の掟に触れることはできず、死灌は安息日が終わるまで待たねばならなかった。

証拠はしかしこのようなものばかりではない。科学的証拠以外の証拠、心の証拠がある。ローマで売られているキリストの絵姿を見たことがある。しかし何のためらいもなく私はキリストがこのような方であったはずはないと確信していた。何故か。ところがデューラー、ジオットー、グレコの描いたキリスト像は、いずれも一見して、真実のキリストの姿にはるかに近いものとわかるではないか。そして、不可解なことに、これら偉大な巨匠たちのキリスト像には皆本質的な次元で似通ったところがあり、それらはまた皆、発見された印画の貌と似てもいるのだ。しかし、巨匠たちの描くキリストの風貌に共通のものを与え、我らの心に言い難く働きかけてくる何ものかは、このトリノの聖骸布上に考え得る最高の完璧な貌を描き出している。キリストを見たいという人間の望みは、これまでそのような画像を予感こそすれ、現実のものとして手に入れたことはなかった。

「よりによって近代技術のおかげ」でとある人は書いてきた。私と同じくこの画像の出現に驚愕しかつ歓喜した人である。よりによって近代技術のおかげで、この画像が発見されることになろうとは。この技術こそ戦いの武器を機械化し、今まさに人間を打ちのめして凱歌を上げているものであるのに。この技術はかくして正当化されるというのだろうか？——クローデルは「第二の復活」、二〇世紀のためのキリストの復活ということを言っている。二千年に及ぶ年月、神の御子の御姿は目に見えぬ形で生き続けて来た。眠りの中で。人々は待ち続けていた。眠りのいましめをほどき、そこにあるものを見ることは我々のこの時代にゆだねられていたのだ。

ミュンヒェン発、母宛
一九四一年一二月六日

ママ！

短い一週間を終えてまたおたよりいたします！　何よりも小包二つありがとうございます。昨日届いて、おお喜びしました。この間ウルムから戻ってからこちらの時間ときたら、まったくあっという間もなく過ぎてしまいました。もう今日は土曜で、明日は待降節の二回目の日曜！　思いがけずボビイから電報がきました。今夜駅に迎えにきてくれですって。日曜は僕と一緒にいられるんだそうです。

四一年一二月七日。やっぱりボビイは来ませんでした。二時間も駅で待ってたのに。その代わり今日はイザール川のほとりをずっと歩く大散歩をやって、それから部屋でのんびりとサモワールをわかしました。おまけに今日は早寝をするつもりです。

明朝なんと七時に、また例のバカバカしい点呼があるんです。その後僕のはじめてのロシア語の授業があります。僕らが一日たりと、自らの運命に満足してしまったりしないよう、兵舎居住規則が強化されました。つまりこの前検査をやってみたら八〇名学生が足りなかった、もちろん僕もいませんでした、わけです。しかし、今さら寝床を換えるなんて気は全然ありません。

僕はこれで四年間、なんとか騒ぎも起こさず軍とやってきたことになります。しかし今現在、軍はまったくどうしようもなく気にさわる。細かいこと一つ一つがあまりにも精力を吸い取っていくんです。おかげで勉強する気力までなくなっちまう。

「僕からの」クリスマスプレゼントはだいたい揃い終えましたよ。ただインゲのだけまだです。インゲにはつまらないものなんてやりたくない。ところがお金が足りないんです。二〇マルクほど援助していただけませんか。一月一日には絶対お返しします。ちゃんと給料はもらえるんですから。

クリスマス前の準備で忙しすぎないといいけど！　まだあんまり無理しちゃいけないんですからね。

今日はこれだけ。どうぞお元気で！

ハンス

ミュンヒェン発、ローゼ・ネーゲレ宛
一九四一年一二月七日

いとしいローゼ！

待降節第二主日になった。僕は生れてこのかた、こんなにキリスト教的な思いでこの日曜を祝ったことはない。で、この記念すべき日、君のことを思わないって法はないと考えたわけです。この間の手紙にあまり遅れないで届いてくれるといいと思う。この前のはまだ未解決の問題が多くて、ゴタゴタしていたから。あれからずいぶん変わったんだよ。つまり、根本のところがぐらつかなくなって、この価値不明の時代に生きる支えができたといっていい。僕はやっと、ただ一つの、唯一可能で、かつ不変の価値を見つけた。頭が熱くも冷たくもならずにすむ枕のくぼみ、ってコクトーのいっているやつさ。理屈だけで考えていっても、決して窮めつくせるものではない。だから外から見るとわけがわからないかもしれないが、でも一番奥のところではちゃんとわかっているんだ。僕はかなたまで行きたい。できる限り遠くまで。悟性の道にのっとって。しかし僕は、自分が自然とそして恩寵によって作られたものであることがはっきりわかる。なかんずく恩寵の子なのだ。恩寵なしに自然はないのだから。

　僕のこの最奥の部分での精神の成長のこと、たぶんも少し時間が経てばもっとうまく話せるだろう。今はまだその渦中にあると言ってもいい状態だからね。しかしこの期に及んで本当に大切なものを見失うことだけはしたくない。

　もし僕が君のそばにいたのだったら、僕がこんなふうになったことを君は喜んでくれたんじゃないかな、ちがう？

　クリスマスを迎えようとしているこの時期、君に真の内省の時と、そして平和の時が与えられますように！

ハンス

インゲ、あるいはソフィー宛

一九四一年一二月一五日

ゴトゴト揺れる急行列車からごあいさつ。あとでもっとまともな手紙を書く（つもり）。ムート先生のところへ僕にって一一マルク送ってくれたね。どういうことなのかたぶんわかってるつもりなんだけど。しかし、それが当っているとしても、僕はかの禁止され、全書店から姿を消してしまったシグリ・ウンセトの本を天から祈り降ろすか灰から甦らせなくっちゃいけないのかなあ。結論として話にならない。これがひどいプロイセン式言い方だってことはわかっているけれども、八方手を広げ、ありとあらゆる隠し場所をわが親愛なる書籍商諸君方でひっくり返し繰り返した最終報告として、こういわざるをえないんだ。お金を送り返（このオンボロの元オーストリア国籍の連邦国営鉄道車両め）それとも何か別のものを買う？

　スキー・キャンプ大いに楽しみ。ただし、ちょっと懸念しておりますんですが、少々女性的要素が優勢にすぎるのではありますまいか。（停車した。）それではね。

もう発車しちゃった。まだアウクスブルクに着かない。

それではこれで。万感の思いを籠めて。いつ、ああ、いつになったら。いったい。

じゃあね！

ハンス

ミュンヒェン発、カール・ムート宛
一九四一年一二月二二日

尊敬措くあたわざる先生！

どうしても先生にひとことお礼申し上げたく、筆を取りました。口で申し上げるより書く方がよいと存じまして。私は歓びで満たされております。生れてはじめてクリスマスをその本来の意味で、まったく一点の疑いもなくキリスト者として祝うことができるのですから。

むろん幼い日の痕跡が消滅していたわけではありません。子どもの僕はなに思いわずらうこともなく燈火《ともしび》と、そして母の喜びで輝く顔に見入っておりましたから。しかしその幸福を影が覆ってしまったのでした。私はよりどころなき時代のらちもない迷い道に踏みこんでは苦しみました。どの道を行っても結局は見捨てられた思いと、つねに変わらぬ空しさが私を待っておりました。

心に深く刻まれる体験が二つありました。そのことについてはまたいずれお話し申し上げるつもりでおります。そしてとうとう始まったこのおぞましい戦争。すべての男の魂の深奥からひそかに立ち現れ、彼らの命を奪おうとするこの恐ろしい鬼神。私は以前に増して孤独になりました。

ところが、そういうさなか、どこからか救いが与えられたのです。私は主の名を耳にし、耳を傾けました。ちょうどそのころ、先生にはじめてお目にかかれたのでした。それ以来一日一日が光をもたらしてくれるようになったのです。とうとう、私の目を覆っていた曇りが拭い去られました。私は祈るようになったのです。私は自分を支えてくれる確かなものを感じ、確かな目標を見ております。キリストは今年、私のために新たにお生れくださったのです。

ハンス・ショル

ウルム発、妹エリーザベート宛
一九四二年一月六日

エリーザベート！

クリスマスに君のことを思い出さなかったなんて思わないでくれ。とんでもないよ。僕たちは君が新年には来られるんじゃないかと楽しみにしてたんだぜ、だから君へのプレゼントもそれまで置いとこうと思ったのさ。残念ながら、正月にも間に合わなかったけど、でも、今度の日曜家に戻ったら、ちょっとしたものが待ってるからね。ただし僕はもういられないんだ。明日はミュンヒェンに戻らなくちゃいけない。で、こうやって手紙を書くことにした。

僕らのスキー・キャンプの話はインゲから聞きなさい。僕にはとてもあの強烈な体験を描写するにふさわしいことば、偉大な詩人の卓れた筆はないから。僕はただよかった、とてもよかったと口をモゴモゴさせるだけさ。風景を描写するために必要な手間をすべて無視してしまうと、以下のごときごくつまらない図になる。石造りの山小屋。樹木境界線を越えた、吹きさらしの高みに建っている。風および突風に対してはまったく無防備。しかし土台はしっかりしており揺がない。だからして石造なのだ。前方には大きな谷、後方および両側には巨大な岩壁が美しい姿を見せている。谺はここで三度壁にぶつかるのだ。この小屋を目ざす小さな人間の一群。疲れ、気も挫けんばかり。突風のなかを再び上りはじめる。あえぎ、這い、つまずき……

次の場面ではまず君は煙に巻かれてなんにも見えない。目が慣れてくると徐々に輪郭が浮びあがってくる。ろうそくの光のなかに赤らんだいくつもの顔が見える。ほのかに輝く、静かな、ホッとした顔。どの顔にも疲れの色は見えない。もうこうして守られ、大丈夫なのだから。お茶を飲む。歌が響く。古きものはこうして繰り返し新たにされる。

ただ、このまどいに以前と根本的に違っているところがある。僕らは時代の急に目を向けている。十字架と救いに。

どうぞ元気で！

ハンス

ミュンヒェン発、両親宛
一九四二年一月一七日

僕のパパ、ママ！

パパもママも寒さのせいでお具合がよくないそうだけど、こっちも、この一週間ひどく寒くなりました。でも僕は気にしません。これがなければやっぱり春は来ませんもの。

ただお二人の体は心配です。風邪早く直るといいですね。パパには本当に都合の悪い時期で、お気の毒です。

ママの送ってくださった小包どうもありがとうございます。
僕は毛皮なんてもっていないし、そんなものどうやって手に入れるのか見当もつきません。〔……〕
来週になったらハンス・Rと一緒にまたウルムに戻ります。
お元気で、身体も魂もすこやかでいらっしゃいますように！

ハンス

ゲーテがパルメニデスで書いている詩を送ります。イギリス人はこの詩を肝に銘ずべきじゃないかしら。

淵より肩そびやかして上り来たるもの
讃うべきさだめによりて
地上の半ばを征するもの
されど彼も再び淵に沈まざるべからず。
不気味なる轟きは既に迫り、
抗うも今は空し。
従い慕える者ら皆、
共に沈み滅びゆく。

ミュンヒェン発、ローゼ・ネーゲレ宛
一九四二年一月二五日

いとしいローゼ！

僕のこのあいだの約束は、ちょっと早まりすぎだった。もう何週間も経ったのに、僕は君に手紙を書いていない。でも赦しておくれ！　僕はむりやり書くってことはできないんだ。

今の僕はことばの最良の意味で“homo viator”途上の人だし、できればずっとそうでありたい。だってやっと、そう、長い、ほとんど何もできぬままに流れていってしまった幾年月の後で、もう一度祈ることを学んだんだからね。そして祈りのおかげで僕はどれほど力を得たことか！　やっと僕は自分の恐ろしい渇きをいやしてくれる涸れることなき泉を見つけたんだ。

僕が君に話せることのうち、一番重要なのはこのことだった。他のことはすべて二の次、三の次だ！

君の手紙を読んだよ。君の考えていることはとてもすばらしいと思う。僕もやはり、どんな罪人よりもかたくなな人間を蔑む。魂のかたくなさは人間に考えられるもののうち最もいやなものだ。かたくなな心はどうしようもない生の不能から生れ、人間から本来の人間性を奪い去ってしまう。しっかりしていることとかたくななことはまったく別だ。今の時代はしっかりしているというのを完全に取り違えているんだよ。

キリストはどんな人間よりもしっかりした方ではなかったか？　それでもキリストは喉が渇けば水がほしいと言われたのだ。

まったくカントが定言的命令なんて言ったおかげで、ひどいことになってるじゃないか！　カント、かたくなさ、プロイセン方式――これで魂の息の根が止まる。

あと一月で学期が終わるけれど、それからどうなるかは全然わからない。しかしそんなことはどうでもいいんだ。なるようになるさ。僕はもう錨を下ろしている。根底からひっかき回されることは二度とない。

君が元気で、そして神の恵みを豊かに受けますように。またすぐ手紙を書くからね！

君のハンス

P.S.　写真を一枚同封する。見ておいてくれ。あとでどういうことか説明するから。

ミュンヒェン発、エリーザベート宛
一九四二年二月一〇日

エリーザベート！

すてきな小包二つもどうもありがとう！　バターやソーセージまで送ってもらっちゃって、かまわなかったのかな？

僕は現在のところ、再び国家に囚われの身だ。つまりね、滑稽きわまりない「過誤」を償うべく、四週間の禁固を食っているんだ。この何の役にも立たない犠牲はひどく痛い。この何週間かのうちにやろうと思っていた大切なことがいくつもあって、そのためには僕の部屋で静かに過せる夜が何よりも貴重だったのにな。しかし、もう仕方ない。これからまだたくさんいろんなことがあるだろう。でもどれも、大したことじゃない。ほんの指先ほどでも僕らの本質をけずり取れはしないんだから。

なんだか夏も続けて大学に行かれそうな様相だ。そうだと本当にありがたいんだが。

今ここでこうしている間、何人かの仲間とクローデルの『繻子の靴』を読んでいる。多少の気ばらしにはなるよ。このフランスの詩人のこの作品は近代ヨーロッパ文学中でも特筆すべきものじゃないかなあ。だからって僕はクローデルの書きぶりをゲーテだの、はてはダンテなんかと比べたりするつもりはこればかりもない。そんなことしたって何の役にも立たないもの。まるでバロック芸術の作品をゴティックのものさしで評価するようなものだからね。でもクローデルの思想はファウストの裏にあるものより深いし、包括的だ。君ももう読んでるだろう?

最近僕はたいへん立派なロシア人哲学者と知り合いになった。この間までブレスラウ大学で講座をもっていた人で、フョードル・シュテプーンという。この人は僕がつつき回してへとへとになっている今の時代を超越してしまっているんだ。だからね、本質的なものが残りさえすれば他のことはどうでもいい、なんてあっさり言うんだよ。そして、本質的なものが奪われることなど決してないんだって。それはそうなんだけど。

今度の『風防燈火《カンテラ》』に、僕らのコーブルクの山小屋でのクリスマスの話が載るよ。インゲが書いたんだけど、うまく書けてる。

今度の土曜にはインゲがこっちへ来る。きっととっても楽しいと思うよ!

今日はこれで。どうぞ元気でね

ハンス

ミュンヒェン発、両親とインゲ宛
一九四二年二月一二日

パパ、ママ、インゲ!

今日、長い間留守にしていた僕の部屋に久しぶりでやってきて、二、三時間いたんだけれど、そこに信じられないくらいすてきな中味のつまった小包が二つ僕を待っていてくれました。僕はおなかいっぱい食べて、そのまま眠っちゃった。この数週間何もできなかったおかげで僕の身体は滅茶苦茶です。状況はますますひどくなる。軍法会議はわれわれの中隊を暴動の科でOKWに告発しました。われわれの内部からなんともいやらしい密告が行われたらしいんです。僕にはどうしてそんなことをする奴がいるのかわからない。たぶん僕が叩きのめされたような気分なのも、このせいかもしれません。僕自身は全然なんにも関わりないんですが。今日も一人一人尋問されました。僕の一番親しい奴も一人告発されています。

僕はほんのわずかの脅しで大衆があんなふうに反応するなんて思ってもいなかった。でもいい勉強になりました。

インゲが土曜に来てくれるのをみんな楽しみにしています。この間の日曜みたいに軍に足止めされなければいいんだけど。

ママのお加減はいかが？

お元気で！

ハンス

ミュンヒェン発、エリーザベート宛

一九四二年二月二八日

エリーザベート！

まだ監禁されてる。一つ罰がおしまいになるとすぐ次のやつが始まるんだ。われわれのいわゆる無拘束の自由たるやことに短くて涙が出そうだが、しかし、とにかく僕としてはその暇を使って、手遅れにならないうちに君に手紙を書くことにした。すてきな小包を送ってくれて本当にありがとう。もう相当前に届いていたんだけど。なかにとてもおいしいベーコンを入れてくれた人がいるでしょ、その人にも特別にお礼を言っておいておくれね。

さて、君の誕生日の話をしよう。このあいだのクリスマスにも家に戻れなかったのに、誕生日にもやっぱり帰ってこられないってのはずいぶんつらいだろうと思う。目と鼻の先にいながら、お祝いも一緒にできないなんてね。でも、あきらめないで。僕は今でも、明日家で君に直接にお祝いを言えるんじゃないかと思ってるよ。手紙なんかよりずっと心のこもったことが言ってやれるんだけどな。僕が何よりも願ってるのはね、君がいつまでも窮屈な境遇に縛られつづけずにすむことだ。物理的な意味でも精神的な意味でも、もっと広い世界が君にひらけますように。これは必要不可欠のことなんだよ。僕たちが高く上れば上るほど、淵は深くなる。でもその高みと深淵の双方を包みこむことこそ僕らの望みでなくちゃ。淵を見ない者は、そこに落ちてしまう。しかし、照らしてくれる光なしで何を捜したって、見つかるわけはない。いくら目をこらしても何も見えはしない。だから僕たちの道を照らしてくれる光を見つけなくちゃならないんだ。僕らは以前からその光を捜すよう命ぜられていたのだし、それが命ぜられなくなる時はないはずだ。だから、願うっていうのは君だけのためじゃない。僕も、そしてすべての人のためにも願うんだ。ただこの何日か君のことがこれまでになく気がかりだったものだから。

たぶん夏休みの間当分アムマー湖畔のザンクト・オッティ

リエンで実習をすることになるだろう。それがすんだら、またこっちに戻って勉強が続けられるといいんだけど。

この間ムート先生のお宅で朗読の夕べをやったんだけど、とてもよかったよ。M先生が未発表のお作をお読みになったんだ。聴衆は少人数の学生グループだけど、僕が集めたんだよ。僕が一番いいと思ったのは「貧困について」の論文だ。『風防燈火《カンテラ》』の読者には今度の号に、第一号に載せた僕の論文のテーマとからませた形でこの論文を載せてお送りできると思う。

明日トラウテ・ラフレンツと家に戻る。――リーサはどうしてるか知ってる？　レオンベルクに行くことがあるかな？

今日はこれでね。どうぞ元気でいておくれ

ハンス

一九四一―二年の冬学期、およびザンクト・オッティリエンでの実習に続き、ハンス・ショルは再び実習に入った。今回の配属先はミュンヒェンの北西約六〇キロにある小都市シュローベンハウゼンの衛戍病院外科病棟である。この病棟の経営にはイギリスの女子修道会が当っていた。

シュローベンハウゼン発、両親および姉インゲ宛
一九四二年三月一八日

僕のパパ、ママ、そしてインゲ！

僕のこの前の手紙は着いていないのかしら、ママのお手紙には何も書いてありませんでしたから。僕がもらう方の郵便も着いたり着かなかったりです。僕が出したり、僕のところへきたりする山のような手紙をみんな読まなくちゃいけないなんて、秘密警察の皆さんもお気の毒に。だってなかには本当に判読不可能な筆蹟もありますからね。ま、しかし、そのためにお給料を貰っているんだろうし、仕事は仕事ですものね、皆さん！

ここはとても結構な所です。仕事は山のようにあります。昨日またロシアから新しい負傷者が送られてきて、凍傷にかかっている人が数えきれないほど着きました。ところが医者は、僕とあと一人しかいないんですからね。

看護婦ともイギリスのご婦人方ともたいへんうまくいっています。とにかく負傷者を少しでも楽にしてやろうという共同の目的の前には、その他の問題は数にも入りません。こういうのとは違う任務を与えられている人もいるんですからね。他人の手紙を開封して嗅ぎ回るのが人命にかかわるとで

もいろかのように。そういう任務に携っておられる紳士方は、傷にへばりついた、膿だらけの、どうしようもなく臭い包帯を切り取れと言われても、同じように張りきって命令に従われますかな？　もしかしてご気分が悪くなられるのではないかと愚考するのですが。

早く三月になって暖かくなってくれないかと思っていたものでした。いよいよ三月です！　昼間、陽が射しているときにはテラスで日光浴をしています。そして春の香気を胸いっぱい吸いこみます。何はともあれ、春なのだから。西風が吹いて、雲を連れてきそうではあるけれど。病院と軍靴の匂いはするけれど。僕の髪が長すぎて気に入らない方たちがおいでで、本当だったらこんなところでのんびりしていないで散髪に行ってなくちゃいけないんだけれど。

もう実習が半分すんでしまったのが残念です。またミュンヒェンに戻らなくちゃならない。でも、ミュンヒェンに帰れるのは、それはそれでまた嬉しい。でも何よりも、ちょっと家に戻れると文句ないんだけどな。

お元気で！

ハンス

シュローベンハウゼン発、両親宛
一九四二年三月二九日

僕のパパ、ママ

お手紙と着替え、本当にありがとうございます！　ここしばらくとても穏やかだったんですが、それももうおしまいです。明日またロシアから重傷者が送られてきます。二週間はたっぷり仕事があるでしょう。

この間の日曜日、僕は医長代理をやらなくちゃいけなかったんですが、夜、生命にかかわる大手術をやる破目になりました。生れて初めて（フランス戦線での話は別ですよ）だったけど、なんとかうまくいきました。

ここの修道女たちがどんなに親切か、きっとおわかりにならないと思うなあ。何も言わなくても、その人間が何を望んでいるのかわかるらしいんです。そんなことができるのは、あの人たちが涸れることのない特別の泉から力を汲み出してくるからなんでしょうね。

春になったからっていうのはまた別の話。

皆さんによろしく、望まれざる読者の皆さんも。でもとくにトラウテによろしく。

ハンス

P.S.　こういうちょっとしたものを「英国人」方は僕に

くださるんです(この文にはまったく裏の意味などありません)。全部で七本(しちほんですよ)あります。念のために。

ミュンヒェン発、ローゼ・ネーゲレ宛
一九四二年四月一三日

いとしいローゼ!

とにかく君に手紙を書かなくちゃ。ひどい奴だね僕は、こんなに君を待たせたりして。ずいぶん悲しい思いをさせてしまったな。ごめんね。でも、仕方なかったんだ。僕はたぶんある人を愛して、その人を幸福に満足させてあげられることはできないんじゃないかと思う。まだあまりにもいろいろなことが進行中で、僕の行く道はこうだってはっきり言うことはできない。

こんなわけのわからないことばを書いたりするより、直接に君を尋ねて行った方がいい。僕は本当にイースターの休みにそうするつもりだった。ところがここに足止めを食って出かけられなくなっちまったのさ。イースター当日までここにいなくちゃいけなかったんだよ。でも実習はたいへんうまくいった。四週間、田舎に行って、僕はとびきり上っつらだけの田園生活を楽しんだ。たいへん楽しいことがたくさん、そして、わずかだけれど、真実の苦しみを見た。上バイエルンの中くらいのかわいい町でね。空気は澄んでいたし、親切な人たちもいて、おしゃべりもしてきた。でももうそれもすんで僕はこうしてミュンヒェンに戻っている。この季節はなんとなく人を落ち着かせなくする。僕にはそんなつもりはないのに、魔物が目を醒ましてうごめきはじめるんだ。僕の一番大切な人はやっぱり今でもカール・ムートで、毎日話しに行っている。〔……〕

どうぞ元気で!

ハンス

ミュンヒェン発、母宛
一九四二年五月四日

僕のママ!

僕が何を言うより、ママのお誕生日にふさわしいことばをアウグスティヌスが言っています。あの人ほど情熱的に神を捜し求めた人もいない。だから、それを書いておきました。ママほどこのことばのふさわしい人はないもの。今の時代の混迷は深くて、いったいどっちに向かえばいいのかさえわからなくなってしまうことがたびたびだし、信じられないほどいろいろなことがあり、いろいろなことが起こる。でもそういうときにこそ、心の初源から発することばが、荒れた海を照らす燈台の火のようにきわ立ってくる。僕が貧しさというとき考えているのもそういうことなんです。混沌の極みに至ったとき、すべてのしがらみを投げ捨て、ためらうことなく、力強く、とらわれぬまま唯一のものに向かって進み行く。ああ、でも、そういうときってめったにやってこない。どうして人間はこんなに繰り返し、幾度も、空虚と迷い、定めなき流れのなかに投げ返されなければいけないんだろう。魔物たちは活動をやめない。いつでも人の髪の毛をひっつかみ、ひきずり落としてやろうと待ちかまえているんです。

ソフィーは元気で到着しました。しばらくムート先生のお宅にごやっかいになることにしました。部屋がちゃんとするまで。先生のお宅では歓待していただいています。リーゼルは今度の日曜日に出て来るんですか？　用意の都合もあるからはっきりした予定を教えてください。

お誕生日本当におめでとうございます。いいことがたくさんありますように。

ママのハンスとソフィー

一九四二年夏学期に引きつづき、ハンス・ショルの属するミュンヒェンの学生中隊はロシアでの「前線実習」を命ぜられることになった。ハンスは友人たちとともに七月二三日ミュンヒェンを出発、同二六日最初の中継地ワルシャワに到着した。

ワルシャワ発、両親宛
一九四二年七月二七日

僕のパパ、ママ！

ドイツを横断しポーランドを突っ切ってここまでやって参りました。旅そのものは結構よかったですよ。僕たちは気の合った者だけで車室を一つ占領していましたから、眠っていないときにはまともな話もできたし、ゲームをやったり、さもなければ何時間も走り去る風景を窓から見つめていたりしていました。何よりも東部の果てしない平原に魅せられてしまいました。この地方で特別の意味をもっているものを二つ見つけました。木と空。百姓屋敷は藁葺きで、小さな白樺の林のなかに小作小屋が絵のように散らばっています。日没は筆舌につくしがたい美しさですし、月が上って木々と草原に不思議な銀の光を注ぎかけると、ドイツに捕われているポーランド人のことを思い出さずにはいられなくなります。連中

ロシア出発前、ミュンヘン中央駅で。左よりハンス、
ゾフィー、クリストフ・プロープスト（一九四二年七月）

があれほど度はずれた愛国心を発揮するのも当然だなって。

ワルシャワは、長くいるとどうかなりそうな町です。しかしありがたいことに、僕らは明日出発です。壊れた建物の跡だけでも気が滅入ってしまいそうなんですから。ところがその崩れ落ちてしまった壁の間に、わけもわからないアメリカ式の宮殿が天を突いてそびえ立っている。道には飢え死にしかけているような子どもたちが横たわってパンをくれと手を出しているのに、陽気なジャズが聞こえてくる。教会では百姓たちが石の床に口づけているというのに、居酒屋でのドンチャン騒ぎは果てしもない。どっちを見ても没落の雰囲気。けれども僕はポーランドの人たちの限りない力を信じています。ポーランド人というのはとても誇り高くて、他国人と話をするなんてとんでもないと思っているらしい。でも子どもたちは見回すとどこででも遊んでいる。

僕らは明朝午前一時に病院列車に積まれてヴィアスマまで連れていかれることになっています。ヴィアスマに着いてから分担が決められるようです。

ヴェルナーから何か言ってきましたか？　いったいあいつがどこにいるか知りたいものだと思うんですけれど。また後で詳しいことを書きます。

お元気で！

ハンス

ロシア発、両親宛
一九四二年八月七日

パパ、ママ

僕たち二人で出した手紙は届きましたか。昨日ヴェルナーがこっちにやってきました。二人で長い散歩をして、最後にはロシア人のお百姓のところに寄りました。二、三杯ウォトカを飲んで、ロシアの歌を歌ったものです。まるっきり平和な時代にでもいるみたいに。本当は僕らが飲んでいる間、小止みなく銃撃が続いていた。ことにロシアの飛行機はずいぶん活躍していたけれど——でもそんなこと気にする必要がどうしてあるでしょう。ロシア人がすさまじいショックから回復する早さたるや驚くべきものです。夕暮になって、太陽があらゆる光にきらめきながら草原に沈んでいくと、見渡す限り広がるこの国にいわん方ない憂鬱が降りてきます。戦争そのものよりも重く沈んだ憂鬱。しかし、日が沈んでしまえば、受けた傷は忘れられ、歌が息を吹き返す。はるか以前からそうだったと思じように。

ヴェルナーは幸運でした。また事務職に回されたそうです。あいつがいる集合治療所は今ルシェヴの戦闘の負傷者でいっぱいなんですが、あいつ自身はその騒ぎに巻きこまれずにすんでいます。ルシェヴ付近でロシア軍は当方の前線を二箇所撃破しました。でも、攻勢に出てもそれが続いたことがないんですからね。

今のところ僕はいてもいなくてもよい存在です。だから散歩をするか、穴にすっこんで座っているか眠るか以外ありません。でもそれもいつまで続くことやら。ロシア軍はどうやら大攻勢を予定しているらしいから。

パルチザンの活動はすさまじいほどです。おかげで補給線は本当にピンチです。このあいだ運搬係長と話をしたんですけれどもね。その人が統括している範囲、っていうのはだいたい、ウルム―ガイスリンゲン地方の広さなんですが、そのなかだけで八日間に四八列車が爆破されたそうです。機関車は完全にだめになっちゃったんですって。占領地域中で夜になると全青年男子が組織され、パルチザン活動に従事しているんです。毎日毎晩前線の後に落下傘部隊が降下してくるし。

とにかく今のところ僕はたいへんうまくやっています。こっちに来てからずいぶん太りましたよ。いつかこの皮下脂肪を食べなきゃいけなくなるかもしれませんけど。

どうぞお元気で！

ハンス

ロシア発、クルト・フーバー宛

一九四二年八月一七日

尊敬措くあたわざる先生！

道中さまざまなことがあり、長くもかかりましたが、二週間前われわれ全員ヴィアスマの東方にある小都市に到着いたしました。町は銃撃のため半分崩れかかっております。われわれはこの町で、無為によって時を過しております。「仕事」をしたいと思っているわけではありません。そもそも私が医学を勉強しているというのも、ただあまりにも空しい時に呑みこまれることを避けるというだけのことだったのですから。小止みなく降りつづく雨も別にいやではありません。私がいやだと申しますのは、もっと本質的な意味でどうしようもない非活動性が当地を支配しているからなのです。この逃げ場のない、切り離されてしまったやりきれなさは、まったくいきどおろしいものです。ワルシャワまでわれわれ学生中隊は団体で移動しておりました。私はワルシャワで先生にお葉書を出したいと思っていたのですが、あまりにもあわただしく、果たしませんでした。しかしワルシャワの街、ゲットーおよびその周辺で行われているあれやこれやのすべては、たいへん印象的でした。国境を越え、ロシアに入ったその日に襲いかかってきたものに関しましては、だいたいのことを申し上げることさえできないありさまです。何から始めればよいのか途方に暮れてしまうのです。ロシアというのはまったくどういう意味でもとんでもなく大きく、限りがありません。また住人の郷土愛にも限りがありません。この国にとって戦争は雷雨のようなものです。雨が上ればまた日が照ってくるのですから。人びとは確かに深く苦しみます。苦しみは人びとを浄化します――が、それがすめばみんなまた笑いはじめるのです。

私は現在、先生もご存知の友人三人と同じ中隊に配属されております。なかにはロシア出身の友人もおり、ずいぶんおかげを蒙っております。私自身もロシア語を習得すべく、日夜努力を続けております。われわれは日が落ちるとロシア人のところに出かけていき、火酒を飲みつつ歌っております。

われわれの北方からも南方からも強力なロシア軍の進撃が伝えられておりますが、実際それがどういう結果になるかはまだわかりません。

お元気で！

敬具

ハンス・ショル
アレクサンダー・シュモレル
ヴィリイ・グラーフ
フーバート・フルトヴェンクラー

ロシア発、母宛
一九四二年八月二四日

僕のママ！

今日お父さんは収監されるんですね。ママが最初に出してくださったお手紙とソフィーの手紙が今日着きました。その後で書いてくださった分はもう一週間ほど前に届いていたんですが。

パパが逮捕されるというニュースは、確かに考えられないことじゃありませんでしたが、やはり平静に受け取れるものではなかったと申し上げても、わかっていただけますね。お手紙を読んで僕は憤慨し、怒りで胸がはり裂けるかと思いました。落ち着きを取り戻すのにはしばらくかかりましたよ。ママたちがしっかりしていらっしゃるし、ひるむことのない愛情をもって事態に立ち向っていらっしゃるのがわかったから、僕も落ち着けたんだと思います。でもね、僕にはとても減刑嘆願書は書けません。そういうものを書くと、たぶん我慢の限界を越えてしまうと思うので。ヴェルナーには起こったことをできるだけ穏やかに話しました。あいつはいつもそうですが、とても落ち着いていましたよ。

きっと最初の何日か、パパはとてもつらい思いをなさるでしょう。僕は自分で知りすぎるほど知っています。周囲の世界とはまったくつながりを断ち切られてしまい、狭い、暗い部屋に自分ただ一人。でも、パパは大丈夫、乗り越えられますよ。パパはもともと強い方なんだから、この監禁から解放されて出ていらっしゃるときにはより一段と強くなってらっしゃると思います。苦しみには信じられないほどの力があるものです。真の苦しみというのは湯舟のようなものだと思う。そこにつかった人は生れ変わって再びしっかりと地を踏みしめる。すべて偉大なものは一人の人間のちっぽけな胸から出て、広い世界へと拡がっていくはずでしょうけれど、その前に何よりも浄化されていなくちゃならないんです。それを逃れようなんて思ってはいませんよね。僕らの生が終わるまで。キリストは今このときにも、幾千回も繰り返し、十字架にかかっていてくださるのではないでしょうか？にもかかわらず、今に至るまでいつでも、物乞いや病人たちに門戸を開く者はいない。人間は自分たちが同じ人間である人たちに何をしているかわかっていない。その絶望、そのみじめさ、貧しさを。——

僕たちはどちらもたいへん元気です。僕は毎日アレックスと二人で一日中果てしない森のなかを歩き回り、夜になると土地のお百姓のところに上りこんではお茶か火酒をごちそうになって、歌を歌います。

今日ロシア人を一人埋葬しました。たぶんもう何週間も前からそこにいたんじゃないかと思うんですが。僕らのところから百メートルほどの所に。ヴェルナーの方もずいぶん死人の片づけをしなくちゃならないみたいです。

またすぐお手紙しますね！　どうぞお元気で

ハンス

お力落としのありませんように

アレックス

ロシア発、母、インゲ、ソフィー宛
一九四二年九月二日

ママ、インゲ、ソフィー！

お手紙と小包どうもありがとう。ママのお手紙二通、ソフィーのが一通と小包一個受け取りました。パパのお手紙が早く着かないかとジリジリしているところです。

できるだけ手紙をください。お手紙をいただけるとホッとするんだ。愛情は両者間の距離に二乗して増大するものでありまして、だから僕はしょっちゅう、皆のことを考えているんですよ。とくに夕方、果てしないロシアの平原に突然夕闇が降ち、暗がりでじっと座っていなくちゃならないときなんて。もう秋がやってきて、梢の葉は黄色く染まりはじめ、白樺は、そう、白樺があるんですよ、固い表情をして立っている樅の間に若いお嬢さんみたいな姿で生えているその白樺たちは、寒さに震えています。まだ誰の目にも明らかだというところまではいっていないけれど、でももう、かすかな、目に見えないほど優しい秋の吐息が、木々と野とを覆っている。まるで自然が悲しんでいるようです。その悲しみはすべての憂鬱を裏に返し、美そのものに変えてしまう。僕にはわからないんですが、どうして死に知らん顔をする人があんなに多いんでしょう。死があればこそ生がかけがえのないものになる、というか、死こそ生をかけがえのないものにしてくれているのじゃないのかなあ。死が僕らを人間にする。罪と同じように。花は美しい。それは花が萎れるからです。花は萎れる。でもその美しさは残る。いやむしろ、死が美をきわ立たせるのじゃないだろうか。

僕には無為のための時間がたっぷりあり、ということはものを考えられるということです。これはたいへん大事なことだと思います。確かにミュンヒェンでの最後の何週間はすばらしかったし、役にも立ちましたが、でもあまりにもあわただしくて、思考が熟するというわけにはいかなかった。いま僕にお会いになると、前線であれだけいろんなことがあったのに、それがほとんど何の跡も残していないのにびっくりなさると思います。僕の戦友連中は、僕がまことにあっさりしているというので好いていてくれるらしいですよ。つまり僕たちはそもそもの前提からしてふつうと全然違った姿勢でことに当っているのです。それが一番大きなことでしょう。

アレックスはこの何日かひどく悪いんです。一晩明けてみたらジフテリアになってしまっていて。まだ熱が高くて、寝ています。フーバート・Fとヴィリイ・グラーフは、昨日もっと前線に近い歩兵隊の部隊付き医師になって行かなくちゃならなくなりました。で、現在のところ、かの誇り高き「第五列」の生き残りは僕一人です。確かに一人ではありますが、しかし孤独というわけではありません。相当の年寄りの漁師が一人いて、その人とはずいぶん親しくなりました。僕らはよく朝早くから日没まで川のほとりに座りこんで、キリストがいらしたときのペテロのように魚を取ります。それから今いる基地に収容されている捕虜と、ロシア人の女の子二、三人と一緒に合唱もやっています。この間は夜中まで踊り狂って、次の日骨がギシギシいいました。

ヴェルナーとは毎日といっていいほどよく会います。とにかく僕はあと四週間はこのグシャツクにいるはずだし、あいつの方もその予定ですから。僕が来た初めのころは毎晩ロシアの砲撃隊の攻撃があったんだけど、この一週間ばかり、それも止まっています。ということは、戦闘という観点から見た場合、われわれ二人はまったく安全でありますから、どうぞ心配しないで。何せ僕たちのところにいる軍医中尉殿は僕たちに乳児の食餌法に関する講演をしてくださったんですからね。そのくらいのんびりしているんです。まったく、あの時はおかしかったな。ここではときどきそういうことがあるんですよ。僕はその類の逸話を集めて喜んでいます。小さなノートをいつも持っていてね、ちょっとしたことがあると「書きつけ」てるの。紙がなくなっちゃった。じゃあ、早く家へ飛んで行け！

どうぞ、どうぞ元気で

ハンス

ロシア発、ローゼ・ネーゲレ宛

〔一九四二年〕九月一〇日

いとしいローゼ！

僕がロシアに来てからもう一月を過ぎた。古い世界と僕を結んでいる絆は、今のところほとんど切れてしまっていると言っていい。僕の望みはたった一つ。東へ東へと進んでいくこと、古いいましめから逃れて、ヨーロッパ文化の腐臭から遠い所へ。僕の言うことは大げさだ。でも、誇張せずにいられないんだよ……この国は本当にすさまじいところで、だから完全にこの国のとりこになるかそれともまるっきり何も感じないかのどちらかになってしまう。つまりこの国ではすべてか無かという掟が支配しているんだ。人の心と同じに。でも、本当のことはわかってる。僕は根っからのヨーロッパ人さ。伝統に頼ってしか生きられない、神聖な遺物を守る墓守だ。だからやっぱりヨーロッパに戻らなくちゃならない。

僕の気分はまるで秋の空みたいだ。五分ほど前には将校の一人が、お前の髪は長すぎると僕に怒鳴りつけた。そういうくだらないことでも、ときとして僕は頭にきちゃうんだよ。まるで若いお嬢さんみたいに傷つきやすくなってる。ロシアコレラっていう言い方があるけど、でもそうじゃない。どう説明したらいいのかわからないな。でもやってみるね。人間ってのはどうしても環境に左右されるものでしょう。で、ロシアにいると、人間の魂はまるで何にもおかまいなく海綿でゴシゴシ洗われちゃったみたいになってね、いまやまったく白紙の状態になっている。その白紙めがけてあらゆる方向からいろんな力が押し寄せてくる。善いの悪いの、重いの軽いのおかまいなくね。そういうことなんだけど。

僕の字読める?

皆さんによろしく、とくにエーフェに!

ハンス

ロシア発、両親宛
一九四二年九月一八日

僕のパパ、ママ!

何日かお手紙がきませんでしたが、今日一通届きました。今日の午後ヴェルナーに会いますから、そのときあいつに渡してやりましょう。僕たちはよく会ってます。前ほどしょっちゅうじゃありませんが。僕はこのごろ馬に夢中になってるものですから。猛スピードで平原を走る馬の背に乗って、ほとんど人の背ほどもあろうかという草の間を切り裂いて駆けさせていくほど壮快なことはありません。夕暮、日暮どきにぐったりするほど疲れて森に戻って来るんです。まだ頭は日中の暑さの名残で熱く、指の先まで血が湧き立っている。こんなにすばらしい欺瞞は初めてです。こんなに気持よく乗れるのはね。だってとにかくどこかで自分をごまかさないわけにはいかないんですから。なんて言ったらわかっていただけるかなあ、まだよくちゃんと説明できません。兵隊たちはロシアコレラだなんて言い方をしてますが、でも、それはあまりぶっきらぼうだし、舌足らずだと思う。つまりこういうことなんです。信じられない美しさで世界を見てしまったものは、当分の間他のものを見たいとは思わないでしょう。これは確かに矛盾なんですが、しかし、この矛盾は別にここにだけあるわけじゃない。目を開けて見さえすればどこにでも見られるものなんです。ただここでは、その矛盾の力が戦争のためにすさまじく増大されていて、僕みたいな弱い人間には時として耐えがたくなってしまうのです。そうなると酔っ払うしかなくなる。ただもうすばらしく光輝いている部分ばかりが見えるようになるんです。僕はまだここに来てわずかですが、しかし、こういう陣地戦がどれほど人間をズタズタにしうる恐ろしいものか、よくわかります。

アレックスは元気になりました。病気が直って本当によかった。でももちろん当分大事にしていなくちゃなりません。この間は僕も、もうちょっとのところで病気になるところでした。熱が出て、喉も痛かったんですが、しかし二日ほどでおさまりました。僕もアレックスもたぶん輸血用に血を提供しすぎて、体の免疫力が低下しちゃってるんでしょう。ところがロシア、とくにいま僕たちがいるところみたいにマラリヤ、発疹チフス、五日熱、赤痢等々の感染症の病原菌がウジャウジャしている土地にいる人間は、免疫力なしでとてもやっていけるものじゃありません。

今朝はまだ暗いうちからひどい風が吹き荒れて、木を揺がしています。でも僕らのいるところは暖かいし、いい具合です。ストーヴには火が燃え、パチパチはぜています。薄暗い部屋は煙草の煙でいっぱいです。

お父さんのことをしょっちゅう考えています。たぶんこれもロシアにいるおかげでしょうが、感情の揺れ幅がひどく大きくなっています。ほんの数分の間にどうしようもない怒りで怒髪天を衝きかねないようになったり、かと思うと、あっというまに、落ち着いて、信頼と期待にあふれた気持になったりしてしまうんです。

秋になって、いろんなことが起こりますが、僕はたとえばすべての絆といましめを打ち砕いて、渡り鳥と一緒に、もっと暖かい故郷に向かって逃げていきたくなってしまう。コクマルガラスは大群を作って、太陽が中天にかかる地を目ざして飛んでいこうとしているし、地つきのカラスさえ、その旅にしばらく付いていきます。

お元気で

ハンス

P.S. この封筒をこんなふうに貼っちゃったのは僕です。

ロシアでの体験、および思索に関し、ハンス・ショルは七月終わりから九月半ばにかけて日記のなかで決算を試みている。

ロシア日記

一九四二年七月三〇日

平原はロシアに始まる。われわれはなだらかな典型的氷堆石層地帯を走っていた。凝固した海のように波打つ丘のつらなり、見上げれば青空が拡がり、雲が船のように浮んでいる。午後の陽光を受けて輝くように白い。僕の魂はこの光景のただなかで、若き血潮の躍動の歌を歌っていた。僕の思いは光の中にそびえるバロック様式の教会と、そしてモーツァルトに飛んでいたのだ。そのときわれわれは国境を越え、そこには果てしなく限りない平原が拡がっていた。いかなるものの輪郭も崩れ去り、いかなるものも海原に落ちる一滴の水のごとく失われ、砕け散ってしまう。始まりも、中央もなければ終わりもない。人は戻る場を失い、憂愁が心にあふれる。限りなく姿を変えつつ雲は途切れることなく天に流れ、人の思いもそれに似る。人の憧憬は雲を運び去る風に等しい。ここではすべて人の拠り所となり、つねに震えんばかりの力をこめて人がしがみついているもの、たとえば故郷、母国、あるいは使命もすべて崩壊し、踏みしめている足元の地面さえ消失してしまう。人は堕ち、堕ちつづける。堕ちゆく先もわかぬ間に、篤く信頼していた腹心のものたちは皆、打ち砕かれた主人たる人を見捨てて去る。そのとき、人は思いがけず、天使の羽に包まれたかのごとく穏やかに、ロシアの大地に下り立つ。ロシアの平原、それは神と、神の創られた雲と風だけのものなのだ。

故郷と呼べるものがなくなってしまうところ、そこにこそ神は最もま近くいらっしゃる。だからこそ若き人間は家を離れ、すべてを捨てて、あてどもなくさまよいゆくことを願うのだ。自らを縛る絆の最後の一本がちぎれるところまで、はるかなる平原で、一人、身に何もまとわぬまま神と対峙するまで。そしてそのとき、若者の眼からは曇りが拭われ、古き大地を再び見い出すことになる。

一九四二年七月三一日

平原の上には灰色の雲が垂れこめている。地平線は銀のリボンのようだ。そのリボンが天と地とを分けている。地にはしかし細い雨を通して色の輝きが見える。あらゆる調子の茶、黄、そして緑が。はるかかなたに厚い雲をつき通して光輝が落ちる。とその光を受けた一切の地は鏡のように輝きをまき散らす。地は幼な子のように笑う。瞳をうるます涙をつき抜けて、ほほえみかける子のように。

線路の載っている盛土の堤には、なんと誇らしげに花々が咲き乱れていることか！　まるで色の一つでも欠けぬよう、しめし合わせて咲いたかのようだ。ロシアの花たちはそれほどにまで、穏やかに威を振う。一面、限りなく。崩れ落ちた建物の傍であれ、焼け焦げた貨車の周りであれ、取り乱した表情の人びとの後ろであれ、どこでも。瓦礫の間に花は咲き、子どもらは何知らぬげに遊ぶ。おお、愛なる神よ、われをこの絶望を越えて助け給え。私の目にはあなたの御技が見えます。あなたの創られた、よいものが。しかし、そこには人間の技も見えるのです。残虐な、破壊と絶望とが。しかもそれはつねに罪なき者を苦しめる。この子らを哀れみ給え！苦しみの桝はまだあふれないというのでしょうか？　なぜ苦しみはかくも偏った与えられ方をするのですか？　嵐が来て、あの神なき者どもを吹き散らしてくれることはないのでしょうか？　あの者たちは、幾千の無辜の民の血を魔物に供して、あなたの似姿を汚しているというのに？　眼の届く限り、世界は再び輝きに満ちている。雨が止んだ。

一九四二年八月七日

僕は無為に疲れている。トーチカは揺れ、呻く。ロシア軍がモスクワ線上に次から次へと爆撃してきているのだ。僕がいてもなんにもならない。この大切なよしなしごとのまっただなかで、ぼくはただひとり用もない傍観者なのだ。砲が発射されて弾が落ちてくるまでの間だけ戦争の魅惑が僕を捕える。

ロシア人というのは驚くべき人種だ。しかしあまりにもやかましすぎる。ロシアの人間については後から書こう。マルーシュカ、ボリス、それからあの晩歌を歌った百姓たち。他の人たちのこともみんな。

一九四二年八月九日

今日は日曜日だ。僕は日向に座って煙草を喫う。ディミトリイが通りかかり、笑いながらあいさつをする。あいつは僕に会うといつでも笑う。

一週間前にはヴィアスマにいた。ロシア正教の教会に行けた。ロシア正教の礼拝は、僕たち味気ない中央ヨーロッパの典礼とはずいぶん違う。入っていくと広いホールだ。丸天井は煤で真黒になっている。床は寄木細工でできている。部屋中ぬくもりのある暗さで、祭壇とイコンの下のろうそくの光だけが、聖なる画像に黄金の光を投げていた。会衆はあちらこちら、仲間同士かたまっている。髯を生やし、人のよさそうな顔をした男たちが、一張羅のサラファンを着こんでいる。髪ににぎやかな色どりのスカーフを巻いた女たちはひっきりなしに身を屈め、盛大に斜め十字を切っている。顔を地に沈めて床に接吻するものもいる。ろうそくの黄金の光でどの顔も赤く染まり、眼は輝いている。人びとのざわめきがやがて引いていき、司祭が声を挙げて歌いはじめる。司祭の声に合唱が華麗な和音で応える。司祭が再び歌い、再び合唱が応える。会衆の声も加わっている。瞳のように澄んだテノール、夢のように濃やかなバス、信じる者の心はなべて歌声とともに震える。魂が耐えがたく長い沈黙を乗りきって自らをあらわにし、表わしつくそうとするのが感じられる。やっとまことの故郷を見い出し、戻ってきたのだ。僕は歓びのあまり泣きたくなる。僕の心のなかでもゆるやかに一本一本縛めが解けて落ち、僕は愛し、笑いたい。僕には、このみじめな人びとの上にも天使がいるのが見えるのだ。この天使は無の揮う力すべてよりも強い。精神のニヒリスムはヨーロッパ文化を脅かす一大危機である。しかし、そのニヒリスムが最終手段を繰り出し、われわれがこうして全面戦争に屈しているとき、ニヒリスムが灰色の雲海となって空を覆いつくした今、すでにニヒリスムは克服されているのだ。無の後には何もない。しかし、何もないということはありえない。すべての人間があらゆるものを打ち壊されてしまうことは不可能だ。どこかに必ず誰かがいて、炎を守り、隣人の手から手へと渡していく。再生の波が地を覆うまで。天を覆いつくす雲も、やがて新たな信仰のめざめが起こり、その光で破られるのだ。

僕はうっとりとしてロシアの百姓たちのしわ刻まれた顔を見つめていた。僕の目は薄明るい片隅を捉えた。そこでは二人の女が床にしゃがみこんで子どもに乳をやっていた。これこそ決して打ち破られることなき愛の力の象徴ではないか。教会から、眩しい昼の光のなかに戻る。空は曇り、地面ではかすかに水音がしている。道は境もわかちがたい泥沼と化しているのだ。はるかに遠く砲声が鈍く響いている。

一九四二年八月一二日

正直になりたまえ、君！　僕の書いたものをザッと読み返してみたが、この国の真実の顔のことをなんと下手くそにひどい書き方をしているんだ。ここに咲いている花の一つでさえどこからその色を表わすことばをもってきたらいいのかわからないほどだというのに。僕の目の前に広がっている野原は、いや、これは野原などというものじゃない。これは揺らぎ、そよぐ草の海だ。地平線の果てまで続き、いずこに終わるとも知らない。たとえばほっそりした白樺一本のなかに、どれほどの優雅が潜んでいることか。そして僕が目を上げれば、そのしとやかな木が幾本も立っているのだ。草からはかすかな霧が立ち上り、梢には名残の夕日がまつわりついている。——

今日僕はまず幸運に出会い、それからその後で馬蹄を拾った。なんておかしなことだろう。これはおとぎ話にしてしまった方がいいんだろうか、それともあたり前のことばできちんと書いておいた方がいいんだろうか。この出会いのことは。瞳はつねに色を変える。かたくなに、寡黙になったかと思うと、勝ち誇ったように明るく笑いかける。まつ毛は長く、唇は豊かだ。身のこなしは自然で何のかげりもないしとやかさ。——

しかしこの瞳にさえ、決して捕えることのできぬ深淵が透けて見えるのです。神よ、あなたの深淵が。暗くなって、もうほとんど何も見えない。僕の思いは木々と雲とを越えて飛んでいく。

ここではどうしてこんなに想像力の翼が拡がっていくのだろう。ただ森のはずれに座って静かにしていさえすればいい。ハンの木の倒れた幹か、茂みの葉陰がいいだろう。生きて呼吸している木々の葉が、手に影を落とすのを見つめるのだ。そうすると南方からおとぎの風が吹いてくる。南の国、夢のように遠いかなた、白い岩壁が切り立った崖《がけ》となって海に落ちているところ。潮流がうなりを立て、泡立ちながら波となって砕け散る。怪鳥が雲を破って飛び来り、獲物を追うところ。おまえの想像力の翼は、その国を越えてもっと遠くへおまえを運んでいく。はるか、この瑠璃色の海の果つるところ。風が生れるところまで。その風をおまえはよく自分の思いと比べるではないか。その国では空気は冷たく清らかで、まるで生れたばかりの幼な子の魂のようだ。そこでは人の思いは何も書かれぬ紙のようで、出会うものすべてを受け入れる。善きものも悪しきものも、美しいものも醜いものも、高貴なものも卑しいものも。しかしその思いは、おまえをかすめたかと思うと、草原を渡って走り去る。駆けてゆく馬のように。砂漠の灼熱の輝きを飲みほし、宵には羽ばたきを休めてことば少ない潮の上に憩う。高き山々を上り、また谷に駆け下る。そして、すべて駆けめぐったところから、わずかずつ何かをもち帰るのだ。音の響き、一枚の葉、ほこりの一つぶ、花の種、さまよい歩く人のあいさつ。髪のゆらぎの一つでさえ忘れ去られることはない。扉をあおり、別の扉を閉じる。水を波立たせ、百姓のひたいを冷やす。しかしこの風は、工場や、媒塵や、ガソリンの臭いは知らない。そういうものは長い旅のどこかに忘れてきてしまった。おまえが忘れたと同じように。——

軍隊というのは世界で最も想像力の欠けた存在である。この戦争をかくも卑しいものにし、これ以前のものときわ立たせているのは、まさにこの想像力の欠如だ。にもかかわらずおまえは草の間に寝ころび、上を向いている。たぶんまどろみもするのだろう。

一九四二年八月一四日

僕の大好きな季節が始まる。雲は薄く、透き通り、木々の上高く流れていく。風はもはややむことがない。ほこりを舞い上げ、熟した種子を運んでいき、ときに、疲れた葉をもうはや枝から払い落とす。渡り鳥は南に渡りゆく。夜は冷気を運び、夕べには草原に霧が拡がる。

一九四二年八月一六日

もう日曜だ。なんと日の経つのが早いこと！　八週間後でもまだこんな馬鹿な言い方をしているのだろうか？　それとも時間の飛翔について何かたとえを思いついているか、さもなければこの四次元のできごとをなんとか説明しようという努力を放棄しているか。時間？　歴史だって？

はるかかなたから夜となく昼となく、強くなり弱くなりして、まるで雷の呻りのような音がする。あれはユフノ付近の連続速射の音だ。昨日から小止みなく雨がふり、地面は河のようだ。何もかも雨に濡れて、しずくも落ちんばかり。木々はその湿気で輝き、蛙は疑わしそうに水たまりのほとりにしゃがみこんでいる。水を見ているのだ。ヨーロッパ現代哲学者も、こうして生を眺めている。クラーゲスとかそういった連中だ。われわれの塹壕は水に弱い。しかし次から次に水滴が落ちてくるのはよい気持だ。天井を黒く汚す煤と同じ。左手には半分ほど喫った葉巻を持ち、右側からはろうそくの弱い光が僕の本を照らしている。僕の周囲にあるものすべてが比較の対象となり、比喩となる。しかし僕の想像力のなかに、霧を破って駆けてくる馬のように何かの思いが浮かんだとしても、それはあっというまに再び哀れな灰色のなかに消えていく。この灰色はすべてを覆っている。無為と、休憩がその名前だ。しかし思いは濃淡のないもやとなって待っている。期待を抱くことなくただ待っているのだ。いつの日か、見通しの効かぬ、かすかな、色褪せたもののなかから、稲妻のように彩かに、新たな思いの陽が顔を出す(めざめるのだ)のを。そのとき耕された農地から新しい生命が芽をふく。

今日起きたとき、なんと日曜らしい気分だったことか。あちらこちら寝返りをうって、重たい、地に向かう感情をすべて振り落とし、上を向いて、僕は大胆にもダンテと自分を比較した。新たなる光のなかにあらゆる被造物を超越して立つベアトリーチェを見たダンテと。ほんの一瞬、それでおしまい。しかし僕はその瞬間以来、子どもっぽくはしゃぎつづけている。僕は軽薄になり思い上がる。なんという幸福だ!

ここではドストエフスキーは中部ヨーロッパで読んでいたのとは違って読める! 日々、毎時間、おそらくすべての人間が同じことを体験している。心なく踏み出す足もとに、落とし穴が口を開けている。急ぎ足で進む者たちは汚れないものを踏みにじり、何千という人間は、ひよわな、罪なき子どもの肩に自分の罪を負わせて知らん顔をしている。ただ一人だけが目を見開いて人の世を見つめている。その人は、すべての被造物が哀れみと解放を捜し求めるのを見ているのだ。そしてこの人こそロシア最大の詩人である。

こんな薄暗いところでは目をいためてしまう。しかしここでこそドストエフスキーがわかるのだ。

一九四二年八月一七日

まったくの無鉄砲から、昨晩は酔っ払うまで火酒を飲んだ。僕は憂鬱だったから飲んだわけじゃないし、よく見かける瞳が語るように、物悲しい思いを紛らすために飲んだわけでもない。——憂鬱は逃げ出すにはあまりにも神聖なものだ。——僕はあっさり飲んだのだ。喜びから。もっとよく歌が歌えて、うまく冗談が出てくるように。大胆かつ無考えにも僕は、酒と人間には似たところがあると言いきったものだ。人間は精神と物質からできており、重要なのは前者である。酒も同じことではないか? 酒精なしではどんなによい材料を使ったとしても何になろう。非精神的な人間と同じように、精神《こころ》なき飲んべえもいる。酒あるところに文化があり、アメリカ人だけが酒の最上の養い手たる文化を必ずしも要しない種類の酒を作り上げた。この新種は雑草のごとく、いかなる荒地にもはびこる。僕は、酒あるところには文化花開くと言ったのだ。たぶん僕はそれ以外にいろいろ怪しげなことを言ったけれど、これだけは取り消さないで、皆が見えるように高く掲げておきたい。

ここのこの暗がりにいると、もし他人が邪魔しさえしなければ、何時間でも自分の奇行を集めて自分で面白がっていられるだろう。空気が湿っていてパンはいつでも水っぽく、ベタベタしていても、少なくとも魂だけはパリッとしていられる。

憂愁について。

おかしなことだが、まず何かを書いてしまわなくては次が書けない。つまりこの「憂愁について」はしばらくおあずけにして、ちょっとした、なんでもない、しかしそのなんでもなさなりに典型的なできごとのことを書いておきたいと思う。ここに一人軍医中尉がいる。子どもみたいな人だ。はじめて会ったときから僕はこの人が好きだったし、他の連中も皆同じだった。何日か経ってからはじめて僕は、この人の顔にふつうは見せない表情があるのに気づいた。それはあまりいただける種類のものではなかった。もしかするとそいつは僕の見間違いかもしれない。たぶん何でもないことなんだろう。とにかく問題は、この人好きのする中尉殿が僕たちを招待してくださった話なのだ。このロシアの奥深い森の中、連続速射の響きの下で。ドストエフスキーの底知れぬ人間の深淵を見つめる眼に気づかせてくれたこの土地で。はじめのころのみじめな印象が徐々に昇華され、まったくなじみのない、しかしすばらしい、はりつめた調子になったその後で。中尉殿は僕らをお招きくださった。別に仕事だからではない。まったく気楽に、ほとんど仕事外、ということはつまり個人的に、おわかりになりますかな、それがどういうことか、ご招待くださったのだ。ちょうど教区の司祭から、仕事とは関わりのない話をしましょうやと招かれたようなものだが、そういうことをしたくなるというのは、よくわかる。この国はまったく猛烈なところだから。ここにいると僕もときにどうしようもなく神父と話がしたくなる。しかし、僕は神学者というやつが信用できない。たぶんがっかりするだろうと思ってしまうのだ。連中の言いそうなことは連中が口を開く前からわかっているんだから。シュヴァルツ司祭がここにいるんだったら、あるいはムートかヘッカーか、それとも一番いいのはあのなつかしきフルトマイヤーか。しかしやっぱりそんな人たちより、怜悧な一五歳半の女の子と話をする方がいい——まあとにかく、中尉殿はわれわれを招いてお話をしてくださった。お話といっても好意からなので、乳児の食餌法に関するお話をしてくださったのだ。さて、僕はそのとき話に出たプファウトラーの規則を忘れることはあるまい。それに講義の間中出たり入ったりしては「軍医中尉殿に申し上げます」と繰り返していた給仕のことも。――かくして僕はまた職業上の利益を受けたわけだ。それも気楽に、何の苦労もせず、しかもタダで。おわかりかな――一時間の間雲を見つめていた方が、はるかによかったとはいえまいか?

憂愁について。

ひとは憂愁のあまり自殺したりするものではない。自分を殺してなくしてしまおうとするとき、その恐ろしい行為をあえてしようとする人間は、すでに憂愁から遠く離れている。その人物の憂愁はその人を止めるだけの重さをもっていなかったのだ。憂愁に捕われている人間が行動を起こすことはない。その人間は自らの魂の底知れぬ深みに、数え切れぬほどの錨によって釘づけされており、嵐でさえ気づかれぬまま頭上を通り過ぎていってしまう。憂愁はこの錨であり同時に深みそのものでもある。人間というものがその双方でき上っているのだと言ってもよい。一方がなければ他方もないのだ。魂の深みが測りがたく深ければ深いほど、憂愁も深く、重い――ここで立ち現れるパラドックスは、人の肌にあわえを生ぜしむるたぐいのもので、生半可な人間は冷汗をかかずにいられまい。すなわち、魂を襲いつづけ、力を増しつづける嵐のなかで、魂の静謐の度を深め、果ては必死の忍耐に達して、一見安らいでいるようにみえる者こそ憂愁の人、深く、偉大な人間なのだから。そうでないもの、生半可なものといい加減なものとは、嵐によって追い回され、あるときはこちら、またあるときはあちらに投げ出される。その魂は上っつらだけがはね回り、あたかも海に浮かぶ小舟のようだ。

しかし、偉大な人すべてが、この忍耐に身を潜めて待ち、自分を捕えている恐るべき力を信じつづけられるわけではない。偉大な人間は浅薄な表面に戻ろうとはしない。むしろ自らの深淵を貫き通そうと考えるのだ。途中で止まることを望まず、理解しかねるほどの格闘を敢えてして、この人物は自らの魂を破り、再び行動に戻る。そのとき、破滅と救いとは背中合せにそこにある。

ロシアという国は、まったく思いもかけなかった瞬間に表情を変える。まるで子どものように移り気で、オールド・ミスのようにわけがわからない。

おまえは何かいいたとえはないかと捜しあぐね、三日間ドソヨリした雨に降りこめられ、どうしようもなく薄暗い壕内で過したあげく、ロシアは老いた人に似ていると思い当った。その年寄りは疲れた目をして、死の床から部屋の一隅を見つめつづけている。もはや死以外には何も望んでいない。静かに、我慢強く老人は終わりの時を待っている。必ずやってくるはずの――ところがその途端、まったく思いがけず頭の上に垂れこめていた厚い雲が裂け、赤子のように柔らかな光がこぼれた。そして二、三時間後、空はまったく一点のしみ一つない青に染まっている。さやさやと微風が白樺を揺らし、葉上の何千という水滴が再び真珠の輝きを見せた、と思うが早いか、何の頓着もなくすべて地面に払い落とされる。

一九四二年八月一八日

昼。僕は葉巻を喫っている。しかし、ヴィリイ以外には誰も、このすばらしい香気を理解できる奴がいない。連中はみんな紙巻煙草の方がいいというのだ。二、三回ふかしては捨てている。僕の方はずっとゆったりしている。

昨日母から手紙がきて、父が逮捕されたという。原因は父の吐いた名文句、ヒットラーはヨーロッパに下された天の鞭だ、にあるという。禁固四カ月。母は手紙と一緒に減刑嘆願書の写しも送ってきた。僕とヴェルナーにも嘆願書を書けという。前線からきた嘆願書の方が、自分のより効果があるだろうから。しかし、僕は決して書かない。嘆願などするものか。僕には誤った自尊心もいっぱいあるだろうが、真の自尊心だってあるのだから。

ヴェルナーには今日中にこの話を伝えてやらなければ。

夜中奇妙な夢ばかり見る。他の連中からちょっと離れたところに行こうとした。山をよく見たかったのだ。そこで僕は一言も言わずに連れの一団から離れ、狭い小路を通って町のはずれまで行く。そこでしばらく目を見張って、景色を眺める。眼前には深く切れこんだ形の谷が開けていて、銀色に輝く河がねじれたリボンのように流れている。流れの他はあらゆるところが緑だ。一面草原と濶葉樹林が拡がっている。午過ぎで、梢は陽光を受けて光っている。影は黒く濃く地面に落ちていたが、それ以外の色は眩しい光のために精気を吸い取られている。まるでビロードの起毛を逆方向にこすったような、そんな信じがたい色が一面に広がっていた。夢のなかでボンヤリとずいぶん長い間それを見ていて、ようやくそのうちに、ひどく高いところに谷を渡る鉄橋があるのに気づいた。何の躊躇もなく僕はこの橋を渡りはじめた。おそるおそる谷底をのぞくと、軽いめまいに襲われた。しかしかまわず進んでいく。突然はっきりわかったのだ。どうあってもこの橋を渡らねばならぬ。たとえ生命に別条あろうとも。その途端この鉄のかたまりは僕を乗せたまま前へ傾きはじめ、その角度は徐々に大きくなり、そのうちほとんど谷底に垂直に近くなった。こうなれば後ろ向きで下りるしかない。平静に確実に、一段一段僕は下っていった。木登りには熟練しているから、これは別に大したことではない。しかし、このすばらしい梯子のおしまいになるところで、僕のやってくるのを待っている何人かの紳士方から逃れることは、どうも難しそうに思われた。僕がやってきしだい逮捕するつもりなのだ。どうすればよいかを考える。僕は自分にこう言う。逃れるすべはない。で、地面にたどり着いたとき、僕は自分から進んで縛についた。——などなど……

一九四二年八月二二日、日曜日

それだけのことだ。

僕たちドイツ人にはドストエフスキーもいなければゴーゴリもない。プーシキンもトゥルゲニェフもいない。しかしゲーテ、シラーがいる、と誰かが言っている。そんなことを言うのは誰だ？　教養人士だ。一番最近いつゲーテをお読みになりましたかな？　僕はもう忘れちまった。学校だったかそうじゃなかったかも。同じことをロシア人に尋ねてみる。どんな詩人がいるかね？　ああ、尋ねられた者は応えるだろう。みんなさ、みんなわしらの詩人だよ、この世界にそれ以外どんな詩人がいるのかね。そんなことを言うロシア人は何者だといえば、百姓、洗濯女、郵便配達夫なのだ。

まあまあ、お偉い学者先生、鼻にしわを寄せないでください。ゲーテも、シラーも出てこない、ヘルダーリンもシュティフターもご存じない？　そもそも何の役に立つんでしょうね。そんなこと知らなくたって充分生きていかれます。何がなくたって生きてはいけますとも。ヴィタミンと熱量と、暇つぶしと肉欲さえあれば。そもそもアカデミーを創ったのが誰かはご存じですか、この太鼓っ腹のデクの棒の米俵。と日本人なら言うそうです。まったく、あなたはヨーロッパの文化を擁護なさろうっていうんですな。その文化たるや爪やすりに水洗便所のことなんだが。もしかするとあなたのちょっとした地位だとか、切手のコレクションも文化になりますかな。ところでゲーテとシラー、このドイツの夜空に輝く二つの恒星、アジアの嵐に対してあなたが護ろうとなさっているこの二人はいかがです？　あんた方はゲーテを娼婦代わりにするよう（誰でも望みさえすれば娼婦の体は使えますからな）になってから久しく、いまやそれでは足りずにシラーにも同じことをなさろうというわけだ。ああ、剛気なシュヴァーベン人がこわがることはないで。連中はおまえの髪の毛一本だってさわれやせんのやから。たとえ連中がここに書けないほどどうしようもなく卑しく、臭気ふんぷんたることばで君のことを呼んだとしても。僕たちは、ドストエフスキーを読んでしまった後でなら、ゲーテを批判してもよいだろう。しかしとにかくまず僕たちの側が、ゲーテを擁護してやらなければ。僕たちが自分たちを護るということがつまりゲーテを護ることだ。もし僕たちの体に剣がささっているのなら、それを抜きとるのはやめよう。そんなことをしては出血してしまう。

蜜蜂なら、人類はじまって以来一人の詩人の詩も歌わずに生きていくことができる。詩人が死に絶えてしまっても世界が滅びることはあるまい。風が詩人の歌を歌うだろう。しかし、もし人間がいて、見、聴きしないとしたら、蜂は、風はいったい何なのだ。人間の眼が木の梢を見ないとしたら、精神が雲の高みに上っていかないとしたら、愛が太陽に届かないとしたら。危機に瀕しているのは精神であって、詩人の名ではない。そして精神が冒されてしまえば、人間存在はもはやそれまでだ。習った手技をその通りやってみせられても、それが何になろう。ただ義務を果たすことに意味はなく、それは邪道に通ずる。ひとは考えるべく生れたとパスカルは言う。考えるためですぞ、学者先生様よ。僕がこんないい方をするからって、君はびっくりしておいでだな、精神の代表者君よ！　しかし君が、この絶望的時代に仕えておいでなのは精神ではない。君はその絶望を見ない。君は豊かだが貧困を見ない。君の魂は干からびる。君が魂の叫びを聞こうとしないから。君はこのあいだ作った武器の最後の仕上げのことを考えておいでだ。しかし、一番はじめにあった疑問は、子どものころすでに踏みにじってしまったのだろう。なぜ？　とどこへ？　という二つの問いは。

フリードリッヒ二世を大王と呼んだ国民は、どれほど小さかったことであろう？　この国民はナポレオン相手に自由のための戦争をし、ナポレオンの代わりにプロイセンの奴隷制を選んだ。確かに人間の自由には限りがある。しかし、人間は本質的に自由であり、自由であればこそ人間なのだ。自由と貧困は人間的であり、奴隷制と傲岸はプロイセン的だ。

ゲーテは深淵の苦しみをなめたことが一度でもあるだろうか？　一度でも困苦を味わったことがあるのか？　この問いは、生れたときにはひそやかであるが、やむことがなく、徐徐に強まって、嵐のように最後にはすべてを巻きこむ。パンを涙とともに呑み下すことがあっただろうか？　どういう理由で？　どんな病気、どんな醜悪さ、世にあるいかなる悪からもおっかなびっくり逃げ出していたのではなかったか？死さえ、ペストのように忌み嫌ってはいなかったか。ああ確かに、彼は苦しみを味わった——しかし、ただ味わっただけだ。そのときゲーテはビロードと絹で幾重にも身を包み、覆って、不死身のジークフリートのごとくなんら傷つけられずに人間の困苦のなかを通り抜けたのだ。ゲーテは決して誇り高い頭を垂れはしない。裸で傷ついて床にころがったりもせず、空腹のあまり絶望せんばかりになったこともない。ゲーテには社会からつまはじきされる売春婦の憂愁も、故郷なき子どもの苦しみもわからない。ゲーテが見ようとしていたものは、つねに天上の星であった。その声は澄み、瞳は輝いていた。しかし、人として頼りないのはどちらの方なのか。なぐさめもなく世をさまよい、どこにいっても、強き者からつねに罪の子として排斥されるのはいかなる存在なのか？　ゲーテは苦しみに触れたかもしれない。しかしそれだけだ。

ドストエフスキーが自分で地獄に下りていったわけではない。ものを見る目をもっていたために引きこまれたのだ。彼の耳には自分の魂からこみ上げてくる嘆きが聞こえていた。すべての打ちのめされたもの、見捨てられたものの声と合わさり、すさまじい不協和音となる声が。ドストエフスキーは仮面の存在に気づかなかったから、仮面を剝ぎ取りもしなかった。ただ暗闇を見下ろし、そして見たのだ。しかしそれが見えたのは偽りの太陽によって目を眩まされていなかったからだ。罪をくぐってドストエフスキーはキリストへの道を見い出した。贖罪の罪人一人は幾十万の行い澄したものよりも神の嘉するものである。

一つ文章を書く、ということは同時に自分をその文から解き放つということだ。だから自分を罪から解放しようとするときも、書かなくちゃいけない。今もそうだ。僕がゲーテのことをあんなふうに書いたのは、ずいぶん子どもっぽい。これはつまり、偉大な精神に対する畏怖に他ならない。畏れればこそ、攻撃せずにいられなくなるのだ。ゲーテはかくも偉大かつ近寄りがたくそこに立っている。あたかも偶像の神のごとく。そういうゲーテは僕には耐えられない。脇腹に槍を突きさしてやりたくなるのだ。傷つけて、血が流れるのを見てやりたくなる――そうなったらはじめて、なんとか共感ももてるし、好きにもなれると思う。もちろん、ゲーテの創り出したものの姿や、描き出した画像の美しさをこれっぱかしも疑うわけではない。ゲーテ以上に美しい詩を書いた者はいないだろう。もしかするとゲーテは、人類はじまって以来ただ一人、すべての創造を悲しみの曇りを知らない目で見ていたのかもしれない。おそらくは魂の底の底まで魅せられて宇宙の美を讃えて歌っていたのだろう。

しかしとにかく、ゲーテは混沌を歌いはしなかった。自分の身につけていた贅沢な着物を脱ぎ捨てることも、貧民と病人に交わることもなかった。ゲーテにそれはできないことだったのだ。玉座を離れることなど、考えられなかったのだろう。彼の曇りを知らぬ精神とやらが、下りていったってしかたがないとささやいたのだ。行こうと思わなくても、磁石に吸い寄せられるように引きつけられるはずなのだ。一振りですべての絆をわが身から払い落とし、自分自身も貧者となりそれ以前のことは忘れ果ててしまうほど。アシジのフランシスコ、ベートーヴェン、そしてレンブラントはそういう人だった。乞食にして罪人。キリストによって救済された。

一九四二年八月二八日

父は牢獄にいる。間違いなく父はそこで僕のことを考えているはずだ。僕は木箱に腰かけている。ろうそくが消えそうになりながら燃え、奇妙な形でろうが縁を流れ下ちていく、わけもわからぬ形というべきか、それとも運命の定めたろう細工といってもよい。ろうそくはどんどん短くなり、しまいにはなくなるだろう。死とは何だ。なぜに人は死をかくも恐れるのか？　なぜに死者に触れる汝らの指は震えるのか？ああ、そして汝らはかすかに痺れるがごとき歓びなきにしもあらぬ思いで母の涙を思い、あるいは愛する者の心を思う。その心臓は痛みのあまり打つことも忘れんばかりであろうと。ああ、そして汝らの脳にはひそかにある思いがしのびこむ。単なる思いに過ぎず、わずかに――それももちろんひそかに――ちょっともてあそんでみるにすぎないのだが。自分たちはまだ生きており、心臓は打っている以上、自分たちに死は関わりない。それは隣の人の魚の眼が自分に関わりないのと同じことだと。父は監獄、外には遠く爆発の響き。爆弾だ。僕が牢にいたときからいったい何日経ったのだろう！あのときはまだ本当に若かった。パンくずでテーブルに女の子の名前を書いたりしたものだ。狭い、かまぼこ形の独房だった。扉には赤い札がかかっていた。少年と書いて。

あの娘は別の男と婚約した。僕が彼女を置き去りにしてしまったから。そのときには死にたいと言っていた。しかし、そんなことしなくてよかったのだ。とにかく生きていなくちゃいけない、元気にならなくちゃ。そうだとも、どんな形であれ死は避けるべきなのだ。たとえ秋が姿を表わし、自然界のすべてが最後の悲しみを悲しみつつ、ある限りの憂愁を裏返して、美、そう、美しさに変えて見せていても。自然は今そうして、自分も一度はこんなに美しかったことを見せているのだ。

もし今何がやりたいかと尋ねられたとしよう。いつか自由の身になることができるとしたら、だとしたら僕の望みはただ一つ、乞食になってアジアに向かう。村から村へ、寂しい平原と人知れぬ森を通って。樅の若木の根元に眠り、さもなくば道のわきの溝に寝る。そうしながらさまよっていく。いつまでも、どこまでも。神がこの世での目標など与え給わなければ、一生の間そうしてさまよっていたい。愛する者よ、君をも再び置き去りにせねばならないだろうか。君にはわかってもらえまい。君の心のなかにこんな思いのかけらでも播くことは肯じえないから。君はまだいとけない子、ヤグルマ草の一輪、息吹き、そしてくちづけ。しかし僕は、偽りの園には決して戻ることなく、足をちりまみれにしたい。詩人たちも口うるさい者たちも捨てて、星の下に叡智を求めにいきたい。もしかするとまた牢に入ることになるかもしれない。三回でも、四回でも。牢というのは別にこれ以上ひどいところはないというようなものでもない。もしかするとたいへん結構なところといってよいかもしれぬ。

父はおそらく牢のなかで信仰にめざめるかもしれない。僕は愛を見つけたのだった。死さえ愛には従わねばならぬ。愛は報われることなく、見返りをえないから。

ここでは毎日一〇人は人が死ぬ。それは別に多くもないし人が死んだからと大騒ぎをする者もいない。どれだけの花が無頓着に踏みつぶされることか。かくしてキリストは、一時間一時間、何百回となく十字架にかけられつづけておられるのではないか。それなのに、子どもたちは大きくなってゆくのか。止まることなく、白樺の若木のように、しなやかに、キラキラと瞳を輝かして?

このあいだ僕はアレックスと二人でロシア人を一人埋めてやった。こいつはもうずいぶん外にころがっていたに違いない。頭は胴体から離れていたし、腹のあたりは腐っていた。ボロボロの着物の中からウジが湧きだしていた。ほとんど穴を埋め終わった時になって腕をもう一本見つけた。埋め終わってからロシア式十字架を作って、頭の側に立ててやった。この魂はこれでやっと落ち着くことができるだろう。

芸術は世に明るさをもたらすはずのものだと、今日フーベルトが誰かの言を引いていた。ああ、僕は疲れた。僕には今のところ、そんな芸術は見えない。

いったいどこにあるのだ、それは？　ドストエフスキーではない、ここにはない。塹壕のなかにはないし、外の月夜にもない。音楽は全然聞こえない。昼も夜も、しいたげられた人の呻きが聞こえる。夢を見れば、捨て去られた者の嘆息が聞こえる。思い返し、考えたりすると、僕の思いは死の苦しみに終わるのだ。

キリストがお生れになり、死んでくださらなかったら、ここから逃れる道は本当に一つもなかったであろう。

もしキリストがおられなかったとしたら、涙を流すことはまことに恐ろしいほど無意味だったに違いない。キリストがおられぬなら、一番近くの塀に走っていって、頭をぶつけ、骨を砕いてしまっても同じことだ。しかし、そうはならない。

一九四二年九月五日

ここ何日か奇妙な考えに取りつかれて、どうしても考えずにはいられない。理想郷が作りたいのだ。しかしそれは、気が大きくなっているとき、せかせかした心から軽はずみに浮かんでくるようなものではない――たとえば、この戦争が終わったら、どうなると思う、だとか、もしなんとかかんとかしたら、という類――違う。そんなのは愚かしい思いつきにすぎない。そんなことを言っているときというのは、たんに現在のわれわれの状況を誇張して、大げさにしているだけなのだし――だから心の裏ではそんなことになるわけがないと思っており、聞いている側にもそれはわかるのだ。この類の理想郷には、決して充たされるはずもない条件がついているから。僕が取りつかれている奇妙な考えというのはそんなものではない。そうではなくて、いつの日か戦争というものが人の心から完全に忘れられてしまうときが来はしないか、というのだ。何らかの幸福な運命の悪戯で、すべての書物からも戦争というものの記憶が抹消されるようなことになってくれはしないかと。そうなったら、真の黄金時代が始まることになろう。今の僕たちには、どんなに気ばっても思いつくこともできないような幸福な時代。地には平和、空の下にあるすべての国、至るところで人びとは恵まれた生を享受する。いつの日か遊んでいる子どもが砂の中から何かのかけらを掘り出し、それを仲よしの子に見せ、今度は二人で一緒に捜しはじめ、あるだけの破片を掘り出し、集める。そしてとうとう、それを組み立てると武器ができ上ることがわかり、それをどうするかで争いを始め、一方の子がもう一人を見つけた武器で殺してしまい、云々、云々。

結局ふたたび戦争になる。全世界は炎に包まれる。この戦争も今のとそっくりだ——何もかも極端にあからさまになる。何よりも人間の愚かさと腰抜けぶり。他方に見えるのは思い上りと増上慢。

エルンストの死亡通知はショックだった。人が死んだからって驚いたわけではない。僕はもうそんなことで驚く段階は越えてしまっている。そうではなくて、姉の心が血を流しているのがわかるからだ。僕にはそれを癒してやれない。ポッカリと開いている穴が見えるのに、それを埋めてやれない——いやそんなことをするつもりがないのだ——他人がそれを埋めてやったりしてはいけないのだ。その空しさは空しさとしてそこになければならぬ。苦しみを通り抜けてあいつが姉の精神のなかで、姉のまぢかに戻ってくるまで。この世の汚れを洗い流された姿で。

一九四二年九月一一日

夢うつつでリーサに手紙を書いた。今日もう一通書こう。なぜ書く？　自分でもわからない。毎晩あの子の夢を見る。まあ、いい。ドイツ人というのは度しがたい。肉の内側までいやらしさが食いこんでいて、剝ぎとりようもない。剝ぎとってしまったら人間そのものも死んでしまう。どうしようもない国民だ。

僕の悲観主義は日に日に大きくなる。懐疑が僕の魂をだめにする。魂を救うために逃げていきたい。しかしどこへいく？　どうしようもなくて僕は自分の周りに塀をめぐらす。手持ちの材料を使って。皮肉と、諧謔と。

ロシア発、両親宛
一九四二年一〇月三日

僕のパパ、ママ！

ステキな誕生日のプレゼントありがとうございます。ちょうど、僕の移動の前日に届きました。もちろん、あっという間に中味はなくなりました。八人の甘いものに飢えた男が待ちかまえていたんですからね。ここの塹壕ではずいぶんいい友人に恵まれました。しかし、こういうところにいると、別れというのはまるっきり日常茶飯事になってしまっていますからね。この世からの別れすら大したことじゃないんですもの。だから僕は別に大したことも言わないで荷物をまとめて出発しました。途中までは車に便乗させてもらいました。しかしその後は延々と丸太道を歩いていかなくちゃならなかったんです。自転車で通りかかった人が見かねて、しばらくの間荷台に荷物を載せていってくれました。やっと馬を連れて迎えに来てくれた人に会えて、天恵のようにうれしかった。馬に飛び乗って、村が燃えているのを横目で見ながら任地に向かって走っていったんです。今度の壕は、やっぱり森の奥ですが、自分たちがどんなに美しいところにいるか、わかっている人間はわずかしかいません。僕には幸いなことにそれがわかるし、それを楽しむ幸運にも見放されていません。もうすでに今日、馬で前線まで行って兵にコレラの予防注射をする命令を受けました。馬に乗るでしょう、そうするとあらゆる縛めが離れ落ちる。周囲の景色がまた生き生きと、はてしもなく僕の眼前に広がっているのが見えてくる。そして僕はそのただなかに駆けこんでいく。

今度の連隊つきの軍医殿も、他の将校たちもずいぶん軍隊式です。ここは実戦に加わっている連隊ですから。どの人もなんともゾッとするほど物質的だ。もっとも同志愛とでもいうものは大いに発揮されているようですが、僕にはあまり関係ない。

移動の前、ヴェルナーにはちょっと会いました。またすぐ会えるといいと思います。とにかくロシアから帰還する前には一度グシャツクに戻れるはずです。

僕は毎日改めてロシアの美しさに驚嘆しています。ドイツに戻ったらきっととてもなつかしくなるんじゃないかしら。白樺の葉はもう残りなく黄金色に染まり、その上に青空が広がっています。コクマルガラスがすばらしく大きな群を作って南に飛び立っていきました。太陽の光さえさえぎられてしまうほどでしたよ。

僕のことは何もご心配には及びません。

どうぞくれぐれもお元気で!

ハンス

ロシア発、オトゥル・アイヒャー宛
一九四二年一〇月九日

オトゥル！

ここのところこの何週間かに比べれば落ち着いているし、長い間、君のくれた手紙、とてもすばらしいの一通、そうでもないの一通計二通にお礼を言いたかったし、何よりも、今日、この宵、実に晩夏らしいさわやかな気分でいるしするから、ペンを取って君に手紙を書くことにした。いつでも祈っていることは、別に改めていう必要もないだろう。あの二通の手紙のおかげで、君のことが手に触れられるほど身近に感ぜられるようになった。あれでまったく明らかに、君の少年のような魂の表も裏も見ることができたんだ。それに、爆発するとき、僕たち二人がどれほど似ているかもわかったしね。

しかし同時に、僕らの考えが、どれほど異なった道筋を通るものかもわかった。現在のところ僕としては、抽象的なことよりむしろ感覚、具体的に明確な対象に関心がある。おそらくこれは僕の内的な必要性から生じた姿勢なのだろうし、たぶんいつかまた別の道に進んでいくことになるだろう。瞬間的に非常にあざやかに、自分は少年期を卒業してしまったのだと感じることがよくある。おとなの男として、自分のなかに生きている少年に気づくことも少なくない。政治思想とはまったく関係なく（ただし根本的に政治に興味がないってわけじゃない。むしろこれまでよりずっと政治に関心があるくらいだ。その話はまた後でする）ロシアに来させられたのはありがたいことだと思っている。知らない土地に送られ、過去の花咲き乱れる園から切り離されて広大な平原に置かれたおかげで、何年来望んで得られなかった孤独を見つけた。誤解しないでくれ。しかし、この孤独より偉大なものはない。これは別に、汝の隣人を愛せよという掟とは矛盾しない。この孤独のなかではじめて僕は自分のことばかりを大げさに取らないでいること、終わりのない内省を覆して、感覚を外に、事物に向けることを学んだ。もちろんまだ以前の苦しみが魂の中で頭をもたげ、かつて僕にとってすべてであった、失われてしまった、夢のような愛人のもとに戻りたいと思うこともよくある。しかし、わかってくれるだろうか。一番いいのは出発すること、一人で、何ももたず、東に進んでいくことだ。ウラルを越え、シベリアを越えて、中国まで。もし、そう、もしも僕がヨーロッパ人でさえなければ、そしてこの危機に瀕するヨーロッパを去ることは許されないという状況でさえなければ。僕がドイツに戻るのはひたすらそのためだけなのだ。僕がヨーロッパから、そしてヨーロッパが僕から失われないでいるために。

君にわかってもらえたかな。うまくいえなかったけど。

元気で！

ハンス

P.S. 四週間したら僕はミュンヒェンに戻っている はずだ。だから手紙はウルムに出してくれたまえ！

ロシア発、家族宛
一九四二年一〇月一三日

なつかしいみんな！

やっと今日、そちらからの手紙が着きました。

みんなのことを、ほとんどひっきりなしに考えています。だけど何を書いたらいいんだろう。二週間すれば家に帰れる。またみんなのところに戻れるくらいすばらしいことはありません。僕たちのいる壕の八〇メートル先にはロシア軍がいます。にもかかわらず、ここでの生活ぶりはどこよりものんびりしている。もっとも、騒音を気にしない限りという条件つきですが。

おとといヴェルナーに会いに行ってきました。二、三時間たいへん愉快に過しましたよ。僕があまり手紙を書かない理由の一つは、便箋も封筒もないからです。ミュンヒェンからの出発はあまり急でしたからね。でもあと何日もしないうちに、また会えるんだし、そしたらもう問題ありませんよね。ヴェルナーについては、たいへんよくなったと申し上げておきます。ロシア軍はグシャツクへの砲撃をやめました。アレックスは元気です。僕は暇があるとシュティフターの『晩夏』と教会史の本を読むのを楽しみにしています。キリスト教徒迫害の章はたいへん面白い。秋はもうじき冬のなかに姿を消していくでしょう。毎日初雪を待っているところです。明日はも少し長い手紙を書きましょう。

お元気で

ハンス

ロシア発、姉インゲ宛
一九四二年一〇月一五日

なつかしいインゲ！

こちらに来てから、毎日手紙を出そうと思っていた。でも、この薄暗闇のようなロシアでの幾週間ほど、自分の表現能力のなさと貧しさを痛感したことはなかった。こんなこと言うと笑われるかもしれないけど、書かなくちゃいけない手紙の一本一本が、どうしようもない重荷になっちゃったんだ。だから、僕がこんなふうにいい加減だとわかってくれている人には手紙を出さないままできてしまったというわけなの。ところが僕の方は、そうやって自分が何も書かないでいるその人たちから手紙が来ないって、毎日ジリジリして待っていたんだ。おかしいでしょう。でも今は、姉さんにどうしても手紙を書かずにいられない。別にもうわかっていることだとは思うんだけど、でもやっぱりはっきり言わなくちゃいけないだろう。

僕は一日中姉さんのことを考えています。朝起きる時も、夕方、自分の心の一番奥にあるものを解放してやる時も、僕の愛は姉さんのところへ飛んでいく。僕が何を言おうと、失くしてしまった人の代わりになんかならないことはよくわかってる。でも、そのとるに足らない弟は、精一杯役に立ちたいと思ってるんだよ。「秋になった。私は悲しく、疲れている。春のくるのを待ち遠しく思ったりはしていない。私はその前に死ななければならないのだ。葉が落ちていくことは、新芽が力強く皮を破って出てくるよりも、今の私にとって重大なことなのだ」。自然はこんなふうに話している。あらゆる花、草の茎のなかで。草はもう先の方から黄色くなって、まるで夕方の霧のようだ。野原を渡って広がっていき、僕たちを取り囲み、包みこむ。

どうして僕たちは秋をいやがるんだろう? 秋は大きな悲しみの時だ。だからといって愛がなくなってしまうわけじゃない。歓喜の思いは確かに色あせるかもしれないが。「なぜなら私は愛するがゆえに悲しいのだから」と森が語る。その木はすでにほとんど葉を落としてしまっている。

戦争がすんだら、一緒にロシアに行こうね。きっと僕と同じように、この国が好きになると思うよ。

この手紙が着いて少ししたら、僕自身も戻ります。僕が心から姉さんのことを思っているのを忘れないで。もうすぐ会えるのを楽しみに!

ハンス

十月末、ロシアでの任務は終了した。

ロシア発、両親宛
一九四二年一〇月一八日

僕のパパ、ママ!

この手紙がお手元に届いても、ロシア宛に返事をお出しにならないでください。もう一週間もすれば、出発することになると思います。戻ってから講義が始まるまでの間に何が起こるかは、まだわかりません。願わくは何も起こりませんように。何もなければ四週間家にいるか、それともインゲと一緒に山に遊びにいけるんだけど。山の晩秋はとってもいいですものね。

インゲから小包を一つ、リースルからも一つもらいました。どちらもとてもありがたかった。

出発の前にもう一度ヴェルナーに会えるかどうかはまだちょっとわかりませんが、ぜひ会いたいと思っています。

ここですることは何もありません。でもこんなに前線に近いところでは、暇があってもなんにもならない。散歩にも行けないんですからね——散歩ができないで、他に何ができるっていうんでしょう。来る日も来る日も壕のなかにただ座っていると、だんだんモグラになるような気がします。あまり人がたくさんいて、本を読むわけにもいかないし。

あともう少しでお目にかかれますね！

お元気で！

ハンス

P.S.　僕は支給された小包切手をみんなとってあります。クリスマスになったらそれでヴェルナーに何か送ってやれるでしょう。

一九四二年一〇月三〇日、ミュンヒェン大学医学部学生たちは前線集結地点ヴィアスマに集合した。ヴィリイ・グラーフは日記に次のように記している。「やっと僕らは一緒になれた。ハンス、アレックス、フーバートそしてハンス・gだ。一緒に街中歩き回り、別れ別れになっていたこの何週間かの話をして、日向に座りこんだ。〔……〕アレックスはロシアとの別れのためかずいぶんやつれている。一〇月三一日。ヴィアスマ最後の夜、一〇月もおしまいになる。ロシアを去るのはつらい」。

幾度も中継地点を経つつ、長い旅が続いた——一一月四日、ブレストでのヴィリイ・グラーフの日記。「僕たちが捕虜のロシア兵に煙草をやったというので、大騒ぎになるところだった」——一一月六日夕刻、彼らはミュンヒェンに到着する。三週間の休暇の後、一九四二年七月までと同様の生活が続いた。すなわち、大学での勉強、フーバーの講義の聴講、コンサート、バッハ合唱団、朗読の、あるいは議論の夕べ。これは年配の教師格の参加者とともに、アイケマイヤーのアトリエで行われた。

ハンス・ショル

ミュンヒェン発、オトゥル・アイヒャー宛
一九四二年一二月六日

オトゥル！

時が経てば経つほど、君に答えなくちゃいけないことが頭のなかに積もってきてしまう。もし現行の郵便がかくも不満足なものじゃなくて、文章二つめごとに口輪を嚙ませたりなどせずにすむのだったら……まあしかし、僕にだって大いに責任はあるわけで、少なくとも、ある思想に、要求されている形を与えるべく努力を怠っているという意味ではそうだ。本当に最近、僕は書くことに歓びを見い出せなくなっている。以前は白い紙にことばを書きつけていくのが、あれほど楽しかったのに。今では白い紙の方がいい。別に美的に見て白い方がきれいだからじゃないよ。白い紙にはまだ嘘は書いてないし、見えすいた言い草も書かれていないからさ。白い紙にはまだ潜在的な力がある。僕は自分を押えて、また書くことが楽しみであるような時がくるまで待っていることはできるからね。

いったい僕はいくど「愛している」だとか「いとしい君」だとか書いただろう。何年もの間、それなりに心を痛めつつ書いたのに、結局後で、それは本当でなかったことがはっきりしてしまった。失望じゃない（他の何ものでもない）、まぎれもなく本当の偽り、つまり嘘だったのだ。——僕はなんだか最初書くつもりだったことと全然違うことを書いちまっている。すまない。でもこういうこともよくやるんだ。僕がいいたかったことはただ、僕が返事をしないのは、なまけているからじゃないよということだけなんだ。君の最後の手紙はロシアを横切り、ポーランドを通り、中央ヨーロッパに戻って、まことに大旅行をして僕のところにたどりついたんだけれど、それを受け取ったとき、なんとか頑張って君には規則的に手紙を出さなくてはと思ったんだ。少なくともお互いに、相手がどこにいるのかあてずっぽうをしなくてもすむ程度にはたびたび。だとしたら、君との手紙のやりとりが今の僕のたった一つの文通ということになる。

誤解しないでくれたまえ。僕は孤独だからこそ人とつき合うことの好きな人間だ（逆にいった方がいいかもしれないね）。僕がここでつき合っている人たちは、きっと君も喜べる人たちばかりだよ。こういうつき合いの輪を徐々に広げ、深めていくのは、たいへんすばらしい、心をそそられる仕事だと思わないか。いま現在もっと大事な使命がなかったとすれば。

その話のついでにいうと、君が回復のための賜暇のうち二、三日僕らのいるミュンヒェンに来てくれればいいんだけど。

オトゥル、また書くよ。これは短い走り書きだが、とにかく君の立派な手紙へのお礼の気持として書いた。早くまた元気になってくれたまえ!(君は肝炎なのか?)

元気で

君のハンス

P.S. 今日の午後、ヘンデルの『メサイヤ』を聴きにいった。

ミュンヒェン発、ローゼ・ネーゲレ宛
一九四二年一二月一四日

いとしいローゼ!

君の手紙になんと返事をしたらいいんだろう? 読み終わってから、僕はあの手紙をそおっと傍へ置いた。君が書いてくれたことはよく考えてみたんだけれど、でも結論は出ない。君のしてくれている忠告は、本当にその通り、正しいものだとは思うけれど、でも今の僕にはあてはまらない。今さら何カ月か前に戻って、瞑想的な内観に戻れといわれても、こまるんだ。もし猛獣が檻を破って町なり村なりに逃げこんだら、そのときには、役に立つだけの男は一人残らず武器を取るはずだし、取らなきゃいけない。どういう地位にあるか、どんな使命をもっているかは、そのときには関係ないだろう。それに、古いたとえを使っていうなら、人間というのは、一つの道を進むわけではなく、同時にいくつもの道を行っているものだ。高いのも低いのも一緒にね。だから、他人の行動とか望みに対して判断を下すのは、とてつもなく難しい。君がアレックスと僕をもっとよく知るようになったら、君はたぶん僕に向って、あいつの自然さを見習えなんてことは言わなくなると思う。もしかするとむしろ僕は逆に、もっと純粋に精神的なものとの関わりを盛んにすべきなのかもしれない。〔……〕とにかく結局問題は、自然と精神のつり合いを取ることだ。僕はこの二つの拮抗するものが分離できるなどと考えているわけじゃない。自然だって精神と同じく、神の創られたものなのだから。しかし、神の位階のなかでは精神が優位に置かれていることも確かだ。

理解しあう手段としては、手紙はちっとも役に立ってくれない。君もそう思うでしょう。ことばを一つ書く、と、そのことばには何百という疑問がくっついているんだ。その問題は面と向かって話し合わない限り、解決できるものじゃない。たとえば、君は「自然」という概念をどう理解しているか、なんてね。でも、僕たちの周囲にいるおよそ哲学とは縁もゆかりもないご連中のなかから、いい話し相手を見つけることなんてできると思う？　そういう理由があってこのごろ僕は年輩の人たちとつき合う方がよくなっているんだよ。年輩の人たちの市民的思想っていうのは、とにかく必要な扉の蝶番をさびつかせないだけの力をもっている。だから、この人たちには人間の思想の深みも高みもまだ少なくともそれとわかるんだ。僕と全然内的に共通点のない人が何を言おうと、僕にとってそんなことはどうでもいい。それはわかってもらえるよね。

こんな話より、昨日アムマー湖に遊びにいった話をしてあげたかったのに。波が岸べに打ち上げた貝の話だとか、色とりどりの石だとか、沼の上にかかる霧や、宵の星たちがかすかな光を放ちはじめる様子なんか。その後僕たちは寒さに震えあがって暖かい煙突の奥に入りこみ、歌を歌った。僕らがそうしている間にも湖面に太い分水線を描きながら船はゆっくり対岸をめざして進んでいた……

でも、きっと僕の心が、そうじゃない方の話をここに書かせたんだろう。美しいことばはもう僕らの口から外へ出ようとしなくなってしまっている。僕らの上には不気味な禍が迫っているから。家に戻って雑誌を繰っていたら、ヴェルレーヌのこんな詩が載っていた。

屋根の向うに
　空は青いよ、空は静かよ！
屋根の向うに
　木の葉が揺れるよ。

見上げる空に鐘が鳴り出す
　静かに澄んで。
見上げる木の間《こま》に小鳥が歌う
　胸のなげきを。

神よ、神よ、あれが「人生」でございましょう
　静かに単純にあそこにあるあれが。
あの平和なもの音は
　市《まち》の方から来ますもの。

――どうしたと言うのか、そんな所で、
　絶え間なく泣きつづけるお前は、
一体どうなったのか
　お前の青春は？
（詩集「知慧」巻の三―六『ヴェルレーヌ詩集』堀口大学訳、彌生書房、一九六三年、一〇八―九頁より引用）

これはことばの音楽だ！　リルケよりすばらしい。
　元気でいておくれ！

ハンス

ミュンヒェン発、ローゼ・ネーゲレ宛
一九四二年一二月一八日

〔……〕忘れてはいけない。人間というものは本質的に知的に創られているんだ！　だからこそ人間は、植物や動物のように、何も知らぬままこだわりもせず自然に生きてはいけない。人間の精神が人間に静謐を許さないんだ。この世界に二重の意味があることを知っているから、自分を脅かす死の存在を知っているから。この精神が自然に打ち克ってはじめて死も存在しなくなる。自然だってもともとは精神とまったく同様に神からきたものだ。しかし、人間が出現したために自然は本来の落ち着いた軌道からはずれてしまった。いまや自然は何重にもねじまげられ（人間のいわゆる自然状態を考えてごらん）、堕落させられ、救済を要する状態に陥ってしまっている。しかし、僕が具体的な答えが必要だと思ったのはこの問題に関してのことじゃない。これはたんに、君が考えるときの助けになればと思って書いただけだ。君が僕と同じことを考えていてくれるのはわかっている。でもこれこそ、僕らを一つにしてくれる答えのはずだ。つまりこういうことだ。

　僕たち自身のことばかり観察するのはやめて、事物、世界、精神を見よう。それらのものが僕らなしで、僕らとは独立に存在しているのを観察しよう。そのとき僕らはすでに、すべてのものに対する愛からそれほど遠くないところにいる。

　こういう問題を話し合うためにも、ときどき会えるといいのにね。僕は手紙より直接に話し合う方がずっと大事だと思っている。直接に語られたことばには納得させる力がある。書かれたことばには距離があって、なんとなく怪しげにみえるものだ。きっといつかどこかで書いたと思うけれど、僕はこのことばのインフレーションのおかげでひどい損害を蒙っている。自分の手紙だって、まったくいい加減なものだとしか思えない。それでも書かずにはいられないけれど。

休みの間一度ウルムに来ないか、それとももう少し後でミュンヒェンまで来てくれる？　そうしてくれるととっても嬉しいんだけれど。

楽しいクリスマスになりますように！

ハンス

封筒に走り書きしたメモ
日付なし〔一九四二―三年の冬〕

大衆の話をしているのではない、
全国民の精神が何を有し、いずこに向かうかに
責任を負うべき精鋭の話をしているのだ。
彼らは今世紀、そしておそらくは
すでにその以前から失敗を繰り返し、
精神的水準を支える支柱が失われ、
精神が混沌に堕落する原因となった――
これら精鋭は今日、不気味な危機の襲いかからんことを予測し――
これまでより大きな誤ちもあえて冒さんばかりだ。
すなわち現実の世界から自らを閉め出し、世界がその誤謬と奇矯なありさまに引き回されるに任せる――
最も広い意味でのなるようになる主義を標榜する。
しかし何よりも恐ろしいのは美的なものへの逃避である。
〔判読不能、おそらくは「なんと連中はどうしようもなく麻痺した精神で自由への願いを口に出すことか」〕

ミュンヒェン発、ローゼ・ネーゲレ宛
一九四三年一月五日

いとしいローゼ！

なんにも、誰にも言わなかったけれど、休みの間じゅう毎日、君が来てくれないかと心待ちにしていたんだよ。昨日からまたミュンヒェンに戻っている。一人だ。ソフィーはもう少ししてから戻ることになっている。ご家族全部が揃ってクリスマス・イヴを祝えたなんて、どんなに嬉しかっただろう。よかったねえ。エーフェはちょっとしたことを面白く書いてきてくれた（エーフェ本人はあんなに静かで夢見がちなのに、書くものはこんなスタイルだっていうのは、ちょっとした対照じゃないか）。

君からのプレゼント、本当に嬉しかった。僕は実際ベルゲ

シグリューンと知り合ったけれど、現存のドイツの作家のなかで彼が一番だと思う。カロッサよりもいい。

ミュンヒェンの空気は僕をひどく興奮させる。今日なんて一晩中寝床に入ったまま一睡もできなかった。でも、環境に適応していく間の時間はきらいじゃない。精神の働きが必要だからね。その間ひどい思いをしなくちゃいけないのは確かだけど。通過式の駅にいるのがとても面白いっていうのとだいたい同じことだ。こんな人間がいるでしょう。いろんなところに現れるんだけど、どこへ行っても、そうねえ、コートを脱がないっていえばいいのかな、いつでもよその人のままでいる人。そういう人は別に黙りこくっているわけでもないし、奇妙な性質を露わにしてみせるわけでもない。でもその人と話していると、一つ話が終わるたびに、いつでもポケットから時計を出して、さあ、いかなくちゃって言われるような気がしちゃう。僕はそういう人間の気持がよくわかる。

僕のこのあいだの手紙に返事をくれないんだね――

今ほど医学をやっている意味が明確に意識できたことはなかった。僕がこの学問を選んだその時に働いていたのは、何よりも自然科学が好きだという気持と、できるだけ一般的な教養を得たいという思い、それに正直のところ困惑していたところもある。いったい何をすればいいのかって。

今現在の状況では哲学はないに等しい。政治学にしたって同じことだ。職業および学科の選択は自由であるべきだというのが僕の絶対の原則だった。で僕は選択をしたが、自分でその理由がわからなかったんだ。その反動はなしではすまされなかった。予備試験を終えた後、僕はとにかく医学に関わりあるものすべてに対して猛烈に嫌気がさした。哲学だけが助けてくれそうな気がしたものだ。その後国家学と政治学上の問題に熱中した時期もある。やっと今になって、本当の意味での施療術がすばらしいものだと思えるようになった。この分野でこそ最高のものに達することができると思うんだ。医師というのは哲学者であると同時に政治家であらねばならない。つまり、大学へ入って以来の時間は決して無駄ではなく、大切なものだったんだ。確かに専門の知識を得るために費やした時間は減ったかもしれない。しかし、そんなものはすぐ取り戻した。その時間のおかげで僕は人間が、世界とそして国家のどこに位置しているかがわかるようになったのだから。なんといっても医者の考えることの中心にあるのはその人間なんだからね。僕は専門バカは嫌いだ。偉大なディレッタントはものの本質的な意味について、偉大な専門家よりはるかに多くを知っているものだよ。

今日はこれで。心から!

ハンス

ミュンヒェン発、オトゥル・アイヒャー宛
一九四三年一月一二日

オトゥル!

君の手紙はちょうどよい時に、よりよい国からの福音のごとくやってきた。僕がこの間書いたことは、もう解決がついた。暗闇の過去の上で、いまや現在は別の光を浴びている。明確なことばには畏敬の念をもって応えるべきだ。君はまさにそれをしてくれたので、僕は君に感謝する。

僕たちは皆大いに首を長くして、待ち遠しい思いで、君が僕たちに会いにきてくれるのを待っている。僕も楽しみにしている。会って話をする方が手紙でよりもはるかに理解してもらえるだろうからね。今でもやっぱり書くことにはちょっと抵抗が残っている。話をしていると書くのとは違って一つのことばが次のことばを呼び出し、問いかけと答えの行き来のなかでみるみるうちに相手の心の構造がはっきりしてくる。

僕がここで糾合した仲間のことは、もう話したと思う。会ってもらえればきっと好きになれる連中だ。仲間との間で使うすべての力は、決して無駄になることなく自分の心に戻ってくる。自分の力を使いはたそうとしない奴は腰抜けなのだ。愚かものは何もしゃべれないから黙り、想像力なき者は、強固で、不動の人物であるかのごとく見せかける。この類のプロイセン流儀を欠乏ゆえの美徳というんだ。僕たちはこんな美徳からおさらばしよう。

元気で!

君のハンス

ミュンヒェン発、オトゥル・アイヒャー宛
一九四三年一月一九日

オトゥル!

大急ぎで返事を書く。いま山から戻ったところ、すっかり日焼けして、元気百倍さ。

この日曜には、書くよりはむしろ話した方がよいと思われる理由で、ミュンヒェンを離れない。早速来たまえ!

元気で!

君のハンス

P.S. ムート先生は一月二〇日お誕生日だ。知ってるかい？

ミュンヒェン発、ローゼ・ネーゲレ宛
一九四三年二月一六日

いとしいローゼ！

君の手紙は僕を悲しくさせた。読んでいると君の涙がことばの隙間からチラチラと光ってみえる。でも僕はそれを拭ってあげられない。どうしてあんなことを書くの？　僕は昨日と今日と明日が目まぐるしくめぐる毎日を送ってはいるけれど、でも過去のすばらしかった思い出は決して変わることなく、少しも欠けることなく美しい。そしてその過ぎ去った夏の日の名残りの光が、今、このときまで射しこんできているんだ。悲しみの影でこの光を消してしまう方がいいのかい？

僕はいま自分がある通りのものである以外ない。確かに外的にも内的にも君からは遠くなってしまっているだろう。でも、決して赤の他人になってしまったわけじゃない。今ほど君の純粋な心に対して尊敬の念を抱いたことはないんだよ。今、生きるということが絶え間ない危険と同義になってしまった今。しかし、僕自身が危険を選んだのだから、僕は自由に、縛られないで、目標に向って進んでいかなければ。道を誤ったことは幾度もあるし、深い淵が口を開け、夜の闇が道を求める僕の心を包んでいるのもわかっている。――しかし、僕はあえて踏み出すのだ。クローデルのあのことばはなんと偉大だったことだろう。"La vie, c'est une grande aventure vers la lumière"

たぶん僕たちは今後手紙でこんなふうに僕らの心に関して考えたりしない方がいいんじゃないかしら。手紙で書くのはもう少し理屈に関わることだけにしようよ。君がまたすぐに手紙をくれるとうれしいんだけど。

心から

ハンス

この手紙が書かれた二日後、一九四三年二月一八日、ハンスおよびソフィー・ショルはミュンヒェン大学構内にビラを撒き、その後逮捕された。ローラント・フライスラー指揮下の人民法廷によって、二月二二日、両人には死刑判決が下され、同日午後ミュンヒェン＝シュターデルハイムの監獄内で執行された。

ハンス・ショルはヴィッテルスバッハ宮内の監房を出る前に、壁に鉛筆で「いかなる暴力にみまわれようとも自らを恃せ」と書きつけた。

死に際してハンスは「自由万歳」ということばを残した。

ソフィー・ショルの書簡と手稿

イラー河畔で
ソフィー・ショル（1937年）

zusammen Tee, u. am Abend waren Hans
u. ich noch da bei einem Bekannten, den
wir bloß den „Philosophen" nennen. Da
wurde nun ein dreistündiges, grenzenloses
u. anstrengendes Gespräch geführt. – Eigent-
lich habe ich schon das Bedürfnis, für mich zu sein,
denn es drängt mich danach, doch nur äußere
Ruhe, das ein wenig zu verstehen, was Gesprochenes
es bedeuten, als richtige Erkenntnis in mir
ist. – Aber ich bin doch froh, wenn ich aufnehmen kann,
wenn ich mich noch auf schwankendem Boden sehe.

Vielleicht kannst Du einmal kommen?
Hans ist ein guter Bruder für mich, ich gewinne
ihn immer lieber . . .

~~[illegible]~~ Schweig nicht so lange.

Herzlichen Gruß!

Deine Sophie.

ソフィー・ショルは一九二一年五月九日生れ。最初の手紙が書かれた一九三七年一一月には、ウルムの高等女学校の七年生であった。同月、非合法の結社活動の科で告発されたハンスの妹として、ソフィーははじめて秘察警察と接触した。

他の兄姉と異なり、ソフィーは拘禁を免れた。家庭を脅かす暗雲は存在したものの、宣戦布告まで、ソフィーの生活はごくあたり前であった――少なくとも国家社会主義政権下にあたり前の生活があったとする限り。

ウルム発、フリッツ・ハルトナーゲル宛
一九三七年一一月二九日

フリッツ！

私たちがこんなにすぐにまたあなたに手紙を書いたからって、変なこと考えないでちょうだい。ただもう死にそうに退屈だし、それにちょっとお願いもあるんです。つまりね、今週カマラーのおばさんが母のところに来ることになっているんだけど、そのときさっと冬のキャンプの話になると思うの。娘たちもキャンプに出してやってよいものかどうかって。行くっていってるのは私たちショルの女の子二人とアンネリースだけなのよ。行ってみたら、偶然あなたたちにそこで会うわけ（これはカマラーのおじさんには言っちゃいけないのよ）。私たち三人がシンデルベルクに行かれるように申し込んでもらえる？　その後であなた方も同じ所へ申し込むのよ。どっちの親にも絶対わからないようにね。やってもらえる？　できるだけ早く返事してちょうだい。そうでなかったら、K夫人のショル夫人ご訪問をなんとかして延期させなきゃいけないもの。

土曜の朝家に戻ってみたら、ガラス戸に鍵がかかってるの（そんなこと今まで一度もなかったのよ）。だから私たちしばらくブルブル、ガタガタしてて、我慢しきれなくなってえいやってベルを鳴らしたの。そしたら窓から父が顔を出して、私たちのことをゲシュタポだと思ってるのよ。それが私たちだったものだから、ビックリするやら喜ぶやらで、全然叱られないですんじゃった。

一二月八日はインゲのパーティーよ、あなたもいらっしゃる？　私の踊りの相手に来てくれてもいいし、シャルローと一緒ならもっといいんだけど。シンデルベルクのこと早く返事してね。

ここは本当にたぁぁいくつなんだから。

ソフィー・ショル

ウルム発、フリッツ・ハルトナーゲル宛
一九三八年二月二六日

〔……〕もうベッドに入って、それどころか一度眠って夢を見たのよ。その夢では、私どこかのキャンプ場にいるの（たいがい夢っていうと、どこかに出かけてるのよね）。キャンプ場のすぐ傍には大きな湖があるの。夕方私は誰か女の人のところに行ってボートを借りるの。私たちはそれで湖に漕ぎ出すんだけど、そのときにはもう夜になってるのね。空は完全に曇ってて、雲が壁みたいに見えてる手前に月が出てるの。青白い大きな平たい月で、湖全体を照らしてる。照らしてるっていうのは正しくないな。湖はどこも薄ぼんやりと暗かったんだから。そんなのは別に珍しくもなんともない話なんだけど。でもその月からちょっと離れたところに雲を通して小さな赤い点がギラギラ光ってるのが見えるのよ。「あれは太陽です」って船の持ち主の女の人が言うの。「私たちの住んでいるここは、地球上で唯一、太陽と月の両方が同時に見られる場所なんですよ」。その後どうなったかは忘れちゃった。夢っていうのは眠ってる間に聞こえてる音でいろいろ変わるっていう話ね。そうかもしれない。とにかく、私、夢見るの好きよ。夢のなかってずいぶん奇妙な世界だから、そこに行かれてうれしいってことはないんだけど、でも、面白い。私のこと夢見がちだとか感傷的だとか思わないで。絶対そんなことないんだから。そもそも私は相当な物質主義者なんですからね。〔……〕

ウルム発、フリッツ・ハルトナーゲル宛
一九三八年四月二一日

フリッツ！

リーゼルは、寝室の明りは暗いから眼が悪くなるっていうけど、でも私はこうやってあなたに手紙を書いてるんだ。それもリーゼルの便箋に書いてるなんてわかったらあの人なんて言うかしら。日記を書いてるんだって思ってるらしいけど、でも私はあなたに書く方がいいの。いけない？

まことに残念ながら、また授業が始まっちゃった。だから今日はもうちゃんと学校行ったのよ。その上に台所にある椅子なんか半分くらい塗り直したんだから。あなたが来るまできれいだといいけど。水曜日には来てくれないんだろうってすぐわかったわよ。あなたが「たぶん」て言うときには「うかがえないのは相当確実である」ってことなんだから。アウ

グスブルクでも行進やったの？　ウルムでは学校から皆で見にいったの。リーサはまたもういなくなっちゃった。つまんない。でも、少なくとも私の周りにいる人たちは、あなたのところの人よりましね。四月中にまたこっちにいらっしゃる？　インゲは月末に出発するんだって。

次の日

学校はすんだ。だけど今日私は猛烈に機嫌が悪いのよ。アンリースに家の人のことで文句を言ったりすると、あの子ったらいつも大笑いする。でもねえ、私は頭にきてリーゼルの便箋をもう三枚盗んでやった。わかりゃしないんだから。インゲの鎖も噛み切っちゃった。ああそれなのに、やっぱり私のイライラは解消されない。あなたが来てくれたら一ぺんで機嫌直すんだけどな。

台所に向って出発。おわかりかな、労働は生活を甘美にする。インゲは私が思ってたほど怒ってなかった。私が食器洗うの手伝ってくれて。洗いながら二人で歌をこしらえて歌ったのよ。いなくなるとつまんないな、……私たちってとっても話がよく通じるの。きっとインゲがいなくなると寂しいと思うわ。それに私のことといつでも見張っててくれたし、それはあなたもわかってるわよね。これから先、私のお行儀に誰が気をつけてくれるんでしょ？　自分でおとなにならなくちゃ。これからインゲと町に行くのよ。二人で男どもの顔を赤くできるかやってみるんだ。だってヴェルナーがね、女の子ってのは男に見られると必ず赤くなるなんて言うんだもの。

学校でリーサに手紙を書いて地図帳に挟んでおいたの。それをヴェルナーが持って学校へ行っちゃった。きっと読むわよ。どうしよう。運命なんだなあ。

日曜に来ないんだったら、とにかく一度手紙ちょうだい。なんだか妙な気分になることがしょっちゅうあるのよ、ウルムとアウクスブルクの間の森も畑も、全部わかっちゃうような。〔……〕

今こっちはものすごく寒くて、外に遊びにもいかれないの。それでこんなに気分が悪いんだわ。手紙を書くのもすてきよ。私はあなたに向って書ける（あなたは別にどうしても読まなきゃいけないってわけじゃない）し、あなたがもうやめろって言うこともないんだから。でもねえ、ちょっと退屈でないこともないでしょ。あらあら、私の字ったらひどいんだなあ。こんな字の手紙、最初から最後まで読んでくれるとしたら、まったく感動的な努力を払っていただいてるわけね。ここまで読んでくださったとしたら、それだけでも感謝申し上げます。コラ、眠るな。つねるか嚙みつくかしてやるぞ、目が醒めるように。学校で退屈になるといつでもアンリースにやってるんだから。もしも暇があって、その気になってくれたら、この手紙よりもっと退屈な手紙を書いてくれてもいいわよ。それだってちゃんと読んだげるから。もしもし、聞いてますか。この前の文章はちゃんと読んでください。

今あなたは、ほら、あなたはニヤニヤ笑ってる。思いっきりぶってやるから、あなたなんて。私のことを馬鹿にして笑ったりしたら赦さないんだから。聞こえてる？　まじめな顔しなさい。まだ笑ってるな。いじわる。もう、知らない。全然返事をくれないなんてひどいじゃない。いくら私の想像力が豊かだからって、本当の返事がもらえないんだもの。本当に、本当にぶってやるから。ねえ、ちょっと時間を作って、もう少尉さんなんだから、それくらいできるでしょ、手紙書いてよ。なんでも、どんなひどいことでも書いていいから。なんでもちゃんと読んだげるから。もしここまでちゃんと読んでくれてるんだったら、絶対書かなきゃだめよ。四月中にはもう来ないんだったら、インゲにちょっとあいさつの手紙くらい出せるでしょう。ああ、手紙が封筒に入れて送ってくるものでよかったわ。そうでなかったら、あなたも私も死ぬほど（それとも死んでも残るほど）恥ずかしい思いをするところだもの。さて、もう出かけなくちゃ。じゃあ、またね。お元気で。

また会う日まで、かまたお手紙を読める日まで（お手紙ほしいの）

あなたのソフィー

ウルム発、フリッツ・ハルトナーゲル宛
一九三八年五月二三日

〔……〕本当に、私のわやくちゃで腹を立ててるの？　第一に腹を立てると年を取って醜くなるし、それにあなたは私より四つも年上なんでしょ、四年分わけがわかっていて四年分立派で、四年分人が悪くて、四年分経験があるんじゃないの。これ、無理？

ウルム発、姉インゲ宛
一九三八年七月八日

インゲ！
もう手紙を書いてるなんて、ちょっとおかしいかしら。早く海の方に行かれる日が来ないかって、本当に楽しみにしてます。カマラーのおじさんと一緒に行くのよ。それは姉さんも知ってるわよね。もっとはっきりしたことが決まったら、お母さんが手紙を書きますって。日曜までに私の手紙が着くかもね。今ちょうどエリカのところから戻ってきたの。晩ごはんがまだなかなかだってわかってたら、もっと外にいたのに。ちょっとした嵐なのよ外は。髪は全部顔にかぶさってきちゃうし、後ろによりかかるみたいにしても尻もちつかないの。すてきじゃない。もう何べんも泳ぎにいって、飛びこみもできるようになりました。もちろん理想的なフォームとはいえないけど。このごろ本当にバカみたいに家の外にいたいの。木がみんなとっても大きくて立派で、自分がこんなにちっぽけだっていうのがすごくうれしいの。人のいない原っぱとか沼地に行けるのを心待ちにしています。ヴォルプスヴェーデのユースホステルにしばらく泊まれるといいな。

アンリースは四日間カマラーのおじさんと車でヴィーンに行ってきたのよ。二週間したらあの子もそっちに行きますけど。エリカが一緒に来ないなんて残念だな。エリカが来てくれればずっと都合がいいんだけど。でもまあ自分の都合ばかり考えてちゃだめね。それに確かに、エリカとアンリースとリーサ三人いちゃだめだっていうのは、私にもよくわかるわ。ねえ、私アンリースと毎日顔合わすでしょ、本当に我慢するだけで大変てことがよくあるもの。このあいだ学校で、いやんなっちゃって爆発しちゃった。フリース先生の授業で魚の解剖をやってたの。先生は本当にいい方よ。四人一組になって、組ごとに一匹魚をもらってたのよ。最初っからちょっと気分が悪かったんだけど、それなのに全部私がやらなくちゃいけなかった。すごく難しくて一所懸命やらないといけないの。こんなことさせてもらえることはめったにないのよ。でも、三時間もやってたら、いい加減くたびれちゃった。それなのに他の三人たら見てるだけ。というか見てもいなかったかもしれない。私言ってやったの。あんたたちは怠け者だって。そしたらアンリースは怒っちゃったのね。ハン、ソフィーったら、って馬鹿にしたように言ってね。それから他の子に何か耳うちしてクスクス笑うの。何がおかしいのって言ったら、あんた！って言うのよ。私のどこがおかしいって訊いたら、もういいわよだって。そんなこと言われて本当に頭にきちゃったから、言ってやったのよ。もし私のことを笑いものにせずにいられないんだったら、少なくとも私に気づかれないようにやってちょうだい。それが礼儀ってもんでしょうって。こんなことがしょっちゅうあるのよ。私たちの間って本当にピリピリしてて、もう我慢できないって思うことがしょっちゅうなの。アンリースにそんなことわかってなきゃいいんだけど。でもすごくいい感じのときもあって、そういうときにはいさかいのことなんかみんなどうでもよくなっちゃうんだけど。私はいつでも自分に我慢、我慢、って言いきかせるのよ、気が落ち着くまでね。アンリースだってふだんはもちょっとましだったのに、このごろ少し軽はずみなのよ。

本当になんともいえないくらいうれしいわ。北の方の景色と海と、それから姉さんに会えるのがとくに。エッガーさんちの女の子二人も行くの？　教えてちょうだい。それから島のことも、どの島が面白そうかとか、どこに泊れるか云々。四―五組ならテントもあるわよ。トイフェルスモーアなんかでもテントで泊ったことあるから。そっちに行ったらエリカと二人でたくさん写生して、お母さんがバックナングに何日か行ってる間はエリカが私んとこに泊るの。きっと面白いと思うわ。

あまりたくさんデッサンはしてないわ。学校で教えてくれることはとっても役に立つみたい。デッサンの先生自身は大したことのない人だし、経験もないんだけど。でもH・ウンガーみたいにおかしなことはないわ。役に立つことは確かよ。今のデッサンの先生くらいにはなりたいと思います。あまりあれこれ迷うのはやめたの。一番いいのは練習することだわ。それ以外のことは自然にどうにかなっていくはずだと思う。そうじゃない？　天職とか、そんな感じはないの。でもとにかく芸術家になるつもりがあるんなら、何より先に人間にならなくちゃね。深みまで下ってから上らなくちゃ。自分を研究してみるつもり。すごく難しいけど。エリカなんかと比べると、私はどうしようもなく軽佻浮薄だわ。

昼間キューバーの童話を読みました。『小アルラウン』これはとってもきれいよ。それから『偉大な瞬間』。どっちもちょっぴり悲しい話なの。とくに後の方は。読んだことある？

お母さんはフリッツ・ハルトナーゲルが八月一五日ヴィーンに移動になるって書いてらした？――

生物の授業はこのごろすごく面白いのよ。この間は牛の眼球の解剖をやったわ。魚の解剖のときは、骨格だとか、内臓だとか器官とかみんなきれいに取り出したのよ。脳と頭部もね。外皮をきれいに切って広げるじゃない、そうすると何もかもきれいに、ちゃんと一分の無駄もなくつまってるのね。それにねえ、そうやって開けて見ても心臓はまだ規則正しく広がり、縮まり、広がり、縮まりってやってるの。魚の眼って金色なのよ。そして完全な球形の、すてきな水晶体をしてるの。本当にかわいい生き物なんだから。とっても気の毒だったわ。

さて、郵便局まで行きましょう。

元気でね

ソフィー

ウルム発、フリッツ・ハルトナーゲル宛
一九三八年八月二八日

フリッツ

いまお手紙いただきました。あなたがかかってるかもしれない病気が全部並べて書いてあるやつ。どうもありがとう！　もちろん手紙をくれて、ってことよ。本当にかわいそうに。でもそんなこと言ってもなんにもならないのよね。本当に早くよくなってちょうだい。

私もベッドにいるの。朝、たぶん一一時くらいかな、つまりもう昼近いんだけど。明日からまた学校が始まっちゃうの。だからもう一ぺん徹底的に疲れをとっとかなくっちゃ。もっとも毎日そればっかりやってるんだけど。もうだいたいそんなことする必要ないのよね。すばらしく元気なんだから。でもやってるんだ。私のかわいいベッドちゃんがかわいそうだから。——

このお休みは本当に短かったわ。まるでイースターのお休みみたい。あれほどたくさんいろんなことしたのにね。こんなにたくさん書いて、あなた大丈夫かしら？　くたびれたらどうぞ読むのやめてちょうだい。そうじゃなければ話を続けます。出発したときは雨だったの。でも私たちが車に乗りこんだ（私はカマラーさんの隣の前部座席に座って、山のようにいろんなものを着て、薬を服みこんでたの。喉が痛くて、熱まであったものだから）ときには、お陽様は早刻顔を出して一番暖かい陽射を送ってやらねばならぬと思ったらしかったわ。もしかすると好奇心もあったかもね。それから九時半まで走って、ギーセンに到着。カマラーのおじさんの運転は慎重なのよ。私はユースホステルに行ってみたの。私たち申し込んでなかったんだけど。行ったらすぐに男の子たちが出てきてキャンディをくれたわ。もちろん喜んで頂戴しました。空いてるベッドはなかったんだけど、床に寝さしてくれたの。とっても親切だったわよ。次の日も走ってブレーメンまで、というかほとんどレーズムまで行ったわ。途中全部で三回パンク。それからネストのフランツ－セルター通りに着くまで、なんと一、二時間かかったんだからね。私たちが着いたとき、インゲはもう寝ていて、起きてきて半分高地ドイツ語でしゃべったものだから、リーサはゲラゲラ笑い出しちゃったわ。

三日してからいろんなところに行きはじめたの。本当にことばでは表わせないほど面白かったわ。何よりも北海は、吐き気がするほど刺激的だった。インゲと私だけよ。リーサと私は特別の漁船に乗せてもらって、インゲとアンリースとハースは他のに乗ったの。私たちがわかれて船に乗ったときはまだ真暗だった。三時だったんですものね。でもその後青年隊のリーダーが四人と、その上に若い夫婦が私たちの船に乗ってきちゃって、リーサと私は猛烈に腹を立てたの。その人たちを連れていくはずだった漁師が病気になっちゃったんですって。岸が見えなくなったころには星も見えなくなって、島の裏側に回ったときに日が上ったわ。ものすごく寒かったけど、気温が低いっていうより風のせいだったみたい。リーサと私はストーブに抱きついていたわ。あとから乗ってきた若い夫婦はいちゃついてて、見ていられなかった。三時間くらいして奥さんの方がゲーゲーやり出したときには、いいきみだって二人でほくそ笑んでやった。私たちは全然まだ平気で、おなかがいっぱいになるまでパンを食べて、海の色がどんどん変わっていくのを眺めてたの。そしたら若夫婦の旦那の方がすごい勢いで私たちを船倉に追いやって、頭へきちゃったけど、まあ行ってやったわ。奥さんの方が下で寝てて、ポロポロ涙をこぼして、死ぬほどだるそうにしてたのよ。だから二人でちょっと慰めてあげて、そのあとリーサがもう上ってもいいですかって怒鳴ったの。お許しが出たからまた甲板に出て、今度は男の子たちと一緒に話をしたんだけど、皆とっても親切だったわ。一番年下の子はそのときもうまっ青な顔して、一言もしゃべらなかった。私の相手をしてくれるつもりでこっちへ来てくれたっていうだけでも大したことだと思ったわ。そうこうしているうちに最初に入れた網を引き上げはじめて、皆で面白がってそれを見たの。どの魚にも触ってみたし、カニだのエビだのは戦争させてやった。ヒトデも集めたのよ。でもそういうのは全部海に返してやるつもりで投げこんだんだけど、水に触れもしないうちにみんなカモメに食べられちゃったみたい。獲れたもののなかで大きなカニだけは取っておいて、すぐゆではじめたんだけど、それがもうすさまじい臭いで、ひどかったわ。私はなるべくそっちを向かないように、座りこんだりしないように頑張ったんだけど、でも何の役にも立たなかったみたい。しょうがないから皆知ってる歌を思いつくはしから歌ったわ。力をこめて打て……だとか進め上れ進めとか、そういうの。でも歌っている最中に急に口中生唾がいっぱいになっちゃった。それはなんとか呑み下せたんだけど。でもその後しばらくしたらユスターフと私は我慢できなくなっちゃって、並んでのびちゃったの。そらみたことかって言われちゃった。でもその後また元気に歌を歌って、参ってるなんて思わせなかったわよ。そのあともう五回戻しちゃったわ。最後にはもう胃液しか出てこないの。でもそんなの全然問題じゃなかったわよ。皆上機嫌だったんだから。さんざん騒いで、最後には皆で缶詰のにしんみたいに並んで床にころがって、寝ちゃった。船遊びは楽し……。戻ったら三時だったわ。きっとヴェルナーがいろんな話をしたでしょう。ヴィルヘルムスハーフェンからカロリーネンジールに行く途中（車で行ったんだけど）お百姓さんと一緒になったのね。私たちはそのおじさんに、南の方から来たって話したのよ。——そしたらそのおじさんが、自分どこにもオーストリアから逃げてきてる奴がいるって言ったの。ちょうどそのとき小牛が一匹道を横切って歩いてたのね。インゲはそのおじさんに「どこから来たの?」って尋ねたんだけど、もちろんその難民のことを聞いてるつもりだったわけ。おじさんは「平地の方だな」って言って、小牛の話してたの。インゲが「まあ、じゃあ捕虜収容所から逃げてきたの?」って言いかけてるときにおじさんが「ほら、また来た」って言って、本当にもう一匹小牛が駆けてったの。ハースと私は車の後ろの座席にいたんだけど、どうかなるかと思うくらい笑っちゃった。本当におかしなことがいっぱいあったわよ。その後でヴォルプスヴェーデに五日間泊まったの。夢みたいにきれいだったわ。あんなところにいられればいいのになあ。以上最も正確な旅行記録でした。そうねえ、思い出にふけってるってのが一番いいなあ。厚い本でも書けちゃいそう。

自分のことばっかり書いちゃったわね。病気で寝てるとたくさん本が読める? 今ちょうどトーマス・マンのブッデンブロークスを読んでるのよ。すごく面白い。登場する人たちは皆とても客観的に観察してあって、すばらしい書き方なんだけど、でもちっとも偉そうじゃないの。もう読んだ?

手紙書いてくれるって約束してくれてありがとう。このごろあなたのことちっともわかんないんだもの。このあいだ会ってからもう七週間にはなると思うわ。

お大事にね、心から

ソフィー

フリッツ・ハルトナーゲル宛
一九三八年九月二四日

フリッツ！

土曜の午後八時。とってもいい時間じゃない？　一週間のうちで一番いい時間よ。だって明日のことは全然いやな感じなしに考えられるし、あさってのことは、ダメ、そこまではちょっといかないわ。

今日はハンスも戻ってきたのよ。だからみんなで二日遅れのお誕生祝いをしたの。晩何するかはまだ決まってないけど、アンリースのところへ行くかもしれないわ。何でもできるってすてきじゃない。今週一週間はなんだかあれよあれよという間に過ぎちゃって、足の下を時間が走っていってしまったわ。ボーッとして、何もしないまますんでしまった。仕事もちゃんとやってないし、ていうか、まあ、仕事ってのは当らないでしょうけど。でもとにかく、下らないことをしゃべってばっかりいたのよ。それなのにあなたはかわいそうに、黙って寝てなくちゃいけないなんてねえ。たぶんその代わり、文学の勉強がうんとできるわよ。

こっちはまだすてきな秋の天気が続いています。しょっちゅう外へ、森に行くのよ。知ってる？　イラー川ぞいの森は早春と秋が一番きれいなの。ときにはオスカーとカヌー漕ぎに行くこともあるけど。そうするとテキメンに蚊に食われて次の日が大変なの。夜中ボリボリ体をかいていなくちゃいけなくなっちゃうのよね。

いまアンリースから電話で、アンリースのママがワインとシャンパンを手に入れてきてくれたんだって。すごいわねえ。まだまだ捨てたもんじゃないわね。

でも本当はアンリースのところへ行くより、旅行に行きたいなあ。インゲから来た手紙を読んだら、なんだかひどくなつかしくなっちゃったわ。休暇の間旅行できるのはとってもすてきだと思う。休暇旅行なんてしたことないっていう人は気の毒だと思うけど、絶対皆が旅行するようになってほしいとはいえないわ。沼地を抜ける田舎道でインゲと私は洗濯ばさみを取り出してスカートを留めると、あっけにとられた人類の体面を大いに汚すべく、平然として歌いながら歩きつづけたんですからね。
これから晩ごはんよ。あなたもそう？　だったら、いただきます。
このあいだ、お手紙どうもありがとう。

ソフィー

一九三九年夏ソフィー・ショルとフリッツ・ハルトナーゲルはユーゴスラヴィアに行く計画を立てていた。しかし、通貨交換禁止と戦争前数カ月にわたって行われた青少年の出国禁止のためにあきらめなければならなかった。

ウルム発、フリッツ・ハルトナーゲル宛

一九三九年七月二八日

あなたの手紙、いま着きました。それほどガッカリはしなかったわ。パスポートはもしかしたら手に入らないこともないと思うの。オーバーガウだったら親切だから、許可をくれなくもなかったかもね。R・J・Fからじゃ絶対もらえないわ。一般出国禁止なんだから。つまり、この非常時に当り、青少年には出国許可は与えられないということなのよ。まああしょうがないわね。ユーゴスラヴィアのことはあきらめましょうよ。〔……〕

南方ユーゴスラヴィアの代わりに、二人は北に向うことを急いで決めた。まず、東海沿岸のハイリゲンハーフェンに。次に北海に、そして最後にヴォルプスヴェーデに向ったのである。ヴォルプスヴェーデはブレーメンから遠からぬ地にある芸術家村で、その前年ソフィー・ショルはすでに幾日かそこに滞在しており、その折、姉インゲとともに、マンフレート・ハウスマン、ヴィルヘルム・シャレルマン、マルタ・フォーゲラーおよびクララ・ヴェストホフ＝リルケの知遇を得ていた。今回ソフィーは女流画家パウラ・モーダーゾーン＝ベッカーの作品とはじめて出会うことになった。

ヴォルプスヴェーデ発、姉インゲ宛

一九三九年八月九日

〔……〕もう何度もフォーゲラー夫人の織物工房に伺ったのよ。とっても優しい人でね、来たい時はいつでもどうぞって言ってくれるの。とても面白いわよ。家具とか絵とか布とか珍しいものがたくさんあって。それに棚いっぱいフォーゲラーのデッサンもあるし。だけど去年みたいに、フォーゲラーの絵がすごくいいとは思えないの。むしろパウラ・モーダーゾーンに夢中になってます。本当にすばらしい絵よ。女の人なのに、信じられないくらい自分らしい仕事をしてる人で、絵だって誰かの影響の跡が顕著であるってことが全然ないの。姉さんもありったけ見なきゃだめよ。彼女の絵を見たら、飾ってある他の人の作品はみんなつまらないわ。

もっとも、ハンブルクにもいいものはあるけど。びっくりするほどたくさんフランスの画家のものがあるし、一部屋全部コリントだけっていうところもあるのよ。この二週間ほどでずいぶんたくさんいろいろ見たわ。

昨日の夕方またハンメに行ったのよ。フリッツはこれでお別れだっていうんで。とっても忘れられない風景だったわ。すごくおだやかで、しかも暗くて。でもやっぱり山の上にいる方が好きだな。そして南ドイツの人間のなかにいる方が。北ドイツの人って近よりがたくて。だから、ウルムに帰るのがうれしい。〔……〕

フリッツ・ハルトナーゲルが所属部隊に帰還した後、ソフィーはヴォルプスヴェーデのユースホステルで不愉快な事件に巻きこまれ、当初の予定を切り上げて早く帰ろうという気持は動かしがたいものになった。

ヴォルプスヴェーデ・ユースホステル発
フリッツ・ハルトナーゲル宛
一九三九年八月

フリッツ

ご本二冊お返しします。ハンスペーターのもね。もう、ちょっと読んでられないから。私たちがよそへ行っている間に、私が使ってたベッドに知らない男の人が寝てね、そこにあった本もみんな見ちゃったんだって。その男の人はハンスペーターの本をすぐ警察に持っていって私たちのことを訴えてやるって言ったんですって。オェトケンの奥さんがなんとかそれはやめさせたの。私たちはお客なんだからって。でも、オェトケンさんたちがどういう人だか知ってるでしょ。今度は自分で私の本のこと気にしはじめてひどく疑ぐるのよ。まあいいわ、明日は出発するんだから。それでよかったみたい。

お金どうもありがとう。大いに助かります。両親が送ってくれたのはまだ着かないわ。

もうすぐまた会えるわね。

心から

ソフィー

ウルム発、姉エリーザベート宛
一九三九年八月一九日

リースル

ヴォルプスヴェーデじゃなくて、ウルムから手紙が来たんでびっくりしてるんでしょ。でも、ヴォルプスヴェーデにいる限り私は全然絵を描く気になれなくて、ハンスペーターのピーター・パンの插絵だって絶対描けなかったと思うわ。家にいれば自分の机があってしたいことができるんですものね。ねえ、私がヴォルプスヴェーデにいる間に到達した認識って知りたくない？　ヴュルテンベルクは申し分なく（地勢的に）魅力的かつ変化に富んだ国であり、シュヴァーベン人のなかにいる方が私ははるかにのびのびできる、ってことなの。北ドイツのご連中ときたら、今になってもどういうふうにつき合ったらいいのかわかんないわ。でもヴォルプスヴェーデがつまらなかったっていうんじゃないのよ！　村そのものは、別にそれほど大したものじゃないのは確かだけど、でも住んでる人がさ、信じられないくらいおかしな人たちだし、まるっきり嘘みたいな人もいるのよ。それに、いろんなものができてるしね。ハンメがあって、沼があって平地が広がっているのはいつも変わらないの。夜になるととっても不思議な雰囲気よ。おだやかで、でもちょっと憂鬱な感じがして。

北海でも東海でも泳いだわよ。北海はやっぱりすごくすてき。なんといってもあの波がたまらないわ。波に揺られてると、第七天まで上ったような気がする。海水を飲んでギョッとすることさえなきゃあいいのにね。

インゲはシュヴァルツヴァルトに行くんだって。行かなきゃだめよね。私はたぶん、お父さんとお母さんがツューリッヒに行くとき一緒に行かれると思うわ。行けるとうれしいんだけどなあ。いい絵が見られると思うんだけど。〔……〕

その一四日後、戦争が始まった。フリッツ・ハルトナーゲルは上ライン前線司令部付報道隊の副官としてカルフに配属された。同じころソフィーは学校生活最後の学期の開始を待っていた。

ウルム発、フリッツ・ハルトナーゲル宛
一九三九年九月五日

フリッツ

お手紙どうもありがとう。次のがくるまでこのあいだみたいに長い間かからないといいんだけど。人のことがしょっちゅうわからなくなるって、とっても我慢ならないわ。たんに正確な所在地だけの問題にしても、やっぱりいやだもの。ウルムから出した私のこのあいだの手紙は受け取ってくれた？（フォーゲラーの奥さんの服も、ミュンヒェンのあなたの住所に送ったんだけど。まあ、そっちはそれほど大事じゃないわ）

きっといっぱい仕事があるんでしょうね。これから先人間が他の人間の手で生命の危険にさらされつづけるようになるんだなんて、信じられないわ。そんなこと絶対に理解できないし、ひどいことだと思う。祖国のためだなんていったってだめよ。

少なくともあなたは元気でいてね。わかった？　あなたの仕事はそれほど危険じゃないんでしょ？

ハンスはまだ家にいて、私はとっても喜んでるの。でもこれから兄がどうなるのか心配だわ。そういうことを除けばみんないつもと同じ。毎日昼になるとハンスと泳ぎにいってます。絵もたくさん描いてるのよ。聖堂前広場の古い建物を色で描いてるの。皆すごく面白いわ。あなたには思いもつかない生活ね？

学校は全然始まってません。いつになるかわかったもんじゃないわよね？

あなたのことしょっちゅう考えてる。この夏はなんだかもうずっと昔になっちゃったみたい。あなたと一緒にいられたんだっていうのが信じられないくらい。まだ覚えてる？　ハイリゲンハーフェンの海水浴場の大きな籐の籠みたいな椅子に一緒に座ったじゃない。おかしかったわねえ。

そもそも正確にいうとあなたの部隊はどこにいるの？　それは書いちゃいけないのかなあ。あなたの仕事はどういうことなの？

またすぐ手紙書いてくれられるといいんだけど。

気をつけてね

ソフィー

ウルム発、フリッツ・ハルトナーゲル宛
一九三九年九月一九日

私の大事なフリッツ

お手紙本当にありがとう。とってもうれしくてたまりませんでした。本当は日曜にあなたに手紙を書こうと思ってたんだけど。でも全然暇がなかったの。そちらはいかが？　まだ何も起こってない？　ハンスはまた大学に戻ったのよ。新聞で読んだでしょうけど、一年に三学期やっちゃうんだって。そういうふうにやると、二三歳半で資格が取れるだろうってハンスが言ってたわ。——ハンスが家にいる間じゅうずっと泳ぎにいったし、絵もたいがい一緒に描いたの。ピーター・パンも他の挿絵もみんなもう仕上げちゃったわ。戦争だからってつまんない堅苦しいことしかしちゃいけないってことはないでしょ。第一ここにいると戦争してるなんてあまりわからないわよ。確かに物があふれてるとはいえないし、その代わり兵隊があふれてるけど。でもねえ、このあいだ飛行機見たわよ。急降下で大聖堂まで下りてきて、すごい音立てながら二、三回上をグルグル回って、街の上空で宙返りまでやってみせてからどこかへ飛んでいったわ。はじめて敵機にお目にかかったわけ（フランスの偵察機だって）。ライプハイムで強制着陸させられたんですって。——

戦争はすぐすむなんて甘い考えには全然賛成できないわ。ドイツはイギリスを封鎖によって降伏させられるだろうなんて子どもっぽいこと言ってる人も多いけど。そのうちわかることだわ。

リースルはちょっと具合が悪いの。昨日は熱が高かったわ。お天気があまり急に変わるんですものね。そっちでもそうだった？　こんなに寒くちゃ泳ぎにも行かれやしない（私には重大問題よ！）

もうまじめに話ができることってなくなっちゃった。だって何もかも馬鹿げて聞こえるんだもの。あなたにはことにそうでしょうね。たとえば湿気のために庭の花全部、花弁の縁が黒くなっちゃって、そうならなかったのは百日草だけ、これだけはまだしっかりしてて花の盛りの色そのまま咲いてる、なんていっても。どれもあなたからすると、別世界の話に思えるんじゃない？　今度お金ができたら、カロッサの『指導と信従』を送ったげるわね。もしそんな暇があるとしたらだけど、きっと気に入ると思うわ。

遅くともクリスマスには休暇が取れて戻ってきてくれないと、借りてるお金が返せないわ。お金返したいだけじゃないけど。

お返事を楽しみに待ってます。そんなことも言っちゃいけないのかしら？　だって、あなたがどのくらい忙しいかなんて全然わからないんだからね。

私の方は、気が向けばいつでもあなたに手紙を書いてるの。

心から！

ソフィー

ウルム発、フリッツ・ハルトナーゲル宛
一九三九年一〇月六日

大切なフリッツ

続きを書くのがすっかり遅くなっちゃった。私は確かにただ学校へ行ってるだけだけど、それでも一日中なんだかだってすることがあるのよ。家中のものの洗濯だ、窓磨きだってね。

写真、なるべく早く送ります。でも写真みたいなものでも、軍関係の仕事が先なのよ。学校が始まってちょうど今日で二週間めなんだけど、でも今日から秋休みなの。おかしくない？ この休みに何をするか、見当がつかないわ。というより、母によりけりなの。ネーゲレの家でムルハルトにある別荘に招んでくれたのね。私たち三人の娘としてはもう行きたくて仕方ないの。自転車で行くのよ。たぶんお許しが出ると思うわ。私も絶対行くって言ったんだけど、母がすごい文句言うの。まだ私たちが夏休み一緒に旅行したって怒るのよ。

劇場も音楽会もまた始まったわ。あなたたちにはどうなの？ ふつうの市民生活だとか娯楽の機会からはまったく隔絶されちゃってるの？ そうでないことを祈ります。ここで聞いた限りでは、まだ戦闘は始まってないんでしょ。

すぐに休暇はもらえないんでしょうね？ 今にも戦闘開始かもしれないものねえ。たぶんそうなるに決まってるわ。だって始めないわけにいかないんでしょ。ハンスがまだ大学にいられてよかった。――あなたももしかして、仕事を変えた方がよくないかしら。

ああ、手紙を書くのがすごく難しい。話すのと全然違うんだもの。この手紙だって、私がどうでもいいと思って忘れてるんじゃないってわかってもらいたいから書いてるだけなのよ。母は怒るけど、私しょっちゅう、あの私たちの夏休みのことを思い出すの。たとえば、一度バスに乗ってて、あなたの隣で眠りこんじゃったことがあったでしょう。ハイリゲンハーフェンからキールへ行くとき。いろんな人が見てたのに、私は全然気にもしないで眠っちゃった。今あなたの周りにいて、あなたが親しくしてる人はどんなだろうってこともよく考えるわ。そういうこと一度も書いてくれないじゃない。誰が一番好きかなんて。ご婦人方とか子どもとか年ごろの娘さんとつき合うことがあるの？　監房で働いてるんでしょう？（このあいだ見た夢でね、自分がそういう獄房につかまってるっていうのがあったわ。戦争の間じゅう拘禁されるんだっていうの。首の回りに太い鉄の輪がかかっていて、夢のなかでそれが一番いやだったわ）

少なくとも二通に一回はお返事がもらえるといいんだけど。書類なんてさっさと片づけちゃいなさいよ。長くなくて（返事は）いいの。

日曜は休み？　休みでなくても休みでも、よい日曜でありますように。

あなたのソフィー

ウルム発、フリッツ・ハルトナーゲル宛

一九三九年一〇月二七日

〔……〕居間の丸テーブルを囲んで、皆で仲よくお茶を飲んだのよ（もっともお茶はこれでおしまいだけど）。干ぶどう入りのイースト・ケーキもあったんだから。それもちゃんと飾り塩のかかったやつよ。わかるでしょ、平時と全然変わらないの。あなたからもそういう時が奪われないでいてくれるといいんだけど。——私はいつも自分の住んでる家をすてきだと思ってきたわ、でも、こういう生活のちょっとした楽しみを我慢しなくちゃいけないのが、どれほど大変な意味をもってるものか、やっとこのごろわかってきたの。くだらないことみたいでしょう。でも私にとっては重大問題なのよ。北海の方に行ってたときだって、ほんの短い間でしかなかったのに、最後には私、自分のベッドと自分の部屋がなつかしくなっちゃってたの、あげくのはてにあのヴォルプスヴェーデのB・D・Mでしょう。まあいいわ、とにかく、戦争の間じゅう私たちの方がずっと恵まれてるのよね。あなたたちと比べれば。あなたがうちに何日か泊れればいいのにね。ちょっとの間でも本当に人間の家らしい生活ができるように。もし今度一緒に出かけることがあったら、どこかに部屋を借りましょうよ。ねえ。そこにいる間は私たちだけの家になる部屋。自分で花を買ってきて飾れる部屋よ。食べるものは私が料理するわ（まあなんて結構な幻想なんでしょ！）。あなたもそういうのいいと思う？　でもあまり長くはだめよ。だって、そんなに長いこと一人の人間とだけ顔つき合せてはいられないもの。誤解しないでね。私が言いたいのは、そういうふうにして、一人の人間だけとつき合っていたら、あまりその人の影響が強くなりすぎちゃうだろうってことなの。まわりじゅうの人から自由になりたいって思ったことない？　誰かが何かしてほしいと思ってると、私はすごく敏感に反応しちゃうみたい。あなたにもわかってるだろうと思うけど、孤独な時間ていうのもとても大切でしょ。誰かがいてくれればいいと思いこがれていた日々と同じくらい大切。孤独のときには、斟酌なしの思い（悪い意味で言ってるんじゃないのよ）が真実で、人に対する同情や共感は弱さのように思えてくる。同情だけじゃなくて郷愁というか、名前はとにかくまあそういうような気持も。もしかしたらきっと、私は弱い人間なんだわ。〔……〕

ウルム発、フリッツ・ハルトナーゲル宛
一九三九年一一月七日

大切なフリッツ！

優しい手紙、本当にありがとう。あなたが私に手紙を書く時間を作ってくださるっていうのが何よりもうれしいの。私が送っているもの届いてるでしょうね。届いたら届いたって書いてよ。手紙はみんな検閲されてるの？

冬中書くことよりほかにすることがないんですって！　ときには退屈でウンザリするでしょう。仕事に埋もれてしまわないように何かしたいっていう気持、とってもよくわかるわ。でもあのメーリケの本はちょっと今読めないかもね。別に難しい本だからってことじゃないのよ。私だってときどき、詩しか読みたくなくなったり、いろんなものを簡単にまとめたものしか読めなかったりするもの。でもたぶん、我慢して、今の自分の状態とは全然関係のないような本を読むっていうのも（たとえば叙情詩みたいな）いいことじゃないかしら。そういう本を読むには意識して頭をまとめて、自分ではもしかしたら全然面白いと思っていない別世界に踏みこんでいかなきゃならない。それをやると、たぶんあとでそこから離れるとき、自分自身がちょっと変わってるんじゃないかと思うのよ。私、自分でもあの本はまだ読んでないんだけど、でもメーリケは大好き。詩しか知らないけどね。

G・ハイムの本の挿絵は、一つだけ絵を思いつけないでいます。この間の日曜は、ハンスペーター・ネーゲレが来てたんだけど、自分の本の挿絵をちゃんと仕上げてくれってハッパかけられちゃった。学校がすんだらちゃんと（もうそれほどやることは残ってないけど）まじめにやりましょう。

ハンスはまだミュンヒェンにいられるの。とてもうれしい。私なんだか兄のことがバカみたいに心配なのよ。全然そんな理由ないはずなのにね。だって兄は、たとえばあなたなんかと比べると、ずっと安全なわけじゃない。でもあなたのことはとても落ち着いて考えられるの。で、あなたのことをそういうふうに、義務感からでなく自由に考えていられるのがうれしい。二人の人間が何も約束したりせず、ともに歩いていけたらとてもすばらしいと思うわ。ときどき顔を会わすのでも、いつも肩を並べているのでもいいけど。二人でとにかく一緒に進んでいって、もし互いの道が別れるのだったら、おだやかにそのまま別れて進んでいく。ただこんなふうにいったらな、って思ってみるだけなのよ。本当にはこんなうまくいかないわ。ずっと大変だし、自己犠牲とかなんとかもあるし。〔……〕

ウルム発、フリッツ・ハルトナーゲル宛

一九三九年一一月二八日

大切なフリッツ

あなた宛に発送する小包を作っていて、手がやにでベタベタになっちゃった。そう簡単にこれは取れないのよね。でも包みの一番外の紙を開けたら、どんなにいい匂いがするかわかるわよ。賭けてもいいけど、今がどういう時だか全然考えてなかったでしょ。赤いロウソクを立てる季節なのですぞ。本当にも立ててくれられるといいんだけど。暗くなってから、たぶんチョコレートも食べて、ロウソクに火をつけてくれたら、家の中で待降節の晩どんな匂いがしてたか、ちょっと思い出してくれられるかなあと思って。うちのアドヴェントクランツ*はすごく大きいのよ、それに太い赤いロウソクを立てて、玄関ホールの天井まん中から下げるの。クリスマスカロルをフルートとピアノ用に編曲したのもあるし、ヴェルナーは「いざうたえ」をヴァイオリンで弾けるのよ。待降節の間ってそういうこととか、それからクリスマスの準備がいっぱいあって、結構忙しいのよ。でも私たちみんなそういうことが大好き。もしかしたらクリスマスそのものより好きかもしれないわ。あなたもちょっと楽しくなった？　手伝ってあげられるといいんだけど。クランツはベッド傍の小机に置けるでしょう。リンゴは家中のみんながちょっとずつ磨いたのよ。蜜蠟のロウソクはただ香りづけに入れてあるの。ヴェルナーときたらあれを食べちゃうのよ。でも今年は絶対食べちゃいけないって言い渡したの。だって蜜蠟ロウソクは全然手に入らないんだもの。

ただねえ、ほんのちょっぴり心配なんだけど、荷物が全部無事に着くかしらって。毎日あなたからの手紙を待ってるのよ。もしかしたら明日来るかもね。だってよく手紙が行き違いになるでしょ。あなたが何も言ってらっしゃらない(といってもまだ一〇日なんだけど)のは、大変なことが起こったからではありませんように。私が元気なのはわかってるでしょ。でもあなたのことは、いったい何がわかってるかしら? あなたから手紙がなかった日は、晩になるといつもドナウ河の畔の狭い道を一緒に散歩したときのことを思い出すの。あの日からこっち、ほとんど毎晩晴れて、月がくっきり見えるわ。あの晩、月が雲と戦ってたみたいだったのをまだ覚えてる? 今日は満月だけど、ぼんやりしてるわ。それにとっても大きな笠をかぶってる。笠の縁は虹色に光ってるのね。——ああでも、あなたの手紙がきてくれてる方がずっといいのに! どうしても書けないの?

待降節おめでとう!

ソフィー

*訳注 ドイツでは、ほぼクリスマス前四週間になると、樅の小枝で輪を作り、その上に赤いロウソクを灯す習慣がある。待降節(クリスマス前の四週間)の最初の日曜日には一本、次の日曜には二本……。四本のロウソクが灯ると、主の降誕を迎える喜びの日も近い。

ウルム発、フリッツ・ハルトナーゲル宛
一九四〇年一月一二日

大切なフリッツ!

今日もう一通あなたの手紙が届きました。どうもありがとう。たぶん輸送だけに少なくとも八日は見なきゃいけないでしょう。ということは、返事が来るのは一四日は後になるのよね。一四日っていうのは長いなあ。でもときには返事っていうだけじゃない手紙もきてくれるんだわ。——私毎日、あなたの休暇はいつかしらって考えてるのよ。クリスマスの間に休暇が取れて、こっちへ来られてた方がよかったのかもしれないわ。だって、私の学校が終わるのは今のところ三月はじめってことになってるんだけど、そんなんじゃ、全然はっきりしないもの。本当にひどいと思うんだけど、資格試験の実施日時が公表されたのはついこのあいだなのよ(つまり試験の始まる寸前)。それにどうも文部省としては、試験をや

さしくしたりするつもりはない、なんてわざわざ言って、私たちをいじめて喜んでるとしか思えない。メルゲンターラーっていう人は特製のいじわるだって有名だものね。落ちることなんてないのはわかってるけど、でも早くすんでくれないと落ち着かないわ。わかるかなあ、ちょうどね、まだ食器洗いが残ってるぞって思うような感じなのよ。

あなたの休暇の話に戻るけど。すぐ休暇もらえない？　土・日曜にかけてだったら、私も一緒にスキーに行けるんだけど。山のなかで静かにできるっていうのは、なんにもないよりはましでしょう。でも誤解しないで、私が行きたいから行くっていうのはいやよ。自分のすることは自分でわかってるでしょう。

この二、三日は本当にすばらしい、いい天気。今も、うちの居間から見える古い家の屋根の波の上に太陽が浮かんでいるのが見えるわ。太陽の下端がちょうど棟木のところに来てるの。そしてそのせいで屋根の雪が燃えあがって、まともに眼を開いて見ていられないくらいまぶしい。たぶんあと一時間は明るいわ。

ハンスが家に戻ってる間、しょっちゅう一緒に森へ行ったわ。イラーの古い流れの方に所どころできてる氷の厚さを試したのよ。私たちが向う岸に着くまで割れないで氷が保ったんだから。寒くなると走ったわ。一度なんか払暁に鹿の足跡を追ってエーゼルスヴァルトに行ったのよ。あそこの小さな平たい丘がまるで大平原みたいだったわ。遠くまでは見えないし、見る限りではまっ平らなんだもの。空は晩になっても薄い雲がかかって平たく見えるの。なかなかいいものよ。

私の髪は暗色だし、色だって白いとはいえないけど、でも南方より北の方がいいなあ。ときどき本当に北方が恋しくなることがあるのよ。いつかまた行きたいところに行かれる時代がくるでしょう。それもあまり大騒ぎせずに。

ねえ、あなたは自分のこととか、自分が一番好きな人の話って全然しないのね。その友だちがどんな様子の人で人柄はどうかとか、あなたは勤務時間外に何をするのかなんてことも。そういうことってやっぱり意味なくもないんじゃない？　私のことは、あなたは全部ご存じよ。ねえ、あなたにお似合いのもの知ってる？　ピアノか、とにかく何か楽器。楽器をもってる？　それとも借りられる？　私はバッハのインヴェンションをやりはじめたところなんだけど、でももうピアノなしの生活なんて考えられないような気がする。ちっとも上手に弾けてるわけじゃないんだけど。

もしお誕生日になってるのに郵便配達が何も持ってこなかったとしても、どうか怒り狂わないでください。怒る代わりに「ノロマの野戦郵便メ」と考えてちょうだい。少なくともお誕生日の前にもう一通手紙は届くと思うわ。
あなたもどうぞたくさん手紙をちょうだい!

ソフィー

あなたったらまだ白い毛糸の値段を教えてくれないのね。いつになったら思い出すの!!
このあいだあなたの服を着て劇場に行ったわ。あまり皆がジロジロ見るんで、気持悪くなっちゃった。そこにいた女性客中、ストレート・ヘアだったのは私の他にはもう一人、シミルデ・ヴァレートだけだったわ。あの人とは毎朝学校へ行く道で会うの。

一九四〇年三月中旬、ソフィー・ショルは大学入学資格試験をウルムで終えた。本来ならば一九四〇年夏学期にはミュンヒェン大学で生物学と哲学の勉強にとりかかれるはずであった。しかし、大学入学許可を得るためには、帝国勤労動員奉仕隊で半年間優秀な働きを見せたという証明書が必要だった。この強制から逃れるため、ソフィーは一九四〇年五月、ウルムのフレーベル学院に入学手続をした。保母としての活動は——少なくとも当時の規定によると——勤労動員に代わるものとして認められるはずだった。
学校卒業後フレーベル学院が始まるまでの期間、ソフィーは家にいた。読み、旅し、自分の気分とやりたいことに自由にひたりながら。

ウルム発、姉エリーザベート宛
一九四〇年三月八日

〔……〕山に着いてからの四日間は、そりゃあもうすばらしかったわ。日曜日には長いツアーをやったのよ。ゲムスタールからホッホアルプ峠を越えて。雪は相当凍結してて、ちょっと危ないところもあったし、まあ大変だった。でもお昼はすばらしいお天気だったわ。水着で上ったんだから。私たち以外の人間って一日中いてもせいぜい一人来るか来ないかなんですもの。本当に夢みたいなところよ。二日めは、陽ざしのせいで雪がずいぶんグズグズになったんだけど、でも五時すぎたら急にガチガチに凍りはじめてね、スキーの板がすごい音を立てるようになったわ。はじめのところは山の斜面に沿ってジグザグに進むんだけど、後になるとひたすらまっすぐ谷を下りていくの。私たちが滑ったコースはずっと丘が続いているところで、一つ丘を越えるとヒュッと飛べるのよ。今までこんなにすてきなスキー旅行やったことなかったわ。それからねえ、ハッと気がつくとまわりじゅうの山の頂がバラ色に輝いてるの。なんともいわれないほどきれいなんだから。帰りはまたすごくすてきな森のなかを通っていったのよ。私がほとんどひっかからないで滑れるんで、フリッツもびっくりしてたわ。宿に着くまでには暗くなって、ありとあらゆる星座がくっきり見えてた。――ホラ、うらやましくて涎が垂れそうなんじゃない。私も涎を垂らしたいところなの。また行けるといいんだけどなあ。〔……〕

ウルム発、フリッツ・ハルトナーゲル宛

一九四〇年四月三日

昨晩リーサは出発したわ。リーサと一緒に一泊二日の自転車旅行に行ったのよ。とってもいいお天気だったわ。修道院を三つ見物しました。下、上、マルヒタールとツヴィーファルテン。上マルヒタールのきれいなバロック式教会(もっともあまり近寄りたくはないけど)の向かいにあるお城の宿屋さんに泊ったのよ。ツウィンの部屋でね、家具はみんな緋色のプラシテンが張ってあるの。晩ごはんは目玉焼き二コ、一人につき二個よ、それからソーセージとバター、みんなとってもおいしかったし、高くもないの。王侯貴族になった気分だったわ。日が暮れてからもう一度ドナウ河べりに散歩に行ったんだけど、ものすごく狭い開き戸を通って、今にも崩れそうな階段を上ると、森を抜けてドナウ河に出られるようになってるのよ。散歩に出かけたときには、西の空に二つ星が光ってるだけだったんだけど、だんだんいろんな星が見えてきて、リーサの望遠鏡をのぞきながら、知ってる星座を捜したの。まだ星座がなかったんだったとしたら、私たちで作ったと思うわ。ドナウ河に出てみるとね、まるで湖みたいに広くなってるの。あっち側もこっち側も、森でしょう。それに夜だから、きれいなものしか見えないのよね。河面にオリオンが映ってるのが見えたわ。他の星座も。私たち様子がよくわかんなかったんだけど、とにかくまっすぐ西へ進んで、黒い森と、その上に光る星を見てたの。本当にステキだったわ。一杯暖かいパンチを飲んでから寝に行ったんだけど、宿の食堂の常連さんたちは目を円くして見てたわ。で、私たちは翌朝九時まで、新婚さんよろしくゆっくりお休みになったわけ。次の日もすばらしいお天気。お日さまがタイヤを暖めてくれるまで、教会の見物にいったの。それから修道院の大広間と。大広間には隠し扉がいくつかあったから、そこから立入禁止の部屋を二つ三つ探険してきたわ。その後出発（あとでお尻がどんなに痛かったかっていう話はしたくないわ）。ヒュウーって山を下ってサアーッと上ったんだから。もちろん半そでシャツでソックス姿だったわよ。本当に二日とも今年初めての暖かい春日和だったの。ツヴィーファルテンていうところでお昼を食べたんだけど、そこもやっぱりちょっといいところよ。七〇ペニヒだったわ（それで三皿もつくんだから。スープ、山のようなポテトサラダとレバークノェーデルが一〇個よ！）。それから教会を見物して、ドロップを二本買って、家に向って出発したの。二時から四時までは、まだ葉の出ていない若い濶葉樹の林に入って、ズボンとシャツだけになってお腹をお日さまに暖めてもらったわ。その後は相当スピードを上げたの。そんなことどっちも口に出さなかったけど、お腹がすいてきちゃったんだもの。エーインゲンでなんとかコーヒーにありついて、アイスクリームとケーキを食べたわ。念のためにブレッツェルも買ったの。おかげでその後は心配なく進めました。ドナウ河の中に島ができてるのを見つけたときには、自転車を下りて、靴も靴下も脱いじゃって、バチャバチャと勇敢に島まで踏破したのよ。島に着いてから、まだ石で水切りができるかどうかやってみたの。日が暮れて、見えなくなっちゃうまでやってたわ。それからまたバチャバチャ岸まで戻って（水はズボンまでもこないくらい浅かったのよ）スミレの花を捜したの。かわいいカタツムリの殻を見つけて、湿ったコケを入れたら、私たちのスミレの花束にぴったりの花瓶になったわよ。二〇キロ先でも今さっき摘んだみたいにピンとしてたもの。

今日はありがたいことにお天気が悪い。だって私今日は事務所でお仕事の日なんだもの。あら、私すごくまじめに働いてるんですからね。一日八時間労働よ(本当に)。あんまり書いてばかりで小指が痺れちゃってるんだから。

この長い手紙を読んでくださる暇と忍耐力があなたにありますように。でもあなたって我慢強いわよね。私に腹を立てたこと二度しかないじゃない。一度は車の運転を教えてもらってて、向うからバスが来たとき。あのときは私泣きたかったわ。二度目はキールで泊るところを捜してたとき、あのときは別に大したことなかった。それから三回目、スキーの金具が何べんやってもうまくかからなかったとき。あのときはおかしくって笑いたくなっちゃった。まだ覚えてる？

明日あなたからお手紙くるかなあ。絶対この手紙ほど長くはないわよね。でも長くなくってもやっぱりすごくうれしいの（たぶんくるところよね、もう？）

さてとにかく、ここでおしまいにしましょう。今度お返事を書かなくちゃいけなくなるまで。

ソフィー

ウルム発、フリッツ・ハルトナーゲル宛

一九四〇年四月五日

〔……〕あなたたちの方でもやっぱりオレンヂは手に入らないのかしら。何を買うにもこんなふうにあちこち駆けずり回らなくちゃいけないとしたら、慰問包みを作るのもあまり楽しくなくなっちゃうわね。包装紙だの紐だのがこんなになければいいのに。〔……〕

ソフィーの保母養成教育の開始前、四月九日、ドイツ軍はデンマークおよびノルウェーに侵攻した。

ウルム発、フリッツ・ハルトナーゲル宛

一九四〇年四月九日

〔……〕ときどき戦争が恐ろしくてたまらなくなって、もう何もかもだめになるんじゃないかとゾッとすることがあるの。そんなこと別に考えたくないんだけど、でも問題はひたすら政治ってことになっちゃうでしょう。そしてその政治が混乱してひどいものである限り、自分だけ知らん顔しているっていうのは卑怯じゃないの。たぶんあなたは笑って、女の子だなあ、なんて考えてるんだろうけど。でもねえ、いつもいつもこんなふうに圧迫されているんじゃなければ、私だってもっとほがらかになれると思うわ――そういうふうだったら気がとがめることなしに他の人と同じようにできるもの。でもとにかくそういうことだから、政治の問題が第一になっちゃうのよ。私たちはつまり政治的に教育されちゃってるわけ（また笑ってるな）。本当はあなたの傍にいて何も考えずに休みたいんだけど。あなたの服の生地以外には何も見も、感じもしないで。

ひどい手紙かしら？　あなたの陰気な部屋には外気が入ってこないっていうのに、もしかするとこの手紙は部屋の空気をもっと重苦しくしちゃったかもね。ごめんなさい。いつもいつも緊張してなくちゃいけないせいでイライラしてるの。どこもかしこもビリビリしてるわ。うちでもそうよ。夜遅くまで仕事してるし、パパはイライラしてるし、ゆっくり休む時間て全然なくなっちゃったみたい（これはちょっと大げさ

だわ。そういう時間もあるにはあるのよ。でもほとんどなくなっちゃった）。〔……〕

ウルム発、フリッツ・ハルトナーゲル宛
一九四〇年四月

大切なフリッツ

この小包を開けるときね、私がそこにいるつもりで開けてね。ああ、そうじゃないか、私がそこにいるんだったら、こんな小包なんかいらないわよね。私が自分でお茶を入れたりパンをこしらえたりしてあげられるもの。それだったらどんなに楽しいかしら。あなたは私の向いに、ちゃんとお行儀よく座るのよ。お茶をこぼしたりしないようにね。お茶がすんだら二人でソファに座って（あなたの部屋にソファある？）じっと見つめあうの。どこかでノートか本が落ちてもそのままにして。子どもっぽい、わね？

こんなに遠くにいるんでなかったら、ツルボとかアネモネとかタンポポとかすみれとか、春の野原に咲いてる花を送ってあげるんだけど。でも、みんな萎れちゃうものね。自分で花を捜しにいってよ。今日はあまり長く書きたくないの。皆が言っている話も（いろんなこと言ってるけど）したくない。できることなら春のお話をしてあげたいわ。自分で考え出してね。森と野原と水と私たち二人の話。

それからお願いだから、偉ぶった、同情心のない少尉殿にはならないで（ごめんなさい！）。でもね、同情心をなくしちゃう危険性は相当大きいと思うのよ。そうなっちゃったら、きっととてもひどいことになるわ。

気をつけて、お元気で

あなたのソフィー

一九四〇年五月初め、ウルムのフレーベル学院での授業が始まった——実習が始まるまでは、外から見た限り高等女学校時代の生活とほとんど変わらぬような生活であった。しかし、ほどなく行われたドイツ軍のオランダ、ベルギー、フランス侵攻がこの生活に影を落とすことになる。フリッツ・ハルトナーゲルの部隊も前線に投入された。

ウルム発、フリッツ・ハルトナーゲル宛
一九四〇年五月一六日

大切なフリッツ！

一週間前に一九歳になったのよ。私の一九の誕生日にしようって決めてたこと、まだ覚えてる？ あの後あなたはどうなっちゃったのかしら？　何もかもあっというまだったわねえ。駅でのお別れも。

あなたから何かいってきてくれないかとそればかり待ってるの。ねえ、手紙を書く時間と許可がもらえるようになりしだい、お手紙くださるでしょ。だって、今みたいに何もかもはっきりしないときだからこそ、手紙に大変な意味があるんじゃない。ハンスもハンスペーターも移動になったんだけど、二人のことはまだ全然わからないの。ここにいても戦争をやってるんだなってわかるようになったわ。ひっきりなしに飛行機が飛んでるんですもの。

でもとにかく聖霊降臨祭の日曜はとってもいいお天気だったわ。何があっても自然を狂わせることはできないっていうのはすばらしいわ。草原にねそべって、頭の上に輝くような薄緑のブナの枝があって、その上にクモの巣を散らしたような雲の広がる青空がある。そういうときには、あまりの美しさに戦争のことも心配も忘れてしまうわ。小川のほとりに行くとナデシコの赤で野原の緑が隠れてしまうほどだし、すばらしくみずみずしくて大きなタンポポも咲いてるのよ。

他にもまだ数えきれないくらいたくさんいろんな花だの草だのが原っぱにも森にもいっぱい生えてるわ。頭上の木で鳥が一羽鳴きはじめると、森からそれと同じ鳥の、夢のように愛らしい歌で返事が聞こえてくる。誕生日のお祝いにハーモニカをもらったから、野山歩きのときにはハーモニカ吹いたり歌を歌ったりもできるわよ。

もっと楽しいことないかなあ。家の庭にあるクロイチゴのヤブに（残念ながら冬に凍っちゃったらしくて花をつけないんだけど）小鳥が巣をかけてて、今、黄色っぽい小さな卵四個抱いてるところなのよ。クロイチゴの棘がすごくてよかったわ。そうでなかったら隣の建具屋さんの小僧が絶対ほっとかなかったでしょうからね。

休みの日にはよくクラウスとペーターがついてきます。クラウスったら猛烈に甘ったれるようになって、私じゃなくて子守りさんとネンネにいかなきゃいけないと、心臓が張り裂けんばかりに泣くのよ。昨日の晩も寝巻で上ってきて「ママナイ、イヤ」っていうの。しょうがなくて私が寝かしつけてやると、いかにも満足だっていう調子で「ネ、ズットイテ」だって。

あなたのくれた水仙は枯れてしまったわ。でもとっても気に入ってたから、捨てるにしのびなくて。一輪は押花にしてあるの。オランダでもうきれいな花を見た？　だって園芸国でしょ? 関係のない人や物があまりめちゃくちゃにされないといいんだけど。あなたは元気? 国境にいるの? ねえ、お願い、早くお手紙ちょうだいね。

あなたのくださった誕生日のプレゼント、一緒に見られないなんてつまんないわね。とってもきれいで、私なんかには本当にもったいない。本当はもっといろんなことお話ししたかったんだけど、とても全部は書けないわ。私たちのものの考え方ってすごく違うんですもの。ときどきこんなでいいのかなあって心配になるの。だって人が一緒に暮していく根本の問題じゃない。でも今はそういう話は全部やめ。だって、いま問題なのは、同志愛とか友情とかいうものじゃなくて、純粋の愛なのだから。そういうときには見解の相違もそんなに大した問題じゃないんだわ。今はこうやっていましょうね。いつかまたお互いに一人で立てるときがくるかもしれないけど。

自分の仕事のことばっかり考えてちゃだめよ。ときどきは本を読む暇もあるのかしら? お願いだから、戦争に取りつかれないで、なんとかこの戦争と、このいやな時代を乗り越えてちょうだい。私たちは一人残らず自分のなかに規範をもっているんだわ。ただその規範をまともに捜す人がほとんどいないのよ。たぶん、それが世の中で一番厳しい規範だからかもしれない。

私のこと、ときには考えてね。でも、私の夢なんて見ないで。あなたの考えのなかにいる私の方が本当で、あなたを愛し、幸福を願っているのよ。

あなたのソフィー

ウルム発、フリッツ・ハルトナーゲル宛
一九四〇年五月二九日

大切なフリッツ

とってもすてきな五月晴です。時間があったらイラー川の畔に寝っころがって、泳いだり、ぼんやりしたり、自分の周囲にどんなにきれいなものがあるかってことばかり考えようとしてみたりできるのにね。戦争のことばっかり考えてるってたまらないわ。私は確かに政治のことなんかよくわかってないかもしれないし、別によくわかりたいとも思わないけど、それでも、なんとなく正しいことと正しくないことはわかるわ。だって、そういう感じって別に政治とか国家ともともと関係ないものでしょう。で、そういう感じからいうと、もと上の方の偉い政治家の世界でさえ、たぶん自分の得になるからと兄弟を裏切ったりすることがあるっていうのが情なくて、涙がこぼれそうになるのよ。そんなのを目のあたりにしてたら、くじけそうになるのも仕方ないんじゃないかしら？　何もいらないから、ただもうロビンソン・クルーソーみたいに無人島に住みたいって思うことがよくあるわ。人間って地球にできた皮膚病なんじゃないかと思うこともね。でも、いつもじゃないわよ。ただとってもくたびれてて、そして獣にも劣るような人間たちが私の前に立ちはだかってるように思えるときだけ。でもね、本当に大事なのは、私たち自身がもちこたえられるかどうかってことなのよ。自分の得になるかどうかしかかまわない大衆の波のなかで、自分を失わないでいられるかどうか。大衆っていうのは、自分の目的のためなら、どんな手段でも平気で選ぶ人たちなんだわ。大衆の力は本当にすさまじいもので、私たちは生きているだけでも楽じゃないかもしれない。たぶん人類はじまって以来、たった一人の人間にしかできなかったのね。迷わずに、神に続く道をまっすぐに歩き切るなんて。でも、今のこの世の中には、その道を求める人がそもそもいるかしら？

いとしいフリッツ、もしかすると私のこの手紙、とっても妙だと思うでしょうね。あなたはたぶんあまり見ることもすることも多すぎて、自分自身のことを考える暇なんてないのかもしれない。だから、ちょっと心配なの。ねえ、夜なんかまだときどき私のこと考えてくれてるでしょう？　私たちが一緒に過すお休みのことなんて考えてくれるのかしら。でも、今の私のことばかり思い出そうなんてしないで、私がどうなりたがってるかってことも考えてちょうだい。そうやってみて、それでも私のこと好きでいてくれられるんだったら、それだったらたぶん、私たちはお互いを真から理解できるんだと思うの。私たちってお互いのことをほんのちょっぴりしか知らないでしょ。だいたいは私のせいなんだけど。いつでも、もっとよく知り合わなきゃいけないんじゃないかなあってなんとなく思っていたのに、でも、あなたといるともうとってもいい気持で、わざわざそれを変えたりしたくなくなっちゃって。誤解しないでね、こんなことをいうからって、あなたから遠ざかろうと思ってるわけじゃ全然ないんだから。できるだけあなたのそばに思いを走らせているのよ。あなたを支えてあげたいの。でも、戦争とこれとは無関係だ、なんて思われるのもこまるの。だって、大変な思いをするとか、大変な目に会ったからって、自分を失ってしまっていいってことにはならないもの。いとしい人、私の気持をどうぞわかってちょうだい、そして、うまく言えてないところはどうぞ赦して。たぶん私の言ってることは、子どもっぽかったり、人を傷つけたり、わかりきってることだったりすることが多いのかもしれないわ。だとしたら、どうぞこう考えてちょうだい。私は私の立場からしか判断できないのだから、私自身の性格をあなたのなかに投射して見てしまっているのかもしれないって。

心からのあいさつを

あなたのソフィー

ウルム発、フリッツ・ハルトナーゲル宛　一九四〇年六月一四日

今日はちょっとだけしか書かないかもしれないけど、どうぞ機嫌を悪くしないで。日曜になったら腰を据えて、長い手紙を書いたげるから。思ったよりたびたびお手紙くださるのでとてもうれしい。本当にありがとう。それからチョコレートも。うれしかったわ。お嫁に行ったホェルシュさんちのリーに、少し頒けてあげたわ。お産したばっかりなのよ。男の子で、ハンス・ヨェルクって名前にしたんですって。ガイヤーさんの奥さんにも少しあげました。たぶん赤ちゃんができるらしいから。ガイヤーさんのところにはお見舞に行ってあげなくちゃいけないと思うの。旦那様は出征してるんだから。

まだ森のなかのテントで寝てるの？　パリまで行ってみた？　なんだかすぐ戻ってこられそうな感じなんじゃなくて？　私別に予言者になったわけじゃないのよ。事情が変わるってことは充分考えられるし、別にどっちにころんでも大したことないと思う。ていうか、つまり、どうなってもかまわないように覚悟してるの。でもときどき考えちゃうわ。一九世紀以前の人たちも今と同じようにいい加減に考えたり、生きたりしてたんだろうかって。それとも時が経つにつれ、その時代の悪いところは陰に呑みこまれてしまうのかしら。そしていいところだけクローズアップされてくるのかしらね。

とにかく私は、結果としてどうであれ、醒めるかどうかは個人の問題だと思うわ。そして、醒めるのが難しい状況に追いこまれてはじめて、本当に覚醒するってことになるんじゃないかしら。たぶんあなたもそうお思いでしょうけど、覚醒が本来どれほど不可欠なものであっても、覚醒度の高い人に全体が揃うってことはまずない。揃うとしたら、低い方に揃ってしまうに決まってる。でも運命は、この点でも私たちにとてもすばらしい機会を与えてくれてるんだわ。たぶんこう

して機会を与えられたことを過小評価してはいけないのよ。

あなたたちは戦場にいるのね。私、よくあなたがたのことを考えるの。そのとき、でも一番心配になるのはハンスのことなのよ。だって兄さんはとっても傷つきやすいんですもの。ただ、兄本人にとって、戦争が何か重要な意味をもつとは思えないけど。

この手紙はひどく冷酷で、ひどいと思われちゃったかしら。でも私、あなたに夢みたいな甘いことばかり並べてみせたくないの。そんなの不健康だもの。でも、これだけははっきりいえるわ。私あなたのことをしょっちゅう考えてる。私たちが一緒にしたことと、それから正しいか間違ってたか知らないけど、一緒にやりはじめたことも。

このあいだの手紙みたいに長くかからないで届けばいいんだけど。

からだ大切にね！

あなたのソフィー

フレーベル学院における保母養成課程は一年間に短縮された。その課程の一環として、ソフィー・ショルは一九四〇年六月中旬から七月中旬までウルム市内の幼稚園で実習に入った。——これはすなわちある同級生のことばを借りると、「一日中休む暇もなく、夜になっても片づけと掃除に追われる生活」を知るということであった。この幼稚園時代はソフィーに数多くの不慣れな仕事と同時に重要な経験をもたらした。

ウルム発、フリッツ・ハルトナーゲル宛
日付なし〔一九四〇年六月ないし七月〕

大切なフリッツ
鉛筆でこの紙にこう書いたのは、確か九月だったと思うわ。たぶん、今と同じように、ベッドに寝ころがって書いたのよ。三日間もなんにも書かなかったんですもの、今日はなんとしてもあなたにお手紙しなくちゃ。お手紙くださって本当にありがとう。私たちがどれほどジリジリして手紙を待ちこがれているか、きっと想像もできないわよ。ハンスからはもう一四日も便りがないの。だから、手紙が来たときはそれはうれしいの。母は私のところにあなたから何かいってきたときには必ずすぐあなたのママに電話してるわ。かまわないんでしょ？
今日は幼稚園で、大きい男の子たちと一緒にマタドールの組立てをやったのよ。はじめ、大きな大砲を作ろうかなと思

ったけど、でも断固やめたわ。子どもたちにわざわざ、あんなものを好きになるようなことさせる必要ないもの。代わりに長い梯子つきのステキな消防車を作ったのよ。これなら役に立つものじゃない。

家に帰っても、夜の間にしとかなくちゃいけないことがうんとあるの。だから残念ながら本を読んだり、何か書いたりする暇なんてまるっきりないのよ。返事を出さなきゃいけない手紙が山のように滞ってるわ。でもやっぱり、あなたのことを一番先に考えてしまう。私地図で、今あなたがいるところを捜そうと思ったんだけど、でも、あなたが書いてくださった地名ねえ、正直の話、なんて書いてあるのかよくわかんなくって。固有名詞はどうぞもう少し読みやすく書いてちょうだい。

次の日。大急ぎで書き終えなくっちゃ。だって、手紙のくる回数は多いほどいいでしょ。続きは別便でも出せるんだから。いま全然時間がないの。昨夜遅く、はじめて空襲があったのよ。

子どもたちの相手をしているのはとっても楽しいわ。確かに仕事としては大変な仕事よ。自分を挙げて子どもたちのなかに入っていかなくちゃならないし、子どもたちの立場になって感じたり考えたりしなくちゃいけないんだから。保母って仕事は利己主義じゃあできない仕事だとつくづく思うわ。たぶん私も、長い間これを続けるのはとても無理ね。私はあんまり利己主義に育っちゃってるもの。――クラウスは今のところ、本当に私のことが好きなの。わかってくれるでしょ、やっぱりそうやって好いてくれる子がいると、私も幸福なの。ペーターも私のそばにいるのが一番好きみたい。

心からの思いを、あなたのそばに

あなたのソフィー

ウルム発、フリッツ・ハルトナーゲル宛
一九四〇年六月一七日

大切なフリッツ！

今日は早寝なのよ。でも寝ちゃう前に、あなたへのお手紙ぐらいはまだ書けるわ。今はお手紙するのにとてもいい時期とはいえないんでしょうね。こんなにたくさん、政治と軍事の方面でいろんなことが起こってるんだもの（フランスは降伏するつもりなんですって？）。なんだか手紙を書くのもこわいみたい。でもそれは何でもない、ただくたびれて、怠けたい、ボンヤリしているってことだけなの。なんとか乗り越えなくっちゃいけないんだわ。フランスと同じように、ときどき私も降参したくなっちゃうのね。でも、いかなる暴力にみまわれようとも！　人生には上向きのときも下りのときもあるんですもの。耐えていられなくちゃね。夢ばっかり追いかけたり、きれいごとばかり言ったりしたりしていられるなんて考えるのをやめなくちゃ。この時代に甘いことを考えてちゃいけないんだわ。

ベッドそばの小机にバラが二本生けてあるの。水のなかにつかっている茎と葉に、びっしり細かい真珠のような粒がついているわ。なんてきれいで澄んでるんだろう。そしてなんてひんやりと、落ち着いた光なのかしら。こういうものもあるのね。森は静かに成長を続け、畑の穀物も花たちも黙って伸びていくわ。水素と酸素は結合して、そしてあんなにすばらしい、暖かい夏の雨の粒になるのよ。こういう事実がときとしてなんともいえない力で私の心をつかんでしまうと、私はもうそれ以外、何一つ考えられなくなるの。そういうことはすべて以前と変わらず起こっているのよ。人間たちはその創造の御技のただなかで、こんなに人非人のふるまいをし、畜生にも劣ることを続けているというのに。それだけでもすばらしい恩寵じゃないこと。

私自身については、あまりお話しすることもないわ。子どもたちと接しているのは純粋の歓びだ、なんて言ったとしたら、それは嘘になってしまう。子どもたちのやることを見てると大概今からもう将来この子がどうなるかはっきりわかるものよ。今いるおとなと同じ。ただまだ子どもらしさっていうろわぐすりがはげてないだけ。私たちが愛してるのは、このうわぐすりの方なんだわ。私たち自身はもうそれを失くしちゃっているから。私の仕事の一番いいところは、全身全霊を打ちこまないといけないっていうところ。仕事が終わると完全にグッタリしてしまうくらい。ただし――そしてここがいいんだけど――だからって空しくなったりはしないの。

あなたが私とクラウスのことを、あなたとあなたの犬の関係にたとえてらしたのは、それだけで、私のしてることを責めてらっしゃるんだわ。もしかしたら責められて当然なのかもしれない。でも、少なくとも私のつもりでは、確かにあの子が私に甘えてくれるのをうれしいと思いはしたけれど、でも私の方からあの子をたんにそういうなぐさみ者としか考えなかったり、扱ったりはしなかったはずよ。私はあの子をとにかく人間として見ているんだもの。そりゃあ小さいけれど、でも成長してゆく人間なのだから。子どもに歓びだけを感じている人、二、三時間よりもっと長い間歓びだけを感じつつ子どもと一緒になって遊んでいる人を一人でも見たことがある？ 子どもと一緒につきあうって本当に大変なことなのよ。だっていつでも子どもの世界に身も心も置いて、でもやっぱり、上から全体を見渡していなくちゃいけないんだもの。そういうときには忍耐が必要なことはいうまでもないけれど、愛情がなければいけないわ。そうでないと結局短気を起こしてどうしようもなくしらけたおとなに戻ってしまうもの。クラウスとつき合うときだって同じよ。そしてあの子に対しては割合うまくいくの。

でも、あなたのその犬、戦争がすんだらどうしても会いたいわ。今だってもう気に入ってるんだから。でも、そんな街のまん中にいたの？ ほかにもっといい家が見つからないようだったら、うちに連れていらっしゃいね。でもどこか、もっとその犬にぴったりのところがあったら、そこにあげて。

またお便りちょうだいね。もしかして賜暇で帰ってらっしゃるってことはない？

心から

ソフィー

ウルム発、フリッツ・ハルトナーゲル宛

一九四〇年六月二二日

大切なフリッツ！

このあいだお手紙書いたのはいつだったかしら？ あなたからお手紙がまた届いたわ。いただいたお手紙に返事を書くって、本当にうれしいの。でもね、ただ、こうやって書いているのでは、口で面と向ってやりとりをしてはじめてはっきりできることは、どうしてもうまくいえないでしょう。

ものの見方だとか、それとたぶん切り離せないと思うけれど、政治の話になったとき、あなたが私に反対なさるのは、ただ話を議論らしくするためなのだって、本当にそうなのだって信じたいのは山々なの。わかってるの、よくそういうふうにするものなのね。でもね、私はこれまで一度も、ただ反対するために反対したことはないのよ。あなただってたぶん心の底ではわかっていらっしゃると思うけれど、むしろ私はいつも、あなたの職業のことを考えて、控えめにしてきたつもりよ。あなたはあなたの仕事に縛られているんだし、結局のところ、そういう微妙な問題に関しては私なんかより慎重な態度をとったり、あちこちで譲歩せずにいられないのも仕方がないんだから。

でもそういう問題について違う考え方、というか少なくとも違う取り組み方をしている人間が、たとえば一緒に暮らしていけるとは思えないの。

すべての物事が分裂しているからって、人間まで分裂しなくちゃいけないとはいえないでしょう。でもそういうふうに考えている人はそこらじゅうに、そしていつでも、いっぱいいるわ。自分たちはこの分裂した世界に置かれたのだから、そういう世界に従わなければっていうのよ。しかも奇妙きてれつなことに、このまるっきりどうしようもなく非キリスト的な考え方が、どういうわけか自称キリスト教徒の間で幅を利かせている。

首尾一貫して正しいことのために自らを捧げることもしないで、どうして、運命が正しいものに勝利を与えてくれるだろうなんて思えるのかしら。

旧約聖書の話を思い出すわ。モーセが一日中、朝から晩まで、一刻の休みもなしに神に勝利を願って祈りつづけ、腕を差し上げたままでいたっていう話。腕をちょっとでも下ろそうものなら、イスラエル軍はたちまち敵に追いつめられてしまったのよ。

今、この時代にも、すべての思いとすべての意志を挙げて一つのことに向い、決して飽かないっていう人間はいるものかしら?

こんなことといったからって、現実から逃げようとしているんじゃないのよ。そんなこと、ことばの本当の意味で愚かなことですもの。自分の思いがあちこち迷わなかったことなんてこれまで一時間もありはしなかったわ。自分が正しいと考えている通りの行動なんて、自分のやっていることのなかのほんの一かけらにしかならない。それ以外のやってしまったこと、やってしまうことを考えると、目の前が暗くなってしまう。まるで真黒な山がいくつも私の上でムクムク盛り上っていくみたい。そういうときには、自分なんかいなくなってしまえばいい、さもなければ小さな土くれか、木っ端ならいいのにと思う以外何もできなくなっちゃうの。でも、この、ときとしてどうしようもない私の願いそのものが、また正しくないんだわ。だって、ただくたびれてるからそんなことを願うにすぎないんですもの。

私の一番の問題は、でも、この疲れてるってことだわ。疲れてるから、話さなければいけないときに口をつぐんでしまう。私たち二人に関わることで、あなたにいわなければいけないことがあっても、いわずにすませてしまう。あとでいいわって。ああ、自分がしたいと思うことをして、いいたいと思うことをいえる、そんな島にしばらくでいいから住めたら、なんて思ってたんだわ。いつもいつも、気が遠くなるほどの間我慢しつづけたりしないですむところに行きたいって。

まあ、こんな手紙を書いちゃったのね。あなたには楽しい、いいことだけを書いてあげなくちゃいけないはずなのに。

でもお願い、私のことをいい子だなんて思わないで、だって悪い子なんだから。お願いだからそれをわかってちょうだい。そうでないと、いつかあなたがひどくガッカリするだろうって不安なままでいなくちゃならない。私、自分がどういう人間かはわかるの、でもくたびれてて、怠惰で、そしていい加減だから、別の人間にはなれないのよ。

許してちょうだい、あなたを混乱させたくてこんな手紙を書いたんじゃないのよ。ただ、自分がそうじゃないのにそうだってふりばかりしているのは無理なときもあるの。

ソフィー

ウルム発、フリッツ・ハルトナーゲル宛

一九四〇年六月二八日

大切なフリッツ！

おといまたあなたからのお手紙が届きました。自分のための時間が割合とれるみたいでよかったわね。あなたのヴォルフの話で、去年までうちにいたルックスのことを思い出したわ。庭で飼ってたんだけど、あの犬も、私が庭に出て何かしてると必ず、いつの間にか棒を口にくわえて横で待ってたのよ。どっちが強いかやってみようよ、っていうことなの。でも、力ずくだけで棒を取り上げられることは絶対になかったわ。何か計略を使わないとだめなの（それに、その方があの子の歯もいたまないしね）。でも、あまり躾の役には立たなかったみたい。知らない人には必ず嚙みつくようになっちゃったもの。しばらくもう一匹一緒に飼ってたことがあったわ。ドイツシェパードの幼犬だったけど。この子は、誰かが来るといつも木切れの山にもぐりこんで、そこからこっちを見上げるの。それが信じられないくらいかわいいのよ。でもその子は死んじゃった。ルックスの方はどこかに出かけたまんま、戻ってこなかったの。

ハンスの手紙だと、朝から晩まで忙しいんですって。もうすっかり元気で（と少なくとも書いてある）確かリーム近くの衛戍病院にいるのよ。ソアソンの戦闘での負傷者の看護をしてたんですって。でもここらへんの人はみんなそんなこ

と考えてもいないのね。戦争がどうなろうと、とにかく自分の息子なり夫なりさえ元気で戻ってきてくれればいいのよ。

なんだかフランスの人たちは、とにかく自分たちのいわゆる立派な市民らしい落ち着いた生活だけが大切だったみたいにみえるわ。徹底的にパリ防衛に全力を挙げて、市内にある重要な文化財もなにも場合によっては犠牲にするくらい戦ってくれていれば、その方がずっと立派だったと思うんだけど。確かにそんなことをしても無駄だったかもしれない、直接にはそこで戦いに勝てるわけはなかったかもしれないけど。でも、どうして皆役に立つとか無駄だとかいう話しかしないの。意味ってものはどこへいってしまったの。名誉にしても、もうどこにもありはしないのね。とにかく生きていることが大切。――ああ、フランスが総統の手に入ったってことは、賜暇も不可能じゃないってことかしら?

自分より年をとった人はたぶん先に死ぬんだともし思っていなかったとしたら、今現在、歴史の歩みを決めている精神にはゾッとせずにいられなかったろうと思うわ。まあ、堂々たるライオンが獲物を倒したところには、ジャッカルだのハイエナだのもやってきて、分け前にあずかるものなのでしょうね。

でもあなたには、いま起こっていること全部、全然違う意味があるんだろうな。たくさん仕事があるんでしょうね。私のやっている仕事には、戦時も平時もないわ。仕事が楽しくてたまらないときもあるし、そうでもないときもある。こんなこと書くのは女らしくないと思うでしょう。女の子が政治の話ばっかりするなんて、きっと滑稽なのね。女は女らしく、頭じゃなくて気持を大事にしなくちゃいけません。一番大切なのは同情心です。でしょ。でもねえ、やっぱり、一番はじめに問題になるのは頭のなかの考えだと思うの。それに気持とか感情って、本筋からはずれがちだと思わない? 自分自身、もしかしたら直接自分の肉体に関わる小さなことに気をとられて、大きな問題が目に入らなくなってしまうってことがあるんだもの。泣いてる最中の子どもをすぐになだめるのは無理なのよ。そしてその子の成長のためには、その子が今とらわれている感情をもっともだと認めてしまったりしない方がいいことも、よくあるんだわ。このごろはね、庭に出ると必ず何か収穫があるのよ。ほんの小さな畑だけど、でも自分で育てた作物を収穫できるって、すばらしいわね。

昨日の夕方はイラー川にも行ったけど、泳ぎにじゃありません。夕方、一人で川のほとりに行くのが好きなの。これ以上好きなことってないくらい。

ね、いつでも何かしらいいことがあるでしょ。

私働きすぎというよりは、働かなすぎだと思うわ。自分が本当にできることのほんの一部しかやっていないんですもの。でも一つだけやめられたことがあるのよ。自分をいい気持にしてくれる夢にふけるのはやめたわ。それをやっていると麻痺してしまう――

今日はこれでおしまいにします。またすぐお手紙書きますね。少なくともそうやって、あなたの近くにいたいから。

ソフィー

ウルム発、フリッツ・ハルトナーゲル宛
一九四〇年七月一日

大切なフリッツ
寝る前に、ちょっとごあいさつ。あなたからのお手紙がまたすぐくるといいのに。私たちいつも、郵便がきやしないかって皆で待ちかまえているのよ。とくに野戦郵便がくるのをね。今日はハンスからの手紙がまた届いたわ。それでねえ、なんとまあパパは、広い庭のない町なかの家で犬を飼ってはいけないっていつも言ってたのに、ハンスの手紙のおかげで折れてくれることになったのよ。ハンスがね、いま三カ月になるセントバーナードを飼ってるんだけど、もし無事に連れて帰れたらそれを私にくれるんですって。ヴェルナーも私も万々歳。ヴェルナーと顔が会うと、うれしくって笑わずにいられなくなっちゃうの。それにお互いに相手が何考えてるか手に取るようにわかるんですものね。だから、いとしいフリッツ様、いま飼っている犬がお荷物になったり、「いやに」なったり（そういうことだってないとはいえないでしょ）したら、誰かにあげてしまわないでうちに送ってちょうだい。絶対大喜びで引き取るから。つまり、たとえばイギリスにいらっしゃったりすれば、誰か犬をドイツまで連れてきてくれる人がきっといるでしょう。それとも自分でうちまで連れてきてくださってもいいわ。それがいいなあ。
きっと大事にするわ。うちで犬が飼えるって思っただけでも心が暖かくなってくるんですもの。とにかく一人ぼっちじゃなくなるってすばらしいでしょうね。
でも私なんかよりあなたがたの方がずっと大変なんだもの。犬だってあなたがたの方が必要に決まってるわ。でも、そうでしょう、もしいつか、あなたのヴォルフがもういらないってことになったら、私が引き取って、いい子にして、戻ってらしたとき返してあげられるわよ、きっと。
今晩は寝てる間じゅう仔犬の夢を見るわ。

あなたのソフィー

ウルム発、フリッツ・ハルトナーゲル宛
一九四〇年七月八日

〔……〕幼稚園ではもう腕ききといってもいいくらいよ。私のことを好きな子はたくさんいるし、私もそうやって好いてもらえるとうれしい。でも、このごろになってやっとわかったんだけど、私の子どもたちとのつき合い方って、本当に上っつらだけなのね。子どもに面と向うとすぐ湧き出してくる気持だけじゃだめなのよ。はかり知れないほどの愛が必要なんだわ。すべて生きとし生けるものに対する限りない愛情がなければ、何をしでかすかわからない、意地の悪いことも少なからず、いつもどこかへ行ってしまいそうな子どもの魂の相手になるなんて無理なのよ。それほどの愛情のある人って、ほんの少ししかいないのね。でも、全然いないってわけじゃない。〔……〕

ウルム発、フリッツ・ハルトナーゲル宛
一九四〇年七月一九日

寝る前に、急いでちょっとごあいさつ。ちゃんとした手紙は書けないわ。あまりくたびれてて。日中二時間ほどインゲと自転車で出かけてたの。とってもきれいだったわ。本当に豊かになって戻ってきたのよ。後で足りなくなるなんて心配をしないで、あるものを存分に楽しめるっていいわね。森や野原や雲が、私たち人間とは違って、いつでも変わらずにいてくれるのは本当にありがたいわ（巨人からみれば私たちだっていつでもそのままなんでしょうけれど、でもお互い同志のことを考えると、いつでも関わり合い方が違っているでしょう）。間もなくすべては滅びるに違いないと思うようなことがあっても、次の晩になればやっぱり月は空に懸るのよ。鳥たちだっていつも変わらず甘い声で熱心に歌いつづけ、こんなことをして何の役に立つのか、なんて考えたりはしないんだわ。小鳥たちが歌ってるとき、どれほど夢中になってかわいい頭をかしげながら天にさしのべているか、あなたはごらんになったことがある？　小さな喉をどんなにふくらませているか。いつでもそういうふうなんだって、すばらしいわ。あなたにとっても私にとっても、それは全然変わったりしないのよ。それを思うと喜ばずにいられないわ。ちがう?

あなたのソフィー

ウルム発、兄ハンス宛
一九四〇年七月二一日

ハンス

一度お手紙して、犬を連れて戻るっていってもらってどんなに喜んでるか書こうと思ってたの。でもちょっと病気しちゃって、遅くなっちゃった。だから犬のお礼と、ポロシャツのお礼が一緒になるけど、ごめんね。こっちから兄さんに送るのが本当なのに、兄さんの方から私にも皆にもプレゼントが来るなんて。ヴェルナーはシャツがもらえるって夢みたいに喜んで、首を長くして待ってます。犬とシャツと同じくらいうれしいみたいよ。ときどきヴェルナーと私と顔を見合わせて、笑っちゃうことがあるの。二人とも、あ、犬のこと考えてるなってわかるから。戦争がすんじゃうまで兄さんが犬と一緒にいられるといいんだけど。

昼間インゲと二人で自転車に乗って出かけてたのよ。イラー河畔の森に行くつもりだったんだけど、でも自転車に乗ってるのがあまり愉快で、遠出になっちゃった。ちょっと風が吹いてたわ。私たちまるで神様がお遣わしになった偉いお使いで、まだ地球が大丈夫かどうか調べにきた、みたいだったわ。そして地球はまだまだ大丈夫で、とてもきれいだってことがわかりました(人間のことは考えられなかったわ。だってまわりじゅうの森があまりきれいで、それ以外のことは忘れちゃったし、きれいな森のなかにいる人間は、みんなとっても親切に思えたんですもの)。このあっというまに過ぎ去ってしまう美しい瞬間を写しとって、自分もほかの人も、後からそれを思い出して喜べるように、素早く、上手に絵が描けたらいいのにと思ったわ。でもきっと絵がなくても、そのことを思い出そうと一所懸命やってみれば、思い出せるはずよね。しばらく行って、上キルヒベルクを過ぎてから、道を曲がって森に入ったの。インゲがいちごの匂いがするって言ったんだけど、私には木の香りしかしなかったわ。インゲの鼻の方が敏感なのね。大きな樅の林に座ったんだけど、高い幹は枯れてるの。梢はぶつかったり、重なり合って折れたりして、枝に動物が乗ったのかな、なんて思わせられたりするの。本当はただの風なのに。そのうち私にもイチゴの匂いがしてきたんだけど、そのはずよね、イチゴのまん中に座りこんでたんだもの。手でかきわけると至るところで赤い実が光るの。大きな葉っぱを集めてその上にたくさん実を摘んだわ。で、お仕事のごほうびをいただきましょうと思ったら、雨が降ってきちゃったの。でもみんなきれいに食べちゃったわよ。食べてる間に本降りになったから、大急ぎでしっかり葉の茂ってる木の下に駆けこんだわ。まだドシャ降りだったから、急いで退散して一番近くの農家に走っていったの。雌牛だのめんどりだのがご親切に歓待してくださったわ。でも、ちょっと雨がやみそうだったから、そこはすぐに出たんだけど、なんとやんだと思ったら後でもっとものすごい降り方になっちゃった。でも、雨が降って楽しかったわ。兄さんがいつも言ってらしたでしょ(喜んで いなかったとしても……)。ウルムに戻るまでには 太陽がすっかり乾かしてくれました。

私が家にいる間に賜暇になればいいのにね。四週間ばかりモーンバッハタールの児童施設に行くことになってるのよ。もし暇があったら、そこからも手紙書くわね。たぶんすごく勉強になるだろうと思うの。兄さんの手紙はちゃんと貰えます。そういうことはママがやってくれることになってるから。

元気でね

ソフィー

ウルム発、兄ハンス宛
一九四〇年七月二五日

Mon cher frère!

の次をフランス語で書くのはやめとくわ、もうどんな間違いがあってもわかっちゃうでしょう。夏期実習に出発する前のごあいさつを申し上げます。兄さんはこんな本読む気も暇もないでしょうけど、患者さんにはいいかもしれないから。兄さん、予備試験は受けられることになったの？

ママが書いたと思うけど、送ってくださったコーヒーは無事着きました。あれよあれよという間になくなりつつあります。私がいなくなるまでに皆なくなるのが一番よいのだわ。日曜にはリーサに会えます。

Mais je fermerai maintenant.
Salut à toi
toujours ta soeur （コレデオシマイ。ゴキゲンヨロシュウ。アナタノ妹）

ソフィー

学院の夏期休暇中実習に入る前、ソフィー・ショルは友人リーサ・レムピスと山地に旅し、ともに一〇日間の休暇を過した。

ヴァルト発、フリッツ・ハルトナーゲル宛

一九四〇年八月一日

優しいフリッツ

二月から三月のお休み中一緒にスキーで滑ったところにまた行ってみたわ。夏の粧いを凝らしてきれいだった。山って夏でもこんなに美しいものかって、私びっくりしてしまったわ。冬の山とは全然違うけど。目がよくないと、一つ一つの小さなものたちがどれほど美しいか、きっとよくわからないわね。でもたとえば、あんなにきれいな花をたくさん見たことって、絶えてなかったわ。花のことだけじゃなくて、とにかくこんなに幸福だったことって、ここしばらくの間で初めて。今朝、リーサと一緒にガムスタール峠にある小高い丘に座ってたとき、本当にいい気持だった。あの丘はきっと、冬にあなたと一緒に来たとき、私が寒気がするって言い出したでしょ、あのときにいたところだろうと思うの。今、そこは夢のようにきれいよ。一面つつじとつりがね草の花盛りで。つりがね草は岩の間あちこちに一群れ一群れ伸びていて、それがみんな数えきれないほどたくさんのかわいいつりがねを揺らしているの。他にもいっぱいいろんな植物が生えているのよ。忘れな草もあるし、アルニカもあったし、私が知らない花もたくさんあるの。でもどれも、信じられないほどきれい。ちょっとないくらいしっとりとした色と形の花ばかり。

——峠を下りて今はカトリックの司祭館にいます。ホッとしてるところ。お食事は黒パンにバターとチーズだけだけど。だって今ここにはフリッツがいないものね。いつでも王侯貴族のようなごちそうを注文するフリッツクンは。でも、そんなこと大した問題じゃないわ。とってもおいしいミルクが飲めるんですもの。バート・ドュルハイムの小児療養所に行くまで、あと八日間、ここでゆっくり休むつもりです。〔……〕

シュテーク・イン・ティロル発、フリッツ・ハルトナーゲル宛

一九四〇年八月八日

明日はもう家に戻らなくっちゃいけないんだけど、今日シュテークに来てみたら、信じられないほどすばらしいところなのよ。いま雨が降ってるけど、でも部屋のなかにいるのもとってもいい感じ。陶製のストーヴに火をくべて、その回りにいいクッションの長椅子を置いてある。それがどんなものかは知ってるでしょ。何もしないでボーッと時を過ごすにはもってこいの場所だわ。いればいるだけ山が好きになるし、山に住んでいる人も好きになります。こんなにていねいに、親

切にしてもらえることって他の土地では考えられないし、それに何か具合が悪いときにはどうしたらいいかもちゃんとわかってるんですもの。本当にびっくりするほど自由なのよ、いろんな意味で。昨日ヴァルトを発ってこっちに来たの。インゲも来たわ。ここに落ち着く前に皆でもう一度ホッホクルムバッハの牧場に遊びにいってきました。リーサと私は一度散歩の途中にそこに寄って、お昼を食べさせてもらったことがあったの。何よりもミルクがおいしくて、ふんだんに飲めたわ。牧場の人たちは皆すごく親切でていねいなのよ。お休みがもっと長いんだったら、絶対あの牧場にもっと長いこといたいんだけど。自分で飲むミルクは自分でしぼったのよ。もうちょっと練習できたら、立派な乳しぼり娘になれたと思うわ。本当に、どんなに優しくしてもらったか、書きようがないくらい。一人土地の男の人と一緒にヴァルト峰の一番難しい壁を上ったんだけど、その人だって、しょっちゅうリュックサックをかき回しては、何か私たちにくれようとするのよ。それだけじゃなくて休暇中アルバイトに来られるような仕事口をすぐに考えてくれたし。もちろん今年はもうだめだけど。今泊ってるところの人たちも同じように気をつけてくれて、信じられないくらいよ。

ここにいると、ついこのあいだまでのことが心にも頭にもほとんど浮かんでこないの。両親のことも、戦争のことも、あなたのことも、なんにも。こんなことがあろうとは夢にも思わなかったけど、ほんの小さな花の一輪で思いが満たされてしまって、もう他のことは何一つ考えられなくなったり、地面になってしまいたいと思うほど大地をすばらしいと思ったり、隣に立っている人誰でも抱きしめたいと思うほど喜びにあふれていたり、本当に私そういうふうだったの。一番いいのは地面に横になっているとき。そのときには本当にありとあらゆる小さな生きものの間近にいられて、私自身もそういう生きものの仲間になっていたわ。蟻も甲虫も私のことを木ぎれか何かだと思って気にもかけないの。だから、虫が私の体の上をゴソゴソはい回るのがとってもうれしかった。何もかも本当にすばらしい。

お手紙いただきました。どうもありがとう。お元気のようでうれしいわ。もしかすると家に次のお手紙が待っててくれるかしら。

ソフィー

八月一〇日の帰宅直後から、ソフィー・ショルはバート・ドュルハイムの小児療養施設での仕事に就いた。

バート・ドュルハイム発、フリッツ・ハルトナーゲル宛

一九四〇年八月一一日

〔……〕ここのことはまだ何もお話しできないわ。だって昨日来たばっかりなんですもの。収容されている子どもたちは四歳から一七歳までで、男の子も女の子もいます。どの子もだいたいいい家の子で、残念ながらね、皆つんぼになりそうなわめき声をひっきりなしにあげつつ暮しています。この子たちといったいどういうことになるのか、不安でもあり、緊張してもいます。正直いって、ここでの仕事がすんでしまうことを今から楽しみにしている、というところ。所長は陸軍少佐だった人で、奥さんとここをやっているの。所長殿ご一家は、甥も息子も、お父上方も、ありとあらゆる親類中が将校みたい。

山に行ってたのはほんの短い間だったけれど、でも戻ってくるのがつらかったのは、きっとわかってくださるわよね。三年前にも一度行ったことはあったんだけれど、でも——今度の休みの間に受けた印象の方がずっと深く心に食いこんできたわ。心の深淵てことはないけど、でも半分くらいまではね。ああいうところで暮していれば病気になることもずっと少ないだろうな。小さな花たち、小さな生きものたちをああして近くで見つめていると、山のもっているちょっと圧倒されるような存在感がおだやかに忘れられて、ただもうひたすらそこにいられることを喜べるのよ。そういう生活ができたら。そういう生活をしているからこそ、山の人たちは、町の人間やお百姓とは比べものにならないほど善良なんだわ。少なくともよそ者に影響されて、悪くなっていない限り。お百姓さんが草花のことをあれほど喜んだり、動物にあんなに優しくしているのって一度も見たことがありません。もちろん山の牧場の人たちだって、乳牛が動こうとしなくて仕方がないようなときには、腰掛けでつついたり、ぶったりしないわけじゃないけど、でも仔牛たちとおしゃべりをするときの優しいことったら。あそこでは「全きもの」が一番素朴な形でまだ生きているんだわ（まだ他の形があるに違いないけれど）。そしてそれが私たちにもあれほどいい影響を与えてくれたの。〔……〕

バート・ドュルハイム発、両親宛

一九四〇年八月一二日

お父さん、お母さん
一昨日来たばかりなのに、今日の午後はもうお休みなのよ（たぶん、あまり急に山みたいな仕事をさせるといけないと思ってるんでしょうね）。だからちょっと果物を買って、森に行きました。あまり遠くまでは行かなかったわ。仕事に慣れていないのと、それから空気が変わったせいか、なんとなくだるかったから。残念ながら、ここらへんの森はもう完全に「文明化」されていて、つまり、もう、ふつうの人だったら尻ごみして行かないだろうような道なき道と、その先に隠れているすてきな場所、なんてのはないということです。でもとにかく、いい加減なところに座って、本を読みました。しばらくしたらリスが一匹やってきて、ゆっくり、おそるおそる近づいてくると、私の鞄をクンクンやったり、ひっかいてみたり、なんとかして破ろうとしたりして長い間いろいろ苦心していました。私はずうっとジーッとしてたから、そのうちリスは勇気をふるって、私にも上ってみることにしたみたい。でもそうやって上ってきて、私の首のところまで来たら急に地面に駆け下りて、すぐそばにあった樅の木に駆け上ってしまいました。それっきり見えなくなっちゃったわ。
ここにはだいたい子どもが四五人います。そしてそれだけの子どもがひっきりなしに恐ろしい叫び声を上げているの。一番小さい子は二歳半で、大きい子は一七歳半です。ほとんどの子は北ドイツから来ています。私以外の保母さんも皆北ドイツの人です。あまりなじみやすいとはいえません。ことばからしてちょっと違うでしょう。大きい男の子のなかに一人、どんな保母にもおせじを使って、まるで保母の助手みたいになってる子がいます。その子は扱いやすいけれど。残念ながら、常勤の保母たちは、まったくどうしようもなくプロイセン式です。でもなんとかなるでしょう。私たちの仕事は子どもたちを食べさせること、お風呂に入れてやること、一日二回新しいお湯を汲み足すこと（水道はないんです、残念ながら）、散歩に連れていくこと、朝起こすことと晩寝かせること。晩には洗濯をしますけど、これはまったくひどいのよ。だって小さなタライで全部きれいに洗わなくちゃいけないんですもの。朝は七時から仕事。だいたい仕事が片づくのは晩の九時半ごろです。昼休みは半時間から一時間。週に二回、午後は休み。子どもたちが昼寝している間読んだり書いたりできないこともありません。つくろいものがなければですが。ですから、本を送ってくださるとうれしいと思います。
もう暗いわ、これ以上暗い話はしたくありません。

だから、今日はこれでおしまい。お元気で。

ソフィー

バート・ドュルハイム発、姉エリーザベート宛

一九四〇年八月一五日

リーゼル！

私のいる施設からの短報第一号を送ります。たぶんお返事がいただけるんじゃないかなと思って。これまで保母四人だったんだけど、明日二人いなくなっちゃうの。そしたら忙しくなるわね。まあいいわ。そのぶん早く時間が経つんだから。ここはまるで塩泉温浴場みたいなものよ。名前からして見当がつくでしょう。違ってるのは子どもたちだけ。ここはずいぶんお高い施設だから、来てるのはいわゆる良家の子女ばっかりなの。だけどまあ、好きになれそうな子って全然いないのね。むしろ、あまり思い上った子だとか本当にめちゃくちゃな子がいるんで驚いてるのよ。とくに大きい男の子たちなんて。それに子どもたちと何かまともなことを一緒にやれる雰囲気じゃないのね。私のできることといったら、身体の世話をして、静かにしなさいってどなるだけ。まあとってもかわいらしくて愉快な八つぐらいの男の子が何人かいるし、食べちゃいたいくらい愛らしい二歳のクラウスっていう子もいるけれど、でもその子にしても、どうしようもない育ちそこないよ。晩になるともうくたくた。九時半まで仕事があるんだから。暇な時間には本を読んでるけど、ずいぶんホッとするわ。——でもとにかく、いつでも、早く四週間すんでくれますようにってその日を心待ちにしているの。ことに夜寝るとき、同室の人がイビキをかきはじめるとね。その子ったらまったくメンドリほどの頭しかないくせに六五キロのどうしようもない肉のかたまりをつけてて。全然お風呂に入らないのよ。それで、自分は美人だと思ってるんだからね。その他のことはご想像にお任せするわ。またさっきも静かにしてよってけんかしたところ。

別に私が来てからこっち大したことは起こっていないし、これからも同じだろうけど、九月になったらもっと小さい子たちが入ってくることになってるわ。明日でここにいなきゃいけない時間の四分の一がすむと思うと、ホッとします。ゴットフリートの具合はどう？　あなたは？　テュービンゲンに行くの？　早くお手紙ちょうだいね。

これから買物に行かなくちゃ。

心から

あなたの妹　ソフィー

バート・ドュルハイム発、フリッツ・ハルトナーゲル宛
一九四〇年八月一六日

大切なフリッツ！

ねえ、バート・ドュルハイムからこんなにたくさん手紙が来ようとは思ってなかったんじゃない？　もう三通目ですものね。でもね、とにかく三〇分でも時間があれば、私は情ない自室に一人でひっこんじゃうの（それだってしょっちゅうできることじゃないのよ）。もちろん三〇分じゃなんにもできないわ。『時禱集』を持ってはきてるし、それも大いに役に立つわ。本当のことといって、この三〇分がなかったら私のここでの一日は、まるっきり私の時間じゃなくなるんですもの。同室の子はくだらないペーパーバックの小説をいっぱいもっていて、私もそっちを読みたいなと思うことがよくあるわ。わかる？　まるで映画の話みたいでしょ。でも、そんな誘惑に乗りそうになると、急いで手紙を書くの。つまらない、ナニガアリマシタ、式の手紙でもね。手紙を書くとこのくだらない、でも強力な誘惑から逃れられるのよ。私の言ってることわかってもらえないかな？

今日村まで行って果物を買ってきたわ。晩、ベッド傍の小机に何か載ってないとどうしようもないのよ。何かしら載ってれば、部屋に入ってきたとき、これで完全に自分自身に戻って、自分のためだけに何かしてもかまわないんだって気分になれるし、ベッドそのものも、少しは居心地よさそうにみえるじゃない。そう感じられてはじめて、自分の周囲に外とは違う自分の空間をもって、それを護る壁を築くこともできるの。インゲもレーズムで同じような思いをしているみたい。おかしい？〔……〕

バート・ドュルハイム発、フリッツ・ハルトナーゲル宛
一九四〇年八月一九日

今朝、あなたからのお手紙を受けとりました。このごろ手紙がくることばかり待ってるのよ。本当にありがとう。――今ちょうどお昼休み（ということは、テラスで二時間お昼寝をすることになっている二〇人の子どもが一人もおしゃべりをしたり、ゴソゴソしたりしないように見張るの）。だから、すぐお返事が書けるわ。

私もよく去年の夏のことを思い出すけれど、あれこれ思い返したりはできないわ。そんな時間ないもの。

でも、あなたの仕事についての話に関する限り、あなたは私のことをわかっていないと思う。ていうよりむしろ、私の考えでは、兵隊の仕事って今はもう、あなたが言ってらっしゃるようなものじゃなくなってしまってるんじゃないかと思うの。兵士というものは忠誠を誓うものでしょ、兵士の義務はつまり、自分の政府の下す命令を実行することじゃありませんか。だから、明日になったら、昨日とはまるで逆の政策に従わなきゃいけないってことも充分あるでしょう。兵士の任務は従うことですものね。でも軍人精神は別に任務でも仕事でもないでしょう。あなたが考えてらっしゃるような理想的な兵士のあり方って、結局のところありとあらゆる人間に求められている倫理的な生き方そのものでしょ。もちろん、あなたが自分の仕事は教育と同じだと考えてらっしゃるのはよくわかるわ。でも、それは兵士の仕事のほんの一部でしかないでしょう。だって、もし嘘をつかざるをえない立場に追い込まれたら、どうやってあなたのおっしゃるように真摯な姿勢を保ちつづけるわけ。それとも今日はこっちの政府に忠誠を誓い、明日はあっちの政府に忠実であるっていうのは嘘じゃないの？ そういう立場にならないとは限らないんだし、実際一度そういうことはあったわけじゃない。私が知る限り、あなたは別にたいへん好戦的というわけでもない人なのに。でもあなたはこうして朝から晩まで、人間を戦争用に教育することに専念してるのね。

でも、あなただって、軍隊の任務は人間に真摯で、謙虚で、誠実な生き方を教えこむことだなんておっしゃらないと思うわ。キリスト教のことを考えてごらんなさいよ。別に教会に属していなくてもキリスト者であるってことは可能でしょう。それに何より、キリスト者は、どんな命令を受けても、一番大切な、召し出しに従う以外の生き方をおしつけられたりしないわ。ところで、兵士の使命が、忠実、誠実、謙虚、真摯であることだというのなら、その使命を果たすことなんてできないはずよ。だってもし命令を与えられたら、正しかろうと間違っていようと、とにかくそれを果たさなきゃならないわけでしょ。それを果たさなければ兵士とはいえないわけじゃない。ちがう？

ごめんなさい、何言いたいのかこれじゃはっきりしないし、まとまってもいないんでしょうね。あの男の子たちは本当にどうしようもないわ。私朝から晩までどなってばっかりみたい。どなってあの子たちが成長するものかしら。だってたいがいは子どもっぽいバカみたいなことばかりなのよ。だから心の奥では笑いたいくらいのものなんだけど。
またすぐにお手紙するわね。あなたはこのごろ私の手紙ぜめね。さて、お昼休みはもうおしまい。お手紙もおしまいにしなくちゃ。
心をこめて
ソフィー

バート・ドュルハイム発、姉インゲ宛
一九四〇年八月二二日

インゲ
すてきなお手紙と、それからものすごくおいしいお菓子、本当にありがとう。もうずいぶんなくなりました。お手紙はちょうどいいときに届いたの。おかげでその日一日幸福でいられたわ。何べんも何べんも読んでます（どうしてかわからないけど、うちの人からの手紙が一番うれしいの）。でも、別に思い出にふけってばっかりいるわけじゃないのよ。むしろ、姉さんの手紙を読むと、またいい機嫌が戻ってくるからなの。ここにいると、多かれ少なかれ、いつもイライラしてるじゃない。でも、お手紙を読むと、それがおさまるの。ああ、皆にわかってもらえるかな、どんなに私にとって家族が支えになってくれてるか。私ときどき自分でもびっくりしちゃうのよ、ここで起ることって私にはほとんど深刻に響いてこないのね。でもたとえばインゲさんていう保母さんなんか、同じことでひどく悩んじゃって、ずいぶん落ちこんでるのよ。少佐の奥さんはとても親切で、陽気な人なんだけれど、でも保母には子どもの世話係以外の意味を認めない人なの。だからよく、とても上手な嫌味をいわれるし、逆に賞められることはめったにないのよ。私もずいぶん考えなしのことをするって注意されたわ。ここにいる間に、いろんなことに同時に気を配るようになれるんじゃないかと思います。私は何か一つのことに気がいくと、別の、同じように大切なことを忘れちゃうことが多いの。とくに病気の子が多いときなんて（ありがたいことに、やっと五人になったわ）考えなくちゃならないことがあまり多すぎて。まだとてもうまくやれてるとはいえないけど、少なくとも少しはうまくいくようになったのでちょっといい気持。もっとも完全に健康な子はここにはいないの。だってここは療養所なんですものね。喘息とか、その類の子が多いわ。だからときどき発作を起こす子がいるの。めったにないけれど。
でもねえ、私まだなんとなくくたびれてて、子どもたちの相手ができるほど我慢強くなれないのよ。たとえば子どもたちを叱らなくちゃならなくなったりすると、自分で自分にかけ声かけてやらなきゃいけないの。でも、かといって、あの子たちのやらかす馬鹿げたこと一つ一つを理解してやりましょうと思うほどの元気もないし、勤勉でもないんだわ。一番ひどい連中のうち何人かは、ありがたいことにお引き取りくださったの。月末になったらまた何人かいなくなるはずよ。ここでは今「愛は罪かしら?」っていう歌が大流行。年嵩の男の子にお説教をしようと思うでしょう。そうすると途端にその子はニタニタ笑いながら「愛は罪かしら?」ってやりはじめるの。一二歳の子でも、もっと大きい子と同じよ。それでも、少しずついいところも見えてきてはいます。ただね、あの子たちはみんなもう、えせ市民趣味をどうしようもなく叩きこまれていて、それがどうにも鼻もちならないのよ。

女の子たちとはずっとうまくいってます。少なくとも大きい子たちは、私のことをとっても信用してくれるようになったわ。夕方よくその子たちの部屋に寄って、ちょっぴりおしゃべりをするのよ。そういうことは禁止されておりますから、ものすごく面白いわけ。小さい、六、七歳の女の子たちは一日中けんかするのにかかりきりで、私としてはなんてバカな子たちだろうと思わないでいるのが精一杯てことがよくあります。男の子たちだって同じようなものよ。つまりひっきりなしに殴り合いをしてるの。だから、子どもたちのわめき声が聞こえないとどんなにホッとするか、わかるでしょう。——でも私の部屋にいたんじゃ、せっかくホッとしてても同室の子のおしゃべりでみんな台なしになっちゃう。その子の一番どうしようもないところはね、ヒステリーだってこと。真夜中に、何の理由もなくゲラゲラ笑い出すことがあるのよ、それもしょっちゅう。療養所じゅうの噂の種なんだけど。その子が近づいてくると、もうそこにその子がいるっていうだけで、気持悪くなりそうなの。なんとかしなくちゃとは思うんだけど、まだどうしようもできないわ(寝てるときでさえ、一秒と静かにしてられないのよ)。たぶん、こういう人と一緒の部屋で眠らなくちゃいけないのは私にとって大変いいことなのね、そういう本質的でないことに少しは左右されないようになれるでしょうから。

エルンストと一緒に出かけたの?——山のあの上の方にしか咲いていない花たちを姉さんが見られて本当によかったと思ってるのよ。ビーニッヒで姉さんたちが感じた通りを、私たちも行った山、上った山ごとに感じてたんですもの。リーサがその話はしてるでしょうけど。何よりすてきだと思ったのは、あんなに大きな山が、本当に小さなものを生み出すってことだわ。あんなにかわいらしい花や草をね。

ハンスが戻ってくるとき、私も家にいられるといいんだけど。あと一七日でここを出られるんだわ。私あてに「野戦小包」を送ってくださることがあったら、一緒に何か割れない小さなお盆を送ってくださらない。コマゴマしたものを入れておくのに使いたいから。

私の寝友は今『レルケ』を読んでいました（それをやめさせるわけにはいかなかったわ）。読み終わって彼女がおっしゃるには「レルケのために六人も男が死んだのよ」。

さて、私の自由時間も紙もおしまい。

皆にくれぐれもよろしく言ってください。

姉さんの妹　ソフィー

便箋と切手送ってちょうだい。

バート・ドュルハイム発、フリッツ・ハルトナーゲル宛

一九四〇年九月三日

〔……〕だんだん小さい子が増えてきてるの。でも小さい子を見てると、あまり頼りなさそうで、助けてやらずにはいられない気持になってきちゃってね、イヤだなって思ってられなくなるの。だから、小さい子が多い方がむしろうれしいわ（すべての人間、少なくともほとんどすべての人間に対して、こういうふうに感じられるようになりたいんだけど）。ただし、小さい子相手だとすることは多いのよ。毎晩五人は頭からつま先まで洗ってやって、服を着せて何やかや全部やってやらなきゃならないし（少なくとも毎晩おねしょの始末はあるわね）あとの一〇人は耳と爪がきれいになってるかどうか見てやって、きたなければふいてやらなきゃいけないし、お湯をくんでこなきゃならないし、等々。今日なんか、仕事全部すんだのは一〇時だったわ。もう歯も磨いちゃったんだけど、でも今、あなたの送ってくださったチョコレートを食べてるところ。もしまた送ってくださるんでしたら、喜んで頂戴いたしますですよ。かくのごとき些細なる物質的提供品（すなわち、すばらしく珍しい贈物）は大いに役に立つのでございます。〔……〕

ウルム発、フリッツ・ハルトナーゲル宛

一九四〇年九月一二日

〔……〕私昨日までバート・ドュルハイムにいたのよ。それより早く出るわけにいかなかったの。昨日出られたのだって、エリーザベート姉さんが、小児科の看護婦が一人来るまで私の代わりに手伝いに来てくれたからなの。とにかく昨日の昼、お役ご免になりました。その前にちゃんと塩湯のお風呂を立てて、子どもたちを入れたのよ。子どもたちが自分のこと好きになってくれたんだってわかるのはちょっとすてきね。お別れのときにはっきりわかるでしょ。私はいつでも子どもたちに好かれるよう気をつけてきたわ。小さい男の子の一人なんて私に、またすぐ戻ってくるって約束しろって言ってくれたんだから。その子は前から、私が駅へ行くたびに(たいがい誰か迎えにいったんだけど)泣いてたのよ。正直いって、あそこを出るのがこんなにつらいとは思ってなかったわ。一つには姉さんが私の代わりに残ったからだけど。最後になって、とにかく充分以上の報酬ももらえたし。少佐の奥さんはとても親切だったわ(ちょっと長くかかったけど、ありがたいことに奥さんも私も互いに好意をもてるようになってたの。で、それがそのままリーセルの役にもたってくれるはずなんだけど)。五〇マルクも下さったのよ。私が自分でかせいだお金。〔……〕

そのしばらく後、九月一六日に、ウルムのフレーベル学院でのソフィー・ショルの養成教育第二期が始まった。

学校にて、フリッツ・ハルトナーゲル宛　一九四〇年九月二三日

大切なフリッツ!

私このごろ前ほどお手紙を書いていないかしら? そうかもしれないわね。だって学校から帰ってくると、することがたくさん待ってるし、それに、わかるでしょ、家にいると、いろいろあるじゃない(ちょっと言い方が悪いわね、写生だとかピアノの練習だとか、やろうと思っててもなかなかできないことをやってるだけなのよ)。

私はいま学院にいて、本当だったら実習のはずなんだけど、でもあと三〇分くらい遅らせても平気だわ。あなたのこのあいだ下さったお手紙にちゃんとした返事を書くわけにはいきません。お手紙は家に置いてきちゃったから。でもこのあいだの小包にお礼はいえるわ。本当にうれしかった。ありがとう。靴下は何よりもありがたいわ。姉さんたちにも分けてあげたのよ。

毎日ハンスが戻ってこないかって待ってるの。今ごろ休暇

が取れるだろうって言ってたんだけど。デモ、戦争ヤモノ、何モハッキリシタコトハワカランワネエ。正直にいわせてもらえば、あなたの休暇とハンスの休暇が重ならない方が、私にとっては好都合なんだけどな。わかる？　だって別々に戻ってきてくだされば、あなたたち両方にそれぞれ思いっきり尽くしてあげられるじゃない。でも贅沢は申しません。とにかく戻ってきてくれればうれしいわ。

国民てものをどう考えてるのか書いてくれっておっしゃったわね。今この時間ではちょっと説明しきれないわ。でもだいたいわかってるつもりよ。何の疑問もなくとは言いきれないけど。

国民に対する兵士の立場っていうのはほぼ、自分の父親と家族に向って、どんなことがあってもお父さん、ないし家族の味方だと誓った息子みたいなものだと思うわ。父親が他の家に対して何か正しくないことをして、騒ぎになったとしたら、事情がどうあれ、とにかくその息子は父親の側に立たなきゃならないのよ。でも私は血族がそんなに唯一無二の価値のあるものだとは考えられない。だってとにかく正義以上に価値のあるものはないんじゃないかしら、それ以外の価値観って、たんに感傷にすぎないこともよくあるんだし。

それに、もし戦わなくちゃいけないとしたら、自分が正しいと思っている側について戦える方がいいんじゃなくて。たとえば、先生に自分の子が叱られたときなんかに父親が、無条件で自分の子どもの味方をしたりすることがあるでしょう。でも私それは間違いだといつでも思ってた。父親がいくら子どもを愛してるとしても。というかむしろ愛しているならなおさら。それと同じように、ドイツ人だのフランス人だの、別にそれ以外の人でもいいんだけど、とにかく自国民をたんに自国民だから絶対正しいなんて言い張るのも間違ってるのよ。もちろん私だって道で兵隊さんに会ったら心が動くわよ。ことに音楽に合わせて行進してるところなんてね。以前は行進してくる兵隊さんを見ると涙が出そうになったものだわ。だけど、そんなのはおばあさん向きの感傷なのよ。そんな甘っちょろい感傷に負けてしまうなんて滑稽じゃないの。

学校で教わるところでは、ドイツ人の心がまえはすぐれて主観的であるべきだ、そうだったわ。――でも主観的であると同じ程度に客観的でないとすれば、そんなもの認められない。でも、この主観的心がまえなるものに飛びついた人はいっぱいいたのよね。ことに、自分のなかで相反する感情が戦いつづけていて、それをどう片づけたらいいかわからないで困っていた人たち。この人たちはホッとして主観的心がまえこそ自分たちの待ち望んでいたものだっていうことにしちゃったんだわ。

私の使うたとえはあまりよくないでしょうし、勢いに任せて書いてるからわけがわからないことが多いでしょうね。私の言いたいことをなんとかわかってくださるといいんだけど。今度はもう少しはっきり、わかりやすいように考えて書くわ。今日は時間がなくって。

オランダ旅行はすんだの? 楽しかったんだったらいいんだけど。旅行から戻ってきたらお手紙いただけるわよね?

(手紙がこないって文句いえた義理じゃないんだけど)

今日はこれでおしまいにするわ。心から。

ソフィー

この前のお手紙の返事と、私が国民についてどう考えているかは、また今度書くわ!

ノートなんかに書いてごめんなさい!

ハンスからもらえるはずだった犬は、病気になって、射殺しなくちゃならなかったんですって。あなたもハンスも同じようなことになっちゃったのね。ガッカリだわ。

ウルム発、フリッツ・ハルトナーゲル宛

一九四〇年一一月四日

フリッツ

今寝ながら書いてます。——なるべく早くあなた宛てにこの手紙と、それから小包を発送して、無事届きますようにってお祈りするわ。あなたはちっともなんにも言ってくださらないから、あなたがお元気かどうかも、どこにいらっしゃるかもわからない。あまり黙ってらっしゃるから、みんなひどく心配してるのよ。ちょっとでもいいから何か書いてきてくだされぱいいのに。お元気でもお元気じゃなくても、とにかくお便りちょうだい! いったい何が起こったの?

新しいお手紙がこないから、また前の手紙を取り出して読んでいます。でも、あなたが今どうしてらっしゃるかは、やっぱりわからない。

あなたは一度こんなふうに書いてらしたわ。僕は静かにつつましくありたい。それからこう書いてらしたこともあったわ。僕には新しい大地が感ぜられる。——私この二つの文章を組み合わせて考えたの。それでね、ずいぶん違ったように聞こえるけれども、やっぱりどちらも同じ気持から生れたん

だと思ったのよ。そしてそれがとってもうれしかった。だって、この大地を感じているとすれば、もうまるで見当がつかないってことはないはずですもの。きっとあなたもその声に従っていらっしゃれば、いつか自分のすべきことがわかるようになるんじゃないかしら。私たち二人にとっても、この新たな状態はとっても重要だと思うわ。少なくとも私にとってあなたとつき合うようになってからこの変化はこれまでで一番重大な（そして一番すばらしい）徴候です。それに、もし私があなたを誤解しているのでなければ、あなたにとってもこの変化は同じように意味があるはずだと思うんだけれど。私たちの間の糸は、あなたと私の間だけに張られているんじゃなくて、私たちと、より高きものの間にもめぐらされているわけでしょう。そしてこの高きものとのつながりは、たんに私たちの間だけにあるつながりよりもよいものなのじゃなくって。

それとも私あなたの書いてらしたことを全然わかっていないのかしら？　そんなことないと思うんだけど。

昨日、日曜日、インゲと一緒にクロースターヴァルトに行ったのよ。すごくいたずらな秋の風が吹いててね、樅の木の枝先がカシャッ、カシャッてぶつかり合ってたわ。しなやかさが足りないと、そうやってる間に折れて落っこっちゃうのよ。カラマツの葉はまだ落ちてはいなかったけれど、でももうすっかり黄色くなってるわ。風が吹くとね、大きな枝も小さな枝もすっかり一方になびくでしょう、夢のようにきれいだったわ。私たち風に逆らって進んだの。魔女みたいに髪の毛をなびかせてね。木の葉が次から次へと私たちの頭の上を飛んでいったわ。まるで誰かの大きな手が葉っぱを掴んでは投げ下ろしてるみたいだった。地面に落ちてる葉っぱたちも、大きなかたまりになって、ひっくりかえりながらあちこちするのよ。まるでもっと急がないとだめなんですって言ってるみたいに。あんまりおかしくて笑っちゃったわ。

あなたの方の公園にも風が吹いてる？　できたら教えてちょうだい。何も知らないで待ってるって、本当にイライラするわ。願いごとを言ったら、あなたのところから何か飛んでくるんだといいのに！　待ってる以外どうしようもないなんて。

少なくとも私の手紙があなたに届いてはいますように！　もし届いてるんだったら、このなんともどうしようもないジレッたい状態を終わりにしてちょうだい。お願い。

ソフィー

ウルム発、フリッツ・ハルトナーゲル宛
一九四〇年一一月七日

〔……〕それでこんどは、初夏について発表しなくちゃならないの。あと三〇分で準備しなくちゃ。——ねえ、もし時間があったらこの詩篇が何篇だったか捜してくれない。わが目をあきらかにしたまへ　おそらくはわれ死の睡につかん　おそらくはわが仇いはん　我かれに勝りと。〔……〕

ウルム発、フリッツ・ハルトナーゲル宛
一九四〇年一一月一〇日

〔……〕私ね、あなたからお手紙がくるなんて思わないようにしなきゃだめかなって考えてみたの。だって、お手紙がもらえるからあなたに手紙を書くっていうのは、利己主義じゃなくって？　でも、そこまでしなくていいんじゃないかなと思うの。それにもしかすると、そんなふうに考えちゃうことの方が間違ってるのかもしれない。だって、私の考えによれば（これは必ずしもあなたの考えと同じであるとは限らないけど）あなたは私がそうであってほしいと思っている状況とはまったく異なった状況におかれてしまってる。

でも基本的には、あなたはもう半分くらい、私の方に引き寄せられてるんだわ。そしてそういう状態は決してあなたにとって気持のいいものではないでしょう。

これは戦いなの。私自身もその戦いを戦っているんだし、たぶん、あなたも一緒に戦ってくださるようになるはずだわ。快適さに沈みこんでしまわない、炉辺のぬくもりに引き戻されない、えせ市民生活に堕してしまわないための戦いよ。——だとしたら、その戦いをひとりぼっちで戦っているんじゃないってわかってられるのは、支えであり、慰めじゃないかしら？　わからなくても、なんとなく感じられるのでも。

もちろん表面的に見れば、私がこんなふうにいってしまうのは、あなたをつき放しているとしか思えないでしょうね。でもそれはどうしようもないわ。助けてあげるわけにはいかないのよ。どんなに助けてあげたくても。それはあなたご自身でよくわかってらっしゃるでしょう。

私はただ、ふるい立つようにって言ってあげられるだけ（まあ、なんておかしな言い方なんでしょ）。だってあなた、ひっかかって前に進めないっておっしゃるから。本を読むのをやめないでね。たとえどんなに大変でも。集中しなければ

できない仕事がありさえすればいいのにね。——私の方はそんなこと改めて願わなくても、いやな仕事に頭まで埋まりそうなの。——

大切なフリッツ、どうぞ私のことを考えなしだなんて思わないで。厳しくあるって甘いことを言うよりずっと難しいことなんだから。

あなたのために何かしてあげられるんだといいのに。あなたとそして私のためになることを。

まだ私に手紙書いてくださるかな？

どうぞお元気で、心から

ソフィー

ウルム発、フリッツ・ハルトナーゲル宛
一九四〇年一一月一二日

フリッツ

仕事に戻る前に、ちょっとごあいさつ。大聖堂前の広場で風のやっていることを見てると、笑わずにはいられないわ。笑わない人ってきっとバカじゃないかと思うわ。一歩外に出るでしょう、そうすると風のおかげで私のヘヤー・スタイルは（そもそも大したものじゃないけど）もうめちゃくちゃよ。でもそうやって風に吹かれてごらんなさい、ピョンと跳んで風と一緒に駆けまわらずにはいられない気分になっちゃうんだから。つまらないな、時間がないって。

あなたのところにもこの風が行ってくれないかしら。そしてあなたのことをちょっぴり誘い出してくれるといいんだけど。そしたらきっとあなたは喜ばずにいられないでしょう。風と、それにあなた自身のことを。だってあなたは風のおかげで、こんなにすてきな気分になれてるんだから。ね、きっとこの風ならそういうふうにやってくれるわ。見てらっしゃい。

あなたのために私が考えてるお願いって、まだ他にいっぱいあるのよ。もしそういう願いが皆かなえられるとしたら、そしたらあなたも全然知らん顔はできないでしょうね。

何の役にも立たないようなことと関わり合いになったりしないで。そういうことはあっさり（ときには無理にでも）投げ捨ててしまうべきよ。

お元気で

ソフィー

もし私に腹を立ててるんだったら、どうぞご遠慮なく。でもどうか風にでも私にでもいいからそれを口に出して叫んでちょうだい、こんなふうに自分のなかに押しこんで黙っていないで。

ウルム発、フリッツ・ハルトナーゲル宛
一九四〇年一一月二三日

〔……〕今日、あなたに送る待降節のプレゼントをこしらえたのよ。あまり遅くならないうちに着くといいんだけど。ろうそくはちょっと曲ってます。自分でまっすぐにしてね。またすぐ送ります。だってずいぶん短いから、すぐなくなっちゃうでしょう。ろうそくの光で物悲しくなってしまうなんてことがなければいいけど。待降節の物語は、もっていらっしゃるわよね。

ああ、今晩も長い手紙は書けそうにないわ。ひどくくたびれてるの。機嫌悪くしないでね？

一番上に入れてある樅の小枝は、アドヴェントクランツに火を入れる晩に、一緒に燃やしてちょうだい。でも一人きりのときにしてね（子どもが一人か動物が一匹だったら一緒にいてもいいわ）。樅の枝が燃えるとき、どんなにすてきな匂いがするか、あなたきっと想像もつかないと思うわ。〔……〕

ウルム発、フリッツ・ハルトナーゲル宛
一九四〇年一二月一一日

〔……〕あなたからの最後の手紙は、今日から一六日前に書いてくださったのよね。その次の手紙はまだ着かないわ。私は別にもっと手紙をちょうだいってせがんだりするつもりはないの。お手紙をくださるかくださらないかをこちらからあれこれいう気はもう全然ないわ。あなたは自分が何をしているか充分承知の上でやってらっしゃるんだってこと、わかってるもの。でも、私もっとあなたの力になれたらと思って。相手のことをこんなにちょっぴりしかわからないでいるって、不安なのよ。そうでしょう、あなたの仕事に関わる生活のこと、私は全然知らないわ。ただ私は、あなたにとって仕事はあなたの本質っていうわけじゃないと信じているけれど。あなたの仕事以外の生活には、ほんの少しだけど私も関わっているわよね。誤解しないで、私は別に、あなたの仕事以外の生活の一部になりたいといっているわけじゃないのよ。ただ関わってはいたいの。つまり、見つめていたいの。だってそれはもしかしたら一種私の義務っていってもいいことじゃないかしら。それともこれは不当な要求かしらね。そしてできもしないことかしら〔……〕

ソフィー（1941年ないし1942年）

ウルム発、フリッツ・ハルトナーゲル宛
一九四一年一月一三日

フリッツ！

今朝またあなたからのお手紙がきたわ。お手紙のやりとりっていう点では、私たち別にひどく甘やかし合いをしているわけじゃないわね、少なくとも今のところ。私がこんなこと書くと滑稽かしら。でも、今のあなたには何よりも休みが必要だと思うのに、その貴重な休み時間を私みたいなどうでもいい、やっかいな相手に手紙を書いてつぶしてしまってらっしゃるのが本当に気の毒なの。

それはともかく、教えてくれとおっしゃってた、スキー旅行のことを書くわね。一緒に行ったのは、インゲ、ヴェルナー、リーサ、私、オトゥル・アイヒャーとグロゴ（この子のこと知らなかったかしら。大学入りたての生物学生よ）でした。エルビゲンアルプの上方、レヒタールの小屋に泊ったんだけど、なんというか、ほとんど封建時代ふうの小屋だったわ（むしろ原始時代式ならよかったのに）、標高一八〇〇メートル。でも一番大事なことは、他のお客は一人もいませんでした。食べたものはお茶とパン。夜は遅く寝て、朝もやっぱり遅く起きたわ。晩には皆で一緒に本を読んだのよ。ベルナノスを一冊。そちらで一冊ベルナノスが手に入らないのかしら。ドイツでは絶対無理なの。現存のフランス作家ですからね。私たちの読んだ本は『田舎司祭の日記』っていうのよ。どうにかして手に入れられない？　とにかく私は一度ちゃんと読んでみたくてたまらないわ。

おかしなこともたくさんあったけど、まじめな話もいっぱいしたのよ。面白かったのはね、山小屋にカッコウ時計があって、それが一五分おきにカッコウって顔を出すの。グロゴの名前はヴィリイっていうんだけど、そのご立派な名前のけなし合いになった晩があってね。私はヴィリイなんていい名前じゃない、少なくともグロゴ向きの名前じゃないと思うのよ。だからその晩、一生あなたのことはグロゴって呼ぶからって断言したわけ。それから「あなたの奥さんは、たぶんあなたのことを……」って言いかけて、一所懸命すてきに優しそうでバカげた名前はないかって考えてたちょうどそのとき、カッコウ時計が大きな声で楽しそうに「グローゴー！」って叫んだのよ。もうみんなゲラゲラ笑っちゃった。その後はカッコウが出てくるたびに、グロゴ、奥さんだよ！　ってみんなでからかっちゃったの。気の毒にねえ。まあとにかく

あのカッコウ時計はカッコウ声で私たちを大いに陽気にしてくれたわけです。

外はとっても雪が深かったから、皆で大いにテレマークの練習をしたわ。あなたと去年やったような長いツアーには行きませんでした。あまりツアー向きのコースでもなかったし。

私は男の子たちより二日早く戻ってきたのよ（インゲとリーサは男の子たちよりも長く残ってたの）。戻るときつくづく私たちの仲間と他の人たちの違いを感じさせられたわ。汽車に乗ってる間じゅう、姉さんか兄さんか、それとも友だちに似た顔がいないかしらって捜したいくらいだった。そんな気持わかる？　なつかしいとか寂しいとかいうのじゃないの。ただ違うんだってことがいやというほどはっきりしてしまって。列車のなかにはずいぶん男の子たちもいたけど、でもその子たちは本当に若いっていうんじゃ全然なかったわ。ただ自分の若さを享楽のために無駄使いしてるだけ。私の同朋や友だちは、そういう連中より頼りないかもしれないし、ものも知らないかもしれないけど、でも善意にあふれてるわ。ていうより、よいことを求める意志にあふれてるのよ。

こちらではまた石炭休暇が始まってます。残念ながら私たちの学校はそれに当たりませんでした。資格試験があまり延期にならないといいんだけど。

この手紙はあなたの前の駐屯地にあてて出すんだけど、そこであなたの手に渡るのかな。それともあなた方はもう、いずことも知れず移動になってるの？　どちらかなあ。もう移動してらっしゃるのかもしれないわねえ。

心からたくさんのあいさつを送ります。ここ何日かの分。またもっとお手紙を書くようにしたいと思っているんだけれど。だって、あなたが今、無為を強制されて、どんなにひどい目にあってらっしゃるか、よくわかるんですもの。

心からよろしく。母からもね。母の手紙届いてるでしょう。

ソフィー

ウルム発、フリッツ・ハルトナーゲル宛

一九四一年二月二一日

フリッツ

あなたはまだそれほどウルムから離れてはいらっしゃらないわね。まだ九時ですもの。見送りに行ったせいで一五分学校に遅刻して、おまけに大事なものを忘れてたものだから、大あわてで自転車をすっ飛ばして家に戻る破目になっちゃった。でもときには学校より大事なこともあるわよね。

学校にいる間、私なんだか頭にきちゃってたみたい。近くの子とひっきりなしにしゃべって、笑ってばっかりいたのよ（心理学やってる人がいたら、過剰補償って何だって訊いてごらんなさい。そしたら私の気分がどういうふうだったかだいたいわかるはずよ）。学校がすんで、家に戻れてからやっと、あなたが行っちゃったっていうのがどうしようもない事実なんだってはっきりわかったの。これまでは毎日、学校が終わるとあなたと一緒の晩が待っていたのに。もうそんなことはないなんて。なんて変な感じかしら。私あんまりあなたのぬくもりに包まれてることに慣れすぎちゃったんだわ。それも一種の危険なのね。家に戻ってから私のしたことったら、あなたがこの間買ってくださったノートをにらみつけて、あなたが何か書いてらっしゃるんじゃないか、私あてに何か書いといてくださったんじゃないかってバカなことを考えた。それだけなのよ。あなたの思い出になるようなものを何かもらっておけばよかった。いつでももっていられて、他の人にはわからないような何か。ああ、でもこういうことはみんな、別れを経験した直後に特有の激烈な感情にすぎないわ。私自身こんな感情をすべて認めるわけにはいかない。〔……〕

ウルム発、フリッツ・ハルトナーゲル宛
一九四一年二月二八日

〔……〕だからこのごろしょっちゅうあなたのことばかり考えてるの。もしかするとそうやって、あなたに、今のちょっとばかり参ってる（よくそういうことになるんだけど）私を支えてもらおうと思ってるのかもしれないわ。あなたを頼りにしてもいいんだ、あなたは私のことを愛していてくださるんだってわかってるから。でもだからって、私たちはお互いに縛り合う必要はないわ。私あなたのことを改めて、別の意味でとっても好きになってるみたい。私はあなたのうちにある善いもののゆえにあなたが好きなの、あなたが人間である、そのことのためにあなたを愛しているんだわ。でもそれが、信じられないほど深く、強く、あなたと私を結びつけてくれる。〔……〕

三月はじめ、ソフィーは保母資格試験に合格し、その数日後、三月一七日、ウルム市内の乳児院に就職した。しかしながら、保母の職に就くことによって勤労動員を免除されるのではないかという希望は裏切られた。

ウルム発、フリッツ・ハルトナーゲル宛

一九四一年三月二二日

〔……〕今日、ありがたくないニュースを聞きました。やっぱり動員に出なくちゃいけないんですって。でももういいの。私いつでもどこでも、できる限り早く順応するように努めるわ（頭のなかも、考えることもね）。それが結局快適、不快を問わず、とにかく周囲の状況に左右されないでいられるようになるための最善の道なのよ。もうずいぶんうまく順応できるようになってると思うわ。今日だってR・A・Dに腹が立ってしかたがなかったのも五分間でおさまったし、それに学院を卒業するときクレッチマー先生が私の一番の特徴はものに動じないことだって言ってくださったのも、つまりは順応能力のことなのよ。あなたの休暇中私が気分屋ぶりを発揮してたのは認めるわ。でも卒業パーティーで大道芸人役になった人が歌った歌を聞いたら、ちょっとは私のこと見直してくださるんじゃないかな。こんな歌なのよ「……いつでもあの子（S・ショル）はほがらかで、取り乱したことなんて一度もない」。本当いうと他の人が私のことそんなふうに見てたなんて、自分でもちょっとあっけにとられちゃった。

一〇日か二週間のうちには動員先に出かけることになると思います。

一九四一年四月六日、ジクマリンゲン近郊のクラウヒェンヴィースにある基地でR・A・D-動員生活が始まった。

日記

クラウヒェンヴィース、一九四一年四月一〇日

ここへ来てから四日になるんだわ。

同じ寝室に他に一〇人女の子がいる。晩になるとその子たちのおしゃべりがうるさくて耳栓をせずにいられない。自分があの子たちに何か言うたびに、あの子たちのしゃべっていることを自分にも認めてしまったような気がしてゾッとする。今のところなんとかあまり目立たないでいられてる。私の引っこみ思案のおかげだ。このままずっと行ってくれればいいんだけど！　でも油断してると私はチラッチラッと優越感を見せびらかしてしまうんだから。こんな自己顕示欲があるなんて、なんていやらしいんだろう。こうやって書いてても、こんなこと書いてる子はほかにいないだろうなんて思ってる。これじゃ台なしだわ。

晩、他の子たちが馬鹿話をしている間（残念ながら私は絶

対そんなことしないとはいえないんだけど)、私はアウグスティヌスを読む。ゆっくりしか読めない。なかなか集中できないんだもの。でもとにかく読む。読みたくなくても。トーマス・マンの『魔の山』も今日の昼間読んだわ。別にほうり出したり、傍に置いておいた方がいい本だとは思えなかった。オトゥルはそうしたみたいだけど。とても厳密に考案された作品だ。何よりも考えつくされている。オトゥルにはそれがわかっていないんだと思う。

いま現在私を取りまいているものからなんとか影響を受けずにいようとずいぶん気をつけているんだけど。影響といっても別に世界観とか政治に関わることをいっているんじゃない。そんなものは別に大したことはできないんだから。むしろ問題は雰囲気の影響力なのだ。Il faut avoir un esprit dûr et le coeur tendre.

所長のことを皆ひどく悪く言っている。私自身には別に文句をいう理由もない。私にはひどく気をつかって接してくれているようで、ときどき驚いてしまう(その場合にも少々勝ち誇った気分になりがちなのを押えなくっちゃならない)。他の子には本の所持を禁じているのに、私が本を読んでいても何も言わないんだから(なぜだかは知らない)。でも、確かに叱られることもない代わり、賞められることもないようだ。復活祭のカードの絵を描くようにといいつけられた。もっと描くように別のカードをよこされてはじめて、所長に絵が気に入ったらしいとわかった。でも、こういう状態がいつまでも続きはしないだろう。女の子たちとの関係も変わっていくに違いない。これまでの経験からいやというほどよくわかっている。これは避けようとしても避けられないことなのだ。

奇妙だこと――そばにいなくなった途端、インゲと私の間には近くにいるときよりはるかに深い絆ができ上る。こうしているとインゲは私にとって本当にかけがえのない姉さんであり――親友だといった方がいいかもしれない。早く手紙くれないかな。家に皆でいるときにはインゲよりリーサとの方がはるかに話が合う。それはたぶん私たちが同じところで働いて、同じことを見ていたからだろう。リーサも私もときにゲッソリするほど冷酷なものの見方をするのだ。インゲは何もかも子どもらしい、ときどきはちょっと夢みたいな見方をしてるし、それに度が過ぎるほどなんにでも打ちこんでしまう。どんなことに対しても感情をこめて反応するものだから、ある意味ではリーサや私なんかよりずっと大変だ。でも別の考え方をすればずっと簡単だともいえる！　たぶんインゲはある感情なり考えなりに専心してしまえばそれでおしまいなので、その考えなり感情なりを抱きつつ、そこに小さな魔物が控えていて、そうやっている自分自身を観察し、自分が他の人たちにどんな力を及ぼしているか眺めている、なんて想像もつかないだろう。でも私はそれから逃れられないみたいだ。いつかうまくいくだろうか？　この分裂というか分裂性は私をだめにする。私は邪悪に、卑劣になる。

昨日ギリシアが降伏した。それを聞いたときにはひどく深刻な印象を受けた（深刻な印象なんてずいぶん大げさに聞こえるが）。しかし今はもうその影響が残っているとも思えない。たぶん他の八〇人の子たちと一緒に今晩もう一度ニュースを聞けば、また深刻な印象を受けることだろう。しかしニュースの後は郵便配布だ。ありがたや。

今ちょっと、自分が本当に郵便のことばかり考えていたのかどうか反省してみた。そうではありませんように。だって私はフリッツに自立性がどうのこうのってずいぶん大口をたたいたのだから。いや、違う。そんな言い方をしてはいけない。正確には「人間や物に左右されずにいること」と言ったのだ。私は本当のことを言った。そのときには本心からそう思っていたのだから。ただ、私自身あまりにも首尾一貫しなさすぎるというだけのことなのだ。〔……〕

クラウヒェンヴィース発、両親および姉インゲ宛

一九四一年四月一〇日

パパ、ママ、それからインゲ姉さん！

今ね、正直のところここへ来てからはじめて、一五分自由になる時間があるの。だからもうちょっと詳しくここのことをお知らせします。一番の問題は寒さです。もうすぐ気候がよくなるとわかっていなければ、あんかを送ってくださいってお願いするところだわ。あまり寒くって眠れないの。二番目の問題は無慮無数のかわいらしいネズミさんたちです。眠れないでいる間にこのネズミさんたちとお知り合いになったんですけれど、私のベッドが二階で（つまり上段で）本当によかったと思っています。私たちのスタイルが悪くならないようにという配慮もたいへん行き届いていて、R・Dでは山のように食べ（させられ）るなんて言っていた人の気が知れません。ちょっとお腹の虫がおさまったかなと思うと、もう何もなくなっています。もちろんそれにもいいところはありますけど。

悪いところばっかり書きましたけれど、私はたいへん元気です。ここではこれまでより大幅に周囲に無関心でいることにしていて、それがうまく行っていますので。まだあまり大したことはできません。やれ整列だの、所長が来るのをお迎えしろだのでひどく時間を無駄にしています。その時間をもっと別のことに使えるのにと思うと悲しくなりますが。所長のことはあらゆるところであらゆる子が悪口を言っています。でも、当然の悪口というよりはむしろ悪口を言うのが今の流行だからです。所長という人は確かにあまり大した人ではないと思いますが。いつでも、誰に対しても皮肉たっぷりで、絶対優しい顔をしたことがありません。それにまるで暖かいところがない人なんです。それがなければ雰囲気がよくなるはずもありませんよね。本当に偏屈な人で、気の毒になるくらい。もう少し毒がなければ、ずっと仕事もしやすいだろうと思うんですけど。

お父さんか、とにかくそちらの誰かからお手紙いただけるでしょうね。ギリシアの降伏に対してどの程度興奮してもよろしいものか教えていただきたいの。ここではみんなひどく興奮しています。

きっと今度の家からの郵便は復活祭用にウンといっぱいあるだろうと今から楽しみにしてるのよ。ここでは皆郵便を待ちこがれています。私も、郵便の配達の時間を計算しながら暮してるの。もしこちらからの手紙が遅れたとしたら、それは私のせいじゃないのよ。私たちは自分で手紙を投函できません。基地で集めるんですけれど、その集めた手紙をいったいいつ駅まで持っていってくれるのかは、私にもわからないので。

でもたぶん復活祭とお誕生日用のお手紙はまだ出せると思います。インゲ、おじさんの箱とおばさんの籠をどうぞ忘れないでね。

どうぞお元気で

ソフィー

エーフェも手紙をくれました。勤労動員女子隊員殿宛にね。

ママ、カードを本当にありがとう。

たいへんご面倒ながら、次の通りの承諾書を二通タイプで打って署名して、できるだけ早くこっちへ送ってください(最終締切水曜日)。紙の上では六週間毎にお休みをもらえることになっていますが、たぶん実際にはそんなにもらえないでしょう。最初の外出許可の日曜日、私が家に戻った方がいい？　それともインゲがこっちへ来てくれる？　それだったら一緒にボーデン湖にいかれるわね。でも訪問許可の日曜日もあるから、そっちの方に来てくれてもいいけど。まあ、どっちにせよまだ先の話です。それから便箋も送っていただけないかしら。もう一枚もないの。

承諾書

私儀娘ソフィー・ショルが戸外および室内プールにおいて水浴ならびに水泳をいたすことを承認いたします。

署名・父親

私儀娘S・ショルが外出許可日曜日に自由行動をとり、知人、親戚ないし、ユースホステル、旅館もしくはホテルに投宿いたすことを承認いたします。

署名・父親

日記

クラウヒェンヴィース、一九四一年四月一一日

今夜、皆の陽気な大騒ぎからふっと顔を上げると、窓から夜空が見えた。まだ葉をつけていない木々を透して地平線まで見通せた。その瞬間、今日が聖金曜日*だったことを思い出した。かつてないほど遠く、そしらぬふうに見える空がひどく悲しかった。それとも悲しいのは空とは無縁のありさまで笑い興じているあの人間たちの方だったのだろうか。私は突然孤独を思い知らされた。打ち興じる人の群からもはずれ、冷やかな空にも受け入れられず。

一度教会に行きたい。福音派の教会はだめだ。私は牧師の説教に耳を澄ましては批判してやろうとするに決まっている。カトリックの教会の方がいい。カトリック教会の典礼は、ただそのまま呑みこむ以外ないから。心を開いてあるがままを受け入れる。しかし、それが本当に正しいやり方なのだろうか？

今夜私はまた恥ずかしいことに、ほんの一瞬ではあるけれど、いい気になってしまった。嘘をついたわけでも、大げさな話をしたわけでもないが、しかし話しているときはっきりわかった。感心してもらいたがっていたのだ。

だんだん慣れてしまうのではないかと思うと恐ろしい。気をつけなければ。晩に本を読むのはきっと役に立つだろう。

*訳注　復活祭直前の金曜日、キリストが十字架に懸けられて死を迎えたことを記念する日。

クラウヒェンヴィース発、リーサ・レムピス宛
一九四一年四月一三日

リーサ

これは特別の手紙ってわけにはいかないわ。同じ部屋に六〇人も他の女の子たちがいるんですもの。でもあなたの送ってくれたステキな小包にはどうしてもお礼をいわなくちゃ。どうもありがとう。ここにいるとああいうものが本当にありがたいっていうのは、きっとわかってくれるわよね。本当に、どんな手紙も小包も、私にとってはちょっとしたお祭くらいうれしいの。ずいぶんつましいでしょ。もう私はここに半年もいて、それでも今なお、これは私とは本来何の関わりもないことだ、なんて考えているんだから、ときどき自分でもギョッとするわ。でもね、それ以上は何も考えないことにしてるの。(ここではほとんどそればかりやっているけど)意味もないくだらないことをさせられても、はじめのうち湧き上ってくる馬鹿げたことだという気持をちゃんと押し殺せさえすれば、すぐにまったく何でもないこととして始末できるようになる。全然自分とは関係ないことだと切り捨てられるようになるのよ。私は毎晩断固として、少しずつではあるけれど本を読みつづけてます(トーマス・マンの『魔の山』二巻は読み終えたわ。あとあるのはアウグスティヌスの『組織としての様相』)。同室の女の子たちはもちろんそのことを馬鹿にしていろいろ言うわ。その子たちにしてみれば、いろいろほのめかしたりわざとらしくこしらえた話をする方がずっと面白いんでしょうから。でもね、別にだからってその子たちが特別いやらしいわけじゃないのよ。みんなごくふつうのまじめな女の子なの。ただそういう子たちにとっては、ああいう、話題ともいえないような話が一番の大問題なんでしょうね(ちょっと考えてみれば確かにそうじゃない。ある人たちのところでは充分まともな話として通用するものが、他の人たちにとっては露骨にすぎるなんてこと、よくあるもの)。だから私は、本を読むってことであの子たちの話と関わり合いにならずにいられるのがありがたいの。もちろんおかげで私は高慢ちきだということになっちゃうけど。

だけど、たぶんこのことは前に一度書いたでしょうが、私、自分がここの生活に溶けこんでいないのがうれしいの。この(毎日の)状態が変わってくれますようになんて全然思っていないわ。むしろ逆よ。気をつけないとここの日常にあっというまに埋れてしまうんだから。

ランゲンブルクであなたが本当に春らしい春を味わってる

んだといいんだけど。そしてお手紙で、楽しい春のおすそわけに与らせてちょうだいな。私たちはかわいそうにこの基地に捕われの身で、四月二〇日になるまでは一歩も外に出られないんだから。

私はずいぶんまじめに手紙書いてるでしょ。あなたも見習ってよ。心から

あなたのソフィー

ハンスはとっても優しいこと書いてきてくれたわ。私たちが一緒に大学に行けたらすばらしいでしょうねえ。ハンスの前ではだらしないことなんてできないし(もっとも、誰の前でもだらしなくしたいとは思っていないけど)。ハンスだって私にだらしのないところ見られるのはいやでしょうからね。一番効果的な教育方法だわ。だけどハンスのことは手紙に書くより話した方がいいな。手紙で書けるほど簡単な話じゃないんだから。まったく本当にハンスの話がしたくてたまらないんだけどねえ、とくにあなたに。まあ、しかたないわね。

日記

クラウヒェンヴィース、一九四一年四月一三日

今日は復活祭だった。でもこれまで私はいったい復活祭をどうやって祝ってきたのだったかしら? せめて一人になれるんだったら。とにかくもう少し本を読もう。聖書の復活のところを全部。それからアウグスティヌス。誰かがアコーディオンを弾いてる。女の子たちはそれに合わせて踊っている。

日記

クラウヒェンヴィース、一九四一年四月一四日

さっき私は通りすがりにザールラントから来ている女の子のほっぺたを鉛筆でこすった。何の考えもなしに、調子に乗っていたのだ。その子は私を追っかけてきてどなった。一つくらい年が上だからって、こんなこと承知しないからね! 私はこらえて、それにまだ調子のいい気分だったから、冗談半分にその子の言うことを聞き流し、仲直りしましょうというつもりで言った。まあ、かわいそうな子。その子の返事、あんたなんかに同情してほしかないわ。私、わかったわ、じゃあ気の毒だとも思わないことにしましょう。それを聞いて相手の子は憎々しげにこう言った。あんたに気の毒だなんて思ってもらわなくたって私は結構。関係ないじゃないか。あんたの……まだなんだかだ並べたてていたけれど、私は放っ

ておいて部屋を出ていった。私はひどく打ちのめされていた。まったく自分とは関わりのないこういうくだらないことが何よりも私を傷つけ、私は手も足も出なくなってしまう。私はそれまでその子としゃべったこともなかったし、どうしてその子が私をあれほど憎んでいるかもわからない。あの子は皆に好かれているが、それはあの子がまったくはばかることを知らぬ口の悪さを発揮し、大口を開けて遠慮会釈もなく笑い出しては、他の人間まで笑わずにいられない気分に引きこむからだ。私も。ただ、その子の笑っているのを見ると、かすかな吐気を感じずにいられなかったけれど。太って背が高く、容姿からすると港の酒場に似合いそうな子だ。それがどういうことなのかは知らない。間違ったことは言いたくない。しかし、あの子にはひどく粗暴なところがあるような気がする(よく男たちに見られるような)。あの子が笑ったり、冗談を言ったりしていると、その粗暴性がかすかに漏れ出てきて、それが私を震えあがらせるのだ。

日記

クラウヒェンヴィース、一九四一年四月一七日

今日オトゥルから手紙がきた(たぶんインゲが書くように言ってくれたんだろう)。なんとか返事を書くようにしよう。その前にフリース先生に手紙を出さなきゃ。たぶん先生は少し詳しいことを教えてくれるだろう。

日記に書かれた――おそらくは発送されなかった
――フリッツ・ハルトナーゲル宛書簡の下書き

クラウヒェンヴィース、一九四一年四月一八日

また今日もあなたから短いお手紙が届きました。本当にありがとう。あなたが晩まで仕事をしなくちゃいけないなんて、ひどいわねえ。なんとかできないの? まったく、そうやって連中は融通のきかない軍隊精神とかいうものをふり回しては、そこらじゅうを埋めつくしている恐ろしい制服の脅威から、自分の精神をほんの少しでも守ろうとする人を妨害するのね。まったく、ドイツ国民にとっては大した時代だこと! 後になってこの時代のことをなんていうつもりかしら、殺した人間の数だとか、その類の記録以外何が残るんだろう?

日記に書かれた――おそらくは発送されなかった
――フリッツ・ハルトナーゲル宛書簡の下書き
クラウヒェンヴィース、一九四一年四月二〇日

大切なフリッツ!

今日はこう呼ばせてちょうだい。今日の夕方三〇分ほど公園に行ったの。何カ月か前あなたの公園でオオマツユキソウを摘んだって書いてらしたでしょう。今日は私がサクラソウを見つけたわ。数えきれないほどたくさん。その上私の公園には木も群れになって生えているの。それが宵の光に映えて、とてもきれいだったわ。なるべく長く見ていられるように、帰りは後向きに歩いたのよ。春の空が広がって、はるかに高くに懸かる雲は、見知らぬ鳥の細く白い羽のように軽やかに浮かび、低くたゆたう雲は、沈みゆく夕陽を受けて朱に染まっていたわ。あの美しい空の下、あなたと二人歩けるのだったら、ああ、どんなにすばらしいかしら。まだ覚えてる?いつか二人で山に行ったときに見た、見事な夕焼けのこと。あのときのこと何から何まで思い出しました。それから北海に行ったときのことも。砂丘にねそべって遊んだわねえ。それから去年の秋のドナウ河沿いの散歩のこと。今になってやっと、私があのときどんなにいやらしかったかはっきりわかったわ。あなたは仕事に戻るのに、どんな思いをしてらっしゃったことだろう。ああ、どうして私、あんなにひどいことしちゃうんだろう。秋にあんなに悪い子だったのに、今はとっても幸福。二月にあなたが来てくださったから。そしてスキーにも行けたんですもの。ちょっといやなこともありはしたけど、でもそのおかげで、私が長い間願っていたように、お互いに理解しあえたんじゃないかしら。大事ないとしいフリッツ、今はもうあなたと私のことを思うたび、喜ばずにいられないし、それにきっとうまくいくと信じられるようになったわ。

もう寝なくちゃ。私、掛けぶとんにもぐりこんで書いてるの。ひどい字でしょう。

心をこめて

あなたのソフィー

日記

クラウヒェンヴィース、一九四一年四月二〇日

夕方大急ぎで公園に行った。すばらしい夕暮れだった。ここへ来てからこんなにいい気分になったのははじめてだ。どこかの石の上に座りこんで、フリッツに手紙を書きたかった。

でも私は一人じゃなかったから。あの子は好意でついてきてくれたんだけど、でもやっぱり、私のことを少しおかしいと思ったに違いない。

クラウヒェンヴィース発、両親および姉インゲ宛
一九四一年四月二五日

お父さんお母さん、それからインゲ!

何はさておき、あのすてきな、立派な、中味のつまった小包のお礼を申し上げます。家から小包がくるって本当に何よりうれしいわ。所長は外部から荷物を受け取ることを禁止しました。でもどうぞそんな命令に従わないでね。所長は皆が食べるものを送ってくれって手紙を出すんじゃないかと心配してるだけなのよ。食べ物は別に必要ありません。はじめはひどかったけど、だんだん質量ともにましになってきてます。それに台所に仲よしがいて、ときどきそちらから差し入れもあるから。

残念ながら、当分戸外労働の番には当たりそうもありません(三—四週間後にならないとだめみたい)。でも私はけっこう元気です。信じられないことだし、私は別に何をしたわけでもないんですけれど、私たちの所長は私にはひどく親切で、自分の事務室に来て(そこは暖かいのよ!)書いたり写生したりしていいっていってくれるの。今日はすごく凝ったギリシアの地図を描きました。それ以外は何もしなくてよかったの。昨日は箱を買いに行けってジクマリンゲンまで一人で出させてもらえたし(ふつう、勤労女子隊員はつきそいなしで基地を離れちゃいけないことになってるのにね)。つまり八時から一二時まではなんでもできたわけ。職員用のバターとソーセージがたっぷりはさんであるおやつをちょうだいして、森のなかに座りこみ、ありがたくおやつをいただいて、いい気持になったわ。ああ、これまでで一番いい日でした。ジクマリンゲンまでほとんどずっと森のなかを通っていくのよ。だからとってもいい散歩道なの。

本を送ってくださって本当にありがとう。個人で本を所持することは禁止されているんだけど(聖書まで家に送り返させられたのよ)所長は私には、ロッカーにしまっておきなさいっていうだけです。

所長のおかげでなんだか半ば温室暮しをしているみたいにみえるでしょうね(いつ壊れるかわかったものじゃないけど)。

別にとくに親しくなった人はいません。皆と同じようにろまくやっています。とてもありがたいことだと思ってるの。誰かれとおしゃべりして時間を無駄にするなんてことがないんですもの。

もしかすると五月半ばか末の日曜日、外出許可が出るかもしれないわ。まだはっきりした日付はわかりません。とにかく今まで基地を離れることは一度も許されていないんだから。

今度私服を送り返します。ヴィンフリートによろしく伝えてください、クッキーとキャンディどうもありがとうって。

パパもママも姉さんもお元気で。仕事はもう終りますか？

またお手紙下さいね

ソフィー

ヴェルナーから手紙きてますか？

クラウヒェンヴィース発、リーサ・レムピス宛
一九四一年四月二七日

リーサ！

本当のこというと、ほかに何もすることがないの、だからあなたに手紙でも書こうかってことになったわけ。本はあるけど、ものによっては（女の子たち）皆の前で読むのははばかられるでしょ。ここに来てから三回目の日曜日。なんだかひどくみじめな気分よ。完全に客観的に考えてみても、これだけは間違いないわ。ここはよくない。まことにありがたいことに、もうすぐ、少なくとも何時間かはここを出られる日がくる。——まったく八〇人になんなんとする人間がいて、そのうち一人も、なんらかの文化を感じさせる人間がいないって、ほとんど絶望的だわ。大学入学資格のある子だっていないわけじゃないのよ。そういう子たちは荷物のなかにうやうやしくファウストの本をしまいこんでいるし、大そうおしとやかでもあるけれど、でも、その子たちのやることなすことみんな底が割れてるの。そういう子たちの教養なんてまるっきり髪型と同じことで、ただの飾りでしかないんだわ。唯一、最愛、最頻の話題は男なのよ。ときどき何もかも吐気がするほどいやになっちゃう。今もだわ。だからどうぞお願い、この手紙は一日以上手元に置かないでくだされ。わかった？　お願いよ。

何はともあれ、ここにいるというのは私にとってたいへんよい教育であります。

あなたから手紙がきますように。

心をこめて

あなたのソフィー

クラウヒェンヴィース発、姉インゲ宛

一九四一年四月二七日

インゲ姉さん!

今、手紙を書いてもよい時間なので、やっぱり私も他の子たちのやってる通りにいたしましょう。本当はちょっと抜け出すか、絵を描きたいところなんだけど、あまり目立つからね。いつもいつも本を読むわけにもいかないし。辞書を送ってくださったら『私のベルナデット』をあちらこちら翻訳してあげられるのに。ちょっといいところがあるのよ。長くないし。何かちょっとした時間にいつもする仕事を決めておかないと、他の子たちの騒ぎに巻きこまれてしまうんですもの。これまでは晩に水で体を洗うことと、本を読むことで切り抜けてきました。これからだって役に立たないことはないと思うけど(正直にいうとね、アウグスティヌスはまだ三二章までしか読めてないの。これでも一所懸命集中しようとしてるんだけど)。〔……〕

クラウヒェンヴィース発、リーサ・レムピス宛

一九四一年五月一日

〔……〕同僚はどんな人たちかっていうの。私にいわせると(別にどんな感情もさしはさまないで言ってるんだけど)ごくあたり前よ。どういう方面でも極端なところはないという意味で。別に大していい意味でもないわね。でもこれだけ大人数だと、気をつけていなきゃならないわ。ときには信じられないほど誘惑的なことがあるのよ。逆に、あまり手厳しくなりすぎないようにするのも難しいけど。〔……〕

日記

クラウヒェンヴィース、一九四一年五月一日

フリース先生は葉書をくださった。私の手紙を読んですぐに書いてくださったのだ。とてもうれしかった(この葉書をもらったときほど喜んだことはなかったと思う)。私の手紙にあれほど親切に、まじめに返事をしてくださったんだもの。他の人たちも皆、手紙のやりとりがどんなに私の支えになっているかわかってくれたら。来た手紙に返事を出すというちょっとした仕事がどれほど私を助けてくれていることか。

もうここへ来て四週間になるのに、フリッツからはやっと二通きただけだ。

アウグスティヌスの本のなかに、オトゥルの手紙の返事に使えそうなところがあった。私はいろんなものをただ読みとばしたり、ちょっと気がついても、またすぐ忘れてしまう。でもときには求めていた答えのように心に響いてくることばが見つかる。それはなんともいえないほどうれしい。

日記

クラウヒェンヴィース、一九四一年五月四日

オトゥルが哲学者についての論文を送ってくれた。昨日、今日、それを読んだ。

クラウヒェンヴィース発、兄ハンス宛
一九四一年五月一八日

ハンス兄さん!

お手紙どうもありがとう。まるで、はるかかなたの別世界から吹きこんでくるそよ風のようなお手紙でした。私も早くそちらの世界に入っていきたいな。

ここでは、暇つぶしの役に立ちそうなものは皆むりやり取り上げられてしまいます(むしろそれはありがたいと思っているんだけど)。だからここにいると、自分の本質に関わることがずっとよくわかるし、というかむしろそういうものに飢えたようになるの。きっとたとえば、暇だから映画でも見ようかなんていうたぐいの誘惑にはもう陥らなくてすむようになるんじゃないかしら。ジェイムス・ジーンスの本は昨日読みはじめました。——インゲが早く懐中電燈用の電池を送ってくれないかな。そしたらもっと長く時間が使えるのに。

兄さんが軍務のことをどう思ってるか、なんとなくわかるような気がしてきました。私はできるだけそのたぐいのことを考えないようにしてるの。

今朝はすばらしい五月晴れよ。こんなに空がきれいで、あんなに鳥たちの声がするんですもの、喜ばずにいられないじゃない。そういう歓喜を押しとどめようとは思わないわ。

いい日でありますように

兄さんのソフィー

一九四一年六月初旬以来、ソフィー・ショルの基地での生活は相当楽になった。勤労女子隊員たちは日中、いわゆる戸外動員先に派遣されるようになり、少なくとも部分的に所長の直接の監視から解放されたのである。

クラウヒェンヴィース発、リーサ・レムピス宛
一九四一年六月五日

リーサ！

〔……〕今週から私は農家で戸外労働をやってるのよ。おもしろいわねえ、勤労動員生活はいまや一変してしまいましたわよ。たぶんこれは、聖霊降臨祭以来続いているすばらしいお天気のおかげでもあるんだわ。お天気続きで、このあたり一帯それはきれいになったのよ。動員先の農家まで一本道だけれど、比べようもないほどきれいな道なの。キラキラ輝いている森を通って八キロ。坂を上り、それから下りて。私はもう本当に幸福でたまらなくって、この気持をわけてあげられる人が傍らにいてくれればいいのに、なんて思っちゃうくらい。お百姓の仕事もよ。土に触れる仕事でしょう、それは大変ではあるけれど（このところ毎日けし畑の草むしりと蕪刻みをしてます）、夕方になるといい気持に体が疲れるんだわ。ただし、そのせいで、そのままいい気持で寝てしまうという誘惑に陥りやすくなっているけどね（まだそれに負けたことはないわよ）。毎晩ちゃんと本を読んでるわ。それから朝だけじゃなくて晩も体を洗うことにしたのよ。

どうもこのごろ頭の働きが鈍くなっちゃったみたい。声を出して読まないと何が書いてあるのかはっきりわからなかったりするの。頭に入ったら入ったで今度はそのことばが自分のものにならないまま、ただ頭の中にゴロンところがってるのよ。だからひどくガチガチやらなきゃいけないの。きっとね、誰かとまたまともな話ができるようになったら、少しは頭も動くようになるんじゃないかな。ねえ、でもあさっては家に帰れるのよ！

家に戻るのがこんなにうれしかったことってないわ。何よりもインゲに会えるのがうれしい。

すぐ手紙ちょうだいね。あなたがどういうふうだか全然わからないじゃない。いいお誕生日でありますように。小包は土曜にならないと送れないわ。

心をこめて

あなたのソフィー

クラウヒェンヴィース発、兄ハンス宛
一九四一年六月一三日

ハンス

あまり長い間お返事しないでいるのは悪いから、いま手紙を書いてしまいます。勤労動員にこうして出ている限り、本

当に手紙を書きたい気分になることはまずないから。先週起こった一番の重大事件はもう知ってるでしょう。日曜日に私が家に戻って英気を養ったってこと。動員に出ている者にはなんといってもこれは一大事です。〔……〕

農家に働きにいくようになって二週間。本当にありがたいわ。毎日八時間は基地の外にいられるんだもの。仕事は苦になりません。自分でもちょっと驚いてるのよ。だって午前中いっぱい雑草取りをするって、楽しくもないし楽な仕事ってわけでもないじゃない。厩舎にしても他の建物にしても、家畜の糞だらけなんだけど、でも全然気にならないし、食べるのも、皆と一つの器からすくって食べちゃうの。そんなのいやだ、なんていってたら何も食べられないし、第一馬鹿げてるじゃない。それに、農家の生活は兄さんも知ってるでしょう。私がどうこういう筋合いのものじゃないもの。〔……〕

エーフェ・ネーゲレからの手紙の裏に書かれた詩

クラウヒェンヴィース

日付なし〔おそらく一九四二年六月〕

インゲ姉さん！
今日私はひたすら
姉さんの歌を歌うわ。
ヴィリインは編み物
トゥルーデはあくび
私は姉さんのことを思う。
姉さん、私の姉さんは
一晩だけここにいた。
ほがらかに別れを告げて
シュトゥットガルトに発っていく
ああ、ここにいてくれたら！
姉さんの
優しく細い声がする
部屋の外に聞こえると
その響きに
心打たれ
皆喜びに胸はずませる(!!)
人もけものも
喜び踊る
優しい笑顔が嬉しくて。
今度荷物を送るとき
チョコレートをあげますね

もしどこかにあったなら。

クラウヒェンヴィース発、リーサ・レムピス宛
一九四一年六月二一日

リーサ！

けしからん風が吹きつけるたびに噴水の水が飛んできて、紙に妙な模様をつけるわ。私は噴水のふちに腰かけてるのよ。でももう理由がわかったから、紙がデコボコしてても気にしないでね。今はちょっとすてきな時間よ。仕事はすんだし、久しぶりに靴は磨いたし、すさまじかったロッカーは整理したし。それから、もう少ししたらこの噴水のほとりから立ち上がって急いで駅まで行くの。インゲとオトゥルを基地まで案内するのよ。ね、すばらしい、いい時間でしょ、違う？ しかもちょっと暇があるんだもの。さて前置きはこれくらいにして。昨日お手紙届いたわ。どうもありがとう。雑草抜いてるあいだ、私がどんなことを考えてるか教えてあげなくちゃね。そういうときっていろんなことが頭に浮かぶのよ。面白いことを考えつくこともあるし、いやなことを思いついちゃうときもあるわ。たとえばねえ、こんなことを考えるわけ。今やってるこの大変な仕事を、簡単に、しかも早く片づけてくれる機械をどうやったらこしらえられるかしら。種を播いたり苗を植える前に畑に何か工夫をして、雑草が生えてこないようにできないものか、なんて。そう思いながら頭を上げてみると、思い知らされちゃうのよね。こんなのはみんなただの理屈で、現実はそんなに甘くないんだって。雑草はどこでもおかまいなくはえてくるし、はえなくなることはないのよ！ 辛抱して抜くより他ないの。で、また頭を下げて、雑草抜きに戻り、こんなことしなくちゃならない、なんて腹を立てたり、ほかにしょうがないかしらと考えたりせずに抜きつづけるべく努力するのよ。するとね、まあ、うまくいかないこともなくて、けっこう自分でも満足できるってわけ。雑草抜きの話はこれでおしまい。

草原だの木の間にいたりすると、やっぱり私もあなたみたいな気分になることあるわよ。ただもうそうやって木みたいにしていたい。責任とかなんとかいうことは全然考えないで(以前は木全部でもまだ多すぎるような気がしてたわ。だからね、よく木っ端になりたいなんて思ったのよ。変でしょう。何年もそんなふうだったんだ)。でもやっぱり忘れちゃいけないのよね。私たちは確かに被造物ではあるけれど、草木でもなければけものでもないんだから。人間なんかじゃな

い方が、ずっと楽かもしれないけれど。お百姓が、永遠に同じ調子で仕事を繰り返しているのも、これと同じようなことなのね、今わかったわ。きっと本質的な何かがあるのよ。お百姓さんて、自分でもなんだかよくわからないままに、規則正しく毎年毎年、仕事をしている。それはもうはるか昔から。でも、このお百姓の仕事ってちょうど、毎年必ず花をつけ、毎年必ず実を結ぶリンゴの木の営みと同じようにきよらかで、心安まるものじゃないかしら?

心から

あなたのソフィー

クラウヒェンヴィース発、兄ハンス宛
一九四一年六月二三日

ハンス兄さん!

インゲが兄さんからって写真を三枚送ってくれました。とってもうれしかった。私も現在当地で大流行の(もっとも昨日からよ)禁制行為に加担し、ロッカーの扉の内側にピンで写真をとめました。はじめは一枚しか貼るものがなかったので、ずっとそれをとめてあったのよ。大聖堂の一番高い塔から裏側の二本の塔を見下ろして撮った写真。ちょっとないほどよく撮れてるの。オトゥルが撮ったのだから、もしかすると兄さんも見たことあるかもしれないわね。でももうヴェルナーとインゲと兄さんの写真も貼っちゃった。別に誰も他人は見ないわよ。ロッカーの扉を開けると、兄さんたち三人がいるって、とってもホッとするのよ。ほんのちっぽけな場所だけど、そこは私だけの空間になってるんだもの。写真の話ついでにお願いなんだけど、パパの横顔を撮ったのを葉書にしたのがあったでしょ、あれ送ってくれないかなあ。私あれ本当に気に入ってるの。写真としても、構図とか表情とか、その他全部。ポートレートとしては傑作じゃないかな。それを送ってもらえれば、あとはママとリースルがいないだけだけど、でも確か、ろくな写真なかったわよねえ。違う?

小羊の写っている絵葉書も一緒にロッカーの扉に貼ってあります。三週間経って、兄さんが約束通り私に会いにきてくれるまでそうしとくつもり。インゲと同じ汽車でいらっしゃるんだったら、迎えにいく前に森林公園で苺が摘めるわ。このままずっとお天気が続けば、兄さんも一緒に野苺パーティーができるわよ。すてきでしょう? 公園にもあちこちすごくきれいなところがあるのよ。お客のもてなしにはこと欠かないんだから。

今日はなんだか、R・A・Dのことはこれでもういいんだっていう気分。今度はどんなことが待ち受けているんでしょうねえ? 私たちが生きているのは、本当はとても面白い時代なんでしょ。私にもたまに、外の世界で起こっていることが聞こえることがあるの。

今日は一日中草の蔵入れをやったわ。もうくたくた。わかるでしょう。でもまだおしまいじゃないの。ご親切にも私どもの精神的修養を心がけてくださるんですって。私がそういうことに全然賛成なんかしてないっていう意志表示を明確にすべく(あまり明確でもないかな)今晩アンネリースがくれた上等の煙草を喫ってやるつもり(昨日届いたのよ、気がきくじゃない?)。もちろん煙草を喫うことなど禁止されておりますからね。ああ、ドラが鳴った。

じゃあね

兄さんのソフィー

ソフィー・ショルの場合、通常の勤労動員期間は一〇月初めで終了するはずであった。しかし、八月初め、動員されている少女たち全員に、期間の延長が予告された。

クラウヒェンヴィース発、兄ハンス宛
一九四一年八月二日

ハンス兄さん!

本をどうもありがとう。私ももういっぺん読みたかったの。それからお手紙も。今日は、まだ、最新の最悪のニュースのショックで打ちのめされた状態から回復していません。もう半年、戦時動員義務を果たさなくっちゃいけないんだって。この基地で、R・A・Dの監督下、余暇利用も充分考慮してくださるんだと。あんまりひどくない病気にでもなんでもいいからなって、このみじめな運命から逃れられないのかしら。なんとかならないか兄さんも考えてよ。

ああ、あんなにいろんな計画を立ててたのに! その代わりにまだこんないやらしい宿舎暮しを続けなくちゃいけないなんて。

ありがたいことに来週の日曜には家に戻れるから、たぶんちょっと何か対抗策を講じられるかもしれないわ。兄さんも家にいる?

ボイローンの絵葉書届いた? すてきな日曜でした。

今日はこれでね。

厳しき試みに苦しめる妹より

クラウヒェンヴィース発、弟ヴェルナー宛
一九四一年八月四日

ヴェルナー！

今ちょうど手紙を受け取ったところ。どうもありがとう。あなたから手紙をもらえるなんて思ってもいなかったから、すごくうれしい。泡立てクリームくらい、ね。――今晩もう一つお知らせをもらったんだけど、それによると、このR・A・Dの修了後、勤労女子隊員は全員さらに半年間、戦時動員義務を果たすべし、ですって。でも私はずっと考えてたあのすばらしい計画だのなんだの、そのままあきらめる気持にはどうしてもまだなれない。なんとかできないかとにかく全部やってみるつもり。そして、もしそれが役に立つものなら、医学部に入ることも辞さないわ。――私たちみんなうまくいくといいわねえ。

今度の日曜には家に戻るけど、その後また六週間ここにいなきゃならない。それからどうなるかはまだわからないけど、とにかくしばらくは解放されるはずよ。

先週はわりあい本が読めたわ。時間もあったし、何よりも神経がだいぶ太くなったのね。それ以外にもしなきゃいけないことはいくつも、というかむしろ山のようにあるのよ。無駄にしていい時間じゃないんですものね。

また手紙くれられたらうれしいんだけど。どんなことやってるのかも書いてよ。

元気でね

ソフィーより

クラウヒェンヴィース発、リーサ・レムピス宛
一九四一年八月一一日

リーサ！

えらいでしょ、あなたから手紙がきた、と思ったらもうこうして返事を書いてるんだから。

昨日ちょっと家に戻ったけど、でも全然時間がなかったわ。そのせいでなんとなくあわただしくて、落ち着けなかった。だから結局、後になってみると大事なことをいっぱい忘れちゃってるのね。――まあ、でも、とにかく、ほんのわずかでもああして家に戻れると、この基地がどういうところか文句なくあざやかに見えてきて、自己意識の強化にもなり（大げさなこと考えないでよ）、ここでの自分の立場をはっきり意識する役にも立ったわ。でも、家でくつろいだ後で、こ

こに戻って、こうして切り離されたあり方に還るのは、本当につらい。

昨日はハンスも家に帰ってきてたのよ。私、兄と一緒に勉強できるのをすごく楽しみにしてたのに。でもいつまでもダダをこねてても仕方ないわね。それに、皆、できる限り手をつくしてくれるっていってるんだから。ハンスはミュンヒェン＝ハルラッヒングに下宿してるの。ヴェルナーはフランスにいるわ。ブレストの近くよ。フリッツはロシアにいるの。あの人は装甲車隊の仕事をしてるから、いつでもずいぶん前線近くにいるのよ。郵便はまるでメチャクチャみたい。あっちからは全然何もこないし、こっちが出したものが着くのにも、三週間はかかるって。

なんとなくこのごろになって、戦争の影響がどうしようもなく大きくなってきたと思わない？　ありとあらゆる面で。前からときどきそんな感じがすることがあったけど、でも最近とくに、こんなに世界規模の事件だらけの時代に生きなくちゃいけないなんて、たまんないと思うようになったわ。もちろん、そんなのはたわごとよ。それにたぶん、今、私たちには、そういう事件とともに生きないことが義務として与えられているのかもしれない。もっとも今のところ、私たちの義務っていっても、ひたすら待つことしかないみたいだけど。待つのは大変なことだわ。我慢ならなくなって、何か別の、もっと手近な、派手な目標が欲しくなっちゃうこともよくあるのよね。

今、何読んでる？　また手紙ちょうだいね。

それじゃ今日はさよなら。心から

あなたのソフィー

クラウヒェンヴィース発、兄ハンス宛
日付なし〔一九四一年八月一六日消印〕

ハンス兄さん！

私の頼んだ本（グロゴから）手に入れてくれた？　そうじゃないと来週の日曜インゲに渡せないから。姉さんのお誕生パーティーなんだから兄さんも戻ってくる？

土曜までにあのこん畜生の勤労女子隊新規定に腹を立てるのをやめるのは無理だと思うわ。だって、これじゃ大学に入るまでにおばあさんになっちゃう。——でも私そうあっさりあきらめたりしないからね。毒でも服んだ方がましだわ。——所長がなんといったと思う。光栄なことです！　だって——絶対忘れられないわ。でも兄さんたちはこういうことを二年も我慢しなきゃいけなかったのね。

少なくとも文句をいうのはやめます。だってなんにもならないもの。本忘れないでね。もう手に入ってればのことだけど。代金はすぐ払えるの（二〇マルクなら）。

じゃあ、またね

兄さんのソフィー

クラウヒェンヴィース発、リーサ・レムピス宛

一九四一年八月二三日

リーサ！

〔……〕一五分したら、また戸外労働に出かけるの。今日はおとなの農作業の間小さい子のおもり。本当のことをいうと今日は日中は休みのはずだったんだけど、でも戸外労働先に行くのは全然苦にならないわ。だって、小さい子が一人いるだけで、その子のお守さえしてればいいんだし、その子と一緒にちっぽけな百姓家にいると、本当にホッとするんだもの（そりゃあ、もちろん、完全に自律的な生活をしたくってたまらない気持はどうしようもなくはあるけれど）。仕事自体はいやじゃないし、楽しいことも結構あるのよ。でもその根本にあるのも裏に控えてるのも、結局はこの基地なんですもの。こういう生活をしつづけて、これ以外知りもしないし見えもしない状態に慣れちゃったら、この生活が人に与えている圧迫も意識できなくなってしまう。圧迫されているという事実は変わらないのに。はるかに力は弱いにしてもちょうど戦争と同じね。もうすっかり戦争に慣れてしまって、森だの空だのが美しいって喜んでいるのと同じことなのよ。本当は今くらい戦争が私たちの上に（変ね、皆が同じ目にあうなんて）のしかかってきているときもないのにね。今こそ真の能力を発揮して——自らを守るべきときだと思うのよ。とってもも爽快な気分になっちゃうことがよくあるわ。ちょうど何かの試合の前みたいに、全身の筋肉が勝ってやるぞっていう気概で燃えてるの。自分には力があるってはっきりわかるような気がするのよ。——もっとも、しょっちゅうじゃないわ。だけど結局は意志の問題なのよね。徐々に自分の気分がわかるようになってきてるわ。自分が今正確にどういう気分でいるかの判断がつけられるようになるといいんだけど。

もしなんとかできれば、今晩テューリンゲンから来てる子と一緒に（その子とつき合ってると楽しいことがよくあるの。私たちの関係に感情的な要素はほとんどなくて、これを友情と呼んでいいものかどうかわからないけれど、もしそう呼べるとしたら、勤労動員がすんでもその子とは友だちでいられるんじゃないかと思うわ）クラウヒェンヴィース市内の教会に行ってみるつもり。ヘンデルとバッハの四本の手のための曲の譜をもってるから、オルガンで弾こうと思って。司祭さんに鍵を貸してくださいって頼んだことはもう何回かあるの。ちゃんと貸してくれるわよ。

わかってくれると思うけど、そういうふうに教会にいられるのは特別すばらしい時間なの。それ以外の生活とはまるっきり性質《たち》が逆のことだから、とくに。他に誰もいない教会（だんだんその子のことはわかってきてるの）でオルガンを弾いたり歌を歌うって本当にすばらしくってよ。

告示されたところによれば、延長された第二期の動員に入る前に休暇は与えられない。私はまだこのいやらしい指令に服従していないわ。どうしようもないということがわかってからでも充分間に合うもの、大丈夫。今のところまだ希望は捨ててません（九〇パーセントしかね。でもまだ一〇パーセント残ってるってだけで今は充分）。紙がなくなっちゃった。リーサちゃん、元気でいてね。今いったい何やってんの？

また手紙ちょうだい

ソフィーより

クラウヒェンヴィース発、弟ヴェルナー宛
一九四一年八月二七日

ヴェルナー！

手紙本当にありがとう。他の人から様子は聞いてるけど、でも直接に来る手紙は、また別だもんね。私の動員義務期間が延長になった話は知ってるわよね。それもひどい話だけど、あなたの方がもっといやな思いをしてるんでしょうね。少なくとも私の場合は、仕事のなかに多少とも自由になる部分があるんだから。今度は私幼稚園に行きたいって申請したの。それもはっきり条件つけてやったわ。私が責任者になれる、町の中にある幼稚園じゃなきゃだめだって。もしそういう幼稚園に行けるとすると、1、労働時間が短縮され、2、町のなかにいられれば、自分の自由になるごくわずかの時間が、これまでよりいろいろに使える（まだ足りないとしてだけど）ようになるはずなのよ。余暇はR・A・Dが取りしきることになってるけど、でも勝手にふり回されたりしないから大丈夫（保母としては準備のために時間が必要なんですからね）。

あとで同輩と一緒にクラウヒェンヴィース市内の教会に行

ってオルガンを弾くのよ。どうしようもない基地での生活と比べると、まったく対照的なすばらしい時間なんだ。一緒に行く子とはねえ、やっと最近親しくなったばかりなの。親しくなったっていっても、なんとなくひかれ合った（もちろんはじめから感じのいい子だとは思ってたけど）からってわけじゃなくて、何回か話をした結果なのよ。こういう近づき方ってとってもいいんじゃないかと思ってるんだ。すごくよく話が通じるの。基地で暮してる間に誰かとこんなに話ができるようになろうとは、思ってもいなかった。これがR・A・Dの間だけでおしまいになるとは考えられないわ。私喜んでるのよ、こういう話し相手ができて本当にうれしい。その子は年も私より下だし、いろんな面でまだちょっと幼いところがあるけどね。でも、自分にとって他人が何らかの意味をもつなんて、ここでは、はじめてだもの。――へへ、自分のことこんなに言われてるなんて知ったら、どんな顔するかしら。でもその子と私のつき合いって全然ベタベタしたものじゃないし、ずっとそうであってくれなきゃこまるわ。そうでないと役に立たなくなるじゃない。

全然休暇はとれないの？　私みたいにR・A・Dにつきまとわれないといいわね。

今やってる仕事はいいわよ。小さな素朴な家の手伝いをしてるんだけど、すごくいい人たちなの。私がその小さな家を取りしきるんだけどさ、まるで自分の家みたいな感じよ。残念ながら来週は違うところに行かなくちゃ。とにかくでもあと五週間なんだから（それからまた新規に始まるんだけど）。手紙っていいものよね。いま何読んでる？

今日はこれでおしまい。元気でね

ソフィーより

クラウヒェンヴィース発、姉インゲ宛

一九四一年八月二七日

〔……〕私のこの収穫季の仕事は、そちらで考えてるのとはたぶん違うと思うわ。クレーレさん（いま行っている家の人はそういう名前なの）は軍需工場で働いてて、朝私がその家に着くころには、たいがい奥さんも、もう出かけてます。畑が少しあって、奥さんがそっちをやってるのよ。で、私はまず子どもにお風呂をつかわせて、ご飯をやって、子どものものを洗うの（信じられないくらいしょっちゅうおむつを取り換えるのよ、それにそれ以外のことでも猛烈に甘やかされた子なの）。それから家の掃除をして、お昼ごはんの準備をするわけ。そうやってると奥さんと一〇歳の女の子が食事に戻ってくるの。その後はまあ、どこの家でもするようなことをやってるわ。食器を洗って、つくろいものをして、とかね。それに小さい子もいるし。とってもいい感じで、私大好きなの。奥さんはたいそう親切で、毎日必ず私にって一リットルか二リットル牛乳を持って帰ってきてくれるし（パンと塩以外には牛乳しか自由に手に入れられない人なのよ。全然お金持ちじゃないの）とにかくずいぶん気をつかってくれてるの。もうすぐ別のところに行かなくちゃいけないなんて残念だわ。あと残りの五週間も、あそこに行けるといいのに。〔……〕

八月末、大学入学を希望する女子学生に対しては、動員義務期間が延長されることが確定した。しかしソフィー・ショルは、自宅内および父親の事務所での業務が多忙であり、手伝いが必要だという理由で、両親が自分をウルムに引き取ってくれられるかもしれないという希望を失っていなかった。

クラウヒェンヴィース発、兄ハンス宛
一九四一年九月七日

ハンス兄さん！

お手紙ありがとう。とうとうあと半年間拘束衣を着つづけなきゃいけなくなっちゃった。ここの生活のいやらしさが身にしみて、うんざりするには今までの時間で充分なのにね。そういう気分になることもある、んじゃなくて、繰り返しそう感じずにはいられないのよ。

でもおかしいのよ。このごろになって急に私を縛れるものなんてないってことがはっきりわかるようになったの。ときにはとっても自分に力があるような気分になるわ。こんなふうに上にいる連中の裏をかいて、誰も知らない自分の自由を楽しんでられるって、すばらしくいい気持よ。

秋は美しいわ。かなたに広がる森の上にはもう青いもやがかかってる。そして野原にはもう朝霜が降りているのよ。まだ日中は暑くなることもあるのに。

とても、とてもたくさん美しいものがあるの、それは本当にうれしいわ。それに考えたりしたりしなくちゃいけない大切なことがたくさんあるんですもの、基地での生活も、それに関わるあれこれも、そんなに気にしていられないわ。

軍のやりかたがあまり兄さんの神経に触ってないといいんだけど。もしかするとまたミュンヒェンに行かれるかもしれませんね。

心をこめて

ソフィーより

クラウヒェンヴィース発、リーサ・レムピス宛
一九四一年九月一三日

リーサ

学校で書いてくれた手紙どうもありがとう。私も以前同じことやったなあって、なんだかおかしくなっちゃった。授業中手紙を書くことよ。でも、もうずいぶん前のことだわ。きっと来年の春になったら、今の私と同じような暮らしをしなくちゃいけなくなるわよ。

父と母は改めて、私が戦時援護動員義務の免除を受けられるように、できるだけのことをやってみてくれてるの。父はもう、信じられないほど心を洗われるような手紙を書いて、地区当局に提出したのよ。最初の申請は却下されちゃった。二番目がどうなるかは、まだわからない。

でもとにかくもうすぐウルムに出かけるのよ。外出許可の日曜日がきたらね。たぶんフリッツもウルムにいると思うんだけど。少なくとも私はそうしてちょうだいって言ってあるの。あの人今ヴァイマールにいるのよ。でも、もうじきアフリカへ行くんだって。

でも今度の日曜はちょっとゾッとしないわ。オトゥルは(一〇月に)召集されるから、その前にお別れを言わなくちゃいけないだろうと思うの。何もかも一緒くたね!

ところで元気? 学校と毎日の生活がつらいのはわかってるけど。いま何読んでる? また自習時間があるといいわね。手紙書いてくれられるじゃない。〔……〕ギリシア女のソネットっていうの。終句は全然終わりになってないわよね。そう思わない? もっと明るい調子で終わらなきゃだめよね。

さて、それじゃあね

ソフィーより

この「旅行許可日曜日」は驚くべきことに二週間の特別休暇に延長された。休暇後クラウヒェンヴィース基地に戻ったソフィーは、一〇月からブルームベルクのNSV-幼稚園で働くようにとの通知を受けた。ブルームベルクはドナウエッシンゲンの南西、スイス国境にほど近い小都市である。

ブルームベルク発、リーサ・レムピス宛
一九四一年一〇月一一日

リーサ

新しい住所のお知らせ。まともには何も書けないわ。目の前に小さな猫が座ってて、ペンに嚙みつくんだもの。インクのしみがついてたら、それに指を描き足してちょうだい。

手紙ちょうだいね

ソフィー

ブルームベルクでの数カ月、ソフィー・ショルはR・A・D時代初期と同様日記をつけていた。この日記は魂の遍歴記録といってよい。その中心には宗教的瞑想がある。アウグスティヌスおよびパスカルに近い、神を求める叫び、疑いもあらわな抗議から忘我の状態での信仰告白に及ぶ神への語りかけ。ほとんど祈りの域に近づいた、詩的な考察と、自己自身との対話が行を接し、友人たちに関する慎重な性格描写にも欠けていない。瞬発的な、ほとばしり出るにまかせてのおしゃべり口調あり、細かく、ほとんど技巧的に神の前での対話としてこしらえ上げられた、短い祈りもある。

ここでは日記を別に一つにまとめることをせず、書簡と混在する形で、日付順に並べた。ソフィー・ショルが、具体的、現実的な話題をもち、受け取り人という相手のある書簡をその相手および自己との対話によって、別の、より形而上的次元で補完しえていたことがはっきりわかっていただけるであろう。他者との対話、自己自身との対話、外に向けて語られたことばと秘められた反省の記録、書簡と魂の省察とは切り離しえない。ソフィー・ショルの選択した表現方法を見ればこの間の事情は明らかである。

日記

ブルームベルク、一九四一年秋

……それでは心はこのささやかな事件に我を忘れ、本来の戻るべき道を見失ってしまう。備えることもなく、益もないくだらぬ遊びにうつつをぬかした心は、終わりの時にあわてふためくことになろう。わずかな楽しみのために、大いなる喜びを売り払ってしまったことに気づいて。

私にはそれがわかっている。私の心はそれを知らない。私の心は夢みつづける。学ぶことのないままに。私を苦しめる外部の力に馴れ、喜びと悲しみの間を定めなくさまよっている。私に残されているのは悲しみ、自らの無力とどうしようもなさ、そしてほんのわずかな希望。

ああ、でも、私の心は宝にこだわり、それを失うまいとしがみついているとしても、そしてその宝が悪いものではなく、たとえばたんに幸福な生活への愛だとしても、どうぞそこから私を引き剝がしてください。私の意志にかまわず。私は自分でそれができるだけ強くありませんから。私の喜びを苦くし、みじめにして苦しみを感じさせてください。私が自分の享楽の夢に溺れてしまう前に。

日記

ブルームベルク、一九四一年一一月一日

昨日戻ってみると、ムート教授からの手紙と本が届いていた。昨日はとてもそれがうれしかった。しかし今日、私は喜ぶことができない。それほど疲れているのだ。できることなら今すぐベッドに入って、いつまでも眠りたい。

私はまたシューレさんのところに上りこんでいる。私がここに来たのは、あとで礼拝堂に来るためだったのに。できることならとにかく礼拝堂のオルガンを弾くか、そうでなくともとにかく礼拝堂に来るためだったのに。できることなら私は喜んで奇蹟を信じたい。祈ることで力が得られると信じられるものなら信じたい。でもだめなのだ。

ムート先生は書いてらした。オトゥルのために祈らなければなりません、と。そんなことと考えたこともなかった。そんな必要などない人のような気がしていたんだけれど。でも、そんな必要のない人がそもそもいるのだろうか。たとえ聖人であっても。〔……〕

ああ、本当に疲れた。それなのにまだこんな思い上ったことを思いつづけている。

あなたは人を、あなたに向かうものとして創られた。

私もあの予言者のように、神ご自身をあかしする確かなしるしを見せてくださいと願いたい。それとも、もうそんなものは必要ではないのだろうか。私は私を拡げておきたい。神の下される露を集められるように。

何をめちゃくちゃなことを書いているのだろう。あんまり疲れているからだわ。

家に戻りたい。

日記に書かれた――おそらくは発送されなかった――カール・ムート宛書簡の下書き
日付なし〔一九四一年一〇月ないし一一月〕

拝啓

宿舎に戻ってまいりましたところ、先生からのお手紙が届いておりました。たいへんありがとうございます。読ませていただきまして、すぐ、姉に転送いたしました。お手紙の内容から考えまして、私よりもむしろ姉に宛てて書いてくださったものと判断いたしましたので。少し前に兄と同道で先生

のお宅にお邪魔いたしましたのは姉でございます。姉にいわれて先生にリンゴをお届けにあがったのが私でございました。おそらく先生は、姉宛てに手紙を書かれたのではいらっしゃいませんか。

〔……〕先生のお手紙は、私がこの宿舎に戻ってまいりましたとき、届いておりました。たいへんありがとうございます。しかしお手紙は姉宛てでございましたので（兄のハンスと一緒に先日お宅にうかがったのは姉でございます）、すぐ姉に転送いたしました。姉から直接ご返事申し上げると思いますし、お手紙のなかに書いておいでのしたご本をお願いしたのも姉でございます。きっと喜ぶに違いありません。――

リンゴをお送りしましたのも、姉にいわれてのことでございました。もしよろしければ、もっとお送りすることもできますが。

オットー・アイヒャーの宛名は次の通りでございます。

兵士O・A、二〇　五九七D、もしかするともう本人から連絡をお受けでいらっしゃるかもしれませんが。

敬具

S・S

敬愛する先生！

リンゴはもっと早くにお送りしたかったのですが、果物を郵送してはいけないという規定のおかげで、話がひどくややこしくなってしまいました。それに私が宿舎に戻るのが夜遅く、なかなか時間のやりくりがつかなかったのです。どうぞお赦しください。

お手紙とご本、本当にうれしゅうございました。果物をお送りするのは、そんなに大変ではございません。こんなお礼を頂戴しては、かえって恐縮です。心からお礼申し上げます。先日程度の小さいものでしたら、またお送り申し上げられると思います。……

また何かお送りしてよろしゅうございますでしょうか？

日記

ブルームベルク、一九四一年一一月四日

土曜の午後、教会に行った。足踏みオルガンを弾きに、ということにしてあった。誰もいなかった。小さなかわいい礼拝堂だ。私は祈ろうと思った。ひざまずいて、祈ろうとしたのだ。でもそうしながら、気をつけて、誰か入ってくる前に立ち上れるようにしとかなきゃ、などと考えていた。別に知らない人にひざまずいているところを見られたって、ちっともかまわない。でも、ヒルデガルトがこわかったのだ。ヒルデガルトがやってくるかもしれない。こんなふうにあの子に私の一番心の奥深くのことを知られてしまいたくない。たぶん、そんなこと考えるのは間違っているのだ。見当はずれの羞恥心なのだろう。とにかく、そんなことを考えていたおかげで、私の祈りはひどく雑になってしまった。ひざまずいたときも慌てていたが、同じように慌てて立ち上った。私はまだ祈れる状態ではなかったのに、なんとかやってみようとしただけだったのだ。——だいたい今私は、ごく日常的精神状態にいるのじゃないか。ことさら何をしたいということもなく。ただ、家に戻りたいだけ。

ムート氏の手紙。私にまであやって手紙をくれる気持と時間があるなんて、すごい。別に私に手紙なんか書く必要があったわけでもないのに。私みたいに、ほんの何でもないことで関わり合っただけの人間にまで思いやりの気持を見せてくれられるなんて、ずいぶん心の優しい人に違いない。なんてすばらしいんだろう。そういう人がいるんだから、私だって善良にならなければ。——〔……〕

日記

ブルームベルク、一九四一年一一月五日

今日オトゥルから手紙。ムート氏とともに彼の無事を祈ろう。私自身を見てくださいっていってもいい相手はいるかしら？　そう、私のありとあらゆる欠点を知っておいでの方がいる。その方なら。すべてを告白するだけの勇気は、私にはない。時をください。いま少しの時を。

日記

ブルームベルク、一九四一年一一月六日

『風防燈火《カンテラ》』のクリスマス号に絵を描けといわれた。オトゥルは私がどんなに空っぽの人間かわかっていないんだわ。ひどく無内容な絵になってしまうだろう。神が私を許してくださるのでなかったら。でも、私は神の許しを信じよう。オトゥルに、承知したと返事を書こう。

またどこかへ行かなくちゃならない。いつまでもあっちへ行ったりこっちへ行ったり、自分がどうなるか全然わからないのは、もういい加減頭にくる。〔……〕

ブルームベルク発、オトゥル・アイヒャー宛
一九四一年一一月六日

オトゥル！

お湯を沸かしている間に、いただいた手紙のお返事をしてしまっといた方がいいと思って。クリスマス号の絵は、喜んで描きます。時間はなんとかなると思うわ。ただこのごろ私はひどく干からびた生活をしていて、もう時間割通りに動く以外のことはほとんどしてないの。――もっとも挿絵を描く以上のことは私にはできないものね。他にもし何も思いつかないようだったら、表紙にディーターの顔でも描くわ。

今働いている幼稚園は、私一人でやってるの（寝るのは宿舎に戻って寝るの）。もっとも、だからって自分の好きなように、思った通りやれるわけじゃないのよ。それでもまあまあです。毎朝、毎晩長い散歩ができるんだもの。宿舎から園までたった一人で雪に覆われた畑や丘を通って、薄暗い光のなかをね。とってもすてきな道よ。そこを歩いている間は全然悪い考えなんて浮かんでこないことを保証します。

また手紙します。今はもうちょっと時間がないし、とにかく返事は必要でしょう。

お元気で！

ソフィーより

日記

ブルームベルク、一九四一年一一月一〇日

〔……〕とにかくオトゥルに手紙を書いた。私の方から書くのだったら、もっと簡単だったんだろうに。ときどき、神に至るには自分の憧憬だけで充分だ、自分の魂を完全にさらけ出してしまえば、その瞬間、神に至る道が開けるんじゃないか、などと思うことがある。私が本当に心からそれを願えば、何にも増して神を愛していれば、そして神から離れているというのでこれほど心を痛めていれば、神はご自分から私を連れにきてくださるはずだと。でも、そうなるためにはまだたくさん歩かなくては。一歩一歩は信じられないほど小さく、道はまだはるかに遠い。でも、ひるんではならない。あまりにもたびたび失敗を繰り返し、ひどく気落ちしてしまっていたとき、私はもう神に祈ることさえできないように思いこんでいた。あのとき私は、自分はもはや、神に望むことなど何もないと思いこもうとしていたのだ。それは、私が再び神の前から動かないでいようと思えるようになるまで続いた。でも、あれは結局のところ、実をいえば神に近づきたいという意志だったのだ。少なくとも神に願うことはつねに許

されている。それだけはわかった。

日記
一九四一年一一月一一日

オトゥルに手紙を書いたけれど、送っていない。

ブルームベルク発、オトゥル・アイヒャー宛
一九四一年一一月一八日

オトゥル！

インゲが表紙用の紙を送ってくれたから、ディーターの顔を描いてそちらに送ります。でもねえ、これは、特別クリスマス向きっていうわけじゃないから、もしも内容とあまり合わないようだったら、没にしちゃってください。もしかしたら人間の顔より、何か動物の子どもの顔の方がよかったかしら。それだって結局効果としては同じようなものになるんじゃない？　どう思う？　色が日中どんな感じになるかはわかりません。昼間は絵を描く暇は全然ないから。

グロゴも何か書いたんだったら送ってくれない？　今日はこれでやめます。絵を早く送らなくちゃいけないでしょう。

元気で

ソフィー

ブルームベルク発、兄ハンス宛
一九四一年一一月二〇日

ハンス兄さん！

オトゥルが二、三日前、一二月の『風防燈火《カンテラ》』用の表紙を送ってくれました（それから、兄さんの「貧困について」に対する反論も）。オトゥルの手紙によると、一二月号に兄さんも何か書くっていってたんですって。私から念を押してほしいってよ。で、念を押してるわけ。

たぶん、そういうことじゃなくても、兄さんに一本手紙の借りがあったと思うわ。もうずいぶん前ね。わあ。このあいだ兄さんに手紙を書いたときはまだ私勤労女子隊員だったでしょ、会ったときもそうだったわよね。いまや私は戦時援護動員義務者ですぞ。なんてひどい名前だろう。名前だけじゃなくて、何もかもひどいわ。でも、そんなことをいくら書いたってなんにもならないものね。私はここで児童施設の仕事をしてます。そこに住んでいるのは小学校へ行っている子どもたちだけれど、その子どもたちの両親の六〇パーセントには前科があるのよ。でも施設の上役に比べたら、はるかに問題

にならないほどいい人たちです。

大学はどうもやっぱり春までだめみたいね（それまでに解放してくれれば、だけど）。

クリスマスには、たぶん、会えるわね。あと五週間だわ。——日曜日には、仕事がない限り、家に戻るか、そうでなければフライブルクに行ってます。とってもおもしろい町よ。

元気でね
兄さんのソフィー

日記に書かれた姉インゲ宛の発送されなかった書簡の下書き

ブルームベルク
日付なし〔一九四一年一一月ないし一二月〕

土曜からこっち四回も姉さんからの郵便が届きました。本当にありがとう。私が何べんも葉書に同じお願いを書いて出したのは、別に待ち遠しくてたまらなかったからじゃないのよ。私自分が何を書いて何を書かなかったかもう全然覚えていないの。だから、念のためにと思って何べんも同じこと書いちゃったの。ごめんなさいね。ずいぶんいやな感じだったわね。姉さんはそれでなくても忙しいのに。何か頼むのは申しわけないっていつも思ってるのよ。

ホーフーの写真はとってもきれいよ。その前にろうそくを立てて火をつけるの。二週間して家に帰るときには一緒にもって帰りますね。

お祈りのことを書いてくれた手紙のことね（ドイティンガーの本はまだ読んでないの。読んじゃったらまたちゃんとお返事するわ。もしそうした方がいいようだったらね）。これだけはいっておいた方がいいと思って。このあいだの私のいい方は正しくなかったというか、少なくともことばが足らなかったわ。私がいった信頼っていうことばを、姉さんはちゃんとわかってくれてないと思うの。私が考えていたのは、人間が高慢にもしがみつきつづけ、打ちのめされてみたり、絶望に陥ってみたりする原因になっている不安をすべて、あっさり神の手にお任ねするっていうことだけなのよ。私自身そうあっさりはできないの。私が祈ろうと思うでしょ、そして、誰に向かって祈るのかってことを考えたりすると、もう気が狂いそうな感じになっちゃうの。だって、そんなふうに考えはじめると、もう自分がどうしようもなくちっぽけになってきてね、こわくてたまらなくなるの。恐怖以外何も感じられなくなってしまうくらい。ほんとに私、自分には何の力もないって感じるんだし、実際そうなのよ。私は何も祈れなくなっちゃうの。祈れますようにっていう以外には何も。わかる。神のことを考えると、もう目もくらむばかりに打ちのめされてしまうの。何もできなくなっちゃうのよ。私は神が何であるかまったく、まるっきりわからないし、神と私の間にはまったく何の関わりもないの。ただ私にはそれがわかっている。それだけ。だとしたら、祈るより他にどうしようがあって。

祈るのよ。

ブルームベルク発、オトゥル・アイヒャー宛
一九四一年一二月一〇日

オトゥル!

ちょうど送ってくださったろうそくの小包が届いたところです。とっても喜んでます。一本も壊れずに着いたから、よけい。とってもきれいね。何よりも形がいいわ。本当にありがとう!

クリスマスに帰宅許可がでる見込みはないの? 去年とは違うところにスキーキャンプに行く話が出てるんだけど。私はたぶんリーサと一緒に行くことにすると思う。あの子は座骨神経痛で皆と一緒には行けないっていうから。エピナールってまだエルザス領だっけ、それとももう違う? エルザスのなかなのなら、ここから行っても大したことないんじゃないかしら。

『風防燈火《カンテラ》』の一号(だったかこの前の号だったか)に、あなた自然は人間の踏み台だって書いてたでしょう。人間は神に到るためにその踏み台を利用する、目的が達せられてしまえば用済みで、また無に戻るのだって。窓から外の景色を見ていて、ふっとそれを思い出したの。窓のむこうには山が見えるんだけれど、その手前には薄く雪をかぶった畑、後ろには葉を落とした森と冬空が広がっているわ。このすべてが突然なくなってしまうとしたら、とっても悲しいだろうし、それにそんなこと考えられないわ。これだけ美しく、そしてよいものが、どうしてなくならなきゃいけないの? 毎朝目が醒めるたび、澄んだ空気と、空があることを喜んでるのよ。私が起きるときには、まだ月も星も見えるの。確かに最初は、我を忘れて夢中になってしまうかもしれないという意味で、この私の喜びにも不当なところがあるでしょう。でも、それもまた私に正しい規範は何かってことを教えてくれることになるんだから、それでよくなるのよ(これも私には悲しいことだけど。でも、それはそれでいいと思うの。だってそうじゃないと、本質的なことを見逃してしまうかもしれないでしょう)。――何かを完成して、その後でそれを無に手渡してしまうなんて、とてもたまらない。木も花も動物も、皆創られたものだし、神の息吹きを受けたものじゃなくて。

『隠れたる神』のなかに「無は神によって創られた」ってところがあるけど、それ正しいと思う? だって、そこに存在し、創られたものであるのなら、それはもう無なんかじゃない何かじゃないの。人間は無なんて想像してみたりしちゃいけないんだと思うんだけど。そもそも無という名前からしても、意味からいっても、そんなことできないはずじゃないの。私はなんでも想像してみるのが好きだから、とっても難しいんだけど。でもこれはまあ大したことじゃないわ。だいたいクースのニコラウスって何者よ?

精神(だとか理性)ばかり異常にふくれ上って、魂は飢えたままってことがあるものなのだとわかってきたわ。そんなこと以前は思ってもいなかったけれど。

心からのあいさつを

ソフィーより

日記

ブルームベルク、一九四一年一二月一二日

わが目をあきらかにしたまへ　おそらくはわれ死の睡につかん　おそらくはわが仇いはん　我かれに勝りと

私は自分を神にくくりつけておきたい。すべてが滅びるとき、神だけはある。ああ、なんてひどいことだろう、神がはるかかなたにいますとは。私には考えを冷静に記すということができない。かつてもっていたものはすべて、批判的な眼さえ、失ってしまった。今あるのは飢えに苦しむ魂だけ。そしてその飢えは、どんな書物によっても癒されることがない。書物のもっている生命に近づく道が、今の私には閉ざされてしまっているのだ。私に生きる糧を与えてくれるのは、自然だけ。空と星と静かな大地と。

今日リーサからきた手紙で、泣きそうになってしまった。自分で自分がよくわからない。手紙だけでは、リーサが私に近づいてくるわけがない。手紙に書いてあることは、バラバラの断片であり、ちょっとした美的な表現であり、その時の心の動きにすぎないのだし、それもリーサ自身が私に見せてもいいと判断しているものだけだ。こういうものが照らし出してくれるのは、リーサ本人からすればほんの小さなしみにしかあたらない。そのしみをリーサ全体だと思ってしまうのは、絶対おかしいだろう。にもかかわらず私はそうしがちで、そしてそれをやってしまうと、ひどく打ちのめされてしまう。ありったけの愛であの子のことを思ってやらなきゃだめだ。

誰かを深く愛するようになると、それは自分でもすぐわかる。でもその人に対して私がしてあげられることといったら自分の祈りのなかでその人のことも祈る。それだけだ。誰かのことをあらゆる思いやりをこめて愛するというのは、つまりその人のことを神のゆえに愛することだ。だとしたら、その愛を携えて神に赴く以上にふさわしいことがあるだろうか。

神よ、もし本当にいますなら、フリッツのことも神の名において愛することができるようにしてください。

ブルームベルク発、リーサ・レムピス宛
一九四一年一二月一二日

リーサ

あなたのくれた手紙から判断できる限りでは、クリスマスには会えないってことね。もっと大事なことがあるというのはよくわかります。私にとってはもっとも、あなたに会うのは大事だし、とても重要だと思ってるけど。ときどきは自分のことも手紙に書いてよ。いろんなことが重なって、あなたと私の間はずいぶん離れちゃってるのね。ちょうどいい機会だから、実際どうなっているのかよく眺めてみて、こんなふうに私たちが遠ざかってしまうのはやむをえないのかどうか考えてみましょうよ（私別に、グスト・シュレーエのことだけを考えてるんじゃないのよ。全部ひっくるめて、ってことなの。あなたの休暇も、あなたの晩の時間もなにもかも）。今までのところ、私たちをつないでいるのはただ昔からの友情だけでしょう(それはもちろん全然悪いことじゃないわ)。ほとんど会うことも、手紙のやりとりもないまま、人間を結びつけてしまう、思想だとか共通の目標があるわけじゃないのよね。だから私には、あなたも私と同じくらい、私たちの友情を大事にしたいと思っているのかどうかがわからないわけ。

でも、もしかするとクリスマスじゃなくても、そのうち会えるかもしれないわね。すぐには無理だとしても、私がここから解放されたとき。つまり三カ月後ってことだけど、そのときには私の方から会いに行けるから。

いろいろなことがあるにしても、やっぱり私は人生って豊かで善いものだと思うわ。ただ人間がその人生を善きものとして役に立てさえすれば。もしかすると完全な貧困に陥るのはいいことかもしれないわね。そうすれば、揺らぐことない富がもっとよく見えてくるんじゃないかしら。だって、今までもっていたものをすべて奪われてしまったとしたら、なんとか奪われたものの代わりを捜そうという気になるんじゃなくって？　そうすれば、これまであまり雑多なことに心を惑わされすぎ、意味もないことに心をわずらわせすぎていたとわかるかもしれない。もしかすると何よりもまず、自分には心があったのだと気づかなくちゃいけないかもね、奇妙なことだけど。

軍隊にいて、そこで苦しい思いをしながら、それでも一番奥のところでは自律性を失わないでいる人間が存在するって、幸福なことだわ。その人たちは、人間が脱ぎ捨てられるものにすがりついたりしていないのよ。そして、そういう人が友人でいてくれるって、とても幸運じゃない。

フライブルクの大聖堂にここ何カ月かよく行ったわ。とってもきれいな教会だし、心の底から暖かくなるような気がするの。あさってまた行ってみるつもり。そこからまた手紙するわね。

煉獄と浄化の諸段階については、まだ一度も考えたことがなかったわ。永遠の生命のこともね。だから全然なんともいえない。私が考えられるのは、死んだ後「神の内」にあるか「神の外」にあるかってことだけだわ。でもね、だからって私は「今日お前は私とともに天国にいるであろう」っていうキリストのことばが間違っているとは全然思わない。だってすべての人間がキリストの傍らで十字架に懸かっていたあの盗賊と同じになれるわけないんだもの。

『クリスティン・ラーフランの娘』のなかに煉獄のことを書いたところがあるわ。クリスティンが、自分のかたくなで不純な魂を煉獄の火がことごとく浄めてくれますように願うっていうの。だとしたら、煉獄はただ単なる恵み以外の何ものでもないわ。でも——さっき書いた通り、私自身はまだなんともいえないし、煉獄の図って考えたこともないのよ。

さあ、今はこれでおしまいにするわ、どうか元気で、ときどきは手紙をちょうだいね。

ソフィーより

ブルームベルク発、リーサ・レムピス宛

一九四一年一二月二二日

リーサ

あと二つ寝ると、ホラ、もうクリスマス。もうありとあらゆる幼稚園だの施設だのでクリスマスのお祝いをやって、今日の晩は市長さんのお招きで「アードラー」亭でのお祝いまであったわ。この騒ぎの後で休みが取れるのは万々歳。家に戻るのが本当に楽しみ。ここにいると神経が参っちゃうわ。

　でもクリスマスが終わった後の四半期は、きっともっとひどいわ。今度の所長は一五〇パーセント完璧な人だっていうから、ああ、私の日曜はどうなることか！　でも、ゴェッツ・フォン・ベルリッヒンゲンを見習うことにしましょう。一二週間が終われば、再びあらゆるものにまみえることができる。

　本当はクリスマスのお祝いの手紙を書くつもりだったんだけど、ちょっとそういう状態じゃないわ。今日椅子を一五〇脚とテーブルを二〇台洗ったのよ、お昼になったらまたその続きをやるの。その最中にクリスマスのお祝いの文句を考えられると思う？　でも、少なくとも私にはその意志と願望があったことだけはわかってね、インゲと私からのプレゼントはちゃんと届くはずよ。私のことちょっとは優しい気持で思い出してちょうだい。そうしてくれるととてもうれしい。

　心からの思いをこめて
あなたのソフィーより

日記

ブルームベルク

日付なし〔おそらく一九四一年末ないし一九四二年〕

ハンスの論考に対する返事
「貧困について」

エフェソ　四
彼らの知力は暗くなり、その内なる無知と心の硬化とにより、神のいのちから遠く離れ、（エペソ人への手紙、四章一八節、日本聖書協会、口語訳）

コロサイ　三
造り主のかたちに従って新しくされ、真の知識に至る新しき人を着たのである。（コロサイ人への手紙、三章一〇節、同訳）

コロサイ　二
それは彼らが、心を励まされ、愛によって結び合わされ、豊かな理解力を十分に与えられ、神の奥義なるキリストを知るに至るためである。キリストのうちには、知恵と知識との宝が、いっさい隠されている。（コロサイ人への手紙、二章二―三節）

クリスマスをウルムの実家で過した後、ソフィー・ショルは、大晦日にかけて、ハンス、インゲ、および幾人かの友人とともに、山中のスキー小屋に出かける機会を得た。一月六日、ブルームベルクでの勤務の後半部分が始まった。

ブルームベルク発、リーサ・レムピス宛
一九四二年一月一四日

リーサ！

〔……〕今度こそ絶対やるわ、少なくとも必要最低限のことはするつもりよ。あなたからのクリスマスプレゼントのお礼もしなくちゃ。〔……〕あなたが送ってくれた『原始のことば』っていう本は（そもそも「オルフェウス風」って何のことなの?）面白いわね。ああいう装飾ってすごく珍しいし、いろんな意味がありそうで。ただ正直、あのたぐいのものって少し気持悪い。全然なじみがないものだから。

聖夜もすみ、なんともいえないほど美しい山のなかでのすばらしい幾日かも過ぎて、またここにいる。でも、あの日々は、ただ過ぎ去ったわけじゃない。私のなかに生きているんだわ。すべて体験したものはみな。

ここでの三カ月（もうすぐ四カ月になるけど）の間に、私は熟練施設指導員になったわ。こんなに勉強できる機会ってめったにないでしょうよ。仕事も少しはうまくいくようになってるの。

今晩ラジオで耳にした音楽はすばらしかったわ。作曲家の名前は聞き逃したけど、バッハ時代の人の書いた、四重奏曲。信じられないほど明るく澄んで、誇らかで、生命の歓びに躍るようだったわ。まったく感傷を感じさせない、驚くほど硬質な響きなの（それを聞いてて思い出したわ。Il faut avoir l'esprit dur et le ceur tendre.（堅固ナル精神ト柔軟ナル心ヲモテ））。すばらしいわ。心が沈みこんでいるとき、かきたてるのに、音楽にしくものはないわね。心が上向いていることは、あらゆる場面での前提条件だし、欠くべからざることだわ。この音楽を聴いてから（自分が今いるここで）その曲を創った人と同じ、澄んだ空気を呼吸したいって、どうしようもない欲求に取りつかれてしまった。でも、この欲求が生じただけで、今ここで私を取り巻いているあれやこれやのゴタゴタ、ねばねばした糊みたいな、まるで敵意をもっている糊の池のような状態から、なんとか首をもたげていられるようになったのだから。それでいいの。また教会にオルガンを弾きにいく許可を申請してみるつもり。

そっちはどうなの？　手紙くれるわね？

心から

ソフィーより

下書き——おそらくはオトゥル・アイヒャー宛書簡ないしは『風防燈火《カンテラ》』に掲載するはずであった論考の素案

ブルームベルク、日付なし〔一九四二年一月?〕

スキー小屋で魂の飢えについて話し合っているうちに、別にそのつもりでもなかったのだけれど、なんとなく、いつかあなたにいわれていたテーマに関する考えが浮かんできました。あの当時は、自分と直接関係のない、向こうの方にあるみたいなものについて何か考えるなんて、とてもできなかったと思います。あなたのいってらしたのは、今日演奏会にはなぜ独特の雰囲気があるか、ということでした。それほどはっきり何か議論できると思えなくてもいいから書きなさいって言ってくださってたから、あなたへの手紙という形でちょっと書いてみようと思います。

魂の飢えとその飢えを鎮めるべき糧について話し合っていたとき、音楽の話も出ました。音楽学生もいたから。音楽は魂の飢えをいやすことができるか？　魂そのものから生じてきたものが、その魂の糧となるものだろうか？　まるで、肉体が肉体そのものの消化によって成立するようなものではないか。

でも、私はこれまで、強靭な精神だけがあって、柔和な心がないのは、柔和な心しかなくて強靭な精神が欠けていると同じくらい実りのないものだということを幾度も思い知らされてきました。マルタンだったと思うけれど、こんなことを言っています。Il faut avoir l'esprit dur et le coeur tendre.（堅固ナル精神ト柔軟ナル心ヲモテ）魂が生きてみたのでないことばは死んだことばでしかない。思想を宿すことのない感情は、何の役にも立たない。ところで音楽は心を柔和にしてくれる。心の混乱を落ち着かせ、こわばりをほぐし、魂の内側で精神が動くための土壌を作る。その準備のできていない魂は、いくら精神がおとなっても、固く扉を閉ざして開けることがない。そうなのだ、まったく静かに、そして何の無理もなく、音楽は魂の扉を開く。扉は開いた！　魂はいまや受け入れることができる。これこそ音楽が私に及ぼす最終的な力であり、これあればこそ私にとって、音楽は生きるために欠くべからざるものなのだ。しかし、体を洗うのは水のためではないように、音楽を聴くのは音楽のためではない。

ここでたぶん、私がいっている音楽というのは、どんな形であれとにかく創造活動の方ではないのだとつけ加えておいた方がいいんだろうと思います。でも、その話は書けないわ。そんなことを書くにはまだあまりに音楽を聴いた経験が少ないし、第一音楽を完璧に聴きとれてもいないと思う。本当に正しく音楽を聴くためには、完全に音楽に自己をあけわたさなくちゃいけないと思うの。自分を縛っていたもののすべてから自らを解き放ってやらなくてはならないのよ。子どものような心で、理屈をこねたり、裏にある意図はなんだなどと詮索したりせずに聴かなければだめなの。それができてはじめて、解き放たれ、縛られない心になれて、調和そのものと、調和しているものがわかる心になるんだわ。その心こそ、精神の働きを受け入れるべく扉を開いた心なのよ。

ところで、ではこの時代に演奏会が特別の雰囲気を帯びているのはなぜなのでしょう？　こう書いてみると、私、とても答えられない。自分では答えはよくわかっているの、でも、説明するとなると、山のように理由を書かなくちゃならないんですもの。まず何よりも、音楽を聴くために演奏会に出かけていく人間がいるわ。でも、その人たちは本当は全然音楽を聴こうなんて思っていないのよ。その人たちの心はこまごましたあれやこれやのことにかかずらわっているし、その人たち自身、そういうものを振り捨てようとはちっとも考えていないのだから。その人たちは貪欲で自分勝手で、音楽のはじめの音が鳴りはじめてもいないのに、耳をふさいでしまっている。ではなぜ、こんな人たちが演奏会などに行くのだろう。本当にどうして？　これはゆるがせにできない問題である。音楽を聴く意志もないものが、音楽を求めるなど、明らかに無意味な行為なのだから。しかし、これらの人びとが体面と考えるものには、ありとあらゆる方面にわたる滑稽な知識のかけらが含まれている。したがって、この人びとは、新しい帽子を買えばそれを周囲の人びとの高覧に供するのが当然だというのとまったく同様に、当然のこととして演奏会に出かける。彼らは自分たちの前に何千という人たちが賞めてきた、賞めることに何の危険も伴わないものを好意をもって賞讃する。耳慣れないものについては遠慮会釈なく拒絶するが、それも、その新しいものが世間で認められるようになれば終わる。この人たちは演奏会に来ても、来る前とまったく同様、閉ざされた心のまま帰っていく。ほとんどの場合、より深く心を閉ざすことはあっても、心が開かれることはない。この人たちにしても、音楽によって美的な楽しみを得ないわけではない。しかし、それとこれとは別問題なのだ。美的な楽しみを与えられたとしても、それが心のすべてによって受け入れられず、心がその美のもつ善き力の下にひざまずくのでなかったら、何ほどの実りがあろう。

こんにち演奏会に見られる雰囲気は、市民性のもついい加減な、生ぬるい雰囲気そのものである。にもかかわらず――そのような演奏会にあっても、音楽が多数の聴衆のうちのただひとりの心に触れ、そのできごとによって演奏会全体が意味のあるものになるということは可能なのではないか？

ねえ、私はこんなふうに、人間の内にある飢えのことを考えてみたわけ。だって、音楽っていうのは、やっぱり人間にとって不可欠のものでしょう。ちょうど、炎が明るく燃えあがるために空気が必要なのと同じで。――で、そうやって考えているうちにわかってきたの。神が私たちに糧を与えてくださっているのでなかったら、私たちはもうどうしようもなく飢えに苦しまなくちゃいけないはずだって。それから、神と私たちとは創造の御技によってつながれているわけだけれど、その絆は決してそれほど長いものじゃないのね。以前生きるというのはどういうことかわかっていなかったときには、神との絆といっても、とても長く、見えもしないもののように思っていたわ。あのころ私には人間の生が何であるか、全然わかっていなかったのね。

日記

ブルームベルク、一九四二年二月一二日

私は毎日教会で祈ることに決めた。神が私をお見捨てにならないように。私はまだ神を少しも知らない。私の想像している神の姿はおそらくひどく間違っているだろう。しかし神は私が赦してくださいと願えば、それも赦してくれるに違いない。私が神を魂のすべてを挙げて愛せるようになれば、私のゆがんだものの見方も自ら消失するだろう。

私の周囲にいる人間たち、そして私自身を見ても、私は人間に対する畏れを感じる。神がこの人間のために世に下られたのだもの。しかし、裏からいうと、まだ私にはそれが全然納得できない。そうなのだ、神のことで一番わからないのは、その愛なのだ。しかし、神が愛してくださることを私は知らないといえるか！

ああ主よ、私はどうしても、どうしても祈らなくてはなりません。願わなくてはいけないのです。

そうだ、他の人間と関わるときにはいつでも、これを念頭においていなければならないのだ。神がこの人びとのために

人となられたことを。それなのに自分は、その人たちの誰彼のところまで降りていったりするのがもったいないなどと思うなんて？　なんという高慢だ！　どうして私はこんなことを考えられる？

ブルームベルク発、リーサ・レムピス宛
一九四二年二月一二日

リーサ！

お手紙くれて本当にありがとう。残念ながら今のところ、まともな返事は書けそうもないけれど。——正直いって私は、少なくとも戦争が終わるまで、大学へは行けないものとあきらめてます。自分の意志で、この世に知識（少なくとも学問上の）も含めたすべて善きものを差し出し、貧困を愛する決心をつけられなければ、戦争のために今後何年もますます苦しい思いをさせられることになってしまうわ。もちろん今でも戦争に苦しめられていないわけじゃない。でも少なくとも私には、その苦しみを些細なものと見なそうという意志があるわ。苦しみにかまけて、より重要なことを忘れたくないの。どうぞ元気で

ソフィーより

ブルームベルク発、リーサ・レムピス宛
日付なし〔おそらく一九四二年三月末〕

リーサ！

今日あなたの手紙が届きました。こうやってすぐお返事しているのは、私もあなたと同じように、どんな小さな花や草を見ても、それが自分のためにそこに生えていてくれると感じているのだということだけいっておきたかったからなの。それに私は、それが間違ってるとは思わないわ。私たちにこれほど豊かな賜物が与えられているのだから、どうして心からそれをうれしいと思ってはいけないの？　確かに私たちはこの美しい世界に、飽くことなく苦しみを持ちこみつづけてはいるけれど。私は、空の星を見ながらでも、あの星は私のためにあそこで光っててくれるんだと思ってるのよ。だって、この壮大な宇宙の秩序のうちで、ほんのちっぽけな天体が一つなくなったって、この私たちの地球は滅びてしまうかもしれないわけでしょう。どれほどの愛が私たちをこうして包んでくださっているかを教えてくれる証拠なら、まだたくさんあるわよ。だから本当は私たちは幸福この上ない人間じゃないのかしらね。

女の子たちと私はほとんど毎日一緒に散歩に行くのよ。あの子たちは私のことをだんだん好きになってきてくれているようだし、私もそうなの。とってもうまくいっていて、いやなことはほんのときたま起こるだけです。仕事をこういうふうにおしまいにできるって、とてもうれしいわ。もう一度少し大がかりな遠足をするつもり。みんなで楽しみにしてるの。春になって、私たちみんなの心も新たになっているのかもしれないわ。

　八日経ったら家に帰ります。どんな感じかっていわれてもこまるわ。このごろ本当に自分の時間なんてまるでないの。毎晩R・A・Dの仕事だとかなんだとかでギリギリまで時間を取られてしまうから。

　でもとにかく三月二七日からは家にいます。あなたは休みの間どうするつもりか、手紙ちょうだいね。あなたもフレーベル学院に来られるといいのにね。卒業資格試験頑張ってね。試験だけじゃなくて、あなたに必要なことがすべてうまくいきますように。

ソフィーより

一九四二年四月一日、ソフィー・ショルは戦時援護動員を解除された。大学での夏学期開始までの一月は、ウルムの自宅で過せた。

ウルム発、リーサ・レムピス宛
一九四二年復活祭日曜日（四月五日）

リーサ！

朝食の後片づけはすんだし、ベッド・メイキングもすませた。ワインクリーム（訳注　ワイン入りの甘いクリーム、デザート用か）もできた。家には私一人だから（インゲはトラウテと散歩に行ったの）あなたに手紙を書くことにします。もうシュレーエさんところについたかしらね？　彼は来てる？

　家に戻ってちょうど一週間経ったわ。一人きりで、自分だけの生活をしていた状態から、友にかこまれた暮しに戻るっていうのは、すさまじい落差があるし、あまり簡単ではなかった。今は家の仕事と、それから事務所でも手伝ってるの。一番忙しい時期を越えたら、あなたと一緒にしばらく旅行できないかしら。そんな大したものじゃなくて、自転車か徒歩で。あなたの都合はいかが？　だいたい一月くらい後のことになると思うんだけど。

　昨日は猛烈に早く起きたのよ。ソェーフリングの教会の復活祭の典礼に間に合うように三時四五分に起きたの。それでもやっぱりちょっと遅くなっちゃって、復活祭のろうそくにつける火を、ひうち石で打ち出すところは見られなかったわ。私、このごろこういうふうな祭儀に与りたいっていう気持が強くなるばかりなの。だって、こういうのこそ神に捧げる祭儀だと思うのよ。福音派の教会でやっているのは講演会だわ。そしてね、こういう祭儀を本当の意味でともに体験し、それに与るには、訓練というか、馴れていないといけないのよ。そうでないと、そこでやっているお芝居に気をとられちゃうから。ただし、信仰をもっている人にとっては、このお芝居がまさに深い内的体験になるんだろうけど。でも、私はまだそうじゃない。私はねえ、自分の感じではそれが正しいと思うから、ひざまずきたいと思うのよ。でも、そういう私を誰かが見るかもしれないと思うと、どうしても抵抗があるの。ことに誰か知っている人がいたりすると。私は神の似姿の前に頭を垂れたいのよ。だって、感じるだけで、それを表わさないのじゃなんにもならないんだから。でも、やっぱりどうしてもだめなの。そんなふうで、どうやっても完全には打ちこめない。少なくとも今まではだめだったわ。

昨日の朝、洗礼用聖水の聖別に、復活祭のロウソクを三回水に浸す儀式もあったんだけど、その後、小さなかわいらしい生れたての赤ん坊が連れてこられたのね。全身白いヴェールで包まれていて、ちっぽけな赤い頭と、小さな小さな指だけがのぞいてたわ。その指が楽しそうにモゾモゾ動いているの。

インゲが、すてきな復活祭カードありがとうって。後で返事を書くと思うわ。

ねえリーサ、クラウスの小さい弟のディーターったら本当にかわいいのよ、いっぺん会いにいらっしゃいよ。もうチョコチョコ走れるようになって、そこらへんじゅうかけずり回っては、何にでも手を出すの。まるで奇蹟みたいよ。あの厳格なパパでさえ、あの子が事務所に入ってきてもなんにもいわないの。あの子はタイプライターが大好きでね、事務所に来ては、パチャパチャやってるわ。父は自分でディーターを抱き上げて、一緒に遊んでやったり、おしゃべりの相手をしてやったりさえするのよ。ほんとに憎めない坊主なの。昨日ね、着物を着せてやるのにあの子を机の上に立たせたの。で、私よりも背が高くなったのね。そしたらあの子、ちょっと腰をかがめて、下からまっすぐに私の顔を見上げるようにするのよ。それで本当にかわいらしく笑うの。お日さまの光が心に射しこむって、ああいうことをいうんだと思うわ。会いたいと思わない？

元気かどうか教えてちょうだいね。

〔P.S.〕　お母さんに、もう一度よろしく言っておいてちょうだい。二日間泊めていただいてどうもありがとうございましたって。

五月三日、ないし四日、二一回目の誕生日を迎える少し前、ソフィー・ショルは念願かなってミュンヒェンに移り、生物学および哲学の学生となることができた。まずソルンのカール・ムート宅に寄宿していたソフィーは、やがてマントル通り一の、音楽評論家アレクサンダー・ベルシェ未亡人宅に移り住んだ。

ミュンヒェン発、リーサ・レムピス宛
一九四二年五月三〇日

リーサ！

昨日ボーデン湖からあなたの出してくれた葉書が着いたわ。もっと詳しい手紙をまた書いてよ。私の今の住所は、M、二三、マントル通り一b、ベルシェ博士夫人方、です。

一つお願いがあるんだけど。あなたのテント使わせてくれない？　使わせてもらえると本当にありがたいんだけど。

ハンスも私も、それからときには他の友だちも、せっかく楽しく夜を過しているのに、やむをえず最低限の睡眠をとるべく、各々の下宿に帰らなくちゃいけないのが残念でたまらないの。だから、そういうとき、ソレっていったらその場に寝る場所ができるって、すごくいいと思わない？

ここでは毎日何かしら新しいことに出くわすわ。昨日はムート教授とジギスムント・フォン・ラデッキと一緒にお茶を飲んで、晩は晩でハンスと一緒に知り合いの家に行ったの。その人のこと私たちは「哲学者」って呼んでるのよ。そこで三時間もぶっつづけですごい議論になっちゃった。——本当は私むしろ一人でいたいのよ。だって、これまでたんに頭のなかに、正しい認識としてあったにすぎないものを、実際にやってみることで自らの内に実現したい。そうしたくてたまらないのよ。でも、何かを受け入れることができるってことは、やっぱりいいことでもあるわ。ただ土台がもうすこしグラついていないといいんだけど。

一度こっちに出てこられない？　ハンスって本当にいい兄貴よ、一緒にいればいるほどいいところが増えてくる。

いつまで音なしの構えでいるのよ。

元気でね

ソフィーより

あなたと二人で二、三日どこかにいかれるといいのになあ。

ミュンヒェン発、両親および姉インゲとエリーザベート宛

一九四二年六月六日

パパ、ママ！　インゲ、それからリースル！

オーバー届きました。昨日送ってくださったカツレツは、開けてその場で兄さんといただきました。本当にありがとう。それから一緒に入っていたお手紙も――。軍需工場への動員のことでは、もう学生課に行ってみましたけれど、お許しはちょっと出そうもありません。一番いいコネのある人たち、今のお偉方のお嬢さんたちでも、やっぱり逃げられないみたい。どんな理由があろうとなかろうと容赦ないようです。せいぜいできるのは、九月まで動員時期を延ばしてもらうことだけで、もちろん私はそうします。ママの具合は少しよくなった？　前の日曜に行ったパッサウ旅行はとってもすてきでした。ボェーマーヴァルトにちょっと寄り道したの。ムート先生のお知り合いの、すごくユニークな、面白い司祭さんがそこの小さな村にいらっしゃるの（その司祭さんは罰としてそんなところに左遷されているんです）。先生にもう少しいろんなものをもって帰って差し上げられるとよかったんだけど。先生はあまりお元気じゃありません。近ごろ起っていることをとても気にしていらっしゃるし、それに戦時食糧では、気分がよくおなりになるはずもないですものね。もしかしてそちらから先生に小麦粉を一、二キロ送って差し上げられないかしら。とってもこまってらっしゃるの。先生は黒パンは召し上がれないのよ。それと、これももしあればの話ですけど、鱒があったら。こういうものって、くだらないみたいだけど、でもやっぱりないとてもこまるのよ。

おとといの晩ハンスが頼んで、ジギスムント・フォン・ラデッキに朗読をやってもらいました。二〇人くらいを相手に、エッセイと詩と、それから翻訳したものをいくつか。目もくらむようだったわ。とっても激しいふりが入って。朗読というよりやってみせてくれるの。面白くって笑いころげてしまいました。昔は俳優だったそうですけど、大根じゃなかったことは確実です。会の後五人で、私の部屋に集まったのよ。残念ながら三カ月ほど旅に出るということですが、戻ってきたらいろんなことを一緒にやろう、と約束してくれました。

私の自転車発送してくださった？ 絶対に必要不可欠なの。市電に乗っていると山のようにお金と時が無駄になっちゃう。それに、日曜日自転車でちょっと出かけられるのはステキでしょう。

インゲはいつ来るの？ ヴェルナーはまだウルムにいるんですか？ ヴェルナーと、それから他の皆々さまも、どうぞお元気で。

ソフィーとハンスより

いい日曜でありますように！

便箋

ミュンヒェン、一九四二年六月二四日

どうぞ彼らの今度の手紙が絶対にウルムの家に届きませんように。そうでないと家に戻った途端、後ろめたい思いをしなくちゃならない。私の手紙はまだ一通も彼らのところに届いていないんだから。でも半分くらいは野戦郵便のせいというこにできるかもしれないわ。春に出した手紙が真夏に届くんだから。

どこかの木で鳥がかん高い声を立てている。ほとんど黄金に輝く緑の梢には夕陽のおだやかな光が斜に注いでいる。それを見ていると、彼らがロシアから送ってくれた、優しい手紙のなかで、解放されることなき自然のことを書いてあった部分を思い出す。私は野原や森でいつも、ある限り至上の諧調が響きわたっているのを耳にできると思っていたし、今でも思っている。このあいだの日曜、晩になってから、あの静かで大きな山合いの谷に出ていった。あたりはおだやかな夕べの大気に洗われ、小さなものたちはすでに陰に覆われて、大まかなものの輪郭だけがくっきりと見えていた。そのときいつもなら私にまとわりつくすべてのものが、まるで枯葉のように落ちていき、私はそれまでとはまったく違う基準で、自分を感動させたものが何であるのかを考えはじめた。私には、この驚嘆すべき諧調を乱すのは、人間以外の何ものでもないように思われた。この諧調は、バッハのフーガを聴いていても聞こえてくるのだが。人間だけがこの諧調からはずれて立っており、驚嘆すべき諧調は今も響きを続けているのに、ただ、人間はそこからはみ出している。だから私には、自然が解放されなければいけないというのがよくわからなかった。——昨晩、もしかしたら真夜中過ぎだったかもしれないが、何人かと一緒に英国庭園を歩いていたとき（小人数のグループで、ポール・クローデルの『繻子の靴』を読んでいたのだ)、ふっと思いついた。自然はもしかしたら、死から解放される必要があるのかもしれない。動物や植物の死は、罪なき死ではあるとしても。子どものころ、他のものを犠牲にすることなく生きることがおそろしくむつかしく、どうしようもなく悲しかったことを思い出した。今でもこの問題は解決などしていない。ただ私がそれを忘れているだけなのだ。諧調の中のある一つの響きが、自らの居場所を忘れてしまっていては、どうしてその諧調が完璧でありえよう。そして間もなく、深く傷つけられた大地と、本来の軌道からはずれて魔物と化したものたち、人間につかえるべきものでありながら、破壊者となりはてた機械たちの叫びが、かつて乱されることのなかったすべての平和を押しのけて、響きわたることになるのかもしれない。でも、私は自分がそのとき滅びる側に回らないで、それを目のあたりにすることがあろうとはとても信じられない。

ミュンヒェン発、リーサ・レムピス宛
一九四二年六月二六日

リーサ!

昨日やっとあなたからの手紙がきました。どうもありがとう。たぶん私は七月半ばにウルムに戻ると思うから、ウルムで会えるわね。そうでなければいつか日曜に、どこかで会うことにしましょう。私も、グストに会えたらうれしいわ。あなたは、私が彼を好きになりそうもないと思いこんでいるようだけど、私にいわせれば、もしはじめて会ったとき意気投合できなくても、それはそれほど大変なことじゃないわ。それはただ、双方が損をしているってだけのことよ。それに、私は自分のことを、それほどわからずやではないと思っているんだけど。私は別に裁判官じゃないし、それにあなたが好きなのと同じくらい、あなたのグストのことも好きになりたいと思ってるんだから。そうじゃなきゃもうあなたとつき合えなくなっちゃうし。もっとも、だからグストを好きになりたいっていうわけじゃないのよ。わかってくれるでしょう。

もちろん乳児院にいたときのことはまだよく覚えてるわ。私が世話をしてた赤ん坊は一〇人だったわよ。私、ほかの保母たちよりずっと自分の係の赤ん坊をかわいいと思うようになったわ。本当に人間としてつき合ってたと思うの。一人一人の赤ん坊はもうそのころからちゃんと独立した人格の持ち主なのよ。二〇年か三〇年経ったらどんなになってるかちゃんとわかるような気がしたわ。もちろん、確実にこうなるなんていえやしないけど、でもね、二カ月から一〇カ月の赤ん坊でも、観察していれば、どういう方向に伸びていきそうかはわかるものよ。みんな同じようになんにもできないチビちゃんたちだから、その点では同じようにいとしいんだけど、でもやっぱり、とっても心をひかれる子とそうでもない子がいるのね。私が一番好きだった子はねえ、自分が感じているありとあらゆることを、なんとかしてわかってもらおうとしてよく「ダァ」って言ってたわ。八日前にまたそのくらいの赤ん坊を抱っこしたんだけど、赤ん坊を抱くって、ほんとにうっとりさせられちゃうわ。もっと大きい子を抱いているのと全然違うの。赤ん坊の体ってまるで花のように優しい匂いがするし、愛らしい、歯の生えていない口だの、小ちゃくて、いつでもあちこち動いている手だの、どこを見ているのかわからないようなまなざしなんて見ていると、本当にほころびかけた花そのものだと思うわ。こんな存在ほかにいない。きよらかで、限りなく崇高で。私たちの生のなかに生まれた奇蹟だと思うわ。

テント送ってくれるとありがたいわ。大いに役に立てられるもの。でも、もともとそっちのだったんだから返す、なんていういい方はしないでよ。そちらは気にしなくても、絶対ハンスにはショックだと思うわ。考えてみて。そしたらそんなことできないはずよ。また新しい便箋が手に入ったら書くわね。

今日家に帰るのよ

心からあなたの　ソフィー

日記

一九四二年六月二九日

神よ、私はあなたの御前では、口ごもることしかできません。あなたの前から心を隠し、数限りない願いも引っこめることしかできません。私はこんなに弱虫ですから、自分の意志であなたの方を向いたままでいることはできませんから、お願いです、私をあなたから背かせるものを砕いてください。力をもって私をあなたのもとに引き寄せてください。だって私は、あなたのもとにいなければ幸福ではいられないことを知っているのですから。ああ、なんて私はあなたから遠いところにいるんでしょう。でも私の一番まともなところはこの遠さを思うときに感ずる痛みなのだわ。だけど私はまったく生きておらず、いやになるほど鈍いのです。お願いですから単純にならせてください。私のそばにいてください。ああ、あなたに向かって父よ、といえるようになりたい。私はあなたに「あなた」と呼びかけることにさえはばかりがあるのです。私は、何もわからぬままにあなたに呼びかけているのです。もちろん私には、あなたが私を受け入れてくださるだろうことがわかっています。もし私がくじけなければ。私があなたにしがみついていれば、あなたは私のことばに耳を貸してくださることも。祈ることを教えてください。何も感ずることなく生きつづけるくらいなら、耐えがたい痛みの方がまだましです。燃えるような渇きの方が。痛み、苦しみ、苦痛を求めて祈った方がいい。空しさを感ずるよりは。空しさ。しかも、それを感じながら何の感情ももちえない。そんなのはいやです。

日　記

一九四二年七月一五日

私の魂は干からびた砂のようです。あなたに祈ろうとするとき、私には自分の魂の不毛しか感じられません。神よ、この不毛の地を豊かな土に変え給え。あなたの種が落ちても無駄になることのないように。それでなければ少なくとも、あなたへの憧憬を生じさせてください。創り主への憧憬を。私の魂はもはやその方を見たいとさえ思っていないのです。心の底からお願いするのです、声を上げて、「神さま」と叫んでいるのです。私は、ただ、あなたのうちにしか私の救いはないということだけしか知りませんけれど。私から顔をそむけないでください。私があなたの鼓動を聞きとれなくても。私の閉ざされた心を開いてください。私の閉ざされた心。私に不安を与えてください、そうすればあなたのうちに生きている静謐にたどりつくことができるかもしれないから。ああ、私には何もできない。私の代わりになって、私を、あなたの御心の通りにさせてください。お願い、お願いだから。

あなたの御手のなかに、私は私の友への思いを委ねます。このささやかな心づかいとぬくもり、このわずかばかりの力を。あなたがそれを取って、あなたが正しいと言われるようにしてくださいますように。あなたが、願うようにと言われるのですから、そして教えてくださった祈りのなかでも、同朋のことを忘れるなと言われるのですから。だから、私は自分以外のすべての人のことを思います。アーメン。

ソフィー（1942年夏ごろ）

ウルム発、リーサ・レムピス宛
一九四二年七月二七日

リーサ！

日曜の朝だからゆっくりコーヒーでも飲みましょうとくつろいでいるところへ、あなたからの手紙が届きました。で早速こうやって、お返事を書いているところ。どうもありがとう。八月一八日、あなたが山から戻ってくるときには、私はまだウルムの近くの小さな町で工場動員に出ていると思います。二カ月やらなきゃいけないの。ということはたぶん、その後少し休みがもらえると思うから、ちょうどあなたの秋休みと重なるんじゃないかしら（一〇月に）。もっとも、それまでに事情がどうなってるかは、ちょっとわからないわ。一週間のうちに例の父の事件の裁判が始まるし、どう考えてもその後父が家に戻れるとはちょっと思えないから。もしそういうことになったら、しばらく大学は休まなくちゃ。

ハンスは先週ロシアに出かけたわ。私がミュンヒェンに行ったこの何カ月かの間に、親しくなった人たちもみんな一緒に。見送りに行ったときにあの人たちの言ったどんなことばも、どんなちょっとした仕草も、まだはっきり心のなかで生きてるわ。私自分でもこんなにあの人たちに、それもことにハンスに執着していたとは思っていなかった。みんな無事でまた会えるといいんだけど。ヴェルナーも昨日ロシアから手紙をくれたわ。

さて、リーサ、いろいろあるけどとにかくあなたがウルム経由で家に帰ることにしてくれるんだったら、私としてはうれしいわ。

楽しいお休みになりますように。あなたとそれからグスト・シュレーエ君にね！

ソフィーより

日記
一九四二年八月六日

私はあまりにも弱い。だから、自分で認めたものでさえ、私の生のうちで真実働くようにならないのだ。そして私は、自分の意志が愚かでわがままであることを知っていながら、それを放棄してかの意志に自らを委ねることが決してできない。そしてそれができもしないのに私はそれを望んでおり、すべてをかの力が治めることを思うと幸福なのだ。毎晩私は祈っている。かの力が、私自身ではこの愚かな手から離すことのできない私の意志をもぎ取り、かの意志に従わせてくださるようにと。かの意志がよきものであることを私ははるか以前から認め、その意志に仕えたいと思っているのだから――私自身がじゃまをしさえしなければ。人の苦しみをともに苦しめる心を私は求める。それでなくてどうして愛することができようか。ああ、私はどっちを向いても、何もかもあまりにも浅薄だ。だから何もかも祈り、求めなければ。子どもは人とともに苦しむことができる。でも私は痛みを忘れてしまうのだ。本当ならば私を押しつぶさんばかりに重いはずの痛み、人間の痛みを。私のこの力ない愛を御手に委ねます。生きて働くものになるように。

日　記

一九四二年八月九日

今ノートから頁を破り捨てた。シュリクのことが書いてあったから。でもどうして私はシュリクを私の心からも破り捨てなければならないのか？　神に願いたい、シュリクが私の心のうちに占めるべき正しい位置を教えて下さい。だからやっぱりノートにも書いておかなくちゃいけないのだ。こうやって。毎晩シュリクのことも、フリッツや他の皆のことと一緒に祈ろう。

今のこの時代は世の終わりだと思っている人がたくさんいる。たしかにこれほどひどい徴候が重なっては、そう思いたくもなる。しかし、そんなことは大して意味のないことではあるまいか？　すべての人間は、どのような時代に生きていようと、つねに、次の瞬間には神に召されて、何をやってきたかを問われるかもしれないのではないか。私は、たとえば明日の朝自分がまだ生きているかどうかどうしてわかろう。もしかしたら今夜爆撃があって、私たちみんな死んでしまうかもしれない。そうなったとしても、あるいは私が大地や星とともに滅びたとしても、私の罪が軽くなるというものではない。――そんなことはみなわかっている。わかっているにもかかわらず、私はただ軽薄に生きてしまっているのではないか？　ああ、神さま、お願いです。私のこの軽はずみな心と、この自分勝手な意志を取りあげてください。甘く、害になるものにばかり執着しますから。私から取り上げて。自分ではできないのです。私はあまり弱すぎるのです。

今日「敬虔」な人たちが、人間が剣とおぞましい行いによって神の跡を追うからという理由で、神の存在がゆるがされるのではないかと心配しているのには納得できない。それではまるで、神には力がないようではないか（私にはすべてのものが神の手のなかにあることがはっきりわかる）、力。

心配すべきはむしろ人間の存在の方だ。人は自らの生命である御方に背いているのだから。

このあいだ見た妙な夢のことを書いておかなければ。この夢はどうしようもなく重苦しい感じに覆われてしまっていない、珍しい夢だった。私は散歩に行った。ハンスとシュリクと一緒に私は二人のまんなかを歩いていて、両方と腕を組んでいた。私は半分自分で歩き、あとの半分は体を浮かして、二人にもち上げてもらってブラ下がるようにしていた。そのときハンスが話しはじめた。「神が現在でも存在し、かつ働きかけておられることをまったく簡単明瞭に証明できるよ。人間は呼吸のために相当量の空気を要するだろう。だとすればそのうち大気全体が人間の吐いた息で汚染されちまうはずじゃないか。ところが、人間の血液にとって欠くべからざるこの糧を根絶やしにしてしまわぬよう、神はときどき口いっぱい御自分の息をわれわれの世界に吐きかけてくださるのさ。それが使用ずみの空気に浸み通っていって全体を浄化するんだ。証明終わり」。そういってハンスは暗く、どこまでも暗い空を見上げた。それから深く息を吸いこむと、口から全部吐き出した。吐き出されてきた息の跡は輝くような青で、太く大きくなりながら天に上っていった。そして薄汚れた雲がその輝く息の柱で追い払われ、私たちの頭上には、限りなく青い空が広がっていた。とてもすばらしかった。

学生部隊がロシアに派遣されていたとき、ソフィー・ショルは夏学期後、八月はじめから九月末まで、ウルムの武器工場で戦時援護動員に従事しなければならなかった——これは一九四二—三年の冬学期、大学に在学するための前提条件だったのである。

ウルム発、フリッツ・ハルトナーゲル宛
一九四二年八月

大切なフリッツ！

私のこのあいだの手紙とムート先生の写真、届いた？一緒に送ったんだけど。先生の写真、もう一回送りますね。念のために。

まだもう二、三週間、工場へ行かなくちゃ。本当にどうしようもなく味気もなければ面白くもなんともない仕事よ。一日じゅう機械にへばりついて同じことをやっているの。ただひたすら集中していなくっちゃいけないんだけど、でも、こんなこと、仕込まれれば猿だってやれるに決まってるわ。その猿がそんな芸を仕込まれるほどおとなしくて馬鹿ならね。夕方家に帰るときには体はくたくたで、心はスカスカだわ。工場でズラリと並んでいる機械にたくさんの人間が取りついているのを見てると悲しくなってしまう。まるで奴隷労働みたい。ただ、今の奴隷使いは、奴隷が自分で選んだ人なんだわ。私の隣で働いてるのはロシア人の女の子なの。まるで疑うことを知らない子で、見ていると、涙が出そうなくらい。ドイツ人の上役にこぶしでこづかれたり、ひどくどなりつけられたりしても、戸惑ったような顔をするだけで、ほとんど楽しそうな顔して笑ってるの。たぶんここに連れてこられてるロシア人の子たちは、そうやってどなり回るドイツ人をおかしな人たちだと思ってるのかもしれないわ。おどしつけられても、冗談だと思ってるのね。隣にその子がいるのはうれしいし、その子がドイツ人てこんなものだと思いこまないように、ドイツ人のいいところも見せるようにしてるの。でも、私以外のドイツ人の女の子もその子たちには大概親切で優しくしてるわ。みんなロシア人も人間なんだってことがわかって驚いてるみたい。それもこんなに素直で、人を疑うことを知らない人間なんだもの。——もっともこれは、私と同じ工場で働いているロシア人に対する判断にすぎないわ。あなたのつき合っているロシア人は、もっと別かもしれないわね。まだ黒海沿岸の例の場所にいるの？　教えるわけにいかないって言ってた。いつもあなたの無事を祈っています！

あなたのソフィー

ウルム発、オトゥル・アイヒャー宛
一九四二年八月一四日

オトゥル！

いつだったかソルンの庭に座って、膝に便箋を広げ、あなたのお誕生日のお祝いの手紙を書こうと一所懸命考えてたことがありました。そのときも、それからその後も何度か、お手紙書こうと思ったんだけど、どうもうまく書けなくて、結局出さずじまいできてしまったの。ごめんなさい。だけどペンを手にもつでしょう。そうするともう自分が砂漠の砂より干からびてるような感じになっちゃうの。手紙が書けないのは、決して、何か邪魔するものがあるからではなくて、書こうとするそのとき、実際に私の中味が空っぽだからなの。

たぶんもうインゲがムート先生の話はしてるだろうと思います。姉さんの方がずっとうまく説明できてると思うわ。私からも、せめて先生の写真を一枚送らせてもらうことにします。私たちをムート先生のところに連れていってくれた人が誰だったか、私が忘れちゃってるなんて思わないで。それ以外のことも。

たぶんいつかまともな手紙が書けるでしょう。でも、これ以上写真を送るのが遅くなるのはいやだから。では、写真確かに送ります。お元気で

ソフィーより

ウルム発、リーサ・レムピス宛
一九四二年九月二日

リーサ！

今ちょうど、父に出す手紙の私の分を書き終えたところ。二週間に一通、手紙を出していいことになってるの。父からも一度、長い手紙がきたわ。優しい、立派ないい手紙だったわよ（父は四週間に一度手紙を出せるの）。本当のことといって、私は別に父のこと心配していません。もちろん、あんなところにいなくちゃいけないのはとっても気の毒だとは思うけれど、でもね、必ず、父のために一番よい結果になるに違いないわ。それがはっきりわかっているのは本当に幸福なことだと思う。それがどういう意味かよく考えてみるとね。父のために一番よい！　もちろんそうよ、これ以上よい試練はありえないわ。——だからこそ私は、今の、この状況に父を追いこんだ人のことばの片言隻語も忘れない。別に、憎いからとか、復讐心からじゃないの。でも、今、父がいる状態を考えれば、そう簡単に忘れるわけにはいかないわ。

工場での仕事は身の毛がよだつとしかいいようなしよ。頭も使わず体を動かすこともなく、ただひたすら機械的な繰り返しだけ。やることといったらほんのとるに足らない部分的なことで、でき上ったら何になるのかは全然知らない。それにでき上ったものが何に使われるかを考えるとゾッとする。こういう仕事は、体だけじゃなくて魂に響くわ。それから、小止みなく続く機械の音と、休憩時間を知らせるギョッとするようなサイレンの叫び、機械にとりついている人間たちには、人間の尊厳なんてまったく認められない。まるで機械に完全に支配されてるみたい。こういうものすべて、どれをとっても、あまり心を明るくしてくれそうなものじゃないわよね。これに比べたら、お百姓や、職人や、ううん、道路掃除の仕事だってはるかにましだわ。一番ホッとするのは土曜日にやる機械の清掃。少なくともそのときは、自分のやる仕事の目標がはっきりしてるでしょ。機械をきれいにして、磨き上げるわけだから。そのときはまあ、台所をピカピカに磨い

ている主婦と、多少似たようなうれしさを感じられるわけ。

私の隣には、とってもかわいいロシア人の女の子が働いているのよ。これまでにならったロシア語のわずかばかりの知識を総動員してるところ。もう、二つ、三つ、新しく習ったわ。たとえばツェプツィプスっていうのは耳飾りのこと。ロシア人の子たちってまるで子どもみたいに装身具が好きなのね。ほとんどの子は耳朶に安物の耳輪をぶら下げてるわ。そもそもすべてにわたってロシア人の子の方がドイツ人の子より子どもっぽいみたい。ドイツ人とのつき合い方を見ててもそう思うわ。全然悪気がなくて、人を疑うってことがないの。それは本当に見ていて感心しちゃうくらい。とってもひどいことばでののしられても、それが全然わからないでニコニコしてるの。ああ、こういう人たちが「私たち」秀れたヨーロッパ人の猜疑心だとか事務的なつき合いを身につけていくことになるのかしら。シュリクにも同じようなところがあったわ。誰に対しても疑うことを知らず、限りなく親切で。

あなたのところに行くのを楽しみにしてます。やっと落ち着いて絵が描けるし、あなたという最上のモデルもいるわけだから。でも、そっちへ行くまえに、ボェーマーヴァルトにいるリースルのところに寄らなくちゃ。

さてと、皆さんによろしく。グストにもね(私の描いたあなたの絵が気に入ってもらえて喜んでるのよ)あなたには特別。

ソフィーより

(レオンベルクにいるんだったら、プラムを盗みにいけるのにねえ)。すごくたくさん画用紙をもらったのよ——全然知らない兵隊さんから!

ウルム発、オトゥル・アイヒャー宛
一九四二年九月五日

オトゥル!

お手紙、また二通きました。どうもありがとう。ミュンヒェンで私が集めて送ったレクラムの他の本も着いたかしら。もっとも、ゲーテ—ツェルターの往復書簡以上のものは、入っていないかもしれないけど。とってもいい詩が少しと、それからファウストかしらね。あなたの今考えてるゲーテ像は間違ってるってことをはっきりできるように、何か言ってあげられるといいんだけど(あなただって、それが間違いだと納得したいからいろいろ捜してるわけでしょう)、でもだめだわ。たとえばエッカーマンとの対話なんか読んでも、あな

たが例の書簡を読んだときに感じたのと同じようなことを感じてしまうもの。きれいで中味のカラッポな操り人形がしゃべってる。この人たちってときどき、こんなふうに思えないこと。自分が乗ってる汽船が遭難して沈みかけてるのに、大急ぎで救命ボートに乗るんじゃなくて、ヒゲをそってお化粧して、きちんと隙のないように身じまいをしてるって。ときどきね、詩を読んだりすると、さあこれでこの人も、自分のおかれている状況に目が行くはずだわって思うことがあるの。だって彼はあらゆる印象、ことに、自然界の与える印象に対してはたいへん親和的で、それに、特別に深く苦しんだり喜んだりできる人なんですもの。それだけじゃなくて、愛し、愛されることにとりわけ熱心な人でもあるんだわ。——あの往復書簡のなかで、双方があれほど滑稽なのは、あの人たちの高慢のせいじゃないかしら。どうしようもない自尊心ね。まるで自分たちは神の被造物なんかじゃないといわんばかりでしょう。昨日読んだアウグスティヌスのなかにこういうところがあったわ。貧しき者たち、彼らは心折れた者である。彼らは飢え、食べることに夢中になる。しかし実は、食べれば食べるほど飢えるのだ。彼らは世にあって空しいからである。——ゲーテがもし、ここで言われているような何かを食べようと思ったとしても、きっと食べられないわね。満腹してる人だから! ただ——だったらいったい、ファウストの最後のところはどういうことなのかしら?

『風防燈火《カンテラ》』に載せるつもりだった音楽に関する書簡は、まだうまく書けません。だって次から次に、いろんな見方が出てくるんですもの。この夏、バッハのブランデンブルク協奏曲を聴いたわ。それでね、あなたに送った手紙で書いたことは、この作品にはあたらないのよ。音楽が魂を豊かにするってことだけど。私が聴いたあのバッハは、たとえばベートーヴェンのように心を豊かにはしてくれない。ベートーヴェンの音楽って人の心を掘り返し、かき回して、いわば耕し直してくれるでしょう。——そうじゃないの。ブランデンブルク協奏曲で聞こえてくる音楽は、すきやくわじゃなくて、むしろ種子なのよ。あの音楽のなかには、水晶のように澄みきった明るさがある。崩れることのない秩序があるの。ピアノでバッハの曲を弾くっていうそれだけのことでも、ベートーヴェンより意味が大きいような気さえするの。ベートーヴェンは、気分が沈んでいるときでも、少々いやな感じがしてても弾けないことはないわ。ところが、そんな気分でバッハを弾こうとすると、だめなのよ。バッハの曲ではすべての音が透明で澄んでいて、何ものもそれを曇らせることはできない。だから、そのなかに入っていこうとすれば、ものすごい集中力が必要だわ。その代わり、バッハを弾いた後では（文字通り）心が整理されてる。でも、もうここらへんでやめるわ。だって、あなたにもわかると思うけど、この話もまだ全部おしまいまで考えきってるわけじゃないし、今のまま何か書いても、きっと後悔するわ。だって、私の議論はまだ穴だらけですもの。

昨日のお昼、ディーターと一緒にあなたのご両親をお訪ねしたのよ。梨もぎのお手伝いをしました。でも私もうあのときみたいに高いところに平気でいられなくなっちゃったわ。ズッピンゲンで、下から石を投げて私にあてようとなさったでしょう。あのときは全然目が回るなんてことなかったんだけど。

ウルム発、父宛
一九四二年九月七日

大事なお父さん！

お手紙いただいて、みんな大喜びでした。もっとも、パパの勇気が、いわゆる服役なんかでくじけたりするはずのないことは、前からわかってましたけど。これがパパにとってなくてはならないときなのだし、おそらくは、私たちにはまだ明らかになっていない意味で、一番よいことなのだと、私は確信しています。もっとも、だからって私は、こういうことになった原因の人物の言ったことを、どんなわずかなひとことだって忘れるつもりはないけれど。復讐心なんかじゃありません。そんなのじゃないことは、パパはよくご存じね。

――さて、私たちにいつも最新情報を提供して下さっていたパパがいらっしゃいませんから、私はまじめにニュースを聴いて、ヨーロッパの地図とにらめっこをしています。フランクフルト新聞は届いてるはずだから、大事なことはおわかりですね。――工場動員はもうすぐ折り返し点です。仕事は全然面白くありませんし、たくさんの人間が毎日一〇時間も全精力をあの無味乾燥な仕事に吸いとられつづけているのは言語同断だと思います。みんな夕方にはクタクタでほかのことをやる気力もなくなっているけれど、当然なのよ。たいがいの人は自分を不幸だと思っています。ただ、今は戦時労働だから。いつもこうとは限らないんでしょう。そうであることを祈ります。とにかく、外から見ていただけのときに考えていたより、はるかに深く、あのたくさんの人たちの暮しに胸をつかれました。

前線からは、いい報らせしかきていません。パパにいつかお知らせした、たくさんの友人たちが皆、パパによろしくって。皆で、パパのまわりを守っている心と思いの城壁に加わりますって。おわかりになるわよね、一人ぼっちではいらっしゃらないってこと。私たちの思いは、どんな格子も壁も引き裂いてしまうのだから。思想——！

ソフィーより

ウルム発、父宛

一九四二年九月二二日

大切なパパ！

先週の土曜で私の工場動員は終わりました。パパがそちらへいらしてからちょうど一月ですね。これで、今回の強制休暇が半分すんだということになってくれますように。

リースルが戻って来次第、二人でミュンヒェンに行って、私の部屋の整理と、それから、もし必要のようだったら、ムート教授のところでお手伝いをする予定です。その後何日か山に出かけます。もう人の住んでいない百姓家にこもって、しばらく人間と人間のやっていることから切り離された生活をしてみるつもり。今起こっている信じられないような恐ろしいできごとのすべてに拮抗する自然の秩序に身を浸したいのです。あの山々の無言の大きさと美しさの前にいると、人間が、自分のやっている醜行にこじつけている理由のばかばかしさと気違いじみていることが、いやというほどわかります。人間はもはや、自分で自分のしていることがわかっていない。わけのわからない凶悪な力に駆り立てられているだけなのじゃないか。そんなふうに思えてきてしまう。広い工場で何百という人が機械に取りついているのを見ていたときも同じことを感じました。この人たちは、人間が自分の手で作り出したものでありながら、暴君となりはてたものの力に支配され、服従している。自分ではそれがわかっておらず、ただ何もわからぬままに苦しんでいるのだけれど。そこにある機械は、何か魔物ででもあるような力をおびている——それを本来の機械の立場に戻すには、ただ人間が精神を切り替えればそれで事足りるのに。——山々の上に広がる夕暮れの空を見、やさしい鐘の響きに包まれていると、もっと別の人間の姿が見えてきます。あの山の空気を早く吸いたいな。もしパパがそうできるのだったら私もっとうれしいし、喜んで自分の休暇を犠牲に供するんだけど。今はだめね。でも必ずいつかそういうときがくるわ。
どうぞ元気でいてください

ソフィーより

ミュンヒェン＝ソルン発、オトゥル・アイヒャー宛
一九四二年一〇月九日

オトゥル！

今『創造主と創造』を読んでいます。この本知ってる？ そのなかにね、こういう文章があったの。「天国と永遠の生命の内にすべての悲劇が解消されることだけを認め、地獄と永遠の死の内に全悲劇の解消を見ない弁神論は、神ではなく、無を擁護しているにすぎない」。この文章のおかげで、ずっと以前から解決されないまま残っていた心のなかの問題が、またひどく気になるようになってしまいました。

この主張そのものは確かにその通り正しいと思うの。ただ――地獄のなかですべての悲劇が解消されるってどういうこと？ 自分の兄弟が不幸だってわかっていて、自分だけ幸福でいられるかしら？

いつもわからなかったのよ（わからないのは自分のせいでほかの何もののせいでもないと考えているときには、ということだけれど）。アブラハムの懐に抱かれるようになったラザロが、地獄にいるあの金持の男に、一滴の水さえやろうとしなかったというのが、どうしても理解できなかった。今でもわからない。もしかしてあなたならわかるように説明してくださるかしら。

ラザロには金持が頼んでるのが聞こえなかったのかもしれないわね？

『田舎司祭の日記』の一節にこんなのがあったわ。「永遠の死とはもはや愛せないということである」。

もしかしたら、もはや愛されないことでもあるのかしら？ 私、これはとっても恐ろしくて、たまらないことだと思うの。この問いに対する正しい答えっていうのはなくて、信ずるほかないのかもしれないわね――地獄も天国と同じほどの大いなる神秘なのだから。

まあ、この手紙は「もしかしたら」の連続ね。このもしかしたらをなんとかするのに力を貸してもらえるかしら？ でも、もしかしたらがもしかしたらのままでなくっちゃならないとしても、私自身にとっては、というか、私としては何も疑いはないの。たとえまだ自分の目にはっきり写ってこないとしても、真実を疑えるはずがないじゃないの。

元気で！

ソフィーより

日記

一九四二年一〇月一〇日

祈ろうとするといつも、ことばがこぼれていってしまう。助けてください！　以外には何も言えなくなってしまうのだ。それ以外のことばで祈ることはできない。それはただ私が、あまりにも卑しくて、まともに祈れる段階にも達していないからだ。だから私は祈る。祈ることを教えてくださいと。

なんと私は無為に時を過ごしていることか！　何千という空しい時の粒のなかに、真に生き、残るものはほんの一つ。私はまったく見せかけばかりだ。ということは、自分が好んで見せかけばかりの人間になっているのだ。

今朝シュモレルの家を訪ね、シュリクの部屋に入った。本を捜しに。人間ってなんと自ら欺くことの多いものなのだろう！　何カ月か前私は、自分がシュリクのことを他の人たちよりも好きなのだと思いこんでいた。でもこの妄想は最初の最初からまやかしだったのだ。私はただ見栄から、他人が立派だと思う人間を自分のものにしたいと願ったにすぎない。ああ、自分に自分で愛想がつきる。私が自分のことをどんなに滑稽に歪めて考え、そして――やめよう、これだって、別種の自己弁護にすぎない。

今日、空はなんと美しかったことか。汚れない木々と草花のすばらしさと美しさ。でも、私は喜べなかった。ひそやかな悲しみが心にあふれて。罪の意識もなく罪に引きこまれていくのだ。私の罪に。

ミュンヒェン＝ソルン発、リーサ・レムピス宛

一九四二年一〇月一〇日

リーサ！

去年の今ごろは私たち、ってつまり私と、受けもっていた子どもたちのことだけど、最後の名残りの小春日和があると、砂場にしゃがみこんでいたものだわ。私あのころのこと思い出すのが好きなの。まるでお休みで遊びにいってるみたいだった。私は別にあらかじめカリキュラムなんて考えないで、少人数の子どもたちと遊んでたのよ。自分でも保母っていうよりはむしろ、子どもたちの同類のような気がしてた。ただ年だけは大きいから、羊さんに会いにいくとか、紅葉した森に散歩に行くとかいうときに、行き合う車とぶつからないよ

う気をつける仕事だけは引き受けていたけれど。それだって狭い裏道で車に会うことなんてめったになかったんだから。それに――緑冠亭での食事のことを思い出すと今でも涎が垂れてきちゃうわ。テーブルには白いクロスが掛けてあった。あの町で働いていたユーゴスラヴィア人たちの監督官も同じ店で食事をしてたけど。それから店の人たち。本当に親切だったわ。一度フリッツが訪ねてきたとき、あの人たちは私にするよりもっととっていっていいくらいフリッツに親切にしてくれたし、後で私に、是非一緒におなりなさいと勧めてくれたわ。まるで楽しい、なごやかな、明るい、ちょっとしたお話みたいね。お話のなかで私はしばらくの間、なんにも気にかけなくてもよい女の子の役を演じていられたのよ。少なくとも今の私にはそう思えるの。本当はそんなじゃなかったのよね。でもとにかく、あのころは楽しかったわ。

今だってやっぱり、名残りの陽光を喜んでいるのよ。人間が創ったものでないものがすべて、どうしてこれほど美しいのかと驚嘆の念を禁じえないわ。白い木戸のそばに咲く真赤なダリアも、丈高く、直やかな樅も、黄金の葉を輝くように白い幹の囲りにめぐらし、震わせている白樺も。白樺の白さは、緑と錆色の木々のなかで、一段と冴えわたっている。そして黄金色の日の光。太陽はありとあらゆるものの輝くような彩りを、よりあざやかに照らし出しているわ。燃えあがる夏の太陽なら、自分以外のものすべてを押しひしいでしまったでしょうに。すべてはまったく、驚嘆すべき美しさで、私は、いったい自分がこれに対してどう感じたらよいのかもわからないの。この美しさに純粋の喜びを感ずるほど、私の心はまだ成熟していないわ。私は驚嘆し、うっとりと驚嘆しつづけていられるだけなの。――だって、これは不思議なことではないかしら。理由がわかっていなければ、ほとんどゾッとするほどではないかと思うのよ。どうしてすべてがこれほど美しいのかって。だって、これほど恐ろしいことが起こっているというのに。ありとある美しいものに対する単なる喜びのなかに、何か私の知らない偉大なものを感じずにはいられなくなっています。これはつまり、その美の創造者を感じているということだと思うわ。その方が、罪のない、被造物、生きとし生けるものを、美しさによって賞めておられるのよ。――だから、醜くなりうるのはもともと人間だけなのね。この賞め歌からはずれようという自由意志をもてるのは人間だけだもの。いまや人間は、自分の背いたその賞め歌が聞こえなくなるほどの大きさで大砲を響かせ、ののしり、誹謗できるようになったと得意になっているのかもしれない。でも、この前の春、私ははっきりわかったの。人間にはそんなことできないのよ。だから私は勝者の側にいたいと思って。

もう二、三日ムート家ですることがありそうです。元気でね、またおたよりちょうだい！

ソフィーより

ウルム発、フリッツ・ハルトナーゲル宛
一九四二年一〇月二八日

いとしいフリッツ！

今日お手紙いただきました。本当にうれしかった。ありがとう。上官とよく議論になってしまうっていってらっしゃったでしょう。できることなら私も、その議論に加わって、あなたの弁護をしてあげたいと思います。あなたの上官方の心は、弱肉強食といういわゆる自然法にそれほど抵抗がないのね。私にはそれがとても信じられない。そういう感じ方って、ひどい堕落か、そうでなくともあまり無神経なんじゃないかしら。だって子どもでさえ、力の強い動物が、弱いものをやっつけて、弱い者が殺されるのを見ていると、ひどく嘆き悲しむものだわ。私自身、小さいときからずっと今まで、このいかんともしがたい事実に心を揺すぶられる思いを続けてきたし、悲しくて仕方がなかった。そしてどうやったら世に広がっているこの状況に引きこまれないでいられるのだろうと、ひどく頭を痛めたものだわ。たとえば、ネズミとりにかかった悪気のないネズミを見たりすると、今でも鼻がツンとしてきちゃうの。そういうありさまを目にした後でもほがらかな気持になったし、今でもほがらかでいられるというのは、それは私が忘れてしまうからであって、何の解決にもなっていないのよ。たぶん、地上では、この問題は解決できないんだわ。ローマ人への手紙には、こう書いてある。被造物は、実に切なる思いで神の子たちの出現を待ち望んでいる。なぜなら、被造物が虚無に服したのは、自分の意志によるのでなく、服従させた方によるのであり、かつ被造物自身にも、滅びのなわめから解放されて、神の子たちの栄光の自由に入る望みが残されているからである。——フリッツ、この手紙を読んでしまったら、自分でロマ書のこの章を全部読んでみて。今すぐでもいいわ。章のはじめのこのすばらしいことばをごらんなさいな。なぜなら、キリスト・イエスにあるいのちの御霊の法則は、罪と死との法則からあなたを解放したからである——このことを知らず、信じてもいない人ってとても、どうしようもなく貧しいんだと思わない？　この人たちはこんなに貧しいのだから（そして私たち自身、とても弱いのだから。だって、私たちだけだとしたら、いったいどれほどの者だといえる）、この人たちの愚かな高慢ぶりにひどく腹が立っても、我慢強く接してあげなくちゃならないのよ。その人たちが力の勝利を信じるというのだったら、あなたは、人間とけものがまったく同列だと思うのか、それとも人間は、幾分かは精神の世界に関わっていると思うか、と尋ねてみればいいんだわ。そう尋ねれば、この人たちは高慢のあまり、後の方だと答えるに決まっている。そうしたら、肉の勝利、精神の世界内で道理を踏みにじって単なる暴力が勝利を得るのは、屈辱的なことだと思わないのかと尋ねましょう。この世界では肉の世界と異なった法が通用するのではないかと。病んだ発明家や、いかがわしい技術などと関わりのない世界の話をするとすれば、病んだ詩人や哲学者は、頭のカラッポな運動選手ほどの意味も認められず、軽んじられるということになってしまいはしないか。一人のヘルダーリンは一人のシュメーリンクに強かないということになるのか（こんなことをいうのをヘルダーリンが赦してくれますように。自分でいってってもつらいわ）。確かに私たちも、強き者の勝利を信じてはいるけれど、それは、精神において強き者のことなのよ。この精神における勝利は、私たちのこの限りある（確かに美しくはあるけれど、間違いなく小さなものでしかない）世界とは別の世界でこそ偉大なものと認められることになるのかもしれない。いえ確かに、この世界でもちゃんと勝利は勝利として認められるでしょうけれど、でもきっと、明るく光り輝く勝利として、あらゆる人に顕彰されるようになるのは、この世でではないわ。でもだからといって、その勝利のすばらしさがみじんも減るわけではないわね。

もし、あの高慢な人たちが、神の創られたものだから、自然は善きものであるというとしたら、その人たちは、神が「まことに善い」とお認めになった創造の御技の後で、人間と、そして同時に自然のすべてが、堕落してしまったことを忘れているのよ。どうしてここで突然、神のいわれたことをその通りありがたがったりできるのかしら！　だって、弱い国に強力な軍隊が押し入って、それを滅ぼしてしまうのをよいことだなんて思えるとは、絶対に信じられないわ。つねに強い者が勝つことを喜んでいる、一番どうしようもない意地の悪い人だって、それがよいとは思わないはずよ。無体な暴力の支配は精神を滅亡させるか、そうでなくても隠蔽してしまう。――そうなった方がいいのかしら、あなたと口げんかをする人たちは？　ああ、なんて情ない！　新しい者が生れるためには犠牲が必要だなんていうのは単なる感傷よ。生命のないところから生命は生れないわ。それとも誰か、死んだ母親が子どもを生むのを見たことがある？　それとも、そこに存在し、それなりの運命を負っている以上もしかしたら生きているといわなければいけないかもしれない石ころが、自分で増えていったことがあって？　死からしか生は生れないという文章が、どれほど矛盾したことをいっているか、考えてみたことがないのね。自己保存の衝動だけはあるから、自分が滅ぶかもしれないようなことに対しては抵抗するくせに。精神の世界、罪と死の法を越えた世界のことなんて全然わかっていないのね。

あなたまでが、ときとして晩カジノに行ったりすることがあるなんて、あまりだわ。そしてあまり滑稽だわ。こんなことがすべてすんでしまったら、あなたはどれほど気が楽になることか。私たちみんな、きっとホッとするわね。でも、もうすぐよ。

クリスマスには休みがもらえるんでしょう？　ハンスはとにかく戻ってくるし、ヴェルナーもたぶん戻れそうよ。まだ年次休暇が残っているんでしょう？　全部は取っていなかったはずよね。もし来てくれるんだったら本当にうれしいんだけど。

もう一つ。まだ小包切符を送ってくれないのね。怒っちゃうわよ！　他の人たちは送ってきてくれてるのに、どうしてあなたは送ってくれないの？　ヴェルナーのを一つ使わなきゃいけなくなっちゃうでしょ。そうでないとあなたにクリスマスプレゼントを送れないんだから。わかった？　小包切符くらい手に入れられないことはないはずでしょ。

さて、仲直りしておしまいにしましょう。思いをこめて

あなたのソフィーより

ウルム発、フリッツ・ハルトナーゲル宛
一九四二年一一月四日

いとしいフリッツ！

昨日書いた手紙はなかなか着かないでしょうから、今日もお便りすることにしました。つまり、昨日書いた手紙は、待降節のプレゼントの包みのなかに入れたの。ヴェルナーの小包切符のおかげで送れたんですからね。もう何週間も前にア

ドヴェントクランツを作っておいたのよ。樅の枝を取りに行った日にはヴァルデマーが手伝ってくれたわ。二人でクロースターヴァルトに行ったんだけれど、とてもよく晴れた日で、まだとてもクリスマスのことなんて考えられないような明るい昼だった。でも晩には玄関に集まってたくさんアドヴェントクランツを作ったのよ。そして、まだ一〇月だったけれど、クリスマスキャロルもたくさん歌ったわ。でもやっぱりちょっと変だった。別に時期が早すぎるからじゃなくて、インゲがあまり笑いころげて、Wは横に座って知らん顔してたりするから。〔……〕 私はWとはほとんどしゃべらなかったわ。だいたいインゲに任せといたの。それでも私の考えが全然彼に影響しなかったというわけじゃなさそうだわ。——新しく人とつき合いはじめるって、すばらしく大変なことね。宣戦布告と同時に愛の告白でもあるわけだもの。

もうずいぶん長い間手紙をくださらないのね。毎日郵便受けを見てはガッカリして、でも打ちのめされはせずに戻ってくるの。そんなに忙しいのかしら?

このごろね、戦争がすんだら、あなたがどんな仕事に就くのがいいかすごく考えてるのよ。まだお金が通用する世の中なのだとすれば、あなたがいつかいってらした養鶏場がよさそうな気もするわ。私自身は養鶏場よりも普通の農場がいいと思うけど。農業をやるんだったら三年間養成教育を受けなくちゃね。まだまだいろいろ考えてるんだから。何か始めれば、あなたは必ず成功なさるのは、心配なしでしょう(私、絶対大丈夫だって信じてるの)。

でもまず私と、みんなが心配しないですむように、お手紙ちょうだい。

でも、何がどうなろうと、私たち二人とも喜んでいましょうね。私たち二人がともに立っている基盤は、私たちを必ず、間違いなく結びつけてくれるのだから。

心からの思いと願いを

ソフィーより

ウルム発、フリッツ・ハルトナーゲル宛

一九四二年一一月六日

まだお手紙いただけないのね。あなたが黙っていらっしゃるんなら、そのぶん私がお手紙しなくちゃ。だから今日もお便りしますね。こうして、ちょっとピアノを弾いた後、ろうそくの光の下で、そして樅の枝のかぐわしい匂いに包まれながら。短いお手紙だけど。駅のポストにこれを入れにいく間も、あなたのことを考えています。道は暗くて、星の光もはかばかしく届かないけれど、でも今日も星は雲の切れ目から私たちを見下ろしてくれている。あなたのことも！　こうして味方してくれている星たちもなかったら、気落ちしてしまうかもしれないわね。だって、つらいことはたくさんあるんですもの。

こっちにいるすべての同朋から、あなたに心からよろしく。

善いことがたくさんありますように！

あなたのソフィー

ウルム発、フリッツ・ハルトナーゲル宛
一九四二年一一月七日

いとしいフリッツ！

今晩ハンスはロシアから戻ってくるのよ。私は大いに喜んでいいはずだし、実際喜んでいて、私たちがミュンヒェンでともに過す日のことを考えたりもしています。私たちの小さな部屋で過す、実り豊かなものになるはずの日。

でもやっぱり、ひたすら喜ぶっていうわけにはいかないの。私たちがこうして不安な日を生きていかなくちゃならない、明日のため楽しい計画もできず、次の日はどうなるのかとおびえていなければならないことが、昼も夜も心を離れず、全然安らかになれないの。いつになったら、どうでもいいようなことに力を費やし、気を使って、あくせくしなくても暮していけるようになるのかしら。たった一言しゃべるにも、口に出す前にあらゆる方向から調べてみて、どこにも疑わしそうな点はないと確認しなくちゃならない。人は信頼するより、むしろ、注意して、疑ってかからなくちゃならない。こんな生活はとてもくたびれるし、ときにはいやになるわ。ああ、でも、そんなことといっちゃいけない。自分の勇気を挫けさせたりはしないわ。私は決して、こんなくだらないことに負けたりしない、だって、全然違う、誰にも指一本触れさせない喜びがあるのだから。その喜びのことを思えば、また力が湧いてくる。そして私と同じように圧しひしがれている人たちに、励ましのことばをかけてあげたくなるの。

あなたからはずいぶん長い間お手紙がこないから、いろんなことを考えてしまいます。〔……〕

またあなたと一緒に森に行けるといいんだけど。それとも、森じゃなくても、どこでもかまわないわ。でも、まだ先

の話でしょうね。ありえないことじゃないにしても。今のところ便箋一枚でやめておかなくっちゃ。心からの思いをこめて

あなたのソフィーより

一二月一日から私の住所はミュンヒェン一三、フランツ＝ヨーゼフ通り、一三b裏、シュミット博士夫人方になります。

ウルム発、フリッツ・ハルトナーゲル宛
一九四二年一一月一八日

本当は昨日の晩お手紙するつもりだったの。でもくだらない用ができて。あなたにはわかっていただけないでしょうよ、どれほどあなたからのお手紙を待っていたか、そして待っていた間どれほど不安な思いに駆られ、いろいろ気を回していたか。つい手紙を書くのがおっくうで、ではすまないと思うわ。でも、とにかく、あなたはお元気なのね。少なくとも変わりなくしていらっしゃるのね。あなたが、あなたの仕事と隔離された環境のなかで（もう五年か、それ以上になるでしょう）どうしても避けることのできない心の荒廃に負けまいと決心していらっしゃるのが、私とてもうれしい。もし私にそれができるのだったら、私はやむことなくあなたをついて、あなたが陥ってしまうかもしれない無関心から起こしてあげたいと思っているのよ。私のことを考えてくださるのが、無関心に対する絶えざる抵抗になればと願っています。

そうだわ、どこか教会に行って、聖餐を受けられないのかしら。きっと慰めと力を与えてくれると思うんだけれど。

心の荒廃に対抗するには祈りしかないのよ。たとえどれほど貧しく、ささやかな祈りでも。

ブルームベルクでのあの晩にもお話ししたけれど、何度でも繰り返していうわ。あなたにも、私自身にも。私たちは祈らなければ、お互いに祈らなくちゃならないのよ。もしあなたがここにいらっしゃるんだったら、私、あなたと一緒に手を合わせて祈るわ。私たちは哀れな子ども、力ない罪人なんですもの。ああ、フリッツ、私もう書けない。わかってくださるかしら、私みたいな者が偉そうに何か言うのは、とんでもなく滑稽なんですもの。まるで水に溺れかかっている人が、助けてと叫ぶ代わりに、科学か、哲学か、神学か、そんなようなことを問題にして話しはじめるようなものだわ。海の底から得体のしれないものの腕が伸びてきて、自分の脚や腕にからみつき、水のなかにひきずりこもうとしているとい

うのに。ただそれだけなの。私は不安で、自分のなかにも周囲にも、ただ不安と恐れしか見つけられない。この恐れを解いてくださる方だけを待ちこがれているの。

私はまだ神からはるか離れたところにいます。祈っていてさえ、神を感じることもできない。それどころか、神の名を口に出すと、虚無の奈落に落ちこんでいってしまいそうな気がすることさえよくあるの。それが、ちっともゾッとすることでもなく、目がくらむようでもない。なんでもないの——そしてそれこそ恐ろしいことだわ。でも、これに対抗する手だては祈りしかないのよ。私のなかに、どれほどたくさんの悪魔がいて、あばれ回ろうと、私は神がイエス・キリストを通して投げ与えてくださった綱にしがみついているしかないわ。私の手は痺れて、もう自分が綱を握っているのかどうかもわからなくなってしまっているけれど。

お願いよ。祈るとき、私のことを覚えていて、私も、あなたのことは忘れないから。

あなたのソフィー

ウルム発、フリッツ・ハルトナーゲル宛

一九四二年一一月一九日

いとしいフリッツ!

今日父に通知がきたわ。政治的に信頼すべからざる人物であるがゆえに、従来の業務を続けることは許可できないって。たぶんこうなるとは思っていたけれど、一番の大口の依頼主三〇人の署名をいただいていたから(ウルムの地区役所長もいたのよ)、もしかしたらうまくいくかなっていう気もちょっとはあったの。ただし、この営業停止は、このあいだの父の裁判とは関係ないのよ。こちらの命令は党からの指令で、NS-権利擁護同盟から出たの。

もちろん大打撃です。戦争はいつまで続くかわからない以上、これは本当に大変なことだわ。会計士の収入だけで(会計士として仕事をすることは許されたので)これだけ大人数の家族を養い、大学へやり、その上、こんな家賃の高い家を借りつづけるなんて。でも父は、戦争が終わるまで、それが今年であろうと、もっと長くかかろうと、この家を手放す気はないようです。

あなたはいつか、お金のことで手伝えることがあったらといってくださったわね。——たぶんお願いしなくちゃいけなくなるかもしれないわ。〔……〕

二、三日前からハンスとシュリクが来てるの。来週からま

た皆で大学に戻るわ。これからは倹約を旨としなくちゃ。私
喜んでそうするつもりよ。

皆からよろしくって、とくに私からね。

あなたのソフィー

〔P.S.〕封筒を一包み送って下されない？

ミュンヒェン発、リーサ・レムピス宛
一九四二年一二月一七日

リーサ！

長いことあなたから手紙がくるかなと待っていたのに。手紙を書かないのは学校とグストのことで忙しいからだけなんでしょうね。

たぶん月曜の昼、シュトゥットガルトに行くことになると思うわ（家には秘密よ！）。会えるかしら。学校に電話するわ。

じゃあそれまで、元気でね！

ウルム発、フリッツ・ハルトナーゲル宛
一九四二年一二月三〇日

久しぶりに家に戻って、静かな晩を過しています。ラジオで昔の音楽を聴きました。感覚を鎮め、もつれ、乱れた心をほぐし、なだめてくれる音楽。この美しさが害になることはないわ。純粋な精神、澄んだ、ときに数学的なまでに明澄な精神の息吹きを呼吸しているんですもの。近代の音楽はどれも純粋とはいえないわ。それを理解するには画像が必要ですもの。つまり、もう本来の音楽の領域を離れてしまっているのね。でもだからって、近代音楽を認めないわけじゃないわ。どうして認めていけないわけがある？　音で描いた絵だって好きよ。たとえばサン・サーンスとか。でもそういう音楽はモーツァルトには及ばないし、ましてやバッハなどとは比べられないと私には思えるの。

この写真はたぶん一年ほど前のものよ。ハンスのアルバムに貼ってあったのを引きはがしたの。だってなんともとんでもない格好をしてるんだもの。顔だけはまともに写っているから、あなたにあげる。もっとも、今の私とはちょっと違うけど。私の髪はもう肩に届きそうよ。リースルが切ってくれなければね。

去年みたいにまた街を一緒に歩ければいいのに。フライブルクじゃなくてもいいから。今晩はあのときのことをひどく思い出すの。なぜって、あの日と同じように合成底の靴で新

雪の上を歩いて、ひどくひっくり返ったから。

心から！

あなたのソフィー

兄妹は珍しく新年にかけて山に出かけず、一月六日の講義再開まで休日をウルムで過した。

ウルム発、フリッツ・ハルトナーゲル宛

一九四三年一月一日

いとしいフリッツ！

今日は皆でガイスリンゲンまで足を伸ばして、すてきな散歩をしてきたのよ。山裾をめぐる明るいブナの林のなかの道を、真白な新雪が覆っていたわ。あんなふうに輝くようにまぶしい昼間、雪のなかにいると、途方もなく気が大きくなって、大騒ぎをしてバカなことを始めてしまうのね。まるで中学生みたいに。私たちの方がそうやってはしゃぎ回っている間に日が落ちはじめて、雪に覆われた森や、背の高い細長い家々の間から黄昏が迫り、あたりはまったく逆の雰囲気に変わりました。ちょうどクリスマス前のような、何かをうやうやしく待ち望んでいる静けさに。

私は今ハンスと同じ屋根裏の小部屋で寝ているのだけれど、眠り込む前に二人のどちらからともなくポツリ、ポツリと話をすることがあるの。その一日振り返ってみて、どういうことがあったかとか、話をしたり、読んだりしたことから新たに生れてきた疑問だとか。昨日の夜ハンスは（今私がライプニッツの弁神論を読んでいるので）ライプニッツは神の全能に制限を加えた最初の人間だと言い出したの。ライプニッツの言によれば、神は善しか行わず、悪なるものを行うことが**できない**のだからって。私は、それは「できない」んじゃなくて「しない」のだと言ったの。でも、これはちょっと持ちこたえられなかったから、こういうたとえを使ったの。悪であることに関する神の無能力は、賢者が愚かであることについて無能であるに等しいって。ハンスはこのたとえを認めようとしなかったけれど、私はこれはやっぱり正しいのじゃないかと思うわ。神が善でないなら、智恵ある者でもないことになるし、逆も同じ。神の欠点は欠点をもちえないというところなのよ。

ああ、でもこんなこと、戦闘のさなかで読むあなたには、どんな感じがするでしょう。私の心はあなたのそばにいるのよ。可能な限り！

あなたのソフィー

ウルム発、フリッツ・ハルトナーゲル宛
一九四三年一月三日

いとしいフリッツ！

もしかすると航空便の方が確実に届くかもしれないわね。だから、まだ残っているところにもちゃんと書いておくことにします。このごろ一所懸命ニュースを聴いているのよ。あなたがだいたいどこらあたりにいらっしゃるかわかったから。元気でいらして、戦闘騒ぎやみじめなありさまが、あなたを自分の決めた正しい軌道から脱線させたりしていないといいんだけど。ええ、私にだってわかるわ。みじめなありさまは人を鈍くしがちですものね。でも、忘れないで。Un esprit dur, du coeur *tendre*！（堅キ精神柔キ心！）私よくみじめな気持になるのよ。すべての苦しみが私のなかを通っていってくれないから。少なくとも、ゆえもなく私よりも苦しむことを余儀なくされている人から、自分の分の苦しみは取りのけてあげられるはずなのに。私はこのごろ本当にしょっちゅうあなたのことを考えていて、なんだかあなたに会ったんじゃなかったかしらと思うこともよくあるくらい。だけどやっぱり繰り返し、今あなたはどうしていらっしゃるかなあって、心配している。あなたは、一人の人間の生命がどれほど重いものかよくわかってらっしゃるでしょう。と同時に、その生命をはかり皿に投げこむのはどういう理由あってのことなのかもわかっていなければならないはずね。あなたの負っていらっしゃる責任のなんと重いことかしら！　でも、あなたは力を汲み出すべき泉をご存じですものね。

神の御心のままに！

あなたのソフィー

ミュンヒェン発、姉インゲ宛
一九四三年一月一二日

〔……〕家とここの間の調節は、ちょっぴり大変です。ママがこまごまとやってくださるいろんなことのすべてと、姉さんたちがいつも一緒にいてくださることに甘えるのをやめて（おなかのことでもそうよ。こっちではちゃんと働くんですから）自分の自律性と、ある意味での孤独に慣れる。これにはいつでも何日かかかるの。

ガイヤーさんはもうアイケマイヤーのアトリエに引越しました。たぶん夜分によく一緒になることでしょう。あの人

がいてくださると大変落ち着きます。いてくださるだけでなんとなく信頼感を起こさせる人なのね。〔……〕

日記

一九四三年一月一二日

予定説と自由意志、見たところ決して宥和すべからざる二つの対立概念——でもこの二つが以前のようにひどい痛みを起こすことはない。今でもやっぱり説明はつけられないのだが。神が全知でいますこと。私はそれを信じている。その信仰からの当然の帰結として、神は一人一人の人間が死後どうなるかまで知っておられるということになる。私たちすべてについて、世の終わるときどうなるか。終わりなく限りなき神であれば、当然そのはずでもある。私に自由意志があることを私は感じる。私以外の誰も私に向ってその存在を証明できはしない。私にわからないのは地獄なのだ。アブラハムの懐に抱かれるようになったラザロが自分は限りなく豊かにもちながら、地獄にいる金持に、渇きをいやすべく一滴の水も与えようとはしないというのがわからない。

あらかじめ決まっているのと、前からわかっているのとは違うのだ。あらかじめ決まってしまっているとすると、これは私にとって、自由意志とはたいへん組み合わせにくい、ほとんど統一不可能な状態のように思える。前からわかっているという方がずっとましだ。もっともこちらにしても、理解できない神秘であるには違いないけれど。ところで「前からわかっている」というのは人間らしいいい方だ。神は人間の時間に縛られる方ではないのだから「前から」というのは余計で、ただわかっているといった方がよい。

日記

一九四三年一月一三日

一人になるや否や、一種の悲しみが、すべての行動の意欲のなかに押し入ってくる。本を手に取っても、本が読みたいからではなく、まるで他人が本を取ったようだ。この恐ろしい状態に対して効果があるのはただ一つだ。

一番ひどい痛み、単なる肉体的な激痛であっても、この空しい静寂よりははるかにましだ。

ミュンヒェン発、オトゥル・アイヒャー宛

一九四三年一月一九日

オトゥル！

お手紙しないでごめんなさい。そしてこれも、まともな手紙とはいえないけど、許してください。私ちょっと気分がバラバラなの。今までこんなふうになったことって一度もないんだけど。考えがあっちへ行ったりこっちへ行ったりしてしまって、自分でもちゃんと収まりがつけられないの。ひどく頭痛がするから、もしかするとそのせいかもしれません。少なくとも一部は。でもまた元気になるわ。自分に腹を立てないようにしなくてはね。

私が何かわかるというときには、まずあらかじめその何かが私のなかで育たなくちゃならないの。それからそれがおもむろに開いていくの。一枚一枚。そういう形で、永遠の秩序っていう概念、あるものが他のものの上に立っている、あの秩序の概念も、突然、以前あれほど激しく拒絶したときほど、不条理なものに思えなくなりました。むしろ、それはまったく正しいんじゃないかと思うようになったわ。実は自分のことでそれに気づかされることがあって。以前自分にはないと思っていた特性、つまり野心のことなの。私は野心というのが本当に嫌いで、ほんのわずかも認めなかった。野心こそ、すべての秩序をひっくり返して、自分を、本来ならばふさわしくもないような地位につけようとするものだから。ところが、急に、それに気づいてゾッとしたんだけれど、私がこれまで見たところよいことをやってきたのは、善を行うためではなく、他の人からよい人間だと思われたかったからなのよ。別のいい方をすると、競走する者が他人より早く走ろうとするのと同じように、よい人間になろうとしていたんだわ。自分の見栄で。ほかの人の方が早いと認めて、自分は二位なり二〇位なりの位置に、正しく悪びれずにつくなんてことはできなかったの。

それとも私がここに書いてることは間違ってるかしら。いま私この問題とひどくぶつかっているの。次から次へと自分自身に衝突せざるをえないことが続くものだから。誘惑の瞬間しか知らない人がいるなんて、とても信じられないわ。私は瞬間的に、よくものが見えることがあって、それはとてもありがたい。でもそれ以外のときには、みじめなありさまなのよ。

でも、もうしゃべらなくてもいいことまでしゃべってしまったような気がしているわ。私がこのごろ手紙を書くのがいやなのは、そのせいもあるの。わけがわかって、他の人の役に立つような形で何かが書けることってないんですもの。

あなたはお元気でしょうね。休暇が早くもらえるといいわね。また、皆で一緒に、ほんのしばらくでもいいから、おしゃべりがしたいもの。

今日はこれまで、どうぞお元気で

ソフィーより

ミュンヒェン発、リーサ・レムピス宛
一九四三年二月二日

リーサ!

出窓には雨滴がしたたり、壁では目に見えない時計が音を立てている。化物時計のように。その音が聞こえてくるのはごくまれで、ほとんどは真夜中に近い。聞こえてくるときも、あるときはゆるやかに、そして徐々に早く、早くなり、と思うと止まるかと思うほどゆるやかになる。いくつもの時計が交錯して動いているように思えることもある。と思うと何時間もきちんと規則正しく鳴りもする。まともな市民向きの時計のように。でもたぶんそれは時計じゃなくてスチームの配管だと思うわ。時計だとしか思えないような音がするけど。スタンドは小さな光の輪を投げています。一枚の紙全体が入るか入らないかくらいの大きさの光の輪。手紙を書くには最適の条件のようでしょう。でも外的な条件でしかないのよね。それ以外の条件は、現在のところよくないわ。私は全然集中できないの。こんなことってなかったわ(一度、ひどく恋に溺れたとき、そうなったことがあるけど、今は恋なんかしてるんじゃないもの)。自分では今のところこれは頭痛のせいだと言うことが多いけれど、もちろんそうじゃないわ。でも、自分に腹を立てずにいることも、どうやら学べました。

以前よく、こんなふうになればいいと思ってたことがあったわねえ、あなたが罪なくして苦しんでいる木の話をしたときだったかしら。ただ一本の木か、むしろ木っ端でありたいって。私、ずいぶん以前からよくそんなことを考えていたものだけれど、でも今は、そんな願いを思い出したりしないように気をつけているの。これはつまり、存在しないことを最高に完成された形として求める疲労感に負けてしまうということだもの。別にその感じを克服したからじゃないのよ。むしろ逆なの。私はしょっちゅうほとんどひっきりなしに悲しみに落ちこんでしまって、それがいい気持のような感じさえしかねないありさまだわ。そんなふうになったことある?とても危険な状態よ。むしろ罪だわ。自分の苦痛を大切にするなんて。ある女の神秘家がいったことだけれど、こういうのを知ってる。たぶん正しいと思うわ。神を讃えるとき、何の歓びも覚えない。私は神を讃える。それは私が神を讃えたいからだって。とてもよくわかるわ。

こんな手紙書いてしまって恥ずかしいんだけれど、でも、私がどういうことになっているのか、あなたにわかっていてもらっちゃいけないということもないだろうし、それに、今の私の頭の状態では、何かほかのことを書こうとしても無理なのよ。私、あなたにしかこんなこと書かないんだし、だから、この手紙は捨ててくれた方がありがたいんだけど。

フリッツから一月一七日付の手紙がきてるの。あの人の中隊も全滅ですって、捕虜になるか死ぬかしか残されていないのよ。マイナス三〇度の戸外に何週間も朝夜通していたせいで、両手が凍傷になったと書いてあるわ。もしかするとこれがあの人からくる最後の手紙になるかもしれない（あの人はそう思っているみたい）。確かに、戦争もそろそろおしまいに近づきつつあるのね。

グストにもどうぞよろしく

ソフィーより

もう手紙を封筒に入れてたんだけれど、家から電話でね。フリッツはスタリノの衛戍病院にいるんですって。手の指を二、三本、もしかするとかかとも切除しなくちゃならないだろうけれど。でも生きてて くれたのよ。ああ神さま、ありがとうございます！

この手紙の書かれた二日後、軍総司令部はスターリングラードに集結していたドイツ軍部隊の降伏を発表した。

フリッツ・ハルトナーゲルはスタリノからレムベルクの衛戍病院に移された。ソフィー・ショルは、病気の母親を手伝うため、二月五日から一五日まで、再びウルムに戻っていたが、やっと、相手が確実に生きており、手紙を読んでもらえると確信して手紙を書けるようになったわけである。

ウルム発、フリッツ・ハルトナーゲル宛

一九四三年二月七日

いとしいフリッツ

あなたのお誕生日の日にはヘッカーさんが来てました。とても心に残る時間を過せました。ヘッカーさんのしゃべることばは、ゆっくりと、まるで水滴のように落ちてくるのね。それが徐々に集ってきて、ふくらんでいくのが見えるのよ。そして、そろそろ落ちてくるかなあと思っていると、ちょうどそこにズシリと来るような重みで落ちてくるの。とても静

かな表情の人で、まるで自分の内側を見ているようなまなざしをしているのね。容貌があれほど人を納得させられる人ってほかに知らないわ。

いまオトゥルが賜暇で戻っています。この何日か毎日何時間もオトゥルのところに行ってます。私彫塑のモデルになってあげてるのよ。で今度は、私の方がオトゥルをモデルにしてやってみたくなって、腕がウズウズしているところ。楽しみだわ。鵝ペンだの鉛筆だのっていうのは、顔の表情を掴むには早すぎて不向きなのよ。そういうもので描くこともあるけれど、でも粘土をさわっているときのしっかりした感じはどうしてもないわ。むしろ思わぬものが描けてしまいそうになるの。

あなたから早く何か言ってらっしゃらないかと首を長くして待っています。ちゃんと移送されたんでしょう。私の近くに来られるように希望を出すことくらいはできるんでしょう。まだ自由な間(ほんとに少ししかないけど)、あなたのところに行かれるように。今から、あなたに会えるときのことを考えて、喜びで胸をふくらませているのよ。毎分毎分新しい計画を思いついちゃうの。堆肥の山の上に生える雑草ってところね。ただこの雑草は、ありとあらゆる色に輝いてるわ。でも、ちゃんとおとなしくしますから、こわがらないで大丈夫。

何度も何度もごあいさつ。心から

あなたのソフィー

ウルム発、フリッツ・ハルトナーゲル宛

一九四三年二月一〇日

私のいとしいフリッツ!

あなたのママが電話で教えてくださった住所で大丈夫なんでしょうね。やっとこちらの世界から、あなたに何か届くようになるわけね。まず何よりも、心からお帰りなさいを言いましょう。あんなに長い間、遠くに行ってらしたのだもの。今度お目にかかるのは、これまでのとは全然違うみたい。だって、これからもうずっとそこにいてくださるような気がするんだもの。これまで、何を考えても戦争のせいでだめになっちゃうから、何の計画も立てられないでいたでしょう。いまや、長い暖かい雨季の後ジャングルに花が咲き乱れるように、いろんな計画が湧き出してくるのよ。色とりどりに、ものすごい勢いで。どれも全然ひどい計画じゃないような気がしちゃう。何でもできるんじゃないかと思っちゃうのね。

ごめんなさい、こんな先走った話ばっかりして、ものの軽重をわきまえないままで。本当はね、あなたが戻っていらっしゃるまで何も書かないでいたいくらいなの。だって私はもう我慢しきれなくて、明日にでもあなたに会いたいわ。あなたは、それは無理のようだと書いてらしたけど。でも私あきらめないわよ。

手がまだいうことをきいてくれないわ。山のように洗濯物をしぼりつづけてたものだから、熱くなって、震えちゃうの。私今週は家事手伝いをしているのよ。母もインゲも半病人なものだから（嘔吐と下痢でね）。来週の日曜には洗礼があるし。あらあなたはまだたぶんご存じじゃなかったわね。五カ月前から〔……〕ていうご婦人が家に下宿していて、赤ちゃんが生れたの。その赤ん坊の洗礼があるのよ。でもそれは別に大したことじゃないわ。

できるだけ早くお手紙くださいね。ちゃんと詳しい住所と、あなたがこちらへいらっしゃれそうな日と、私がそちらへ行った方がいいかどうかとかそのほかなんでも私が知りたくてたまらないこと全部。

本当にごめんなさい、こんなにはしゃいでしまって。いやな思いをなさいませんでしたように。早く元気になってね。いとしい人へ、心をこめて

あなたのソフィー

ウルム発、フリッツ・ハルトナーゲル宛
一九四三年二月一三日

いとしいフリッツ！

毎日私郵便受けまで走っていくのよ。自分で見にいくと、もしかして私に何かきてるんじゃないかと思って。これまでのところ私の願いは裏切られつづけています。でもたぶん今あなたはまだ字なんて書けないのよね、ひどい凍傷だったんだもの。

こちらはまるで四月の陽気よ。雪と太陽の光線が攻守所を替えていて、白状すると、別に何の理由もないのに、ひどく子どもっぽい気分でいるの。きっとこれまでずっと我慢しつづけてきた反動で、色とりどりの将来の夢が次から次に浮かんでくるんだと思うわ。ありがたいことに、私には、これが毒にもならないけれど薬にもならないことがわかってる。そうでなければたぶん、他の人たちと一緒になって夢に溺れ、夢が実現できそうだからって、もうすぐ戦争も終わりだと喜んだりすることになると思うわ。でも私はそんな理由で喜ん

でるんじゃない。絶対違うの。

もしかすると来学期も勤労動員に行かなくちゃならないかもしれないわ。私はそれほどいやじゃありません。だって、まだ苦しまなければならないと思っているから（ちょっと大げさね。でも少なくとも、まだ問題をもっと直接に感じていたいとは思っています）、ずっと。

わかってくださるかしら。ともに苦しむなんていっても、自分の肉体が実際に痛まなければ、そんなことはとても難しくて、ただのお題目になりがちでしょう。

またあなたとお話ができる日を、どれほど楽しみにしていることか。だって、書けることって、これまでの時間にゆっくり広がってきた話題の広さと大きさからみれば、ほんの一滴でしかないんですもの。

そちらに会いにいきましょうか？　そう書いてくださりさえすれば、飛んでいくわ。

心から

あなたのソフィー

二月一四日、あるいは、おそらく正確には一五日、ソフィー・ショルはミュンヒェンに戻った。二月一六日には――ミュンヒェンの書籍商ヨーゼフ・ゾェーンゲンの報告によれば――最後のビラ「同朋学生諸君！　同朋女子学生諸君！」はすでにでき上っていた。二月一六日および一七日ソフィーが最も親しい人たちに最後の手紙を書いたとき、このビラのことはわかっていたものと考えられる。

ミュンヒェン発、フリッツ・ハルトナーゲル宛
一九四三年二月一六日

いとしいフリッツ！

また講義に走っていかなくちゃいけないけれど、その前にちょっとごあいさつ。もう書いたわよね、一〇日間家に戻って手伝いをしてたって。家にいると、確かに私は自分の仕事ができなくなっちゃうんだけれど、でも、とてもホッとするの。もしかすると私が行くたびに父が大喜びしてくれて、こっちに戻るというとひどくせつながるし、母は母でとってもこまごまと気をつかってくれる、ただそれだけのことなのかもしれないけど。でも、この愛情、本当に何の報いも求めない愛情って、とてもすばらしいものだと思うわ。私に与えられているもののうちで、一番すばらしいものなんじゃないかと思うの。

ウルムからミュンヒェンに着くまでの一五〇キロメートルの間に、私は全然別の人間になるのよ。自分でも驚いてしまうけれど。何もできない、甘ったれた子どもから、自分の足で立つ人間に変身するわけ。こうして一人になるのはいいことなんだわ。ときにあまり幸せじゃないような気分になっても。私って本当に、人間に甘えているのね。でも本当に守られていると感じられるのは、無私の愛があるとわかるところでだけなの。そして、そういうところってそれほどないわね。

お元気？　スタリノからのお手紙をいただいてからもう二週間になります。だから、あなたに手紙を書いてても、ちょっと心配なの。だって、あなたがどういう状態でいらっしゃるかわからないでしょう。だからあなたに、どういう気持で接してあげればいいのかもわからない。でも絶対間違いない。変わりません。いつでもあなたに愛と感謝の気持を抱いています。

あなたのソフィー

ミュンヒェン発、リーサ・レムピス宛
一九四三年二月一七日

リーサ！

今、蓄音機で『鱒』の五重奏を聴いているの。アンダンティーノのところが聴こえてくると、鱒になりたいような気分になっちゃうわ。喜んで笑わずにいられません。心が重く沈んで悲しく、空に浮かぶ春の雲も、芽吹きかけた木の枝が若い太陽の光に輝きつつ揺れているのも、はかばかしく目に入らなかったのだけれど。ああ、でももう大丈夫、本当に心から春がくるのを喜べる気持になったわ。このシューベルトの作品からは文字通り空気を感じ、香りを嗅ぎとり、鳥たちと全被造物の歓声を聴きとれるのね。ピアノで繰り返される主題——まるで冷たく澄んだ泡立つ水のよう。ああなんてすばらしい。

またお手紙ちょうだいね。

心から！

あなたのソフィー

この手紙が書かれた次の日、ソフィー・ショルは——兄とともに——ミュンヒェン大学構内で逮捕された。兄妹は二月一六日に印刷されたビラを教室前に置き、最後に残ったものを階下のホールに向って中二階の踊り場から撒いたのである。

ソフィーおよびハンス・ショルは、友人クリストフ・プロープストとともに、一九四三年二月二二日、ミュンヒェン＝シュターデルハイムの監獄内で死んだ。

あとがき

本書に収めた手稿、書簡はインゲ・アイヒャー＝ショルが長年にわたって収集した、ほぼ七〇〇に及ぶ文書中から選んだもので、資料全体のおよそ半分にあたる。ただし、アイヒャー＝ショルの努力によってアルゴイのローティスに保管されるようになったこの一次資料そのものも、――相当大部ではあるとしても――ショル兄妹の書簡の全体ではないことを断っておかねばならない。「白バラ」の壊滅後、多くの書簡は、発見を恐れた受け取り人の手によって破棄された。なお――かなり多くの――遺族の手に戻ってきていない書簡もあるものと思われる。

ハンスおよびソフィー・ショルの人格をきわ立たせるために、双方の書簡を各々年代順に並べることにした（ただし、三カ月にわたって記されたハンスのロシアでの日記だけは、当時書かれた書簡とは別箇に、一つにまとめた）。

個々の書簡中、通例通り〔……〕という形で示されている省略は、書簡の筆者、受け取り人ないし問題になっている人物の私的な側面を傷つける恐れがある場合に行われている。しかし、些細な事実が繰り返されている場合、それを省略していることもある。たとえば、金や、下着を送ってほしいと頼んでいる部分であるとか、小包、食物等々を受け取ったお礼の部分。それでもまだ日常的な話が多すぎると感じられる読者には、本書では各々の書簡のもつ調子や雰囲気を損わぬことを旨としていることを申し上げておこう。要約によって重要な点を浮き出させることは、本書の目的にはずれる。もっとも、明らかな誤りや、正書法上の間違いは訂正してある。また省略された形はもとに戻した。u. ではなく und とし、H. ないしS. ではなく Hans であり、Sophie と記すように直した。この種の訂正はいちいち断っていない。あまり細かく語句の訂正にこだわっていては、書簡のもつ調子を損う。公表されるためではなく、自由に、そのときの勢いに乗って書かれたものなのだから――構えず、率直にそして激しく。

いろいろな方々にお礼を申し上げねばならない。まず誰よりもインゲ・アイヒャー＝ショルに。長年にわたる資料の収集によって、本書の成立を可能ならしめてくださった。また事情をよくご存じの、アイヒャー＝ショル夫人の助言なしでは、書簡を読み解き、解説をつけることは不可能であった。

同じく、オトゥル・アイヒャー。身近な友人として、編集者に、あのできごとをめぐる「雰囲気」、また、ハンスとソフィーの反逆の基盤であった哲学および神学上の背景に関して、詳細な報告をくださった。——それらを分析し、まとめてくださったわけだが、解説を書くさい、このまとめがそのまま役に立った。たくさんの質問に細かく答えてくださり、事件の経過を再構成することを助けてくださったすべての方にも感謝する。最後にJ・ヘルムート・フロイントに。多くの助言と示唆を与えてくれた。

あとがきを終えるにあたって、もう二つだけ、いっておくべきことがある。第一に、「白バラ」の精神的基盤に関する編者なりの解釈を（友情の概念、青少年運動の影響、選良思想、ロシア体験、キリスト教への帰依等）『ノイエ・ルントシャウ』、九五巻、一九八四年一／二号、一九三—二一三頁に「〈白バラ〉について」と題するエッセイにまとめた。第二に、編集および注釈に際して、「白バラ」に関する以下の研究に、大いに助けられるところが多かった。

Inge Aicher-Scholl, *Die Weiße Rose*, Aufl. 1–4, S. Fischer Verlag, Frankfurt, erweiterte Neuausgabe 1983（インゲ・アイヒャー＝ショル『白バラは散らず——ドイツの良心ショル兄妹』内垣啓一訳、未来社、一九六四年）

Klaus Drobisch, *Wir schweigen nicht*, Aufl. 1 und 4, Union Verlag, Berlin, 1968 und 1983.

Richard Hanser, *Deutschland zuliebe*, Kindler-Verlag, München, 1980.

Ursel Hochmuth/Gertrud Meyer, *Streiflichter aus dem Hamburger Widerstand 1933–1945*, Röderberg-Verlag, Frankfurt, 1980, Nachdruck der Ausgabe von 1969 in der Bibliothek des Widerstandes, Kapitel "Weiße Rose Hamburg."

Clara Huber (Hrsg.), *Kurt Huber zum Gedächtnis*, Regensburg 1947.

Karl-Heinz Jahnke, *Weiße Rose contra Hakenkreuz*, Röderberg-Verlag, Frankfurt, 1969, Bibliothek des Widerstandes.

Günther Kirchberger, *Die "Weiße Rose"*, Selbstverlag der Ludwig-Maximilians-Universität, München, 1980.

Christian Petry, *Studenten aufs Schafott*, Verlag R. Piper und Co., München, 1968（クリスティアン・ペトリ『白バラ抵抗運動の記録――処刑される学生たち』関楠生訳、未来社、一九七一年）

*Michael Verhoeven/Mario Krebs, *Die Weiße Rose*, Fischer Taschenbuchverlag, Frankfurt, Oktober 1982.

Klaus Vielhaber/Hubert Hanisch/Anneliese Knnop-Graf, *Gewalt und Gewissen*, Herder-Verlag, Freiburg, 1964.（クラウス・フィールハーバー他『権力と良心――ヴィリー・グラーフと白バラ』中井・佐藤訳、未来社、一九七三年）

Hermann Vinke, *Das kurze Leben der Sophie Scholl*, Otto Maier-Verlag, Ravensburg, 1980.（ヘルマン・フィンケ『ゾフィー二一歳――ヒトラーに抗した白いバラ』若林ひとみ訳、草風館、一九八二年）

チュービンゲンにて、一九八四年五月

インゲ・イェンス

* 訳注　フェアホェーフェン、クレープスの二人は、一九八二年製作の西ドイツ映画 "Die Weiße Rose" の監督および脚本家である。この映画は「白バラは死なず」の題名で、一九八五年秋、日本でも公開された。

ハンス・ショルの書簡と手稿への注

一九三七年一〇月八日
誕生日のプレゼント……
インゲ・ショルは、弟の一九歳の誕生日に、シュテファン・ゲオルゲの詩集『盟約の星』を贈った。「ハンスに。三七年九月二二日」という献辞の上に、「思惟は自由」という主題が、楽譜風に描いてある。
クニッテルの『ヴィア・マラ』
一九三四年に出版された、スイスの流行作家ヨーン・クニッテル(一八九一―一九七〇)のベストセラー。
お別れの晩
半年間の勤労動員は一九三七年一〇月中旬終了した。
フルトヴェングラー
指揮者、ヴィルヘルム・フルトヴェングラー(一八八六―一九五四)。

一九三七年一一月二七日
聖書のことば
どこを指すかは不明。

殉教者みたいなつもりになるのはよしましょう
これは、インゲおよびヴェルナーが投獄されたことに対する反応である。ウルムにおける非合法の組織d・j・一・一一に関しては以下を参照。ヘルマン・フィンケ『ゾフィー二一歳』ラーヴェンスブルク、一九八〇年、五〇頁(邦訳六三頁)以下。リチャード・ハンザー『ドイツのために』ミュンヒェン、一九八〇年、七四頁以下。インゲ・アイヒャー＝ショル『白バラは散らず』増補新版、フランクフルト、一九八三年、二二頁(邦訳二二頁)以下。ミヒャエル・フェアホェーフェン／マリオ・クレープス『白バラ運動』フランクフルト、一九八二年中マリオ・クレープスの執筆部分、五二頁以下。
グループの子たち
d・j・一・一一に属していた青少年。
ひどいこと
第三帝国体制下で党、ヒットラー・ユーゲント、およびゲシュタポの側からいわゆる「徒党を組み、不穏な行為に及ぶ輩」に対して行われたキャンペーン。
「愛国者たち」という映画
カール・リッター作の国家社会主義宣伝映画。

一九三七年一二月一八日
シュトゥットガルト拘置所
ハンス・ショルは、一二月一一日ないし一二日に逮捕された。軍での上官、騎兵大尉スクーピンはハンスの弁護者となり、非常な精力を傾けて、尋問の迅速な処理および釈放の実現を推進した。騎兵中隊長であった同人物がローベルト・ショルに宛てた一九三七年一二月二〇日および三〇日付書簡を見れば、この間の事情は明らかである。

「シュトゥットガルトにて、一九三七年一二月二〇日。拝啓、ショル殿！　私は金曜日の午後すぐに、区裁判所判事E氏を訪ね、土曜日には軍法裁判所判事とも話をいたしました。今のところ問題は、グループ運動リーダーとして、指導的な役割を果たしていた可能性があるという点に絞られているようであります。この問題さえなければ、この件は一切不問に付されていたに違いないということでありました。先刻、区裁判所判事E氏を訪ねまして、軍法裁判所判事がこの件に関して非常に寛大な判断を示していることを伝え、同時に書面で、釈放同意書を提出してまいりました。ご子息は拘留さるべき人物ではなく、われわれの部隊で通常の任務を続行すべきであるというものであります。まことに都合の悪いことには、この件の審理は、他地方のものと一括してデュッセルドルフで行われておりまして、そのためにどうしても、事が円滑に進みにくいようであります。しかしながら、ご子息の件は間もなくシュトゥットガルトに審理方依頼がまいるものと希望しております。そのためにもまず父上、ないしご子息の側から、釈放申し立て書を提出された方がよろしいのではありますまいか。これはまず当地からデュッセルドルフに回され、改めて当地に戻ってくるものであります。それを提出されて後、審理がいつ、どこで行われることになるか、検察側のこの件の扱いはどうかを見極めた上で、対策を考えねばなりますまい。敬具（スクーピン）騎兵大尉、中隊長」

「バート・カンシュタットにて、三七年一二月三〇日。拝啓、ショル殿！　私といたしましても、釈放の遅延をまことに遺憾に存じております。一二月二七日午前、刑事裁判所事務局に出向き、即刻釈放手続きがとれるよう圧力をかけるつもりでありました。しかしながら、すでにE博士からお知らせしたかと思われますが、まだ釈放命令が届いていないのであります。区裁判所判事K氏および同E氏から、ご子息は書類が到着しだい、一秒も遅滞なく拘留を解かれるという保証の再確認は得てまいりました。

一二月二四日、拘置所にご子息をお訪ねいたしました。まことに落ち着いておられるようにお見受けいたしました。青少年組織への加盟に関して、再び尋問を受けたそうであります。別に何も不都合なことはなかったはずであると言っておられました。

ご子息の拘留されておられる監房に、あと二人未決囚が入っているというのも私には不満でありましたので、区裁判所判事K氏に、その旨申しておきました。なんとかできるようであれば、善処するとの保証を得ております。私は明日から二日間休暇で本市を離れますので、私付きの特務曹長に命じて、ご子息が本年中に釈放されることがもしあれば、即刻休暇扱いとするよう、手配ずみであります。

ごきげんよろしゅう。よい新年を迎えられますように。スクーピン」

以上に明らかな騎兵大尉スクーピンの尽力によって、ハンス・ショルは実際数日後、拘置所から釈放された。

家のみんながこんなひどい目に

ハンス・ショルは姉弟たちが逮捕されたのは、自分がd・j・一・一一中で指導的立場にあったため当局の注意を家族にまで及ぼしてしまったのだと考えていた。

リースル (Elisabeth Scholl)（リーゼル、リーセルとも）

妹エリーザベート。結婚後の姓はハルトナーゲル。一九二〇年生れ。

インゲ (Inge Scholl)

姉インゲ、結婚後の姓はアイヒャー。一九一七年生れ。

ソフィー

下の妹。一九二一年生れ。一九四三年二月二二日処刑。

ヴェルナー (Werner Scholl)

末の弟。一九二二年生れ。一九四四年夏、ロシアで消息を絶つ。

一九三八年三月三日

すべてうまくいくに違いない

ハンス・ショルに対して起こされていた「徒党を組んでの不穏な活動」および「為替法違反」の告発（下記参照）。

レオンベルクに

この町にはショル家と親しいレムピス家の家があった。娘であるリーサ・レムピスはハンスとソフィーの親友である。

為替の話

「徒党を組んでの不穏な活動」と同時に、ハンス・ショルは「為替法違反」にも問われた。実際彼は——姉インゲの思い出したところによると——一九三六年夏、自分の青少年会で出かけたとき、ニヴェアクリームのビンにドイツの金をつめて、スウェーデン国境を越えた。帝国青少年局は彼らウルムのグループの旅行を許可しようとせず、したがって、為替法に従っての通貨交換も不可能だったからである。おそらくこの為替の話は、一五、六歳の会員に対する尋問中、「偶然」明らかになったものであろう。これらの事件の審理は、一九三八年七月に「オーストリアの帝国併合」を祝して行われた一般大赦の対象となり、中止された。

ブルッフザールに

中隊はブルッフザールに移動の予定であった。

リーサ (Lisa Remppis)

リーサ・レムピス、レオンベルク在住のショル兄妹の友人。

一九三八年三月一四日

オーストリアに行った

一九三八年三月一二日ドイツ軍のオーストリア進駐が開始された。

『ミヒャエル・クラーマー』

一九〇〇年一二月二一日ベルリン・レッシング劇場で初演された

ゲルハルト・ハウプトマンの戯曲。

一九三八年三月二八日

区裁判所から

「徒党を組んでの不穏な活動」に関する審理のため。

告訴状

一九三八年四月二五日、ハンス・ショルはそれを受け取った。「今日、告訴状がきました。ありがたいことに、他の子たちはみんな恩赦になっている〔……〕本審理と、エルンスト・レーデンの拘留延長だけが問題のようです。〔……〕審理はあまり心配じゃありません。もちろん公けの正義を僕がどうこうできるわけじゃないけれど、しかし僕自身の責任は自分で負えますから」(両親宛、一九三八年四月二五日付)。

手相見

これはおそらく、父親の勧めに応じたものであろう。父親はときどきこのシュトゥットガルトの占い師と相談することがあったようである。

一九三八年六月一一日

フェンシングをたくさん

フェンシングはd・j・一・一一で好んで行われていた。

ルネ・ジンテニスの本

ルネ・ジンテニス（一八八八―一九六五）、画家、彫刻家。人物胸像、および幼い動物の像で有名になった。一九三三年芸術アカデミーから除名され、作品は堕落せる芸術との刻印を押されたにもかかわらず、彼女の彫刻の写真、および本の插画の写しは、国家社会主義時代、一大流行を来たした。ショル兄妹もこの芸術家の作品に感動している。ここでハンス・ショルが触れている本は、おそらくハンナ・キール著の伝記（ベルリン、レムブラント社刊、一九三五年）である。これについてはソフィー・ショルも一九三八年六月一六日姉インゲに推めている。「昨日ルネ・ジンテニスの生涯の話を読んだわ。この人がどうやって自分の天職に就くべく戦ったかはとってもすばらしい。お金とかなんとかかたくさん問題があったのよ。彼女の動物の彫刻はとってもいいと思います。人間の彫刻はあまりないんだもの。でも、どの作品にも、信じられないほどの勢いがあるわ。〈ポロをする人〉と〈ダフネ〉を買うでしょう?」

一九三八年六月二七日

マティルデ

マティルデ・プフランツ。ハンスが幼かったころ、ショル家で働いていたかつての家事手伝いの婦人。

一九三八年一〇月二一日

この何週間かひどく落ち着かなかった

ミュンヒェンにおいて一九三八年九月三〇日、イギリス、フランス、イタリア、ドイツが調印した、いわゆるミュンヒェン協定によって終結をみた「ズデーテン騒動」。平和維持のため、西側勢力はヒットラーのいわゆる最終領土拡張要求を呑み、ドイツ語使用者の優勢なボェーメン地方の国境地域を「帝国」に併合することを認めた。

今年の一〇月初旬

ミュンヒェン協定の批准後、ドイツ軍は一九三八年一〇月一日、ズデーテンラントに進駐した。

ルートヴィヒスブルク

この後数カ月間に書かれた書簡から、ハンス・ショルは結局ルートヴィヒスブルクではなく、テュービンゲンの衛戍病院に配属されたことがわかる。

大学に入れる

一九三九年除隊後、ハンス・ショルは、熟慮の上で（フライブルク、テュービンゲンおよびミュンヒェンが候補に上っていた）、夏学期をミュンヒェンの、ルートヴィヒ－マクシミリアン大学で、正規の医学部学生として送ることに決定した。

ヴィーヒェルトの本

「マインツ出版印刷工場」から出版された『我らの周りに壁をめぐらせ……』のこと。ハンス・ショルは、姉に対する献辞としてリルケのことばを記している。「沈黙するものは賢明である。語るものは、しかし、自分の時代に向って語っているのではない」。シュトゥットガルトにいるヴィーヒェルトの友人

おそらくゲアハルト・フーバーのこと。これはシュタール書店、ポスト通り一五の持ち主で、一九三七年一一月一三日、シャルロッテ広場の国外ドイツ文化会館における朗読会にエルンスト・ヴィーヒェルトを招待した人物である。

Wが釈放された

エルンスト・ヴィーヒェルトは一九三八年八月三〇日、ブーヘンヴァルト強制収容所から釈放された。彼は五月六日に逮捕され、数週間にわたって取り調べを受けた後、一九三八年七月に、同収容所に送られていたのである。

このゲシュタポの行動の直接の契機となったのは、マルティン・ニーモェラーの逮捕にヴィーヒェルトが公然と抗議したこと、および、一九三八年四月一〇日、ヒットラーのオーストリア併合を事後承認すべく行われたいわゆる国民投票を行わなかったという事実であった。しかし、エルンスト・ヴィーヒェルトが当局の注目するところとなったのはすでに一九三五年四月、国家社会主義文化協会の主催した講演会で、ミュンヒェン大学講堂いっぱいの聴衆に「詩人とその時代」と題する講演を行ったときである。そのとき以来彼は要注意人物であった。

新版は出ない

これがどの作品を指すのか不明である。エルンスト・ヴィーヒェルトが第三帝国時代、出版停止処分を受けたことはない。一九三八年短篇集がミュンヒェンのピーパーおよびベルリンのグローテから出版され、一九三八年一一月四日、強制収容所から釈放され

て四カ月後にはベルリンのドイツ劇場でハインツ・ヒルパートがヴィーヒェルトの戯曲『放蕩息子』の初演を行っている。一九三九年一月二三日完結した小説『単純な生』は同年ミュンヒェンのランゲン＝ミュラーから出版され、一九四二年には二六万一千から二七万部に達していた。（ヴィーヒェルトに関しては、グヴィド・ライナー著『第三帝国におけるエルンスト・ヴィーヒェルト——ある報告』ゼルプスト社刊、一九七四年を参照）。

一九三八年一一月八日

ビンディングの書いた

これは書き誤りである。ハンス・ショルが言っているのは、一九三八年六月八日、ハンス・カロッサがヴァイマールのゲーテ協会で行った講演「現代におけるゲーテの影響」のことである。これは一九三八年独立の冊子としてインゼルから出版されていた。

E・K・フォン・B

エルンスト・カール・フォン・バウムバッハ。ハンス・ショルのウルム時代の友人。

ドーレ

亡くなった友人の妹、ショル家の姉妹の友人。

リュッケルト教授

テューービンゲン大学の教会史教授、ハンス・リュッケルト（一九〇一—一九七四）。

一九三八年一二月八日

ラテン語の勉強

ハンス・ショルはラテン語検定試験の受験準備をしていた。

一九三八年一二月一八日

カマラーの話

ショル兄妹の友人の父カマラーは、ウルムでも有数の写真店の店主であったが、あらゆる宣伝活動にもかかわらず、ユダヤ人の顧客の依頼に応えつづけており、ウルムのある人びとから「ユダヤ人の召使い」と非難攻撃の的になっていた。

一九三九年四月一七日

授業

ミュンヒェン大学での授業。ハンス・ショルは一九三九年四月一七日、この大学に大学登録番号八三／一五一九五として入学した。

ニーチェを勉強

オトゥル・アイヒャーの話によれば、フリードリッヒ・ニーチェの哲学は、ウルムでの友人たちの間で、しばしば議論の対象となっていた。そのさい最も問題になったのは、以下の三点であるという。人間の最上の美徳としての友情。群の時代にあらゆる大衆化の傾向に抗して立つ偉大なる個の理論、「神は死んだ」という教説。——ただしこれは無神論的放言ではなく、非人間の支配を助けるものとなりはてた教会内では神は死なざるをえないという意味に解釈され、新たな神に対する示唆であると理解されていた。

エルンスト・ヴィーヒェルトを訪ね

現在まで、この訪問が行われたかどうか明らかでない。インゲ・アイヒャー＝ショルは、弟から、ほんのしばらくの間ではあったがヴィーヒェルトに会い、非常に深い印象を受けたとの話を聞いた記憶があるとのことである。

一九三九年七月二三日

グラープニク（マズーア）に着き

ハンス・ショルは学期休みの間、いわゆる「志願収穫奉仕動員」に召集された。

インゲ・アイヒャー＝ショルは、学生たちが東プロイセンに移送されていったときの大移動を記憶しており、車両の側面に「自由も意志もなく」と書いたビラが貼ってあったことを話してくれた。

楽しい旅

ソフィー・ショルとフリッツ・ハルトナーゲルが計画していたユーゴスラヴィアへの旅（一三九頁参照）。

一九三九年九月二〇日

戦争

一九三九年八月三〇日、ドイツとソヴィエト連邦の間の相互不可侵条約が調印されて後、ヒットラーは九月一日、ポーランドを襲った。二日後、英国とフランスが——ポーランドと締結していた援助条約に従い——ヒットラーのドイツに対して宣戦を布告した。

日付なし〔一九三九年九月ないし一〇月〕

老いぼれた旅人、海賊、木こり

これらは、休暇の間に体験したハンス・ショル自身の生活を指しており、ハンスはこの日記をつけるにあたって、当時にもどってみているのかもしれない。インゲ・アイヒャー＝ショルは、ある書簡のなかで、ここに表われているような落ち着かなさは、弟の特徴の一つであったと述べている。「旅人にしても海賊にしても、落ち着くことのない、定めがたい、それも、自分で自分を測ることさえできない人間です。はっきりこれといった理由などないまま、自律を求めずにいられぬ衝動に追われ、裏を返せば絆に支えられることもなく、帰る家もない、孤独な存在でしょう。〔……〕木こりが旅人と海賊につけ加えられていますが、これは漁師と同様、ハンスの生涯に繰り返し登場するモティーフです。漁師は単純で、貧しく、取れたものをそのまま食べて暮し、余分なものをもちません。それと同じように木こりも、自分だけの力で誰にも縛られず、静かな落ち着いた暮しをするものです。放蕩息子のたとえは、ここから来るのです」。

一九四〇年三月一九日

トョルツ

バート・トョルツには、ハンス・ショルの大学での友人ヘルムート・ハルテルトの両親の別荘があり、ハンス・ショルは、一九三九―四〇年の冬、しばしば週末をそこで過していた。

戦争終結後、一九四六年二月二六日、ヘルムート・ハルテルトはインゲ・アイヒャー＝ショルに書簡を送り、ハンスとのつき合い、およびトョルツでの思い出を次のように語った。「私は一九三九年ミュンヒェンでハンスと知り合いました。同期生だったのです。当時私には、ベルリン出身のペーター・キィール以外ミュンヒェンでの友人と呼べる人は一人もありませんでした。ハンスと私は互いにたいへん好意を抱くようになり、短時間のうちに彼は、私にとってそれまでの生涯で最も親しい友人になったのです。はじめ、私たちの共通の話題の最たるものは、新しい文学、それも現代のフランスものでした。たとえばベルナノス、ジャム、クローデル等の。私たちは毎日朝から晩まで一緒に時を過し、とうとう、ハルラッヒングのアテーナ広場四番に小さな屋根裏部屋を共同で借りるようになりました。私たちは当時、すでにたいへんはっきりした政治上の見解をもってはおりましたが、しかし真剣に、何らかの煽動活動をしようなどと考えたことはありません。もっとも、当時知り合ったユルゲン・ヴィッテンシュタインとの間で、どうやったら一番うまくヒットラーを片づけられるか、などと遊び半分に話し合ったりしたことはありましたが。よくハンスと一緒にバート・トョルツにあるうちの両親の避暑用別荘に出かけました。そこを基地にしてトゥアーをやったものです。父の友人ボルヒャー教授にハンスを引き合わせたのも、そこでのことでした。その冬何週間かトョルツの家にいた間、ハンスは教授の令嬢ウーテに大恋愛をしました。その冬悪天候と雪のためトョルツは外界からまったく遮断されてしまうことが幾度もありました。当時はじめて、文学だけでなく、ドイツ青少年に寄す演説というのをこしらえてみたりしました。仲間の召集が相次いでいたことと、戦友会リーダーの、青少年に寄すと題した非常に下手くそな演説を聞いたのがきっかけでした。四〇年三月、私たちは同時に召集されました。私たちは同じ宿舎におりましたし、当初は同じ分遣隊に配属されました。兵役の始まったばかりの時期には、全員が兵営に収容されていたわけではなく、相当間隔を置いて、召集点呼を受けることになっていました。ですからその間にまだ大がかりな自転車トゥアーをやることもできたのです。ほとんどの場合トョルツから出発しました。私が一番よく覚えておりますのは、アムマー湖畔の聖オッティリエ修道院に何日か泊めていただいたときです。ハンスはその修道院で図書係をしている神父さんと知り合いだといっていました。私たちは同じ修道院で、たいへんモダンな枢機卿とも知り合いになりました。その方は、私たちが、バイエルン地方のバロック様式の教会にある木像をライカで撮影して集め、それを小さな本にして出したいと思っていると聞くと、たいへんすばらしいライカの写真を見せてくださいました」。

同じ人のところに押しかけて

おそらくハルテルトのいっているボルヒャー家のことであろう。一九四一年六月九日付で、ハンスが両親に同様の遠出のことを報告している書簡がある。「週末にかけて上イーザータールに、すばらしい自転車旅行をしてきました。帰り道ものすごい雨になって、体の芯までビショ濡れになり、ちょっと休まざるをえなくなりました。幸いトョルツ近くだったので、ボルヒャー家に逃げとみ、大歓迎を受けました。服を取り換えて、前のを暖炉にかけて乾かしてもらったんです。暖炉はもう赤々と炎を上げていましたよ。僕たちは火の周りに座って、コワーイ話をしました。本当にいい気持だった。皆でたいへんゆっくりとくつろいでお昼を食べ、食後は庭に出ていろんなことをして遊び、コーヒーになるまでいました。コーヒーを御馳走になってから僕は失礼したんです」。

一九四〇年五月四日

O・U・

宿舎。戦時、軍隊ではつねに発信地としてこのことばを用いていた。五月二日付の両親宛書簡から明らかであるが、ここではバート・ゾーデンのこと。

一九四〇年五月一一日

数日のうちに部隊の移動

五月一五日、バート・ゾーデンの部隊は西部戦線に移動になった。「明朝僕たちはここを発って、西方に向います。何が待っているかは、まだわからない。僕自身は出発できてホッとしています。だってここのところただひたすら待ちつづける以外なかったんですからね」(一九四〇年五月一四日付、両親宛)。

第四学期

新しく採用された三カ月学期制のために、このような学期数になっている。

エルンスト・レーデンが戦争のことについて

エルンスト・レーデン(Ernst Reden)はケルン出身であったが、一九三五年ウルムで兵役に就き、青少年活動内の友人の紹介でショル一家と知り合った。彼はハンスと協力して非合法のd・j・一・一一組織をウルムに結成し、ショル姉弟と同様「徒党を組んでの不穏な活動」摘発キャンペーンの間に逮捕され、八カ月の間監獄、ついにはヴェルツハイムの強制収容所に収監されていた。

エルンスト・レーデンは誰よりもインゲ・ショルと親密であった。彼は情熱的な文学愛好家であり、文学の該博な知識によってショル姉弟に影響を与えた。リルケおよびゲオルゲに新たな光を投げかけてみせたのもレーデンであったし、ショル姉弟とともにヴォルフ・フォン・ニーベルシュッツや、エルンスト・ユンガーの『大理石の壁』を読み、ゲオルク・ハイム、ゲオルク・トラークル、カロッサ、ハウスマン——そして何よりも——ヴィーヒェルトを教えてくれたのもこの人であった。ここでいわれている、

「戦争のことについて」書いたものというのは――インゲ・アイヒャー＝ショルの記憶では――レーデンからの私信のことで、失われてしまったという（エルンスト・レーデンについては、ハンザーの前掲書、六六―七頁、およびクレープスの前掲書、五五頁以下をも参照）。

ユンガー

エルンスト・ユンガー（一八九五年生）　ドイツの作家

ヘラクリトス

断片五三「戦争はすべてのものの父、すべてのものの王である。戦争はあるものを神とし、別のものを人間にする。またあるものを奴隷となし、別のものを自由民とする」。

一九四〇年五月二二日

ここはたいへん居心地がいい

ソフィー・ショルはこの兄の手紙のことを、五月二七日付フリッツ・ハルトナーゲル宛の書簡で次のように述べている。「ハンスはもう二回も手紙をくれたわ。とっても楽しそうよ。伝令をやってるんですって。今ごろはもうフランスに入っているころね。最後の手紙はヌーシャトーからきたわ。手紙の様子では土地の人たちとたいへんうまくいっているみたい（ハンスにはこれは大問題なの）で、部隊全体の通訳をやってるんですってよ！」

一九四〇年六月三日

アンドレ・ジイドの……本

何を指すかは不明

『田舎司祭の日記』

ジョルジュ・ベルナノス著（『ベルナノス著作集』二、渡辺・松崎訳、春秋社、一九七七年所収）

一九四〇年六月六日

『悪魔の陽の下に』

ジョルジュ・ベルナノス著（『ベルナノス著作集』一、山崎庸一郎訳、春秋社、一九七六年所収）。

一九四〇年七月二日、両親宛

僕の犬

一九四〇年六月二一日ハンス・ショルは両親に、生後六週間のセント・バーナードの幼犬を手に入れたので、元気なまま連れ帰れるようだったら、妹ソフィーに贈りたいと伝えていた。

一九四〇年七月二日、姉インゲ宛

戦争は今のところ一応おしまい

一九四〇年六月二二日、ドイツ、フランス間の停戦がコンピエーニュで調印されていた。

一九四〇年七月二一日

フォークトレンダー・ブリリアント

廉価の6×6箱型カメラ。外観は一眼レフカメラのようにみえるが、その性能はない。

僕のライオン

ハンス・ショルの仔犬。

一九四〇年八月四日

ヴィクトル・ユゴー

フランスの作家（一八〇二―一八八五）。ユゴーはナポレオン三世のクーデター後ジャージィ、およびガーンジィに亡命し、一八七〇年、第二帝政崩壊まで、祖国に戻れなかった。

アンドレ・ジイド

フランスの作家（一八六九―一九五一）。ジイドは一九四〇年フランスの降伏後、国内の非占領地域に逃亡し、レジスタンスの出版社、ル・エディション・ド・ミニュイの協力者となった。

ベルナノス（Georges Bernanos）

フランスの作家ジョルジュ・ベルナノス（一八八八―一九四八）は、カトリック革新派の草分けの一人であり、第二次世界大戦開始時、「イギリス人への手紙」で、ヒットラーの無法なやり方を激しく批難していた。

ジャム（Francis Jammes）

フランスの作家フランシス・ジャム（一八六八―一九三八）は、――ポール・クローデル、レオン・ブロワ、ジュリアン・グリーンおよびフランソワ・モーリアックと同様――カトリック革新派の支持者であった。この運動は一九世紀末に起こった、哲学的、社会批判的、文学的運動であり、カトリック・キリスト教の伝統の再考によって、フランス精神の革新をめざすものである。

一九四〇年一〇月二五日

僕の頭骸骨

ハンス・ショルはウルムに人の頭骨の標本をもっていた。

一九四〇年一一月二一日

ヘルムート

ヘルムート・ハルテルト、一九四〇年三月一九日付書簡の注、二八四頁参照。

オルトリープさん一家

アテーナ広場でのハンス・ショルの下宿先。

一九四〇年一二月六日

ゲルステンベルガーさん

大学入学当初、ハンス・ショルが住んでいたアマーリエン通りの部屋の大家。

一九四一年一月二八日

u・k・にする

「不可欠なもの」とするの意。「不可欠なもの」とされた者は召集されることがなかった。銃後の生活に不可欠の人物ということである。

一九四一年二月三日

ローゼ・ネーゲレ (Rose Nägele)

ショル家と親しい、シュトゥットガルトの医師ネーゲレ家の娘の一人。ネーゲレ家には子どもが五人おり、ショル家の五人の子どもたちと、さまざまな形で交際があった。長男ハンスペーター（一九三九年八月から一一月までのソフィーの書簡を参照）はハンスおよびヴェルナー・ショルと同様、非合法のd・j・一一・一一に加わっていた。末娘エーフェはハンスおよびソフィーの書簡中、ところどころに顔を出す。ハンスもソフィーも、当時一三歳のこの少女をたいへん気に入っていた。ローゼ・ネーゲレは後に農学を学び、終戦後、ある農学士と結婚してハイルブロン近郊で農園を経営するようになった。

一九四一年二月一〇日

ヴェルナーの方が……大変

一九四一年三月一三日付書簡、注一参照。

一九四一年三月一〇日

『ユリシーズ』

一九二二年に発表されたジェイムス・ジョイス（一八八二―一九四一）の小説。ハンス・ショルは、一九三〇年ツューリッヒ／ミュンヒェンのライン社から刊行された、ゲオルク・ゴイエルト訳のドイツ語版二巻本で読んだ。

ボルヒャーの奥さん……ウーテ

一九四〇年三月一九日付書簡注一のヘルムート・ハルテルトの報告を参照。

オルガ

オルガ・ハプラー。ウルム市立劇場所属の歌手で、国家社会主義政権に対しては明確に反対の立場をとっていた。彼女はショル姉弟と親しく、ミュンスター広場のショル家で、小さな歌の会を開くことがときどきあった。

帳簿

ローベルト・ショルの事務所の年度末決算書の清書のこと。

一九四一年三月一三日

プロイセンに行く

ヴェルナー・ショルは、大学入学資格試験を終えた後、一九四一年四月一日以来、勤労動員に召集され、最初ビーバーラッハの基地に送られた。のちブルターニュに移され、大西洋岸に塁壁を築く工事に従事させられた。

リリイ・アベック

スイスの女流ジャーナリスト（一九〇一―一九七四）。一九三六年から一九四三年までフランクフルト新聞の極東特派員。後にフランクフルター・アルゲマイネ紙の編集委員。

一九四一年四月一五日

ミースバッハ

ハンス・ショルは学期休みの間、ミュンヒェンの南方約五〇キロにある小都市ミースバッハの衛戍病院での実習に出かけねばならなかった。

一九四一年四月一九日

ハンスペーター（Hanspeter Nägele）

ハンスペーター・ネーゲレ、ローゼの兄、ショル姉弟の友人。ハンス・ショルの一九四一年二月三日付書簡、注一を参照。

一九四一年四月二三日

ママのお誕生日

五月五日。

一九四一年四月二四日

新しい部屋

ザンクト・パウル通り九のヴァーグナー少佐方。

一九四一年四月二七日

リルケの初期の詩

ライナー＝マリア・リルケ（一八七五―一九二六）『初期詩集』、ライプツィヒ、インゼル刊、一九〇九年（「我を祝わんために」、詩集、ベルリン、一八九九年）。

グリムの『ミケランジェロ』

ヘルマン・グリム（一八二八―一九〇一）著『ミケランジェロ』二巻、一八六〇―六三年刊。以来多くの版を重ねている。

グァルディーニのヘルダーリン研究

ロマノ・グァルディーニ（一八八五―一九六八）著『世界像と敬神』一九三九年刊。

一九四一年五月一日

ヴィアルン

上バイエルンのヴィアルンにある、かつてのアウグスティノ司教座修道参事会教会。ミュンヒェンの南方約三〇キロメートルにあるバロック様式の教会。主祭壇聖餅櫃、脇祭壇、聖ヴァレリウス厨子、二つの行列状群像、受胎告知とピエタ、聖具室内装を、イグナツ・ギュンターが製作した。

ギュンター工房

イグナツ・ギュンター（一七二五―おそらく一七七五）はロココ時代のドイツの彫刻家。ヴィアルン以外の主な作品には、イン河畔ロットのかつてのベネディクト会大修道院付属教会、およびシュタルンベルクの教区教会の装飾がある。

ガイヤー

ウルム出身の画家ヴィルヘルム・ガイヤー。ショル一家と親しかった。アイヒャー＝ショル前掲書、二〇七頁以下のガイヤーの報告を参照。ハンザー前掲書、二四一および二五九頁、ペトリ前掲書、一一五—八頁も参照。

一九四一年五月二日

エーフェ

ローゼ・ネーゲレの妹。ハンス・ショルの書簡、一九四一年二月三日付、注一参照。

一九四一年五月一一日

pus bonum et laudabile

すばらしく賞讃すべき膿。

シェフトラーンの修道院

一八世紀に建て直されたかつてのプレモントレ修道院。ミュンヒェンの南西約一〇キロのイーザータールにある。内壁に、ヨーハン・バプティスト・ツィンマーマンの化粧しっくいおよびフレスコ画（一七五四—五六）があることで有名。

パパの温度計がもうちょっと上を指す

インゲ・アイヒャー＝ショルの話によれば、父のご機嫌という場合、つねに政治上の事件に対する父の見解の意味であった。この記憶を支持する、ローベルト・ショルが娘ソフィーに宛てた、一九四一年四月一四日付の書簡が残っている。そこには次のように書かれているのだ。「最近私は、戦争はやはり少し長びくのではないかと考えるようになった。気圧計は今のところ、表面上は少々上っておるし、おそらくここしばらく、もっと上ることになるだろう。しかし、間違いなく、ひっくり返るときが来る。あるはっきりした終局に向っての進展は、途中少々遅滞があっても、結論として変わることはない。洪水を起こしている川の流れに、少々滞りがあっても、洪水であることに変わりがないのと同じことだ」。

Cordiale poignée de mains

心から握手。

一九四一年五月一四日　妹ソフィー宛

ブランデンブルク全曲

ヨーハン・セバスティアン・バッハ（一六八五—一七五〇）作曲『ブランデンブルク協奏曲』一—六番、BWV・一〇四六—一〇五一（一七二一年）。

一九四一年五月一四日　ローゼ・ネーゲレ宛

パスカルの『瞑想録』

ブレーズ・パスカル（一六二三—一六六二）著『パンセ—キリスト教擁護のための断片』一九〇四年、ブロンシュヴィクの手で、今日まで定本となる形に編集、出版された。

デムプフ
アロイス・デムプフ(一八九一—一九八二)著『キリスト教哲学』一九三八年刊。
ムュゾーからの手紙
ライナー＝マリア・リルケ(一八七五—一九二六)著『ムュゾーからの手紙、一九二一—一九二六』ライプツィヒ、インゼル刊、一九三六年。

一九四一年六月六日
フランスに出す
ヴェルナー・ショルはR・A・D要員として、土木工事のためにブルターニュに派遣された。

一九四一年八月三日
僕の前の下宿
ハルラッヒングのアテーナ広場四。一九四〇年三月一九日付書簡、注一、および一九四〇年一一月二一日付書簡注二参照。
エリイ・ナイ
女流ピアニスト、エリイ・ナイ(一八八二—一九六三)。
さすらい人幻想曲
フランツ・シューベルトのピアノ作品。op.一五。

一九四一年八月八日
一番下の妹のかわいそうな話
ソフィー・ショルの勤労動員期間は、戦時動員義務のために半年間延長された。そのためソフィーは、兄妹で計画していたように一九四一—二年の冬学期からミュンヒェンで勉強を始めることが不可能になった。ソフィー・ショルの書簡、一九四一年八月二日および八月一六日付を参照。

一九四一年八月一二日
labor improbus
ヴェルギリウス『農耕詩』第一巻一四五"labor (omnia vincit) improbus" ——不断の労働はすべてに克つ。

一九四一年八月一三日
最新作
ハンス・カロッサ著『美しき惑いの年』ライプツィヒ、インゼル刊、一九四一年。
『悪の華』
シャルル・ボードレール著『悪の華』パリ、一八五七年刊、シュテファン・ゲオルゲによるドイツ語訳、ベルリン、一九〇一年刊もある。
女子学生
誰のことか不明。
そんな目

大学で学ぼうとする女子が、軍需工場でいわゆる戦時援助動員に従事しなければならないこと。

一九四一年九月三日

すべてのゴタゴタが片づく日まで

本来、勤労動員期間は一九四一年一〇月一日で終了のはずであった。

オルトリープ家の庭

ハンス・ショルがアテーナ広場で下宿していた先の家の庭（一九四〇年一一月二一日付書簡、注二参照）

一九四一年九月一六日

レティナ

シュトゥットガルトのドイツ・コダック社製の小型カメラ。

エティエンヌ・ジルソン

フランスの哲学者（一八八四―一九七八）、中世哲学の研究家。ここで挙げられているのは『聖アウグスティヌス研究入門』一九二九年。一九三〇年ドイツ語版が『聖アウグスティヌス』の題で出ていた。

『神曲』

ダンテの『神曲』をシュテファン・ゲオルゲが翻訳したもの。ベルリン、一九二五年刊。

グロゴ

ウルム時代からの友人で、『風防燈火《カンテラ》』の抒情詩人、ヴィルヘルム・ハーバーマンのあだ名。

ハンス・ロークナー

ハンス・ショルのウルムの学校での級友。

一九四一年一〇月七日

アレックスと

アレクサンダー・シュモレル（Alexander Schmorell）。一九四〇年末以来、ミュンヒェン学生中隊所属。ハンス・ショルと同じハルラッヒングの病院で実習を行った。シュモレルは親しい友人にはシュリクと呼ばれていた。彼は一九一七年、ドイツ人を父とし、ロシア人を母として生れ、ギリシア正教の洗礼を受け、早くに母親を亡くした後、父と継母とともに、ミュンヒェンで成長した――一九二一年父子がウラル地方からバイエルンに引き上げるさい同行してきたロシア人の子守娘が、ほとんど記憶に残っていない母親の代理として、少年の感情面での成長に大きな影響を及ぼしていた。この娘がロシア語しかできなかったため、アレクサンダーは二言語使用者になった。ただし、あくまでも母語はロシア語であり、精神的故郷はロシア文化であった。にもかかわらず、ドイツ国民として、大学入学資格試験後、勤労動員――および兵役義務を果たすことを余儀なくされる。ハンス・ショルと同様、馬気違いであったアレクサンダー・シュモレルは騎兵を志願し、所属部隊とともにオーストリアおよびズデーテン地方に配置

アレクサンダー・シュモレル

クリストフ・プローブスト

された。しかし、アドルフ・ヒットラーに忠誠を誓わなければならなくなったとき、彼は特免を求め、部隊を離れることを願い出た。この願いが拒絶されたことによって、芸術的天分に恵まれ、極端なほど自由・自律に対する欲求の激しかったこの繊細な人物は、公然と国家社会主義政権に反対することになった。彼は、訓練の繰り返しと軍隊生活の単調さに我慢ならなかったのである。度を過ぎた音楽、絵画、彫刻への没頭は忌避と反対表明の表現であった。大学での勉強は、たんに、両親の手前、続けていただけである。

アレクサンダー・シュモレルとハンス・ショルが出会ったとき、二人はともに衛生兵としてフランス戦線を体験し終え、予備試験の準備をしていた。はじめに二人を結びつけたのは、共同の勉学と、共通の政治意識であった。一九四一年初頭、アレクサンダーは友をシュモレル家の読書の夕べに誘った。息子と同じく徹底した反政府の立場を崩していなかった父のシュモレルが、同じ意識の人びとを招いて、定期的に――アレクサンダーが使った表現によれば「魂のいやしのために」――催し、神学、哲学、文学作品を読んでいたものである。シュモレル家に集っていた客のなかに、シュリクのミュンヒェンでの中等高等学校時代の友人クリストフ・プロープストもいた。

一九四二年夏、アレクサンダー・シュモレルはハンス・ショルと共同ではじめて、ビラ「白バラ」を作った。以来彼はつねにグループの全活動に――夜中に行われた落書き活動にも――積極的、徹底的に参加していた。一九四三年二月一八日、ショル兄妹逮捕の後、彼はまず親しかった女流画家リーロー・ラームドーア宅に逃れた。同じ建物に住んでいた製本家の助けを得て、この婦人は身分証明書を偽造した。ロシア国籍のユーゴスラヴィア人になりすまして、インスブルック近郊のロシア人捕虜収容所にもぐりこめばよいという計画であった。不幸な条件が重なり、計画は頓挫した。シュモレルは指名手配され、人相書が配布された。ミュンヒェンに戻ったシュリクは――ラームドーアの話によれば――中央駅付近の防空壕内で二人の高射砲隊兵士に発見され、逮捕された。別の説によると彼は、通報を意図していたわけではない大学の同級女子学生によって逮捕されることになったという。空襲警報が発令されたとき、ハープスブルク広場にあったこの女子学生の家の壕に逃げこんだというのだ。一九四三年二月二四日であった。二カ月足らずの後、アレクサンダー・シュモレルは、ヴィリイ・グラーフ、クルト・フーバーとともに、ローラント・フライスラー指揮下のいわゆる人民法廷で、死刑判決を受けた。七月一三日、ミュンヒェン＝シュターデルハイムの監獄内で、断頭台により死刑。

一九四一年一〇月一五日

メルク

ドナウ河畔メルクにあるベネディクト会修道院・

一九四一年一〇月二四日

オトゥル（Otto Aicher）

設計デザイナー、オットー・アイヒャー。一九二二年生れ、一九五二年インゲ・ショルと結婚。彼はヴェルナー・ショルの同級生で、一九三九年秋、ミケランジェロのソネットについて書いたものがきっかけとなって、ショル家の姉弟と親しく交際するようになった。それまで、ヒットラー・ユーゲントに属していたために立場を異にしていたハンス・ショルとオットーは、なかなか親しくなれないでいた。ショルとアイヒャー双方が「徒党を組んでの不穏な活動」のためにゲシュタポに逮捕されたおかげで、二人は自分たちの共通の地盤を見い出した。

アイヒャーは、ヒットラー・ユーゲントに入団することを拒絶していた。この国家社会主義組織に所属していなければ、大学入学資格試験受験許可が得られなかったにもかかわらず。一九三九年秋以来、彼はハンス・ショルおよび他の青少年活動での友人たちとともに相当オープンなグループ活動を始めた。このグループには以来明確な反国家社会主義者だけが集まるようになった。ここでの友情の基礎には、共通の政治意識があったわけである。

一九四一年九月、召集される前の時期には、友人たちとともに、独裁下における抵抗権の問題を論ずる段階に至っていた。――これもしかし、たんに時事的な問題として考えるのではなく、トマス・アクィナスの義なる国家形態および反逆の正当なる表現方法に関するテーゼを論ずるという形で行ったのである。

一九四一年以降、文通しかできなくなっても、ショル兄妹との結びつきは緊密なままであった。それがどれほど深いものであったかは、ハンスおよびソフィー・ショルがミュンヒェンでカール・ムートと出会うよう道をととのえたのがオトゥル・アイヒャーであったことを考えれば一目瞭然であろう。

ショル兄妹がミュンヒェンで学ぶ時間が長くなるにつれて、二人は、このウルム時代からの友人を、どうしても新たな友人のグループに加えるべきだと考えるようになった。ソフィー・ショルは一九四二年クリスマス直前、衛戍病院に入院中のオトゥルから、自分を訪ねるとの約束を取りつけた。一九四三年二月一八日のできごとによって、この計画は画餅に帰した。ハンスとソフィーの部屋を訪れたオトゥル・アイヒャーを迎えたのはゲシュタポだった。

テートとオルーフ

ウルム出身の双生児、ゼップおよびカール・ザウルの仲間うちでの呼び名。二人は一九三五年d・j・一・一一に加わり、一九三七年、ショル姉弟と同様、逮捕、尋問、拘禁された。

ブロワ（Léon Bloy）

レオン・ブロワ（一八四六―一九一七）、フランスの作家、カトリック革新派に決定的な影響を与えた。

『貧者の血』

ブロワの一九〇九年に完結された作品 *Le Sang du Pauvre* の最初のドイツ語訳は、一九三七年、クレメンス・テン・ヴォールダーの翻訳、カール・プフレーガーの「レオン・ブロワの貧困の神秘」と題するまえがきつきで、ザルツブルクのプステートから出版された。

インゲ・アイヒャー＝ショルは『風防燈火《カンテラ》』遺稿中に、ブロワが貧困について書いている日記の記事の写しを発見した。プフレーガーのまえがきが取り上げたのと同じ部分である。そのなかに以下のようなところがある。「私は最も深き谷底にあるかなとこである。神のかなとこ、神は私をかくも苦しめ給う。それは神が私を愛していてくださるからだ。私はそれをよく知っている。

最も深き谷底にある神のかなとこ！　たしかにね。そこほど(神に向って呻きを上げるにふさわしい場所はない。起こることのすべては崇拝するに値する。まったく崇むべきである。そして私は涙に身を焼かれる)」。

絶対への巡礼

Le Pèlerin de l'Absolu は一九一四年、レオン・ブロワの日記第六巻として出版された。「ブロワ・絶対への巡礼」というのは、カール・プフレーガーの評論の題でもある。プフレーガーは一九三四年「キリストを求めてやまぬ精神たち」と題する評論集を出版し、ペギィ、ジィド、チェスタートン、ドストエフスキー、ソロヴィヨフ、ベルジャエフと並べてブロワを論じた。その際の題がこれであった。この評論によって、当初批判的であったドイツのカトリック知識階級中、ブロワを受け入れる人が相当あった。おそらくハンス・ショルは、カール・ムートからこの本を推められ、ここでも、このプフレーガーの評論の題を引用しているものと思われる。次にベルジャエフが言及されていることも、この推測を支持する。

ベルジャエフ (Nikolai Alexandrowitsch Berdjajew)

ニコライ・アレクサンドロヴィッチ・ベルジャエフ（一八七四―一九四八）、ロシアの哲学者。本来マルクス主義的立場をとっていたが、ヤーコプ・ボェーメおよびドストエフスキーの影響により、一種のキリスト教神秘主義を標榜するようになった。ベルジャエフは若き日、ハイデルベルクのヴァンデルバントの下で研鑽を積んだのであったが、一九二二年、モスクワ大学での哲学教授の席を失う。二年間ベルリンに滞在した彼は、同市に宗教科学アカデミーを設立した。しかし一九二四年ベルリンからパリに移り、死に至るまでパリに住んだ。

『新しき中世』

N・A・ベルジャエフ著『新しき中世―ロシアとヨーロッパの運命に関する考察』ダルムシュタット、オットー＝ライヒェ社刊、一九二七年。

『人間の人格と超人格的価値』

N・A・ベルジャエフ著『人間の人格と超人格的価値』ヴィーン、ベルマン＝フィッシャー社刊、一九三七年、叢書「展望」第五冊。ハンス・ショルは自蔵のこの本に、マタイ福音書（二六章五二節）のイエスのことばを書きこんでいる「『剣を取る者は皆、剣で滅びるのだ』戦争の年、一九四一年に」。

一九四一年一〇月二八日
君の母なる地
　エルザス。

一九四一年一一月二三日
『風防燈火《カンテラ》』第一号
　『風防燈火《カンテラ》』はウルム時代の友人たちの議論および友好のための印刷物であった。インゲ・アイヒャー＝ショルは、この雑誌の如きものの試みがどのようにして生れ、いかなる目的をもっていたかを回顧して、以下のように述べている。
「覚えている限りでは、『風防燈火《カンテラ》』と名をつけたこの回覧新聞を始めたのは、たぶん一九四一年夏だったと思います。これを提案したのはオトゥル・アイヒャーでした。同一テーマを巡る論文（できるだけ自作の！）をいくつか、詩、エッセイ、およびスケッチのたぐいを、定期的に集め、自分たちでこしらえた表紙をつけて友人の間で回覧すれば、戦争のために会えなくなっている友人たちの間の結びつきも、崩れないですむだろう、というのです。この友人たちというのは、だいたい一八歳から二三歳までの、ウルムでの友人のことで、私たち姉弟と同様、みんな、自分を支えるしっかりした精神的基盤を築き、当時の政治体系と、精神を窒息させんばかりの状況のなかで、疑問も問題ももってはいるけれど、なんとか外界の精神的テロルの嵐に抗して、身を屈することなく生きていこうとしている人たちでした。私たちの仲間からも、一〇名が戦争のために、ヨーロッパの各地に送られていました。ロシア戦線のプリプイェト沼沢地、コーカサス。西部戦線のブルターニュ、ガーンジイ島。あるいはミュンヒェンで大学と兵舎と病院の間を行き来させられたり。上ドーナウタールでの帝国勤労動員に駆り出されている者も、ウルムで、たとえば当時の私のように父の仕事を手伝っているものもいたのです。私たちは、この『風防燈火《カンテラ》』のもたらしてくれるつながりなしでは、あの暗闇の時代、とてもまっすぐに生き通せまいと感じていました。この回状を受け取った者は全員、自分も協力するといってきました。誰かの書いた論文に対する意見を述べるとか、書評のようなちょっとしたものを書くとか、他の者の知らない何かの詩を書き写すとかいった、ささやかな形のものが多かったにせよ。ハンスは——ほとんどの場合、公刊されていない——ムート教授、テオドール・ヘッカー、ジギスムント・フォン・ラデッキ等の方々の書かれたものを紹介してくれましたし、ムート先生のお訳しになった、当時のフランスの作家の原稿などもありました。当時の厳しい閉塞状況下、ささやかではあれ、このように広い世界につながる一筋の道を得たことは、大変な慰めでした。カール・ムート先生がトリノの聖骸布について教えてくださったことと、その写真を見て、ハンスは自分でも記事を書きました。ソフィーは人間にとって音楽の有する意味についての議論にさんざん悩まされていました。グロゴはいくつか自作の詩を発表しました。オト

ゥルは機関車のような勢いで、哲学や神学の論文を書き、皆をリードしていました。〔……〕

まだこの回覧新聞が二号か三号めだったと思います。一九四二年二月のある月曜の朝、ちょうど、ミュンヒェンのハンスを訪ねて戻ってきてみますと、家のなかにゲシュタポがいて、そのまま捕まってしまいました。私の小型トランクの中には一番新しい『風防燈火《カンテラ》』が入っていたのに。私はそのまま、小型トランクも一緒に、ゲシュタポの係官R氏に連れられて、当時ゲシュタポのおかれていたノイ・バウまで行き、厳しい尋問を受けました。驚いたことに、そこで秘書として働いていた婦人は、私のかつての同級生だったのです。R氏がちょっとの間部屋を離れたとき、私は思いきってその婦人に、ごく私的な、公けにしたくないことがあるので、ノートからその部分だけ破りとってもかまわないかと尋ねてみました。でも彼女は、そんな許可は出せないと言って、隣の部屋に置いてあった電話をかけに飛んでいきました。その瞬間、私は突然冷静になり、自分でも信じられないほど落ち着き払って、サッと『風防燈火《カンテラ》』の紙を取り出すと、もとの姿がわからぬようクシャクシャに丸め、ハンドバッグの中につっこんだのです。その号にはナポレオンのことが書いてあったのですが、ヒットラーを思い起こさせる書き方であることは否定すべくもありませんでした。

後になってから、父の友人で、当時のヴュルテンベルク・ゲシュタポ長官と大学が同級だった方に聞いたのですが、結社活動を続けていたもの――『風防燈火《カンテラ》』はそのようなものということに充分なりえたでしょう――に対しては、一六年の刑が適用されていたそうです。これを知ってはもはや、この別に他意もない、創造の試みを続けるわけにはいきませんでした。私たちはただ、友人たちとともに燈火をかかげ、風から守りたかっただけなのですが。ちょうど当時ハンスは、ミュンヒェンでの新しい友人たちにも、『風防燈火《カンテラ》』に加わってもらおうとしているところでした。でもそれも、だめになってしまったのです。クリストル・プロープストやヴィリイ・グラーフ、あるいはトラウテ・ラフレンツたちのような才能ある人たちが加わってくれていたら、どんなにすばらしかったでしょう！　この四カ月後、「白バラ」のビラの第一号が印刷されました。でもこれはもう、書き手の内面に向うのではなく、外部に働きかけることを意図したものになっていましたし、結果としても、一六年の刑などという生やさしいことではすまなくなってしまっていたのです」。

あそこに書いた
明らかに、『風防燈火《カンテラ》』論文、「貧困について」のこと。

レオン・ブロワを読んで……形にしないではいられなくなった

君の書いた物語『奇蹟について』
一九四一年一〇月二四日付書簡、六八頁参照。

原稿を発見することも、内容を再構成することもできない。

ムート先生（Carl Muth）
カール・ムート（一八六七―一九四四）カトリックの出版者。雑誌『高き地』の創設者にしてほぼ四〇年間(一九〇三―一九四一)編集長。この雑誌は、信仰篤きカトリック信者と第一線の芸術家および科学者の間の対話の実現を目標としており、実際、非常に早い時期に、進歩的なカトリック信者が、身近な、生き生きとした文学、哲学、社会、政治、神学上の問題を論ずるための最上の場となった。

ワルター・ディルクスは「カール・ムート追悼」(『フランクフルト誌』I巻、一九四六年、九頁以下)のなかで次のように述べている。「この月刊誌によって、ドイツのカトリック集団の劣等感は克服された。ほとんど四〇年にわたりこれは、二世代に及ぶ教養階層のカトリック信者たちを力づけ、励ましつづけたのだ」。

この雑誌『高き地』は、一八六六年以来落ちこんでいた文化的阻害状況からカトリック教会を救出すべく創刊された。このみじめな状況は、一方では――政治面で――プロテスタント・プロイセンの支配権確立によって、また他方――神学面では――ヴァティカンのかたくなな反近代主義的姿勢のためにもたらされたのである。一九三三年ナチの政権奪取後も、この雑誌の明確な自律性と批判的な冷静さに変わりはなかった。一九四一年国家社会主義の権力者は、雑誌に対する発刊停止命令を出す。これは、ワルター・ディルクスの言によれば、「精神と心情を実り豊かな不安に導き、同時に信仰をより確固たる、自覚的なものとしえた」ものであったのだが。

ハンス・ショルが友人オトゥル・アイヒャーの仲介によってカール・ムートと知り合った一九四一年秋には、すでに『高き地』は存在していなかった。ヴェルナー・ベルゲングリューンが「カール・ムートの想い出」(『高き地』五六巻、一九五三―四年、五七頁)中で強調しているムートの「教育的傾向および才能……周囲の人間を……自分の理想像にしたがって教育しようという情熱」は、雑誌の発禁処分によってその対象を奪われていたわけである。まさにそのとき、ムートはハンス・ショルに出会い、彼の裡に、幾通りもの意味で自らと親しい若き人間を見い出したに違いない。彼も我も文学、ことにフランス文学を愛していた。彼も我も寛大であり、かつはばかることなく感激にひたることのできる人間であった。この七十翁が、ショル兄妹およびその友人たちに心を傾けるようになるのは、それほど不思議なことであったろうか? 彼らを政治的にも信頼できるとわかったとすれば。彼がこの若者たちを督励し、議論を戦わせ、参考資料を与え、神学上の指導をし、彼らの役に立つであろう人物たちと引き合わせたのは、それほど不思議なことであろうか?「おそらく、ハンスはあなたに、アルフレート・フォン・マーティン教授宅で、シュテープン夫妻とともに過した午後のことをお話しすると思います」カール・ムートは一九四二年二月二八日、オトゥル・アイヒャーにこのような手紙を送った。「彼がこの夏もこちらにいるようであれば、もっとたくさんいろいろな人と知り合え、これまでほんの断片的にしか知ることのなかった、カトリック内の大型の人物たちと親しくなれるでしょう」。

カール・ムートについては、あとがきに挙げた文献および、この注で触れたディルクスおよびベルゲングリューンの論考の他に、フランツ・ヨーセフ・シェーニンクの追悼文を参照せよ。「カール・ムート—ヨーロッパの遺産」『高き地』三九巻、一九四六—七年、一頁以下。なお、ハンザー、アイヒャー＝ショル、ペトリおよびクレープスの前掲書も参照のこと。

『高き地』の編集に深く関わっていたシェーニンクも、ベルゲングリューンの感じていたのと同じことを述べている。すなわち、カール・ムートは「一生の間、その時代の若い世代が何を感じ、考えているかを、たんに理解するのみならず、愛をもってともに生きることのできた人であった。これは、七十代に至ってことに明らかになった。七十を越えた後、彼はしばしば若者たちと会い、彼らのものの見方や希望を知り、真剣に話し合い、書簡を交わして、説明し、励ますことに努めたのである。『高き地』がすでに弾圧されるようになって後も、ムートは若い〈協力者〉たちを以前と同じように自分の周囲に集めていた。編集者としての彼は、自分の出会った若き才能を励ましつつ育てていたが、それも、自分の雑誌のためというよりはむしろ、その才能の持ち主本人のためだったのだ。

この若者たちのなかに、ハンス・ショル、かの、隠されたドイツの現実を血によってあかしした証人もいた。彼は、一九四二年夏、ムートの蔵書の目録を作るようになって以来、ほとんど毎日**老賢者と短からぬ対話を行い、かくして非人間の支配に対するキリスト教ドイツの抗議を確立させたのである**。ムートは、ショルと、その同年輩の友人たちの存在に希望を託した。ドイツ民族が、直面させられている苦悩に導かれて、その本性に立ち返り、〈ヨーロッパ的、キリスト教的良心〉を取り戻すであろうとの希望を。これは、第一次世界大戦の際にも同じようにムートの心を占めていた希望だったのであるが。ハンス・ショルが逮捕されたとき、ムートも家宅捜索を受け、自身同じ嫌疑をかけられる虞れがあった。しかしながらムートに衝撃を与えたのは、自らの身の危険よりもむしろ、この若き人物が処刑されたという知らせであった。〔……〕（ムートは）ハンスおよびやはりムート家をしばしば訪れ、同じく斬首されたその妹、またそれ以外のすべての若者たちのために論じた。彼らはみな、いつの世も公然とあるいは暗黙のうちにかは知らず、世に抗議しつつ、戦場で、あるいは処刑場で犠牲に供されていたのである。ムートのことばはまさに、わが子を奪われた父親の悲しみそのものであった。……」（前掲書、一七—八頁）

反ユダヤ人活動

一九四一年九月一九日、「公共の場におけるユダヤ人標識携帯警察令」が発効した。これによってユダヤ人は全員手のひら大の黄色の星に「ユダヤ人」と銘記の上、着衣の左胸の部分に縫いつけなければいけないことになった。この法令は、ドイツ国内およびドイツ軍占領地域で行われていたユダヤ人の迫害、逮捕、追放に新たな局面を拓くものであった。一九四〇年一〇月党大管区長《ガウライター》フォルスターは、「西プロイセン大管区」から「ユダヤ色一掃」を宣言した。その一月後、三五万人のユダヤ人がワルシャワのゲットーに幽閉されていた。一九四一年春から秋にかけて、党占領当局は、オランダおよびフランス国内のユダヤ人迫害を強化した。徐々に大きくなる傾向を見せていた抵抗運動は鎮圧され、一〇月三日、パリにあった六つのシナゴークの破壊が命令された。その二週間後、一〇月一六日、東部および本来の帝国領内でも、改めて、ユダヤ人の大量追放が始まった。しかし、ユダヤ人の側の最後の逃亡の試みは、一九四一年一〇月二三日の出国禁止令によって妨害された。この禁止令が出されてほどなく、一九四一年一一月六日、俳優ヨアヒム・ゴットシャルクが、ユダヤ人である妻と息子とともに自ら命を絶ったが、これは、この法律制定後起こった自殺の波を象徴する事件であった。ヒムラーは同月中にゲットー区としてのテレージエンシュタット建設を命令、これを「ユダヤ人問題の最終解決」に至る第一歩と称した。この最終解決なるものは、その二カ月後、一九四二年一月二〇日、SS分隊長ラインハルト・ハイドリッヒ主宰のいわゆるヴァン湖会議で決定され、ヒットラーは同年一月三〇日および二月二四日の演説でこれを確認した。

これらの法令がいかなる地獄絵を招来しうるものであるか、テオドール・ヘッカー、カール・ムートの友人にして共闘者、は一九四一年九月一三日付の日記に、予見して記している。

「今日発表されたことによれば、九月一九日以降、すべてのユダヤ人は、着衣の一番外側の左側に、黄色い星をつけなければならなくなるという。黄色い星、ダヴィデの星、偉大なる王のしるし。この王の末から人の子イエズス・キリスト、聖三位一体の第二が、肉となって生れ給うたというのに。おそらくいつの日か、外国にあるドイツ人たちはみな、一番上の着衣の左側にカギ十字すなわち反キリストのしるしをつけなければならなくなるに違いない。ユダヤ人を迫害することによって、ドイツ人は日一日とユダヤ人とその運命に近づきつつあるのだ。ドイツ人はいまやキリストを再び十字架に懸けつつある。民族として！　だとしたら、その報いも負わねばならなくなるに違いあるまいではなかろうか？」

その一年後、ビラ「白バラ」は、これと同じ示唆を行いつつ全ドイツ人の「道徳的義務」を説き、罪ある者に加担することをやめるよう求めることになる。

先生の蔵書の整理

カール・ムートはハンス・ショルを自分の厖大な蔵書の整理・分類のために雇った。カール・ムートがオトゥル・アイヒャーに宛てた一九四一年一〇月二四日付書簡を参照。「私はあなたのお友だちの、あの医学をやってらっしゃる方にもお手紙してみるつもりです。インゲの話によれば、弟はひまだし、喜んで私の本の分類をやるでしょうということでしたから。おわかりでしょう、あなたは出かけられなければならなかったが、あなたのおかげで私がどれほど助けられているか。神の御前で、あなたに直接お礼申し上げられることと思います！」

以来、ハンス・ショルはほとんど毎日数時間、ムートの家で過すことになった（カール・ムートからオトゥル・アイヒャー宛、一九四一年一二月一九日付書簡。「ハンスはたいへん親切で、頼りになる親友として出入りしてくれています。よく食事をともにすることもあり、彼の興味を引く人物ともたくさん知り合いになりつつあります」。一九四二年四月三日付、「ハンス……は先週『高き地』の全冊子をすべて発行年月順に整理してくれました」）。

山小屋に出かける

一九四二年二月一〇日付書簡、注五参照。

一九四一年一二月三日

『自由の哲学』

N・A・ベルジャエフ著『自由なる精神の哲学』一九二七年、ドイツ語訳、一九三〇年。

トリノの聖骸布

キリストの聖骸布として尊崇されていたトリノの聖遺物は、一八九八年、写真に撮影され、そのさいネガ画像中に拷問を受けた跡のある人間の身体が浮き出したのである。以来、この苦しめる人の顔を、キリストのかんばせのうつしであると信ずる信徒が多かった。この聖遺物の真贋については、今日に至るまで決め手がない。この問題に関する議論が最も盛んであったのは、三〇年代であった。当時イタリアの写真家ジュセッペ・エンリーが、より洗練された技術によって新たに一連の撮影を行い、これが世界的に知られるようになった。この一連の写真によって、信徒のみならず、医師、化学者、民族学者までが、議論に加わったからである。――ジュゼッペ・エンリーの写真集は、一九三九年ドイツでも出版されており、ハンス・ショルはこれをカール・ムート宅で見た可能性がある。それが事実であるかどうかはともかく、少なくともオトゥル・アイヒャーに宛てたカール・ムートの書簡の中に、オトゥルが、ハンスの勧めに従ってこの聖遺物の写真を貸してくれるよう、カール・ムートに依頼したことを示す部分がある。これは『風防燈火《カンテラ》』のための依頼であろう。すなわちムートは一九四二年一月二日、次のように書いているのだ。「トリノの聖骸布に残るキリストの御顔の写真を同封します。この写真は私がもっているもののなかで最も重要なものですが、今日ソフィー・ショルがこの写真に深く見入っていました。これまであれほど打ちこんだ様子でこれを見た人はいません。私は感銘を受けました。あのお嬢さんはたいへん内面的でまじめな娘さんに違いありません」。

ハンス・ショルがムートの蔵書整理の途中、偶然この写真集を見つけたものか、それともムートの方が、この問題をめぐる議論をハンスに紹介したかはわからない。当時、最新の調査結果に対して、聖骸布の真正さを擁護する議論がプラハの医師、ラルフ・ヴァルドー・ヒネクによって、一九四一年九月一〇日付（二二巻、三七号）の『アイヒシュタット聖職者新報』に発表され、この問題をめぐる議論は再び盛んになりつつあった。ただし、ハンス・ショルがこの聖遺物を真正なものであると信じていたことに関しては疑う余地がない。書簡でも、レポートでも、彼はこの、自分にとってかけがえのない証拠の由来、そればかりか力についても、精力的に論じている。ハンスの遺品中には「B・一六・一九三五年八月」、現代のキリスト教に対する聖骸布の意味についての書簡がある。これはポール・クローデルがM・ジラール＝コルドニエに宛てた、ブラング・パル・モレステス（イゼール県）発、一九三五年八月一六日付の翻訳である。これは『位置と命題』第二巻中「キリストの写真」という標題で発表されたものであって、ポール・クローデルの小冊子、『汝、そは何ものか』カトリック叢書、パリ、ガリマール刊、一九三六年に収められている。また、ハンスの書いた『風防燈火《カンテラ》』の記事も、いかに固く彼が、キリストの受難の唯一の感覚上の証拠を得たと確信していたかを教えてくれる。ハンスがこの記事の冒頭に、クローデルの「闇でなければならなかったのだ、この燈火が現れるために」という文章をおいたのは、むろん、偶然ではない。

一九四一年一二月六、七日

ボビイ

ウルムでの友人の一人、詳細は不明。

一九四一年一二月七日

こんなにキリスト教的な思いで

この新たな体験——基本的にはカール・ムートおよびテオドール・ヘッカーの影響による——に関してハンス・ショルは、一九四一年一二月二〇日付の書簡で、もっとはっきり述べている。「今年の主の降誕は僕にとって最大の宗教的体験だ。だって、主は僕にとって新たに生れ給うたのだから。ヨーロッパはこの主の光の内で悔い改めなければ。さもなければおしまいだ！」（ローゼ・ネーゲレ宛）

一九四一年一二月一五日

この手紙は南ドイツ音楽会管理オットー・バウアー合資会社の出したプログラムの裏に書かれている。プログラムにはチェリスト、ルードルフ・ヒンデミットがドヴォルザーク、ショパン、シューベルトの作品を一九四一年一二月一三日土曜日、演奏することが書いてある。

シグリ・ウンセトの本

おそらく小説『クリスティン・ラーフランの娘』であろう。このノルウェーの女流作家は、当作品によってノーベル賞を受けた。ソフィー・ショル、一九四一年一二月一二日付書簡、ことに注二を参照。

スキー・キャンプ

一九四二年一月六日付書簡を見よ。

一九四二年一月六日

インゲから聞きなさい

一九四二年二月一〇日付書簡注五参照。

一九四二年一月一七日

ひどく寒く

この書簡の第一段落は、ハンス・ショルがしばしば用いた「奴隷言語」の好例である。これはすなわち、何でもなさそうな文章の奥（ここでは天気の話）に同時に反政府的な政治上の見解を伝えるやり方であった。ここではこの寒さはわれわれに春＝戦争の終結をもたらしてくれるものだ、といっている。

ハンス・R

ハンス・ロークナー。

ゲーテ

『エピメニデスのめざめ』第二幕第四場。ここでハンス・ショルの引用した詩句は、ビラ「白バラ」の第一号（インゲ・アイヒャー＝ショル前掲書、九九頁〔邦訳一二一頁〕に掲載）にも見られる。この詩の前に書かれた「イギリス人はこの詩を……」というコメントは、第一段落の寒さの話と同様、奴隷言語である。

一九四二年一月二五日

カント、かたくなさ、プロイセン方式——これで魂の息の根が止まる

一九四一年秋以来、ハンス・ショルの書簡には、繰り返し、ここで取り上げたと類似の言表が登場する。一九四二年八月二二日のロシア日記の記事、および一九四二年一月二五日付ローゼ・ネーゲレ宛書簡、さらに一九四三年一月一二日付オトゥル・アイヒャー宛書簡、本書一〇六、七九－八〇、一二四頁を参照。テオドール・ヘッカーも『日そして夜の記』として一九三九年から一九四五年まで書きつづけ、ときに、友人たちの前で朗読したこともある手記のなかに、似たような考えを記している。たとえば、

一九三九年一二月一三日

「ドイツ人は（他の国民と同じく、一つの国民でありたいと願っている。しかしそれはかなわぬ願いである。彼らは他国民より相当ひどいありさまになるだろう。彼らは）世のさげすみ嫌うものとなる。プロイセンの饐えた練り粉が、国全体を完全に酸敗させた。その使命は偽造されたものである」。

一九四〇年一月

「キリスト教ヨーロッパの部分史、すなわちドイツの歴史内部で、のぞむらくはこの戦争がプロイセンの支配を終結させてくれますように。プロイセンの支配は、この戦争の始まるに当って、その頂点を生きたのだ」。

四〇年二月二〇日

「政権交替あるいは経済機構の改革だけでヨーロッパを滅亡から救えるなどと思うのは甘い。われわれを救えるのはただ、完全なる意識の変革、回心だけなのだ。その一番の障害は、いうまでも

なく〈プロイセン〉である」。

四〇年六月一、二日

「ドイツ観念論はカントおよびフィヒテによって具現されたプロイセンの産物である。〔……〕ヘーゲルは本来偉大な思索家であった。が、後代の多くの南ドイツの精神と同じく、プロイセンに汚染され、だめになった。プロイセン観念論はドイツの人間から血と肉でできた心臓を取り上げ、代わりに鉄と紙の心を与えた。ドイツの心はいまや鉄と紙からでき上った代物なのだ。行為と空文句。これこそプロイセンの産んだドイツ人の〈非人間性〉の原因である。義務ときまり文句とが結びつくとき、人間の非人間化は避けがたい。しかしこれはプロイセン・ドイツ独特のものであり、そこで発明されたものなのだ」。

写真を一枚同封する

トリノの聖骸布に捺印されたキリストの貌の写真。一九四一年一二月三日付書簡、とくに注二参照。および同テーマに関する本書七二頁以下の『風防燈火《カンテラ》』論文も見よ。書簡および報告から、ハンス・ショルが一九四一年末から四二年初頭にかけて、親しい友人たちに、このようなキリストの画像を贈ったことがわかる。たとえばゾフィー・ショルは一九四二年一月二〇日付の書簡で兄に写真の礼を述べている。「ハンス！　お手紙と写真ありがとう。この写真が注目を集めないなんて、ずいぶんおかしいと思います。だってキリスト者だったら、この写真に自分の目で神の御顔を見られるはずだもの。信じられないような話ね。それも、この画をこうして明らかにするのが、よりによって近代技術だなんて」。

一九四二年二月一〇日

滑稽きわまりない「過誤」

インゲ・アイヒャー＝ショルとフーバート・フルトヴェンクラーはこれがどういう事件であったのかはっきり覚えておらず、たぶん、政治的な問題ではなく、兵営生活上の規則違反だったのではないかと考えている。ところが、マリオ・クレープスは前掲書一一五頁で以下のごとき報告をしている。「ある事件が起こった。熱心な党員である医学部教授が講義中学生中隊に所属している者によって嘲笑されたのである。その〈張本人〉が発見できなかったため、中隊全体が四週間の禁固処分を受けた。――〈滑稽きわまりない過誤〉のためにとハンス・ショルがある書簡中に書いている通りである。この〈事件〉は軍法会議にまで上程された。話は大げさになるばかりであった。中隊は軍法会議によって国防軍総司令部に、暴動の廉で告発されたのである。事件の進展中、卑劣な密告が行われた。中隊に属する者全員が個別に尋問された」。

　この騒ぎがそれほど生やさしいものでないことは、カール・ムートがオトゥル・アイヒャーに宛てた一九四二年二月一八日付書簡からも明らかである。そこには以下の記述がある。「あの問題がうまくかたづけばよいのですが、彼（ハンス・ショル）はいま兵営でそれに巻きこまれてしまっているのです。私はたいへん不安ですし、気がかりでなりません」。

ハンス・ショルの書簡、一九四二年二月一二日付、本書八一頁をも参照。

何人かの仲間と……読んでいる

ハンス・ショルとアレクサンダー・シュモレルを中心として、一九四一―二年の冬学期、友人グループのようなものが形成されていた。彼らは不定期に集まっては読書および討論会を開いた。参加者は学生とは限らなかった。一九四二年二月二八日付書簡、本書八三頁参照。

『繻子の靴』

ポール・クローデルの『四日間にわたるスペインのできごと・繻子の靴』

フョードル・シュテプーン

フョードル・シュテプーン（一八八四―一九六五）、ドイツ系ロシア人の文化哲学者、作家。一九二六年以降ブレスラウの社会学教授。一九三七年講義禁止処分を受けた。

インゲが書いた

『風防燈火《カンテラ》』原稿「スキー小屋での日々」。この原稿については写しが一部現存している。ここで――抜粋して――この原稿を引用したい。ショル姉弟をめぐる友人たちの雰囲気および彼らの好んで取り上げた話題が、たいへんはっきり描き出されているので。

スキー小屋での日々

〔……〕次の朝私たちはコーブルク小屋に向って出発できました。今度は完全に私たちだけになるのです。しばらく上った後平坦な道に出ました。この道は本物のおとぎ話の国の森のなかを通っているようでした。〔……〕私たちは一列になって、ハンスのスキーがつけた跡をたどりながら進みました。こうやって進んでいるあいだ誰からともなく皇帝赤ヒゲ陛下の詩の朗読を始めたりしました。たぶん三人のシュヴァーベンの子たちのうちの誰かが始めたのだろうと思います。次の子はそれに続けてどんどん話を作っていき、ちょうどボールで遊ぶように、次から次へと一行ずつ交替でこしらえていったのです。――〔……〕曲がりくねった道を上って、くぼみになっているところに近づいていきました。ハンスと私が一足先に出て、小屋の場所を見つける役を引き受けていました。広い坂道を越えますと、右も左も岩の重なりが高くそびえるようになり、あっというまに険しい峡谷を上りはじめていました。両側の岩壁は上へ行くにしたがってますます狭く私たちに迫ってきます。〔……〕山の背にたどり着いたとき、風が谷を吹き上って、私たちのところに集まり、ちょうど私たちが歩こうとしていた山の裂け目をものすごい勢いで押し通ろうとしているようでした。この雪は相当流れていて、スキーを踏み出しても、すぐひっくり返ってしまうか、そうでなければ雪の方がスキー板の下から滑り出し、嘲るような音を立てつつ、小さな小さなだれになって、谷底に落ちていくのです。私はこの絶望的にどうしようもない場所で悪戦苦闘をしていたのですが、ハンスの方は、あっさりそこを通り抜けてしまって、もう見えなくなっているので

した。〔……〕

突然上の方にハンスの顔が見えました。髪も眉毛も真白で、口のまわりには白い柔毛が生えているようでした。でも、ハンスがそこにしっかり立って、あと二、三歩で小屋だぞと声をかけてくれた様子といったら、本当に頼りになる感じがしたものです。私たちはスキー板をはずしてハンスに渡し、急いで道をよじ上って、それから板をつけなおそうと思いました。ソフィーの信頼にあふれた顔が私の下に見えました。ソフィーが次から次へと私にスキー板を渡し、私はそれをハンスに渡しました。何分か後には本当に私たち皆小屋に着いていました。外はひどい雪嵐で、これに比べたら最初の夜の風なんて、そよ風だったような気さえしました。

〔……〕皆さんもきっと、人気のない二千メートルの山のなかで、何人かの親しい人たちと、ろうそくの光の下、暖炉の火を囲んで座るというのがどんなにすてきなことかご存じだと思います。ことに、戸外では風が雪を四方に蹴散らし、目に入るのはただ黄色を帯びた灰色の、渦巻き、くすぶるようなかたまりだけ、などという晩には。この高地での清浄と静謐を味わうために、少少苦労し、努力もしなければならないというのは、よいことだと思います。そうでなければ、この静けさを大切にし、本当に楽しむことのできる人以外のたくさんの人がここまでやってきてしまい、静謐の代わりに騒音がもたらされることになるということはもちろんあるのですが、でもそれだけではありません。むしろ、私たち自身にとって、それはよいことなのです。なぜなら、皆で一緒に努力をし、大変な、ときにはとても難しい、山道を上ってくることで、私たちの間には特別の絆が結ばれますから。この「私たち」は、たとえば山に上るというような外面的なことで生れることもあるけれど、でもこれがもう一つ別の「私たち」の土台なのではないでしょうか。私たちは内面にある、目に見えぬ何ものかに動かされて、その別の「私たち」を目ざしているのだし、この『風防燈火《カンテラ》』も、そのために灯されたのだったでしょう。私たちはこの「私たち」に自己を捧げたりするつもりはありません。むしろ、私たちは自己自身のために「私たち」を求めているのです。そこから生長のための糧を得、鏡のように「私たち」に自らの姿を映してみられるように。〔……〕その後(雪のなかで練習をしてみた後)一日が順調に進んで、暖炉の上の竿に濡れた着物がぶら下り、ヴルフリートが、いつも皆を笑わせてくれる発電機付ランプを自分の納得のいく場所に据え終わり、ろうそくが行き渡り(部屋はいつでも薄暗かったのです)皆ができるだけ間をつめて、暖炉を囲んで座り終わり、暖炉では薪がパチパチとはぜて燃えあがっている。そうなると今度は本の登場です。ドストエフスキーの『二重生活者』。〔……〕

この部屋での生活に本の果たした役割は独特のものでした。同じ一つの本を読むことによって、全員の思いと考えが同じものに向けられたわけですから。作品のなかでたとえばゴルジャキンがしょっちゅう繰り返している滑稽な言い回しは、だんだん私たち皆に伝染していきました。ですから私たちは、こんなしゃべり方をしたりしていたものです。「われらすべてにすでに知られたる者、邪まなる人間よ、……僕はただ……君は全然大酒飲みじゃない。違うとも、酒飲みなんかじゃないさ……ただおちょこにいっぱい飲んだだけだ……」誰かに何かを厳しく批難されたりすることがあっても、落ち着き払ってこう言います。「私はまっすぐな人間です。悪事を企んだりはいたしません」。そしてなだめるようにつけ加えるのです「また皆うまくいくようになりますよ」——朝方はたいてい吹雪で、これは斜面での練習には不向きなお天気でした。そうなると私たちはまた隅っこの大きな暖炉のまわりにもぐりこみ、本を読んだり歌を歌ったりして天候の回復を待つのです。〔……〕

（そのうち）誰かがろうそくのろうを手に滴らせながら、空腹について演説を始めました。精神的なものに対する空腹をまったく訴えることのない人間が、あんなにたくさんいるというのは大変な謎だ、というのです。〔……〕——「そもそも彼らは、あるとき突然飛び起きて、こう尋ねることなどないのだろうか。なぜだ？この落ち着かなさ、このかすかなひきつれはどこから来る？と。ああ、確かに、彼らはいつでも、お手軽に手当てをすませてしまうのだ〔……〕彼らは自分の内面で起こるささやきを耳にしても、立ち止ってなぜと尋ねることをしない。そのかわり、山のようにいろいろなものを、その声の上におしかぶせてしまう。——彼らがただ一度〈なぜ〉と問いはじめることがありさえすれば……おそらくそれが空腹のはじまりとなることであろうに。しかし彼らは眠っている。まさに、生がいかに無意味たりうるかをまったく忘れてしまっているようだ」。それでは魂の空腹と謎を深追いしすぎているのではないか、という意見が出ます。それでは、魂の糧の方はどういうことになっているのか？　そもそも人間の作ったもので、たとえば芸術や文学の分野を見回して、間違いなく魂の空腹を鎮められるものがそれほどあるのか。ヴァン・ゴッホのことを考えてみろ！　話はそれほど簡単ではあるまい……

「音楽は！」ウラが声を上げます。「音楽は魂の糧じゃないの？」この問いに答えるにはソフィーの二通の手紙が役に立ってくれました。一つはもう一年以上も前に、もう一通はちょうどそのころ書かれたものですが、〔……〕どちらも、私が答えたいと思っていることを、ぴったり言っていてくれますから。

「……そしてそのすぐ後に、シューベルトのいわゆる未完成。私はまるで底の底から掘り返されて、種の播かれるのを待っている地面のような気分になりました……」。「……昨日の晩はラジオで音楽を聴いたのだけれど、それがこの上なく力強く、はっきりした、生命の歓喜にあふれた曲だったわ。バッハだったかもしれない。私はもうずいぶん何回も音楽のことを考えてみたわ。もともと音楽って、とても非物質的なものだけれど（絵画も彫刻も具体的な画像を必要としているのに）。きっと天使たちの世界にも音楽はあるに違いないと思うわ。ところが実はこれが人間だけのために存在している。人間の感覚のためにあるのね。さまざまな音の動きと揺れが、あれほどの美しさを生み、あれほどいろいろな感情を惹き起こせるなんて、信じられないくらいだわ。あの音楽を聴いて私は、人間が神からこれほど高く評価されているというのが、少しわかるような気がしました。もっともこんなものは、単なる頼りない踏み台にしかすぎないのだけれど……」

ハンスが言いました。「この空腹は、音楽によっても、芸術によっても鎮まるものではない。何ものも、人から出たものは、この空腹を充たしえないのだ。人の作ったものは、せいぜいパンのありかを指し示しうるだけである。それ以上のことはできない」。〔……〕なぜ彼らは空腹にならないのか？　この問いに答えを見つけることはできませんでした。たぶん、問題によっては、そういうものがあるのでしょう。一年一年答えを待って、ちょうど木のように育っていくのを待っていなければならない。そしてある日気がつくと、その木の実りをもぎ取ることができるようになっているのです。〔……〕

一九四二年二月一二日

長い間留守

禁固処分のために（一九四二年二月一〇日付書簡、注一参照）。

ＯＫＷ（Oberkommando der Wehrmacht）

国防軍最高司令部。

僕の一番親しい奴も一人告発されています

おそらくアレクサンダー・シュモレル。彼は頑固に、わざと民間人風の態度を続けており、軍隊では反抗的人物と見なされていた。この項に関してはクレープス前掲書、七八頁参照。

一九四二年二月二八日

アムマー湖畔のザンクト・オッティリエン

ヘルムート・ハルテルトがインゲ・アイヒャー＝ショルに宛てた報告中の記述をも参照。本書二八四頁以下。ハンス・ショルがかの地の修道院内の聖職についている友人と関係なく、ここでの研修を申請したとは思えない。

「貧困について」

この原稿は、カール・ムート資料館の調べたところでは現存しない。この項に関しては次注を参照。

第一号に載せた

カール・ムートが『風防燈火《カンテラ》』グループの議論にどれほど熱心に参加していたかは、オトゥル・アイヒャーに対する書簡中二つの部分から明らかである。

「先週私は彼（ハンス・ショル）にあなたから頂戴した『風防燈火』を渡しておきました。ご親切に送ってくださってありがとう。いくつかの話はもう知っておりました。しかし私は、若き友よ、あなたが、これだけ立派なものを、今おられるところで作り上げられたというのにまったく感服しています。あなたを囲んでいる環境は、精神的というにはほど遠いものですのに。貧困の問題は、まさに核心を衝いたものです。ですからここ当分、議論を補足しようとするのや、反対するのや、さまざまの反応が、あなたを取り囲むことでしょう。こんなふうに議論を戦わすのはよいことです。ことに、議論に加わっている者が皆それによって何か得るところがあり、その問題をますます、そして最終的には完全に、福音の光のなかで考えられるようになるのなら」(四二年二月一八日付)。

「今度の『風防燈火』はすばらしい。でも、内容はもっとよく読まなければなりません。次の号には私の訳したギュースターヴ・ティボンの箴言を用意してあります」(四二年七月一八日付)。

トラウテ・ラフレンツ

ハンブルク出身の女子医学生(一九一九年生れ)、リヒトヴァルク*の薫陶を受けた教師エルナ・シュタールの読書グループにおり、のちミュンヒェンでハンス・ショルの友人となる。

トラウテ・ラフレンツは一九三九年アレクサンダー・シュモレルと知り合っていた。同年夏学期シュモレルがハンブルク大学で聴講していたときに知り合ったのである。一九四一年五月学業をミュンヒェンで継続すべく移ってきた彼女を、シュモレルは、クリストフ・プロープストおよびハンス・ショルに紹介した。彼女はハンブルク大学にいた間、小児科医ルードルフ・デクヴィッツを中心とする反政府グループに属していた。一九四二年彼女はミュンヒェンのグループとハンブルクの反政府グループのいくつかの間に連絡をつけることに成功する。当時彼女は――フライスラーの推測とは異なり――「白バラ」のビラを(第三号、受動的抵抗を呼びかけたもの)ハンブルクまで運搬した。

一九四三年四月一九日、ミュンヒェンでの人民法廷における第二次裁判で、トラウテ・ラフレンツは従犯の科で一二カ月の懲役に処せられた。

*訳注　リヒトヴァルク(Alfred Lichtwark)　一八五二―一九一四。学校教科としての美術教育導入に力があった。

一九四二年三月一八日

秘密警察

ハンス・ショルは、ショル家の郵便物は検閲されているものと考えていた。一九四二年二月、密告によって父ローベルト・ショルが秘密警察の尋問を受け、裁判にかけられる虞れがあったからである。

イギリスのご婦人方

一六〇九年英国婦人マリア・ウォードによって、若年婦人のよりよい教育のために結成された組織。この会の修道女は修道会の寄宿学校教師として働いており、国家社会主義政府に修道会経営の施設を閉鎖された後、病院勤務を命じられたのである。

雲を連れてきそうではあるけれど

暗黙のうちに連合軍の大西洋岸上陸に対する期待をほのめかしている。

一九四二年には、ドイツ国内に相当数の、速やかな戦争終結を望むグループがあった。この雰囲気は、カール・ムートがオトゥル・アイヒャーに宛てた書簡のいくつかのなかにも見てとれる。「私たちはみんなあまりにもはるか遠いかなたでないいつの日か戦争が終わることを心から願っています。そう願う以外ありません」（一九四二年七月一八日付）。「それにおそらく私たちが故郷と自国民を愛しているのならば、願わずにいられないことがすべて起こるでしょう。決定的な瞬間は大またでやってきています」（一九四二年一〇月一八日付）。「いろいろさまざまなことからみて、この戦争もそう遠からぬうちに終わりそうです」（一九四二年一一月一二日付）。

一九四二年三月二九日

トラウテ

　トラウテ・ラフレンツ。

ちょっとしたもの

　ソーセージ。

一九四二年五月四日

ママのお誕生日

　五月五日。

ことばをアウグスティヌスが

　何を指すか不明。

ソフィーは元気で到着しました

現在まで公刊されている資料、文献はすべて、一九四二年五月九日——ソフィーの誕生日——を彼女のミュンヒェン到着の日としている。これは、インゲ・アイヒャー＝ショルの『白バラは散らず』に基づいた処置である。しかし、最新（第四）版で、アイヒャー＝ショル夫人は、この日付を訂正した。ソフィーが五月一日前後にミュンヒェンに到着したと考える方が、五月はじめに大学の授業が始まることとも符合する。

しばらくムート先生のお宅にごやっかいになる

インゲ・アイヒャー＝ショルは、ムートおよびヘッカーとの交際について述べているもののなかで、次のように書いている。「ムート家はたいへん開放的な、社交的な家でした。妹は大学に行きはじめた一番最初のころ、ここに住んでいたのです。ちょうどよい下宿先が見つかるまでの間ですが」。

一九四二年七月二七日

ここまでやって参りました

友人であり、後の同盟者ヴィリイ・グラーフは、日記に移動中通過した地名をメモしている。

「四二年七月二三日七時には東駅で積みこみ完了。出発は一一時。われわれの車室はよい。気分もいいし、場所もたっぷりあり、話もできる。これは大したことだ。

　四二年七月二六日、昼、ワルシャワ。非常に暑い。午後遅くなってから街に出かける。みじめな苦しみがわれわれを見つめている。

　四二年七月二七日、またもう一度街に出かける。あちこち歩き回り、食事をし、その後〈青家鴨〉に座りこむ。有金残らず使いはたし、ウォトカをちびりちびりやる」。

分担が決められる

ヴィリイ・グラーフの日記の記述を参照。

「四二年八月三日、われわれは同じ部隊に配属された。繋駕衛生部隊二五二。これはグシャックの森林内基地にいる。空港のすぐ近くだ。……

　四二年八月四日、任務の指定。われわれは分散することになった。僕はハンスと一緒に防疫部に回された」。

一九四二年八月七日

ヴェルナーがこっちにやってきました

偶然の悪戯で、ハンスおよびヴェルナー・ショルは同一戦線区内に配属されていた。ハンスはたびたび、数キロ西方に駐屯していた弟のところまで騎馬で出かけていった。

一九四二年八月一七日

クルト・フーバー (Kurt Huber)

クルト・フーバー教授。一八九三年生れ、ミュンヒェン大学哲学講師。有数の民謡研究者であり、音楽美学および心理学の専門家。彼のライプニッツおよびドイツ観念論哲学の講義には、政府に批判的な学生が全学部から集まっていた。この講義を聴講したものは今日に至るまで――講義者の言語障害にもかかわらず非常に機知に富んだ、目のさめるような――授業のすばらしさを忘れていない。この魅力は、たいへんすっきりした形で革命を支持するほのめかしや、小咄を繰り出すフーバーの才気によって、いっそう刺激的なものになっていた。クルト・フーバーはハンス・ショルおよびその友人たちと、一九四二年六月、ある個人宅で知り合った。学生部隊がロシアに出発するまでの間に、両者の関係は親密の度を増し、フーバーは彼らグループの年長の友でありかつ師伝という格になった。――彼はとりわけ、ドイツ国家の栄光と悲惨にかかわる議論では容赦がなく――この点でことに、ハンスたちが考えを進めるきっかけとなった。ただし、おそらく、同時進行していた「白バラ」の宣伝ビラ活動については、知らされていなかったものと思われる。おそらく一九四二年一二月まで、このビラの執筆者が誰であるかを知ることはなかったであろう。四二年一二月――ヴィリイ・グラーフの日記には四二年一二月一七日付で「たいへん面白い話をフーバーとする」という記述がある――この活動の意義および目標が議論の的となり、この議論が展開していくなかで、教授は学生たちの活動を支持することになったものと思われる。五番目の檄文「ドイツ人すべてに」には、下書きの段階でフーバーの手が入っており、最後のビラ「同朋学生諸君、同朋女子学生諸君！」は――スターリングラードの悲劇および大学関係者に対する党の誹謗的取り扱いに憤って――フーバ

クルト・フーバー

ヴィリイ・グラーフ

ー一人の手で書かれたものである。ただし、ハンス・ショルは、印刷のさいに原文から一段落削除している。すなわち、学生たちに、ドイツ国防軍の下に「完全に集結」することを求めている部分である。同部分には国防軍の「すばらしい戦果」はヒットラーおよび党の手で無責任きわまりない悪用をされていると述べてある。これは、フーバーの政治上の立場を表明するものとして「最もはっきりしたいい方」であるが、明らかにこの点に関する学生グループの考え方とは相容れない。

クルト・フーバーは、彼の執筆したビラの配布された九日後、一九四三年二月二七日逮捕され、「人民法廷」での審理によって四月一九日死刑を宣告され、七月一三日、アレクサンダー・シュモレルとともに処刑された。

ロシア出身の友人
アレクサンダー・シュモレル・
ヴィリイ・グラーフ (Willi Graf)

ヴィリイ・グラーフ、一九一八年生れ。家族とともにザールブリュッケンに育つ。ここで彼はカトリックの青少年グループ「新ドイツ」および、後年、非合法の「灰色会」に属して活動し、神学上、文学上、決定的な影響を受けた。一九三七年、党のありとあらゆる結社活動摘発の波を受けて、はじめてゲシュタポの監獄に入る。

ヴィリイ・グラーフは、ハンス・ショルおよび他の友人たちと同様医学生であり、衛生兵として、フランス、ユーゴスラヴィアに派遣された。のち、一九四一年六月から、ロシアに送られていたが、一九四二年四月、学業継続のためミュンヒェンに呼び戻され、第二学生中隊に配属されたのである。「灰色会」での友人ヘルマン・クリングスの勧めで、グラーフは医学関係の授業のほかに、フーバー教授の哲学史の授業にも出ていた。またミュンヒェン・バッハ合唱団に加わり、フェンシングの練習も再開した。いずれの場面にも、反政府的姿勢の学生仲間が集まってきていた。フェンシングで一緒になったクリストフ・プロープストを通じ、グラーフはハンス・ショルとも知り合うことになる。ハンス・ショルは当時——アレクサンダー・シュモレルと共同で——すでに第一号のビラ「白バラ」を作成、配布し終わっており、ヴィリイ・グラーフにも、この仕事に加わるよう懇請した。ロシアでの実習をともにしたことによって、結びつきはさらに深まる。学生たちがロシアから戻ってのち、ヴィリイ・グラーフは抵抗運動拡大の可能性に関するファルク・ハルナックとの話し合いに加わり、「灰色会」当時の友人でミュンヒェン、フライブルク、ザールブリュッケンにいる者を活動に加えるべく努力した。スターリングラード陥落の後には、ハンス・ショルおよびアレクサンダー・シュモレルとともに、夜間、大学地区の壁に落書きを繰り返し(「ヒットラー打倒」、「自由」)、学生たちに蜂起をうながした。

ショル兄妹逮捕の数時間後、ヴィリイ・グラーフは——同じくミュンヒェンで学んでいた妹アンネリーゼとともに——捕えられた。四月一九日ローラント・フライスラー指揮下の「人民法廷」は、彼に——アレクサンダー・シュモレルおよびクルト・フーバーと同様——死刑判決を下した。シュモレルとフーバーは七月一三日に処刑されたのに対して、ヴィリイ・グラーフは一〇月まで殺されず、秘密警察は彼から友人および関係者の名を聞き出そうとあらゆる手をつくした。しかし彼は屈せず、黙秘を通した。一〇月一二日、シュターデルハイムにおいて、断頭台により処刑。

フーバート・フルトヴェンクラー

一九一八年生れの、ミュンヒェン学生中隊でのこの友人は、ヴィリイ・グラーフと同様バッハ合唱団の団員で、一九四二年夏、ハンス・ショル、アレクサンダー・シュモレルおよびヴィリイ・グラーフとともに、前線実習のためロシアに送られた。彼は「白バラ」をめぐるグループの一人であって、一九四二―三年、友人たちの催す読書会に加わっていた。しかし、ビラ活動には参加していない。

二月一八日および二二日の事件の後、フーバート・フルトヴェンクラーも秘密警察の取り調べを受けたが、所属中隊長の強力な介入によって、それ以上の処分を受けずにすんだ。

一九四二年八月二四日

お父さんは収監される

ローベルト・ショルは、婦人の使用人の密告によって告発された。自分の事務所で議論になったさい、ヒットラーのことを「神の大いなる鞭」と呼び、「もしすぐ戦争をやめなければ、二年のうちにベルリンはロシア人に占領されてしまうだろう」と言ったからというのである。

一九四二年八月三日、特別法廷は、「背信行為」の廉で四カ月の禁錮を言い渡した。この逮捕の後しばらくしてから営業停止命令が出された。ソフィー・ショルの一九四二年一一月一九日付書簡、本書二六〇頁以下参照。

僕たちはどちらも

ハンスおよびヴェルナー・ショルの兄弟。二人はたびたび会うことができた（一九四二年八月七日付書簡、注一を見よ）。

自分たち二人のありさまについて、ハンス・ショルは一九四二年九月二八日、両親に次のように書いている。「昨晩ヴェルナーがやってきました。あいつもだんだん無口になります。話すことなんてどこにあります！　僕らはただ、わずかばかりの響きものを模倣している亜流の人間にすぎない。僕たちを洗い清め、シャンとさせるには、まったく新しいことばが必要なんだと思います」。

一九四二年九月二日

思考が熟するというわけには

このことばは、「ミュンヒェンでの最後の何週間」の間に「白バラ」のビラのうち最初の四回が作成され、配布されたことを考えてみると、たいへん重要な意味をもっている。

フーバート・F

フーバート・フルトヴェンクラー。

前線に近い歩兵隊

ヴィリイ・グラーフの日記を参照。

「四二年九月一日。部署の交換が行われるというニュースに驚かされる。フーバートと僕は歩兵連隊四六一に行き、ハンスとアレックスは残る。しかし全然出発準備を急いだりしてはいない。〔……〕

四二年九月三日、しかしとうとう本当に進発の用意をする。別れのあいさつ。患者運搬車を馬に引かせてスタローィエまで〔……〕そこから先は第一大隊まで徒歩。そこで連隊つき医官に会う。割当て。フーバートは第三、僕は第一大隊。ここから先はトロッコで進む」。

『第五列』

“quinta columna” スペイン市民戦争以降使われるようになった、地下活動グループの呼称。一定の状況下で、破壊活動、サボタージュ、場合によってはスパイ行為を行い、それによって自国政府に抵抗し、対抗するイデオロギー上ないし政治的勢力の利益を図るものをいう。

おかしかった

ロシア日記中八月一七日付で、ハンス・ショルはこの挿話を記している。憂鬱に関する省察の前奏曲といった形である。

小さなノート

本書九六―一一一頁に採録されたロシア日記。

一九四二年九月一〇日

頭にきちゃう

妹ソフィーに対しては、ハンス・ショルはこの日のできごとに関して、もっと平静であったように述べている。

ロシア発、四二年九月一八日付「いつまでも、いつまでも日は輝き、秋の風が雲を追い払う――ついさっき、軍医大尉に貴様の髪は非軍人的でけしからんと叱られて腹を立てたばかりなんだが。おおせの通り、軍医大尉殿。僕はしかし、お好きなようになさってくださいと言おう。いつの日か、ロシアを別の形で体験することができるだろう。そうしたければ、ヒゲを床まで垂らすこともできるような日が」。

一九四二年八月一六日、ロシア日記

四次元

相対性理論から生じた時空界の概念。

クラーゲス

哲学者・筆跡鑑定家、ルートヴィヒ・クラーゲス（一八七二―一九五六）。

ベアトリーチェ……ダンテ

『神曲』の話。

一九四二年八月一七日、ロシア日記

シュヴァルツ司祭

カール・ムートと親しい司祭。――ハンスおよびソフィー・ショルが姉インゲに語ったところによれば、左遷されて――バイエルンの森のとある寒村に暮していた。兄妹はたびたびこの司祭を訪れた。司祭本人の人柄に打たれもし、その家に箱一杯たっぷりあった原稿に引かれもしたのだ。シュヴァルツ司祭は、なんらかの可能な手だてがある限り、カール・ムートに食料品を送るよう心がけてもいた。

なつかしきフルトマイヤー

ヨーゼフ・フルトマイヤー。ハンス・ショルの相当年上の友人。歴史および考古学に造詣の深い司法官。ハンス・ショルはミュンヒェンの社会学者アルフレート・フォン・マルティンを中心とするグループ内で、一九四二年春、フルトマイヤーと知り合い、親しくなった。ハンスが建築家マンフレート・アイケマイヤーとつき合うようになったのは、フルトマイヤーの仲介による。アイケマイヤーはハンスたちに、ポーランドでのドイツ人の暴虐ぶりをはじめて正確に教えた。ほどなく、「白バラ」のメンバーを中心とするグループの朗読会、および討論会が、アイケマイヤーのアトリエで開かれるようになった。このアトリエはレオポルト通りに面する広い庭の奥まったところに建っており、周囲から切り離されていた。このアトリエの地下で、「白バラ」のビラが印刷されたのである。

プファウトラーの規則

ミュンヒェンの小児科医、マインハルト・フォン・プファウトラー（一八七二―一九四七）の考案した、生後半年間の乳児に必要な一日の授乳量の割出し法。

$$\frac{P}{10}\text{牛乳}+\frac{P}{100}\text{KH}+\text{水ad}\frac{3}{4}\ell$$（P＝体重をgで表わした数）

一九四二年八月一八日、ロシア日記

ヴィリイ

ヴィリイ・グラーフ。

嘆願などするものか

後にハンス・ショルは――おそらく弟ヴェルナーの説得に応じて――拒絶的な態度をやわらげ、母の望み通り、減刑嘆願書を書いた。

一九四二年八月二八日、ロシア日記

あのときはまだ本当に若かった

一九三七年一二月未決拘留されていたころ。ハンス・ショルの書簡、一九三七年一二月一八日付参照。

一九四二年九月五日、ロシア日記

エルンストの死亡通知

エルンスト・レーデンは一九四二年ロシアで戦死した。――レーデンと非常に親しかったインゲ・アイヒャー＝ショルの話によれば――ウルムにいたショル家の家族は、八月二三日、この知らせを受け取った。「ソフィーは〔……〕ピアノに向っていました

〔……〕。母がこの知らせを伝えますと、ソフィーは立ち上り、私の部屋に入ってきて、しばらく立ちつくしていましたが、黙って〈アヴィニヨンのピエタ〉の絵を差し出し、そのまま音もなく部屋を出ていったのです。少し後で窓の傍に立っているソフィーにリーサが気づきました。一粒の涙がころがり落ち、腹立たしそうな、ほとんど重々しいほど、きっぱりしたいい方でこう言いました。『もういいわ。何かしなくっちゃ』。レンニッケ夫人に対しては、やはり同じようにきっぱりと、この死を贖わせずにはおかないと言ったそうです」。

一九四二年一〇月一三日
みんなのところに戻れる
ローベルト・ショルは二カ月の刑期短縮措置を受け、一〇月二五日には釈放されるはずであった。カール・ムートのオトゥル・アイヒャー宛一九四二年一〇月一八日付書簡「このしらせはたいへんうれしいものです。ロシアにいる息子さんたちもどれほど喜ぶことでしょう」。

シュティフターの『晩夏』
アーダルベルト・シュティフター（一八〇五―一八六八）著の教養小説。一八五七年刊。

一九四二年一二月六日
もっと大事な使命
ハンス・ショルは二週間前、四二年一一月二二日付ウルム発の、ローゼ・ネーゲレ宛の手紙のなかでもこれと類似のほのめかしを行っている。「この何週間かの間に、もっと大事な仕事をしなくちゃいけなくなって、ほとんどそのことばかり考えている。君と二人きりになれたら、ぜひ話してあげたいんだけど」。
　この双方の書簡に書かれた部分、および一九四三年一月一九日付オトゥル・アイヒャー宛書簡中の一節だけが、一九四二年一一月から一二月にかけて行われた新たなビラ宣伝活動の準備を示唆する証跡である。彼らはこのとき、活動援助者の範囲を広げ、他都市の抵抗グループと連絡をとろうと試みた。ハンス・ショルの友人トラウテ・ラフレンツは、ハインツ・クハルスキイおよびフェーリックス・ユートを中心とするハンブルクの抵抗活動グループに近づき、ヴィリイ・グラーフは、ザールブリュッケンおよびフライブルクのかつての同志内部の意向を探った。ミュンヒェン在住のアレクサンダー・シュモレルの友人、女流画家リーロー・ラームドーアは、自分と親しかったヴァイマールの演劇評論家ファルク・ハルナック博士と連絡をとり、ハンスとアレクサンダーは一一月末ケムニッツに博士を訪ねた。ファルク・ハルナックは、当時すでに逮捕されていた「赤い楽隊」（ハルナック、シュルツェ＝ボイゼンを中心とするグループ）の指導者アルヴィド・ハルナックの弟であって、白バラのグループとボンホェッファー、ドホナーニのグループをつなぐ役を引き受けた。一九四三年二月二五日ベルリンで、ハンス・ショルとボンホェッファーの会見が予定されていたのだが、ハンスの逮捕によって、実現しなかった。ドイツ国内の反ナチ政府活動史上、最もすばらしいものになったはずのページは、かくして白紙のまま残った。

一九四三年一月五日

ベルゲングリューンと知り合った

ハンス・ショルは作家ヴェルナー・ベルゲングリューン（一八九二―一九六四）と一九四一年晩夏あるいは秋に、カール・ムート宅で知り合った。

ヴェルナー・ベルゲングリューン「カール・ムートの思い出」『高き地』五六巻、一九五三／五四年号、七九頁参照。「私は自分がディットラー通りのカール・ムートのところで会った（ミュンヒェン・ソルン。一九三六年以来ここにムートとベルゲングリューンは隣人として住んでいた）学生ハンス・ショルが〔……〕白バラのビラを作った当の人物とは知らなかった。妻と私はそのビラを夜の間にタイプして、誰に渡すべきかも慎重に選んだ上で、自転車で市内に運び、その人たちの家の郵便受けに入れて歩いた。相当広い範囲に配ったものだ」。

施療術がすばらしいものだ

これと同じようなことを、ハンス・ショルはクリスマス休暇でウルムの家にいる間に口にしたらしい。インゲ・アイヒャー＝ショルはそのときのことを振り返って次のように語っている。「ハンスは、病人の世話ができて本当に、いいようもなく心が安らぐと言っていました。自分の仕事が本当に好きだと。ただし、戦争がすんだ後で、正確な国家社会主義時代の歴史を書こうとする人が一人もいないようであれば、医者はやめて、この時代の姿が歴史として正しく後代に伝わるよう努力したいと」。

一九四三年一月一二日

この類のプロイセン流儀を欠乏ゆえの美徳というんだ

一九四二年一月二五日付ローゼ・ネーゲレ宛書簡、ことに注一を参照。

一九四三年二月一六日

La vie, c'est une grande aventure vers la lumière.

人生は光に向けての偉大なる冒険行だ。

ソフィー・ショルの書簡と手稿への注

一九三七年一一月二九日

フリッツ・ハルトナーゲル (Fritz Hartnagel)
　ショル家の子どもたちの親しい友人。ソフィーは一九三七年、同級生アンネリース・カマラー宅でフリッツと知り合った。彼はソフィーより四歳年上で、将校志望であった。一九三八年ポツダムの士官学校を卒業した後、少尉としてアウクスブルクに赴任する。時の経過とともに、フリッツとソフィーのつき合いは、双方にとって大切なものになった。ヘルマン・フィンケ著『ゾフィー二一歳』参照。とくに七一頁（邦訳八九頁）以下。そのほかに、ハンザー、およびアイヒャー＝ショルの前掲書も参照のこと。

カマラーのおばさん
　ソフィーの同級生アンネリースの母親。

アンネリース (Annelies Kammerer)
　アンネリース・カマラー。

シンデルベルク
　アルゴイ、オーバーシュタウフェン近くの小村。ショル家の子どもたちはクリスマスから新年の間の幾日か、ここのスキー小屋に行こうと計画していた。

インゲ
　姉インゲ。

シャルロー
　シャルロッテ・トゥーラウ。ショル姉妹が崇拝していたウルムのJ・M・リーダー。

一九三八年四月二一日

リーゼル
　姉エリーザベート。

行進
　おそらく四月二〇日、ヒットラーの誕生日を祝しての行進であろう。

リーサ (Lisa Remppis)
　レオンベルク在住の友人リーサ・レムピス。

いなくなるとつまんないな
　一九三八年七月八日付書簡注四を見よ。

ヴェルナー
　弟。

一九三八年五月二三日

わやくちゃ (Lettengeschwätz)
　下品なおしゃべりという意味のシュヴァーベン方言。

一九三八年七月八日

カマラーのおじさん

ウルムの写真家。アンネリースの父。ハンス・ショルの一九三八年一二月一八日付書簡を見よ。

エリカ

エリカ・ライフ。ショル家の子どもたちのウルムでの友人。

フリース先生

エルゼ・フリース博士。ソフィー・ショルの生物の教師。学校卒業後も親しくつき合っていた。

エッガーさんちの女の子二人

一九三八年インゲ・ショルが行儀見習に住みこんでいた、ブレーメン近郊レーズム在住の家庭の娘。ソフィーはすでに一九三八年五月一九日に、友人リーサ・レムピス宛ての手紙で、この旅行の計画について書いている。「インゲの話なんだけどね、夏にレーズムに来ないかっていうの。私たちが行ったら、インゲもそこから私たちと、それからスージイ(一八歳)とアンネリースヒェン(一六歳)も一緒に、八日間ばかり出かけられるんだって。その上の子は女優になる勉強してててね、下の子は、何ともケッタイだと思うんだけど、ヴァイオリンの先生になるんだって。でもとにかく、こんなこと思いつくなんて、エッガーさんてなんて立派で優しいんでしょ!」

H・ウンガー

ソフィーの学校時代の絵画教師。

キューバーの童話

マンフレート・キューバー(一八八〇—一九三三)著『動物物語集』ライプツィヒ、一九二二年刊。同書の一二一—五一頁には、連作童話『小アルラウン』が、五八—六〇頁には物語『偉大な瞬間』第一部が収められている。

一九三八年八月二八日

レーズム

一九三八年七月八日付書簡注四を見よ。

ハース

弟ヴェルナーのあだ名。

一九三九年七月二八日

オーバーガウ

「ドイツ処女同盟」(B・D・M)内部の管理部門。

R・J・F

帝国青少年管理局。

一九三九年八月九日

フォーゲラー夫人

マルタ・フォーゲラー(一八七九—一九六一)。一九二三年ロシアに向い、一九四二年七〇歳でロシア在住のまま死亡した画家・デザイナー、ハインリッヒ・フォーゲラーの妻。ヴォルプスヴェーデに織物工房をもっていた。

パウラ・モーダーゾーン

女流画家、パウラ・モーダーゾーン＝ベッカー（一八七六―一九〇七）。

コリント

画家、ロヴィス・コリント（一八五八―一九二五）。ソフィー・ショルはハンブルクのクンストハレではじめてこの画家の作品を見た。

一九三九年八月

ご本二冊

正確に何であったかはわからない。

ハンスペーターの

何であったか不明。

オェトケンの奥さん

ヴォルプスヴェーデのユースホステルの母親役。

一九三九年八月一九日

ハンスペーターのピーター・パン

ハンスペーター・ネーゲレはイギリスの作家ジェイムス・マシュウ・バリー卿（一八六〇―一九三七）のピーター・パン物語を新しく翻訳し、出版する計画を立てていた。彼はソフィーに、この本の插画を描くよう依頼した。この插画用の原画は戦災をまぬかれ、そのうちの何点かは、フィンケの前掲書中に印刷されている。

一九三九年九月五日

ひどいことだと思う

ヘルマン・フィンケは前掲書六七頁（邦訳八四頁）に、エルゼ・フリース博士の話を採録している。それによれば、ソフィー・ショルは戦争が始まったとき、出征していく友人すべてに、誰も撃たないと約束させたという。

一九三九年九月一九日

ハンスはまた大学に戻った

ハンス・ショルは、三カ月に短縮された大学第二学期をミュンヒェンで送ることができた。ハンス・ショルの書簡、一九三九年一二月一日付参照。

ピーター・パンも他の插絵も

ハンスペーター・ネーゲレのピーター・パンの訳本以外に、ソフィー・ショルはゲオルク・ハイム（一八八七―一九一二）の物語「ある午後」の插絵も描いていた。こちらは姉インゲの友人エルンスト・レーデンの依頼による。

『指導と信従』

ハンス・カロッサ著『指導と信従―ある生の回顧録』ライプツィヒ、インゼル刊、一九三三年。

一九三九年一〇月二七日
飾り塩(Gesälz)、シュヴァーベン地方の言い方でジャムのこと。
B・D・M
Bund Deutscher Mädel ドイツ処女同盟、ヒットラー・ユーゲントの少女版。一四歳以上の者の組織。一〇歳から一四歳までの者はJ・M (Jungmädeln 少女隊) として組織された。

一九三九年一一月七日
あのメーリケの本
何であったか不明。
G・ハイムの本の挿絵
一九三九年九月一九日付書簡注二を見よ。

一九四〇年一月一二日
メルゲンターラー
クリスティアン・メルゲンターラー。一九三三年以降ヴュルテンベルクの州首相および文部相。
シミルデ・ヴァレート
インゲ・ショルの同級生。フリッツ・ハルトナーゲルは、ダンス学校で彼女と知り合っていた。

一九四〇年三月八日
ゲムスタールからホッホアルプ峠
アルゴイのプフロンテンの南方。

一九四〇年四月三日
事務所でお仕事
ハンス・ショルの書簡、一九四一年三月一〇日付注四を見よ。

一九四〇年四月
こんなに遠くにいるんでなかったら
フリッツ・ハルトナーゲルの部隊は、一九三九年クリスマス、シュヴァルツヴァルトのカルフからデュッセルドルフへ、さらにゲルゼンキルヒェンへと移動になった。
皆が言っている話
デンマークおよびノルウェーに対するドイツ軍の侵攻。

一九四〇年五月一六日
ハンスもハンスペーターも
ハンス・ショルとハンスペーター・ネーゲレ。
クラウス
三歳のクラウス・レンニッケ。両親ともども、ショル家と同じウルムの大聖堂広場の家に住んでいた。この時期ソフィーが書いた手紙には、しばしばクラウスが登場する。
ペーター

クラウスの兄。

オランダで

フリッツ・ハルトナーゲルの分隊は、西方進軍の初期、一九四〇年五月一〇日、オランダに進軍した部隊と行動をともにした。

一九四〇年六月一四日

ホェルシュさんちのリー

友人ルー・ホェルシュの姉。

すぐ戻ってこられそうな感じ

オランダ、ベルギー、ルクセンブルク占領後、ドイツ軍はフランスを破り、六月初めにはドュンキルヒェンで、英国の派遣部隊を運河から撤退させた。ソフィーがこの手紙を書いた三日後、一九四〇年六月一七日にはペタン政権は休戦の申し入れをした。つまり当時は実際に、ドイツ兵たちはまもなく家に戻れるかのようにみえたのである。

日付なし〔一九四〇年六月ないし七月〕

マタドール

一種のシステム積木。

一九四〇年六月一七日

いかなる暴力にみまわれようとも

「いかなる暴力にみまわれようとも自らを恃せ」。ゲーテの詩「怯懦なる思い……」のなかの一節。インゲ・アイヒャー＝ショルの話によれば、この詩句は一種、家族のモットーのようなものだったという。ただ「いかなる！」と号令をかけるだけで、しおれた気持になっている家族をシャンとさせる効果をみせることもたびたびあった。——ハンス・ショルは、法廷に引き出される前、監房の壁に、この詩句を書きつけた。

ゲーテの書いた詩は、次のようなものである*。

怯懦なる思い、
怯えたる逡巡、
女々しきためらい
臆病なる嘆き、
窮状をくつがえすことなく
縛めは切れず。

いかなる暴力に
みまわれようとも自らを恃せ。
屈することなく
頭をもたげよ、
呼ばわれ、
神々の腕を。

＊訳注　この詩はゲーテが一七七六年末から七七年にかけて書いた歌芝居「リラ」の第二場中のマグヌスの歌。邦訳は「警告」高安国世訳、『ゲーテ全集』第一巻（新版）人文書院、一九八五年、五九頁にある。

私とクラウスのこと

一九四〇年五月一六日付書簡注二を見よ。

一九四〇年六月二二日

反対するために反対したことはない

一九八〇年ヘルマン・フィンケとの話し合いのなかで、フリッツ・ハルトナーゲルは当時を振り返り、職業軍人として「自分が仕えているのが、犯罪的な政権である」ことを認めるに至る道程にどれほどソフィーが決定的な役割を果たしていたかを語った。フィンケ前掲書、ことに七一―四頁（邦訳八九―九三頁）参照。

旧約聖書の話

出エジプト記、一七章一一および一二節。（一一節）「モーセが手を上げているとイスラエルは勝ち、手を下げるとアマレクが勝った」。（一二節）「しかしモーセの手が重くなったので、アロンとホルが石を取って、モーセの足もとに置くと、彼はその上に座した。そしてひとりはこちらに、ひとりはあちらにいて、モーセの手をささえたので、彼の手は日没までさがらなかった」（日本聖書協会、口語訳聖書）。

一九四〇年六月二八日

衛戍病院に

ハンス・ショルの書簡、一九四〇年七月一二日付、本書三四頁参照。

フランスが総統の手に入った

一九四〇年六月二二日、コンピエーニュの森で、停戦協定調印が行われた。

堂々たるライオンが獲物を倒したところには

おそらく、対フランス戦へのイタリアの参戦を諷したもの。一九四〇年六月一〇日、イタリアはフランスに対して宣戦を布告。六月二四日、コンピエーニュでのドイツ＝フランス停戦協定調印の二日後、イタリアとフランスの戦争も終結した。

一九四〇年七月一日

たとえばイギリスにいらっしゃったりすれば

対フランス戦に勝利を収めた後、相当広範囲のドイツ人が、イギリスへの侵攻を望んでいた。ソフィーのここでのいい方は、この風潮に対する皮肉であると同時に、もしかしてそれが現実になってしまうのではないかという不安の表れと考えられる。

一九四〇年七月二一日

〈喜んでいなかったとしても……〉
「喜んでいなかったとしても、やっぱり雨は降るだろう」。これはハンス・ショルの口癖で、ショル家の子どもたちはよくこの種の言い方をした。「雨が降るのを楽しめ。楽しいと思わなくても、やっぱり雨は降るのだから」というのが元のいい方で、腹立たしいことは確かだが、実害はないという場合に用いられた。

モーンバッハタールの児童施設
この後で書かれた書簡を見ると、結局ソフィーはこの北シュヴァルツヴァルトの町ではなく、ドーナウエッシンゲン近くのバート・ドュルハイムに行ったことがわかる。

一九四〇年七月二五日

こんな本
何であったか不明。

一九四〇年八月一日

小児療養所
児童施設コーラーマン。

一九四〇年八月一五日

ゴットフリート
ゴットフリート・ディンケルアッカー、当時エリーザベートが世話をしていたズッピンゲンの牧師一家の幼い息子。

テュービンゲンに
乳児および小児科看護婦としての教育を受けるため。

一九四〇年八月一六日

『時禱集』
ライナー・マリア・リルケ『時禱詩集三部作。僧の生活、巡礼、貧困と死』ライプツィヒ、インゼル刊、一九〇五年、以来版を重ねつづけている。

インゲもレーズムで
一九三八年八月二八日付書簡注一参照。

一九四〇年八月二二日

「愛は罪かしら?」
「さんざめく舞踏会の夜」(一九三九年)*という映画の冒頭で、ツァラー・レアンダーの歌った歌。たちまちのうちに大ヒットとなった。
*訳注　日本公開一九五四年「さんざめく舞踏会の夜」監督カール・フレーリッヒ、ドイツ・ウーファー社作品。

エルンスト
エルンスト・レーデン。

ピーニッヒ
ティロルのシュテークからほど遠からぬ山。

一九四〇年九月二三日
学校
フレーベル学院。
写生だとかピアノの練習だとか
ソフィー・ショルは、美術の分野に水準以上の才能を発揮していた。彼女のスケッチや素描は——これまで幾度も言及した「ピーター・パン」やゲオルク・ハイムの「午後」の插絵はもとより、それ以外の、たとえば子どもの絵なども、戦災に焼かれぬまま残った。これらの作品中いくつかは、ヘルマン・フィンケ、前掲書中に採録されている。フィンケはまたインゲ・アイヒャー＝ショルの証言も載せているが、それによると、ベルトゥル・クライ、ヴィルムヘルム・ガイヤー、オトゥル・アイヒャーらが、ソフィーの作品に影響を与えていた。ソフィー本人も、手紙のなかでしばしば、さまざまな手法で作品を試みていることを繰り返した。
オランダ旅行
フリッツ・ハルトナーゲルはフランスからたびたびアムステルダムに出張していた。一連の出張旅行の後、一九四一年三月、おそらくソフィーは、占領軍下のアムステルダムで、ドイツ人がユダヤ人をどういう目に合わせているか聞かされたものと思われる。これに対するソフィーの反応は、彼女の思考の容赦ない首尾一貫性を示している。ちょうど、ヘルマン・フィンケ前掲書、七四頁（邦訳九二頁）以下で、フリッツ・ハルトナーゲルが、彼女の思想の容赦ない一貫性のおかげで、自分の政治的成熟が可能になったと述べている、その一貫性と同じであろう。「ところで、そこらへんじゅうで（アムステルダムでと同じように）ひどいことが行われているのは、結構なことよ。だってその方が、問題全体の本質を見誤らずにすむもの。こっちではいいことをし、あっちでは悪いことをしている、というのでは、どちらが本当なのかわからないでしょ」（一九四一年三月七日付、フリッツ・ハルトナーゲル宛）。

一九四〇年一一月四日
あなたの方の公園
フリッツ・ハルトナーゲルは、フランスの降伏後、自分の属する通信部隊参謀とともに、カレー南方のウィッソンの城館に駐留していた。この館には広大な庭園があった。

一九四〇年一一月七日
初夏
カール・ベンノ・フォン・メヒョウ（一八九七—一九六〇）が一九三三年に発表した小説『初夏』。メヒョウは、パウル・アルヴェルデスとともに、一九三四—四四年、雑誌『内なる国』——当時この雑誌は発行禁止になっていた——の編集に携わっていた。ハンス・ショル兄妹は、この人物を作家として高く評価していた。ハンス・ショルが一九四一年三月九日ソフィー・ショルに宛てた書簡を参照せよ。「メヒョウのたいへん面白い『シシリア異聞』ていう小説が、今『フランクフルター』に連載されている。たいへんいいものだよ。本当に立派な書きぶりなんだ。心から、もろ手を挙げて、おっしゃる通り、と言いたくなるくらいね」（一九四一年三月九日付）。

わが目をあきらかにしたまへ

詩篇一三篇三節「わが神エホバよ我をかへりみて答をなしたまへ　わが目をあきらかにしたまへ　おそらくはわれ死の睡につかん　おそらくはわが仇いはん　我かれに勝りと」（日本聖書協会、文語訳）。インゲ・アイヒャー＝ショルの証言によれば、この詩篇は、ウルムの友人たちが好んで口にしたものであったという。

一九四一年一月一三日

石炭休暇

暖房用の燃料節約のため、戦時中、学校の冬期休暇は延長されるのがふつうであった。

一九四一年二月二一日

それほどウルムから離れてはいらっしゃらない

フリッツ・ハルトナーゲルは一九四一年二月、休暇をウルムで過した。

一九四一年三月二二日

クレッチマー先生

エンマ・クレッチマー、テュービンゲン大学の精神科医、エルンスト・クレッチマーの妹。ウルムのフレーベル学院の院長。

一九四一年四月一〇日、日記

私はアウグスティヌスを読む

イエズス会士エーリッヒ・プシュヴァラ編注で一九三四年、『アウグスティヌス―組織としての様相』と題してライプツィヒのヤーコープ・ヘークナー社から出版された選集。

トーマス・マンの『魔の山』

一九二四年に出版された二巻本。

Il faut avoir……

「堅固なる精神と柔軟なる心をもて」。ジャック・マリタンのこのことばを使い始めたのはオトゥル・アイヒャーであった。まもなくこれはウルムの仲間の一種のモットーとなった。インゲ・アイヒャー＝ショルは、このことばのもっていた意味を問われて、次のように答えている。「……これは宗教上の問題と取り組むさいの小さいけれどしっかりしたよりどころでした」。同じところにマリタンの絶筆「ガロンヌの農夫――年老いた平信徒が考えに耽る」からの引用がある。「私はかつて、ジャン・コクトーにこんなことを言った。『人間てのは頭は堅く、心は柔らかくなくちゃいけない』。しかし、憂鬱な調子で、すぐつけ加えざるをえなかった。世には堅い心と柔らかい〈ヨウナシ〉の連中が多すぎると。そういう代物の前ではうかつに教会合同運動の話などしない方がいい」。

昨日ギリシアが降伏した

ギリシアが降伏したのは一九四一年四月二三日になってからである。しかし、不注意で日付を間違えたとは思えないので、おそらくここでソフィーが言っているのは一九四一年四月九日のサロニキ陥落のことであろう。これによってトラキアのメタクサ戦線にあったギリシア軍も降伏を余儀なくされた。

一九四一年四月一〇日

ギリシアの降伏に対してどの程度興奮してもよろしいものか

ハンス・ショルの一九四一年五月一一日付書簡注三を見よ。ことにそこで引用したローベルト・ショルの書簡「気圧計は今のところ、表面上は少々上っておるし、おそらくここしばらく、もっと上ることになるだろう」。

一九四一年四月一三日

アウグスティヌスの『組織としての様相』

一九四一年四月一〇日付日記注一を見よ。

とくにあなたに

ハンス・ショルとリーサ・レムピスは親しかった。

一九四一年四月二〇日、下書き

公園

前出一九四〇年一一月四日付書簡を見よ。ソフィーが勤労女子隊員として住んでいたクラウヒェンヴィースの城館には、広大な庭園があった。「それはそうと、私たちの基地は（小さな古い田舎のお城で、別に大して立派でもありませんが）とってもきれいで大きな庭園のはじっこにあります。雪が溶けたら早速探険に行くつもり（今のところ、まだ雪が降っています)。そんなに簡単に探険しつくせるような代物ではなさそう。本当に広いし、鹿もいるんですって」（一九四一年四月一〇日付姉エリーザベート宛）。

一九四一年四月二五日

ヴィンフリート

空襲を避けてラインラント地方から逃れてきた、ショル家の里子。

一九四一年四月二七日、姉インゲ宛

『私のベルナデット』

Ma fille Bernadette. フランシス・ジャム著、一九一〇年刊。

ドイツ語への最初の翻訳は一九二七年。

一九四一年五月四日

哲学者についての論文

オトゥル・アイヒャーは『風防燈火《カンテラ》』に「哲学者たち」と題する原稿を寄せた。これはソクラテス、プラトン、アリストテレス時代のアテナイを扱ったものである。

一九四一年五月一八日

ジェイムス・ジーンス

ジェイムス・ジーンス卿（一八七七―一九四六）著『宇宙空間とその謎』シュトゥットガルト、一九三一年刊。オトゥル・アイヒャーが一九八三年に語ったところによれば、ウルムのサークルでは、自然科学というと、哲学的な問題に大きく関わる著作が読まれていた。具体的には、生物学者ハンス・ドゥリーシュ、物理学者アーサー・スタンリイ・エディントン、ニールス・ボーア、ルイ・ド・ブロイ、ヴェルナー・ハイゼンベルク、そして天文学者ジェイムス・ジーンス*。ソフィーがミュンヒェン大学で生物学と哲学を専攻したのも、この傾向の現れであるという。

＊訳注

ハンス・ドゥリーシュ（Hans Adolf Eduard Driesch）一八六七―一九四一。ドイツの生物学者、のち哲学に転向。生命の秩序、生気論を重視した。

アーサー・スタンリイ・エディントン（Arthur Stanley Eddington）一八八二―一九四四。イギリスの天体物理学者。一般相対性理論の証明、普及に多大な影響を及ぼした。

ニールス・ボーア（Niels Henrik David Bohr）一八八五―一九六二。デンマークの理論物理学者。原子構造の理論によって量子論に新局面を開き、相補性概念の導入によって量子力学の進路を決定した。

ルイ・ド・ブロイ（Louis-Victor de Broglie）一八九二―。フランス名門の出の理論物理学者。物質波の概念を提唱して量子力学の形成に貢献した。

ヴェルナー・ハイゼンベルク（Werner Karl Heisenberg）一九〇一―七六。ドイツの物理学者。不確定性原理によって量子力学を確立。

ジェイムス・ジーンス（James Hopwood Jeans）一八七七―一九四六。イギリスの天文学者・物理学者。輻射エネルギーの説明に量子論を導入、量子論の定着に貢献した。

一九四一年八月二日

本

何であるか不明。

一九四一年八月一六日

私の頼んだ本

ジョージ・バーナード・ショウの演劇的年代記『聖女ジョーン』ジークフリート・トレービッチュ訳が一九二四年、S・フィッシャーから出版されていた。

一九四一年八月二三日

テューリンゲンから来てる子
ギーゼラ・シェルトリング、一九二二年生れ。のちにミュンヒェン大学で学び、ハンス・ショルとも知りあう。「白バラ」に対する第二次集団審理において「証拠湮滅」の科で禁固一年をいい渡された。

特別すばらしい時間
姉エリーザベート宛一九四一年八月二九日付の手紙で、ソフィー・ショルは、この禁じられた教会行のことを詳しく説明している。「土曜の昼に来てくれるかと思って待ってたのよ。夕方になってからちょっと出かけたわ。もう一人の子と一緒に村まで行ったの。そこでなんということなしに、オルガンを弾きたいわねっていう話になってね。司祭さんに頼んで鍵を貸してもらって、オルガンを弾いたり歌ったりしたの。就寝時間になるまでそうやってたのよ。次の朝は早く抜け出して、六時半の早朝ミサに行きました。二人とも。たぶんバレたと思うわ。教会には行っちゃいけないことになってるの（日曜日は長く寝ていなきゃならないのよ）。ミサの後でもういっぺん寝たわ。午後にはまたオルガンを弾きにいって、それから自転車で、いつものきれいな道を通ってシグマリンゲン村の戸外労働先まで行き、八時までには規則通り基地に帰還。すばらしい日曜日でしょ、ちがう?」

一九四一年八月二七日、弟ヴェルナー宛
あなたの方が
ヴェルナー・ショルは勤労義務動員期間が終わると、兵役に就くことになっていた。

一九四一年九月七日
すばらしくいい気持
一九四一年六月二三日付姉インゲ宛の手紙にも、同じような表現が見られる。「昨日の夕方ギーゼラとトゥルーデと私は藁の山のかげに隠れて煙草を喫いながら座ってたの。まあ、ほんの子どもっぽい反抗心の発露ってところ。でもねえ、確かにばかばかしいことかもしれないけど（それだって一つの行為であることは確かなんだからね）、そのおかげで、ちょっとしたゴェッツ・フォン・ベルリッヒンゲン気分になったのよ。はじめからそのつもりじゃなかったにしても、あとでそういう感じにはなれたんだ」。

一九四一年九月一三日
ヴァイマールに……アフリカへ
フリッツ・ハルトナーゲルは一九四一年九月上旬ロシアからヴァイマールに転属された。当地でリビアのアフリカ軍団付き通信部隊を編成する任務を与えられたのである。しかし、この新分隊は——早い時期に出動準備を完了していたにもかかわらず——結局一度も戦線に派遣されることなく終わった。のち判明したところによると、この分隊の存在は完全に忘れられていたのである。このような事情で、陸軍中尉フリッツ・ハルトナーゲルは一九四一年九月から一九四二年四月まで、本人の言によると「比較的ひま」な状態で、ヴァイマールにいた。

ギリシア女のソネット

エッカルト・ペーターリッヒ（一九〇〇―一九六八）著『あるギリシア女のソネット』フライブルク、一九四〇年刊。

一九四一年一一月一日

ムート教授からの……本

マルティン・ドイティンガー著『文学の宗教との関わりについて』一八六一年、アウクスブルク刊。これは一九一五年カール・ムートが編集し直して刊行したものである。そうでなければ同じマルティン・ドイティンガー著『精神と真実の裡に』。この書物はショル家に残っており、インゲ・アイヒャー＝ショルの話によれば、当時友人たちの間でたいへん重要な役割を果たしていたという。日付なしの（一九四一年一一月ないし一二月）手紙の下書き、本書二一七―八頁も参照。

日付なし〔一九四一年一〇月ないし一一月〕

姉

インゲのこと。

お宅にお邪魔いたしました

この訪問に触れた、カール・ムートのオトゥル・アイヒャー宛書簡が残っている。「パスカルの頭像はまだ家のスタジオに置いてあります。あなたのお友だちのあの医学をなさる方とその方の妹さんか姉さんかが、あなたからといってあれをもってきてくださったときにそこに置いたのです」（一九四一年九月一二日付）。

一九四一年一一月四日

ヒルデガルト

ヒルデガルト・シューレ、ブルームベルク出身。ソフィーは戦時援護勤労動員時、彼女と親しくしていた。

一九四一年一一月六日、日記

『風防燈火《カンテラ》』……に

ハンス・ショルの一九四一年一一月二三日付書簡注一を見よ。

どこかへ行かなくちゃ

ソフィーの危惧は現実のものとならなかった。彼女は最後までブルームベルクの施設にいられたのである。

一九四一年一一月六日

ディーターの顔

ソフィーは幼いディーター・レンニッケの頭部を素描作品として残そうと幾度も試みていた。フィンケ前掲書、三三頁（邦訳四三頁）を見よ。

一九四一年一一月一八日
グロゴも……書いた
この生物学生は「生とは何か」という問題に関する省察を文章にした。「生とは何か」生物学的反応の連環か、それとも新たなる完璧を目指す、精神の定めた細部の「糾合」か?

一九四一年一一月二〇日
兄さんの
本書七〇頁の手稿を見よ。
反論
残っていない。
フライブルク
ソフィーはフライブルクでフリッツ・ハルトナーゲルと会っていた。ハルトナーゲルは時折週末、ヴァイマールから出られたのである。「私は土曜の一一時に列車でヴァイマールを発ち、夕方六時ごろフライブルクに着きました。ソフィーは必ず改札口で私を待っていてくれたものです。戻りは、日曜の夜、夜行でした。月曜の朝にはヴァイマールで勤務に就いていなければなりませんでしたから」(一九八三年春のフリッツ・ハルトナーゲルの証言)。

日付なし(一九四一年一一月ないし一二月)
ホーフー
オイゲン・シュナイダーの仲間うちでの呼び名。彼はオトゥル・アイヒャーの知人で、オトゥルを通して、ショル兄妹とも知り合っていた。非合法のカトリック青少年組織「新しきドイツ」の一員。

一九四一年一二月一〇日
『風防燈火《カンテラ》』……書いてた
この論文は残っていない。
『隠れたる神』
ニコラウス・クザーヌス著『隠れたる神』クライリング・フォア・ミュンヒェン、エーリッヒ=ヴェール社版、一九四一年。
クースのニコラウス
司教、枢機卿 ニコラウス・クザーヌス(一四〇一―一四六四)。中世の教会法の権威、モーゼル河畔クース出身の数学者にして哲学者。

一九四一年一二月一二日、日記
わが目をあきらかにしたまへ
詩篇一三篇三節、一九四〇年一一月七日付書簡を見よ。
リーサからきた手紙
残っていない。

一九四一年一二月一二日
グスト・シュレーエ

リーサ・レムピスの許婚、後の夫。

『クリスティン・ラーフランの娘』

ノルウェーの女流作家シグリ・ウンセト（一八八二―一九四九）の小説三部作。この作品によって作者は一九二八年ノーベル賞を受けた。シグリ・ウンセトは一九四〇年、ドイツ軍のノルウェー侵攻と同時に合衆国に亡命。一九四五年オスロに戻った。ハンス・ショルの一九四一年一二月一五日付書簡参照。

一九四二年一月一四日

『原始のことば』

ゲーテの詩五篇を『原始のことば　オルフェウス風』としてまとめ、カール・テュルマンの挿画入りで一九二一年ダルムシュタットのH・ホーマンから出版された詩集。

すばらしい幾日か

インゲ・ショルだけでなく、当時ハンス・ショルと親しかったトラウテ・ラフレンツも『風防燈火《カンテラ》』にこのときのことを書いている。とりわけ最後の晩、大晦日について。

「〔……〕夕飯のために集ってみると木製のテーブルの上に飾られた松の枝が、テーブル全体をとても立派に、華やかにみせていた。間違いなく、インゲとソフィーが一所懸命、この、みんなで一緒に過せる最後の食事のために心を砕いてくれたのだ。食事は本当に楽しく、われわれは本当に満足していた。ハンスが堂々とこう宣告したときにも、なんにも気がつかなかったほど。『われわれはいうまでもなく夏時間は用いず、正時、すなわち中央ヨーロッパ時間の一一時を祝おう』。われわれは充ち足りており、この明らかな誤りに誰も気づかなかった。とにかくまだそんなに遅くはなかった。八時になったかならないかのところだったろう。いつもと同じように、われわれは暖炉のまわりで肩を寄せ合い、いつもの通り互いに心をうちあけ合う雰囲気にひたった。――これもいつもの通り、燃えあがる薪から発する、踊り回り、休むことのない輝きが、静やかなろうそくの光に加わっていた。歌声が響く。歌声は人を煩つものの力を拭い去り、歌のもつ調和がそこにいる人間たちの上に広がった。こうして、われわれの心は開かれ、ノヴァーリスが『夜の讃歌』で語ることばに耳を傾ける。偉大なるキリスト者の高らかな信仰告白。光に対する隠れることなき讃美に始まり、やがて、夜が、それまでに倍する力をこめて讃えられる。夜、深く、あやめもなき闇、人をしてただ曇りなき精神の器たらしめる時。人は深奥から全き空となり、五感に押し寄せる外界の波は封じられる。全き空なる意識のみが残り（聖なる睡り）、その空のなかに、愛の力を借りつつ、神なるものが流れこむ。この全き空は大いなる痛みのごときものと感ぜられる。であればこそなおさらに、心めざめさせる愛の流入は甘やかである。

しかしこうして読まれたものが、そのまま話題になることのなんとまれなこと。これは気遅れでもあろうか？　耳にした美しいことばを自らのつたないことばで汚すまいとの。

真夜中。つまり実はモスクワ時間だったわけだが、皆で小屋の外に出て、新年のやってくるのを迎えた。目に見えるものはほとんどなかった。厚い霧があたりを覆い、月の光がそれを硫黄の色に染めていた。星一つ、峰一つ見えなかった。ただ、褪せた黄色い光のみ。
　寝る前に、一番すばらしい詩篇を二つ、インゲが朗読した。私は床に入ってからも長い間目を閉じられず、ノヴァーリスのことばが私の内で響きつづけているようだった。そのことばはそれほど力強く、それほど直截に、われわれを打ったのだ*。

彼方へ、我は越えゆく、
いかなる痛みも
刺となりて
悦楽の衣を飾らん。
今しばしのたゆたいの後、
我は旅立ち、
酔い伏さん、
愛なる懐に。
永遠の生命
我が裡に沸き立ち、
高きより、
地にあるそなたを見ん。
かの丘の辺、
そなたの輝きは衰え——
影は運び来るべし、
心地よく冷たき冠を。
おお、愛する者よ、引き入れ給え、
強く、我を、御身のうちに、
眠りを離れ、
愛することのかなうよう。
死は流れ来たり、
再びの春をもたらすべし、
薫香と精気は、
変わりたるわが血潮ならん。——
陽光の下、
信仰と勇気とに生き、
夜々に死なん、
聖なる光輝の裡に。

*訳注　「夜の讃歌」第四歌、邦訳は斎藤久雄訳『ノヴァーリス全集』第一巻、牧神社、一九七六年、三九―四〇頁にある。

一九四二年一月、下書き
魂の飢えについて話し合って

インゲ・ショルの証言を参照。ハンス・ショルの一九四二年二月一〇日付書簡注五を見よ。

一九四二年四月五日
トラウテ
トラウテ・ラフレンツ。
ディーター
ディーター・レンニッケ、クラウスの弟。一九四一年一一月六日付書簡を見よ。

一九四二年五月三〇日
新しいことに出くわす
一九四二年五月一八日、ソフィー・ショルは正式に（大学登録番号八三／二八五七〇として）ミュンヒェン大学に登録された。

ジギスムント・フォン・ラデッキ（Sigismund von Radecki）
リガ出身、ミュンヒェン在住の、作家・文芸評論家・批評家（一八九一―一九七〇）。カール・ムートの友人の一人。ラデッキはたんにその遍歴のみから考えても、たいへん異色の人物であった――リガに生れ、ペテルスブルグで教育を受け、フライベルクで鉱山技師となり、トゥルキスタンで水治技術者、ベルリンのジーメンスで電機技師となり、三二歳にして突然俳優兼素描家となる（長年にわたるヴィーンのカール・クラウスとの交際、カトリックへの改宗）、最後には文筆業――これだけ考えても、ソフィー・ショルが「くたびれた」というのは無理もない。この時点で政治的な議論に彼女が加わっていたかどうかは、可能性としては考えられるが、まだ証明はできない。

「哲学者」って呼んでる
おそらくヨーゼフ・フルトマイヤーのこと。ハンス・ショル、ロシア日記、一九四二年八月一七日注二を見よ。

一九四二年六月六日
軍需工場への動員のこと
女子大学生は全員、学期休暇中二カ月間軍需工場で働かなければ、学籍を剝奪されることになっていた。
もちろん……そうします
一九四二年六月一七日両親宛の手紙で、この計画は結局うまくいかなかったことがわかる。「紙に書いた申請書を学生課に出して、動員はウルムで、一月遅らせて出たいというつもりです。うまくいけばいいんだけど。クライの奥さん（ガイスリングの画家ベルトゥル・クライの妻）も、自分のところにきていた動員義務期間中の女中がいなくなってしまったからという申請書を出してくれたんですが、でもたぶんやっぱりダメだと思うわ。このあいだの、こっちの女医さんの手伝いをしたいという申請と同じことになるんじゃないかしら」。
司祭さん
シュヴァルツ司祭。ハンス・ショル、ロシア日記、一九四二年八月一七日注一を見よ。
もしあれば……鱒
この希望はほとんど即刻かなえられたようである。少なくともソフィーは一〇日後、両親に次のような礼状を出している。「鱒のことではムート先生は本当に大喜びなさいました。もう一度パッサウまで行くことにしています。先生のお役に立てるのはとってもうれしいですもの。インゲ姉さんがいらっしゃるころには、先生のところにヘッカー氏もいらしてるんじゃないかと思います。姉さんはでもいったいいつ来るの?」

ショル一家がたびたびカール・ムートに食糧援助をしていたことに間違いはない。一九四二年一二月三日、ムートはインゲ・ショル宛の書簡で、次のように礼を述べている。「二、三日前にハンス君がいらっしゃいましたし、昨日はソフィーがひょっこり現れました。といって私はお目にもかかれなかったのですが、妹さんは母上からといって、立派なハンメルブラーテン*を届けて下さったのです。これをいただくときは、ハンスとソフィーにも来てもらうつもりにしています。そうでなかったとしたら、とてもこんなに立派なものを頂戴するわけにはいかないところです。大変なご負担であることはわかっておりますから。どうぞあなたからもご尊母さまにくれぐれもよろしく、お礼申し上げてください。私がお心づかいに対する感謝の念を忘れたりすることのないよう、ときどき思い出させてください」。

＊訳注　羊肉のロースト。

ハンスが頼んで

ハンス・ショルは四月二四日、カール・ムート宅でラデッキと知り合った。一九四二年四月二三日付のカール・ムートのオトゥル・アイヒャー宛書簡を参照。「夕飯にはハンスも来るだろうと思っていたのですが、現れませんでした。その代わり、明日は来て、そのときジギスムント・フォン・ラデッキに会うはずです。ハンスはラデッキの本をたいへん評価しているのですよ……」。

一九四二年六月二六日

乳児院にいたとき

フレーベル学院卒業後から、一九四一年三月R・A・Dに召集されるまで。

一九四二年七月二七日

例の父の事件

ハンス・ショルの一九四二年八月二四日付書簡注一を見よ。

ハンスは先週ロシアに出かけた

ハンスの学生中隊は一九四二年七月二三日――いわゆる――「実習」のために東部戦線に送られた。一九四二年七月二七日付ハンス・ショルの書簡注一を見よ。

ヴェルナーも……ロシアから

ヴェルナー・ショルは、この二、三週間以前、所属の分隊とともにロシアに移動していた。

一九四二年八月九日

シュリク

アレクサンダー・シュモレル。ハンス・ショルの一九四一年一〇月七日付書簡注一を見よ。

妙な夢

夢ないし夢に類似した体験は、ソフィー・ショルの書簡および手稿にしばしば登場する。一九三八年二月二六日および一九三九年一〇月六日付書簡、および、逮捕後、ソフィーの監房に監視のため配属された政治犯エルゼ・ゲーベルの証言を参照。この証言は、ソフィー最後の夜の夢についての報告になっている。「あなたは〔……〕夢の話をしてくださった。夢のなかのあなたはよく晴れた明るいある日、長い、白い着物にくるまれた子どもを抱いて、洗礼式に行こうとしていた。教会に行くには切り立った山を登らなければならない。でもあなたはひるまず、しっかり子どもをかかえている。ところが全く何の前ぶれもなく、クレバスのような裂け目が口を開いた。あなたは抱いていた子を危なくない側に横たえるのがやっとで、自分はその深淵に落ちていった。――この夢はこんな意味なのだとあなたは言った。白い着物の子どもは私たちの理想。この理想は、たとえどんな障害があろうとも、最後には実を結ぶだろう。私たちは先駆けとなることを許された。けれど理想の実現を見ることなく、死ななければならない」。

一九四二年八月一四日

ソルンの庭

カール・ムート宅で。

あなたのお誕生日

オトゥル・アイヒャーの誕生日は五月一三日であった。ソフィーはつまりここで、カール・ムート方に住んでいた、ミュンヒェンに来たばかりのころのことを思い出しているのだ。

私たちをムート先生のところに連れていってくれた人

ショル兄妹とカール・ムートのつながりは、オトゥル・アイヒャーの仲介によって成立した。ギムナジウム最上級生であった一九四〇年秋、オトゥルはミケランジェロのソネットについての論考を書き、『高き地』編集部宛に送った。この論文は結局印刷されぬままに終わったが、七〇歳の編集者、カール・ムートはこれを読んで、一八歳の投稿者をミュンヒェンに招いた。両者がはじめて相見えたのは一九四一年三月であり、以来、二人は幾度も繰り返して会い、ときには激しく論戦を交した。一九四一年秋オトゥル・アイヒャーは召集されることになった。いまや失いがたい知己となったこの人物との絆を保ちつづけるため、オトゥルはハンス・ショルをカール・ムートに紹介した。その結果、この老人とのつき合いはショル一家挙げての友情にまで発展した。誰かがミュンヒェンに行く用があるときには、いつでもカール・ムート宅に泊ることができたし、逆にウルムの人びとの方では、入手困難な食料品の調達であるとか、その他日常の用を弁ずる手助けをすることで、ムートの生活を安らかなものにしようと努めていた。

オトゥル・アイヒャーにとっても、ショル兄妹にとっても、カール・ムートは、密告の虞れなしに、国家社会主義の反対者たちが、神学、文学、哲学の問題、さらには政治および時事問題に至るまで、自由に発言できるサークルの中心であった。しかし、それだけでなく、ムートは彼らにとって、一個人としてたいへん親しみのもてる、年長の、経験豊かな友であり、ソクラテス的な意味での後見役であった。彼は若者たちに刺激を与え、例を示して、新しい世界を拓いてやり、厳しいが正統にとらわれない信仰によって彼らを支える存在となった。ショル兄妹の宗教理解は――書簡に明らかな通り――カール・ムートの影響の下、深さを増し、具体性を帯びたものに成長した。キリストの福音そのものが兄妹の思想および行為の判断基準となったのである。

一九四二年九月五日

レクラムの他の本

おそらくゲーテの書簡および作品集。オトゥル・アイヒャーの記憶によると、彼は当時「ゲーテをたくさん読まなければならなかった」。ハンス・ショルおよびカール・ムートと、「ゲーテの進歩的人間主義」評価に関して論争を行っており、「無拘束の〈あれもこれも〉」をキルケゴール流の「あれかこれか」に対して擁護する側に回っていたからという。一九八三年に書かれたオトゥル・アイヒャーの次のような証言がある。「ムートがゲーテを弁護する場合には、それは反ロマン主義的な立場から行われるのが常であった。これは『高き地』の綱領でもあったのだ。それに対してハンスがゲーテのなかで評価していたのは、むしろゲーテの非正統性であったように思われる。つねに新たな立場を取りうるというゲーテの能力は、印象的なものであるし、人の目を避けることのないゲーテの思考そのもの、および世に対するへだてのなさもハンスの評価するところであった」。

音楽に関する書簡

ここで計画されている『風防燈火《カンテラ》』の原稿のうち、現存するのは、本書二二九頁に採録した、一九四二年一月の下書きだけである。

ズッピンゲンで、

エリーザベート・ショルはウルムにほど近いシュヴァーベン・アルプのズッピンゲンの牧師宅で、一時期保母として働いており、兄妹および友人たちは当時そこを訪れることが幾度かあった。

一九四二年九月七日

心と思いの城壁に

「我らの周りに壁をめぐらせ……」という標題で、フランクフルト新聞は一九三七年五月一五日エルンスト・ヴィーヒェルトの謝辞を掲載した。この謝辞は、一九三五年四月一六日の講演以来、孤立の度を深めるばかりであったこの作家を支援しつづけてきた誠実な読者全員に宛てたものである。当時、この作家の作品を読みつづけることには、政治的な意味での危険が伴っていた。ショル家には、本紙掲載後まもなく出版された、この公然たる発言の抜刷があった（ハンス・ショルの一九三八年一〇月二一日付書簡注五を見よ）。

エルンスト・ヴィーヒェルトは一九三七年、五〇歳の誕生日に、次のように述べたのである。「幾千もの人びとが私の家を取りまいて立っている。〔……〕暗い、信仰篤い、揺らぐことなき壁が。人びとは何も求めず、何も願わない。ただそこにいる。こうして私に、自分たちがそこにいることを教えてくれるのだ。私の家を見知らぬものが囲んでしまわぬよう。孤独と、心苛む断絶が入りこまぬように。〔……〕権力あり力あるものの壁ではない〔……〕、愛の壁なのだ〔……〕。愛の支えを得ている者が滅びることがありえようか?」

一九四二年九月二二日

何日か山に出かけます

明らかにまもなくソフィーは計画を変更した。一九四二年一〇月四日付の手紙ではこう伝えている。「ボェーマーヴァルト行きの話は延期になったわ。今のところ、ミュンヒェンにいて、ムート先生の近くにいてさしあげることにしたの。この間の空襲で先生のお宅も被害を蒙ったのでね。たぶん来週もこっちにいると思う」。

一九四二年一〇月九日

『創造主と創造』

テオドール・ヘッカー著『創造主と創造』。初版はライプツィヒのヘークナー社から一九三四年に出た。

アブラハムの懐に抱かれるようになったラザロ

ルカによる福音書、一六章二二—二五節。

『田舎司祭の日記』

ジョルジュ・ベルナノスの小説。

一九四二年一〇月一〇日

あのころのこと

ブルームベルクで。

もう二、三日、ムート家ですることが

一九四二年九月二二日付のソフィーの書簡注一を見よ。

一九四二年一〇月二八日

ローマ人への手紙

ローマ人への手紙、八章一九—二一節(日本聖書協会、口語訳)。

はじめのこのすばらしいことば

ローマ人への手紙、八章二節(日本聖書協会、口語訳)。

シュメーリンクに

ボクサー、マックス・シュメーリンク、一九〇五年生れ。

一九四二年一一月七日

この書簡にはソフィー・ショルが誤って一九四二年一〇月七日と日付を入れている。

ハンスはロシアから戻って

ヴィリイ・グラーフの日記によれば、友人たちは一一月六日夕刻ミュンヒェンに帰着。翌日各々帰宅の途についた。

私たちの小さな部屋

フランツ-ヨーゼフ通り一三番裏。兄妹は一九四二年一二月一日、ここに住むシュミット博士夫人宅に二部屋空きがあることを発見した。

でもやっぱり、ひたすら喜ぶっていうわけにはいかないの

このいい方には、一九四二年夏に知ることになったビラ活動のことがソフィーにとってどれほどの重圧であったかをうかがわせるところがある。このような例はわずかしかない。ソフィーは、兄の帰還とともに、わずかに続いた比較的「正常」な生活、つまり、絶え間ない脅威と不安に脅かされずにすむときが終わりを告げることを、はっきりわきまえていた。——一九四〇年二月一日に書かれた手紙と、この部分を読み比べれば、このわずかなことばのもつ重みと、当時ミュンヒェンでソフィーを包んでいた影の暗さとが否応なく明確になる。「ちょっとしたことに笑えない人って気の毒だと思うわ。そういう人は、どんなことにでも何かしら面白いところを見つけるってことができないわけで、毎日の生活に不可欠の塩もコショウもなしで生きてるのよ。笑いと軽薄なのとは全然違うわ。私思うんだけれど、どれほど悲しんでいる瞬間でも、何かおかしなことをちゃんと見つけられるはずよ、必要とあらばね」（フリッツ・ハルトナーゲル宛）。

一九四二年一二月一七日

家には秘密

おそらくこれは、このシュトゥットガルト行きが「白バラ」の活動に関わるものであることを示唆している。

一二月三日ソフィーはすでに一度シュトゥットガルトに行っている。そのときにはスザンネ・ヒルツェルに会ったのである。「スーゼー、一二月三日の木曜日、シュトゥットガルトに行くわ。会えないかしら？ 会えたらうれしいんだけど。何時に着くかはまだわかんないから、着いたら電話するわ」（ミュンヒェン発、一九四二年一二月一日付）。

一九四二年一二月三〇日

感覚を鎮め……音楽

書簡および友人たちの証言から明らかな通り、ソフィー・ショルは音楽なしでいられない性質であった。彼女は自身巧みにピアノを弾き、音楽の面で進歩することをたいへん大切に考えていた。兄妹、友人たちはしばしばともに演奏し、ショル家主催の音楽の夕べも開かれていた。コンサートに行くことは家族内で意識的に奨励されていた。ソフィーの音楽理解の程を示すものには、『風防燈火《カンテラ》』論文（本書二二九頁以下）の他に一九四二年九月五日付（オトゥル・アイヒャー宛）一九四二年一月一四日および一九四二年三月一七日付（ともにリーサ・レムピス宛）ならびにフリッツ・ハルトナーゲルに宛てた本書簡がある。ソフィーの音楽趣味を

正しく評価するために申し添えておけば、当時、近代の作曲家、たとえばマーラー、シェーンベルク、ヒンデミット、あるいはウェーベルンの作品でさえ、第三帝国内での演奏は許されていなかった。

一九四三年一月一二日

ガイヤーさん

ヴィルヘルム・ガイヤーは——ハンス・ショルの仲介で——カール・ムートの肖像を描くためにミュンヒェンにやってきた。

アイケマイヤーのアトリエ

ハンス・ショル、ロシア日記、一九四二年八月一七日付注二、本書三一七頁参照。

一九四三年一月一二日、日記

アブラハムの懐……ラザロ

一九四二年一〇月九日付書簡、本書二五一頁参照。

一九四三年一月一九日

休暇が……もらえる

バート・ハルの衛戍病院にオトゥル・アイヒャーを見舞った折、ソフィー・ショルはミュンヒェンの友人たちのことを話し、退院ししだいミュンヒェンに行くという約束をとりつけた。——おそらく二月中旬にはいけるという話になったのである。この休暇旅行の結末を、一九六八年、オトゥル・アイヒャーは次のように述べている。

「二月半ばに私はミュンヒェンに行き、ムート先生のお宅に泊めていただいた。まだハンスともソフィーとも連絡がとれないでいるうちに、ウルムから電話があり、ハンスに『権力国家とユートピア』という本は絶版だと伝えてほしいと言われた。私はハンスに電話し、大事な伝言があると言った(ウルムからの電話は、オトゥルの判断通り、ハンス・ヒルツェルからの警告だったのであるが、しかし、ほぼ間違いなく、ゲシュタポがビラ活動とハンスを結びつけるようになったと伝えようとしたものではない)。私たちは翌日一一時にフランツ－ヨーセフ通り一三のハンスのところで会う約束をした。しかし、一一時に行ってみると、そこには誰もおらず、鍵がかかっていた。三〇分ほどしてもう一度行ってみた。ゲシュタポが私を迎えた。——一九四三年二月一八日のことだ」。オトゥル・アイヒャーとソフィー・ショルは、オトゥルのミュンヒェン訪問の前に、ウルムで何回か会っている。オトゥルが退院後ウルムの両親を訪ねている間に、病気の母親の手伝いのため、ソフィーが家に戻ることがあったので。

一九四三年二月七日

お誕生日

二月四日。

ヘッカーさん(Theodor Haecker)

テオドール・ヘッカー（一八七九―一九四五）。作家、哲学者。組織には属さず、はじめはいくつかの雑誌の編集に携わっていた。ヘッカーの名が知られるようになったのは、デンマークの哲学者ゼーレン・キルケゴールに関する論文による。ヘッカーはまた、キルケゴールの主要な作品の翻訳者でもあった。枢機卿J・H・ニューマン（一八〇一―一八九〇）の著作に感銘を受けたヘッカーは一九二一年カトリックに改宗する。
ショル兄妹は、オトゥル・アイヒャーを通じて、ヘッカーの主著、『ヴェルギリウス―ヨーロッパの父』（一九三一年）、「人間とは何か』（一九三三年）、『創造主と創造』（一九三四年）を読んでいた。実際にヘッカー本人と知り合ったのはカール・ムートを介してである。テオドール・ヘッカーはムートの雑誌『高き地』の協力者でもあった。一九三五年の講演禁止、一九三八年の著作発表禁止命令にもかかわらず、ヘッカーはたびたび、「白バラ」のグループを聴衆として、自著、ことに一九三九年以来書きつづけていた日記からの朗読を行った。この日記は、一九四七年、著者の死後、『日そして夜の記』として出版された。ショル兄妹逮捕後ヘッカー宅も家宅捜索の対象となったが、ヘッカー令嬢の沈着な行動のおかげで、日記はゲシュタポの手に渡らずにすんだ。インゲ・アイヒャー＝ショルは、質問に応える形で、一九四四年七月から八月、ブルーダーホーフで、この日記体の原稿を書き写したときのことを語っている。ブルーダーホーフはシュヴァルツヴァルト南部、ヴータッハ川峡谷をのぞむ離れ屋で、ショル家の家族が一九四四年五月以来、隠れ家、そしてゲシュタポの脅威からの避難所として使用していた。「オトゥルの父親が、防水、防湿の完璧な金属製の筒を二本こしらえてくれました。そのなかに各々この原稿を一部ずつ入れて、どこかに隠しておこうというわけです。今でも覚えていますが、母は庭のオークの根方に黙って穴を掘りました。私たちがまだ、これをどこに隠すのが一番安全かしらなどという話をしていたそのときに。戦争が終わると一番に、オトゥルは自転車でアウクスブルク郊外のウスタースバッハに飛んでいきました。ヘッカー先生はそこに疎開していらしたのです。原稿をお返ししようと思ったのでした。が、先生はもう、そのときにはこの世の人ではいらっしゃらなかったのです」。

ヘッカーさんが来てました

二月四日午後テオドール・ヘッカーはアイケマイヤーのアトリエで、三五人ほどの聴衆を前に、『創造主と創造』および未刊の日記からの朗読を行った。この朗読会についてはいろいろな人物が証言を残している。ヴィリイ・グラーフの日記によると「一六時に集合、ヘッカーが自著『創造主と創造』第一部を読む。二時間の余かかったが、たいへんよくわかったし、面白かった」。エリーザベート・ハルトナーゲル＝ショルも証言を残している。彼女は一月末から二月五日まで、ミュンヒェンの兄妹のところに遊びにきていたのだ。「一九四三年二月四日、アイケマイヤーのアトリエで、テオドール・ヘッカーが、選りぬきの友人知己のために朗読してくれた」。これはスターリングラード陥落の発表された翌日である。つまり、その日の早朝、ハンス・ショルとアレクサンダー・シュモレルははじめて、ミュンヒェンの大学地区の壁に「自由」「ヒットラー打倒」と大書した。

ちゃんと移送されたんでしょう

ドネツ丘陵スタリノから、さらに西へということ。フリッツ・ハルトナーゲルは一九四三年一月二二日、混乱の極みにあったスターリングラードからかろうじて、ほとんど最後の空輸機でスタリノに運ばれていた。

まだ自由な間

学期休みには、ソフィー・ショルは再び動員に赴かねばならないはずであった。

一九四三年二月一〇日

住所

フリッツ・ハルトナーゲルは、スタリノへの移動後六日目に、負傷兵輸送便によってレムベルクに運ばれていた。ここで一九四三年二月四日凍傷に冒された手指二本の切断手術が行われた。したがって正確な住所はレムベルクの衛戍病院である。

このレムベルクで、フリッツ・ハルトナーゲルは二月末ショル兄妹の母親から手紙を受けとり、ハンスおよびソフィーに死刑判決が下されたことを知る。彼は退院を強訴してウルムに行く許可を得、即刻ベルリンに向った。国民裁判所に対し、直接恩赦の嘆願書を提出するためである。ベルリンに到着した彼は——二月二八日夜——ウルムのヴェルナー・ショルと電話で話をし、二人に対する判決がすでに執行されたこと、およびショルの家族全員（ヴェルナー自身は兵籍にあったため、市民法の適用を免れていた）がその前日逮捕されたことを知った。

編者解説

書籍商ヨーゼフ・ゾョーンゲンの証言

インゲ・アイヒャー＝ショル前掲書、一五八頁以下を見よ。

「四三年二月一六日の木曜日、ハンス・ショルはまたやってきた。今度はひどく気負った様子で、刷り上ったビラを見せてくれた。二、三、内容について異見をさしはさみたいところがあったのだが、しかしハンスは、もう何も変更できないし、するつもりもないと言った。彼のつもりでは、このビラを近いうちに大学内にバラまくということだったが、しかし、具体的にどういうふうにするかは、まだ決めていないようだった。私はハンスに、頼むから、たとえば、そのときちょっと口に出したように、大学の各研究室のドアの前だとか、階段やロッカーの上に何枚もビラを置いて歩くのはやめろと言った。そのやり方では、誰かに見られる危険があまりにも大きいから」（一六五頁）。

結　語

クリストフ・プロープスト（Christoph Probst）

クリストフ・プロープストは一九一九年一一月六日、上バイエルンの美術愛好家である民間の知識人を父として生れた。クリストフ、および一年半年上の姉アンゲリーカの生母と父は早い時期に離婚し、子どもたちは父親に引き取られた。この父が二度目に迎えた妻はユダヤの混血であったので、子どもたちはヒットラーの政権掌握の日以来、国家社会主義の脅威を具体的に、かつ身にしみて体験することになる……この経験に、私立の田園家庭学校*での教育が重なり、姉弟は決定的、かつ理性的に政権党を拒否するに至った。クリストフ・プロープストは一九三七年アムマー湖畔のショーンドルフ寄宿学校で大学入学資格試験を終えた。この学校はリーツ**の理想を戴く施設であるが、そこでの評価によれば、プロープストは、尋常ならざる成熟ぶりを示す、優秀、精神的活力あふれる、批判精神旺盛なる生徒であり、文学に対する愛および才能と同時に自然科学、ことに天文学に卓越せる力量を発揮したという。にもかかわらず――おそらくは、つねにやむことのなかった、人の助けとなり癒し手でありたいとの願いのために――さまざまな動員ならびに兵役義務を修了したクリストフは、一九三九年夏学期、医学部学生となった。空軍学生部隊に所属していたため、戦争勃発後も、最初はミュンヒェン、後にシュトラースブルク、さらにはインスブルックで、勉強を続けることができた。二一歳で彼はヘルタ・ドールンと結婚する。妻の父親ハラルト・ドールンは政府に批判的な博愛主義者であったが、ドイツ降伏の数時間前、一九四五年四月二五日、義兄とともにペルラッハの森で銃殺された（この間の詳細については、クラウス・ドールン著『市民と世界市民―ある家族の物語』プフリンゲン、ギュンター・ネスケ出版刊、一九八三年、二五六―九頁）。

　ハンス・ショルがクリストフ・プロープストに出会ったのは、一九四一年、友人アレクサンダー・シュモレル宅の朗読会上であった。プロープストとシュモレルは、短期間ミュンヒェンの新実科中等高等学校で机を並べたことがあり、以来親密な交際を続けていたのである。ハンスとクリストフの出会いは、ある証言によると、互いにあっというまに意気投合し、話し合ううちに精神的に通い合うものに自然に気づき、それが、双方とも登山、スキーを愛好するということがわかってますます深まる……という具合だったという。この証言は、これまでほとんど知られることのなかったクリストゥル——友人たちに彼はこう呼ばれていた——のハンス・ショル宛書簡によっても正しいことが明らかである。

クリストフ・プロープストがビラ活動に関与していたことが、これまでほとんどわかっておらず、証拠も残っていないのは、何よりも友人たちの努力の結果であろう。彼らは、一家の主人——クリストフ・プロープストには子どもが三人いた——を可能な限り危険な活動（ビラの印刷、配布、壁の落書き）から遠ざけておいた。逮捕の後も、プロープストの名は決して洩れないはずであった。そのうえ、プロープストは一九四二年一二月インスブルックの学生中隊に転属になり、ミュンヒェンには時おり訪ねてこられるだけになっていた。しかしながら、ビラの草案および文案に彼が深く関わっていたことはまず間違いない。インゲ・アイヒャー＝ショルも前掲書三四頁で「クリストゥルがビラの内容を考える場合、またどういう書き方をするかを決めるさいに何らかの役割を果たしたのは間違いありません」と述べている。残っている書類によれば、ゲシュタポは、ハンス・ショル逮捕後、彼の下宿で、細かく引き裂いた原稿を発見した。復元した結果、これがクリストフ・プロープストの原稿であることが判明した。これは、ローラント・フライスラーの判決説明文に従えば「スターリングラードの英雄的戦闘をとらえて、総統を軍事的詐欺漢呼ばわりし、卑怯なる敗北主義を標榜、これをば、彼のいわゆる名誉ある降伏に至らしめんため、国家社会主義に反対して立つことを呼びかけて終わる」ものであった。

この呼びかけの代償に、クリストフ・プロープストは生命を差し出さねばならなかったわけである。——彼は一九四三年二月一九日、産褥熱で床についていた妻を見舞うため、休暇願いを取りに出頭したところを逮捕された。死の直前——後期の書簡は心に広がりゆくキリスト教信仰を示している——カトリックの洗礼を受ける。一九四三年二月二二日、ハンスおよびソフィー・ショルとともに、ミュンヒェン＝シュターデルハイムで死亡。

訳注

*田園家庭学校（Landerziehungsheim）イギリスでの試みにならって、一八九八年以来設立されるようになった私立学校。中等高等学校に相当。授業以外に、生徒の協同生活活動を重視、奨励する。

**ヘルマン・リーツ（Hermann Lietz）一八六八—一九一九、教育家。英国を範として一八九八年イルゼンブルクに最初の田園家庭学校を開く。

訳注補遺

本文中、とくに断り書きのない限り、引用文の翻訳は訳者による。

あとがきに挙げられた文献以外に、当時の一般的な雰囲気を知る上で役に立つと思われるものを左に記す。

H・ブロイエル『ナチ・ドイツ清潔な帝国』大島かおり訳、人文書院、一九八四年。
H・フォッケ／U・ライマー『ヒトラー政権下の日常生活』山本尤・鈴木直訳、社会思想社、一九八四年。
中井晶夫『ヒトラー時代の抵抗運動』(毎日選書13)毎日新聞社、一九八二年。

訳者あとがき

人はなぜ外国のことばを学ぶのでしょう。私がドイツ語ということばを学びはじめてから一五年になりました。今、私に向かって誰かが「何のために？」と問うたとしたら、一つだけためらわずに言えることがあります。少なくともドイツ語ができなかったら決して読むことのなかったものを読み、ことばができなかったら絶対に経験しなかったはずの感動を味わうことができた、と。心の底から揺り動かされ、ほとんど戦慄に近いふるえを自らのうちに見る。そのような体験はむろんごく稀です。ただ、そのときには、まさにことばの力に呑みこまれんばかりの思いをし、日本語以外の言語世界で、このような感覚を知ることのできる身の幸運を思わざるをえません。

Hans Scholl, Sophie Scholl (Hrsg. v. Inge Jens), *Briefe und Aufzeichnungen.* 1984. S. Fischer Verlag, Frankfurt am Main も、その深い感動をもたらしてくれた一冊です。私の味わいえた感動のいくらかでも、お伝えできていればよいのですが。編者インゲ・イェンスは、一九二七年ハンブルク生れ。文学を中心に広い範囲で編者・注釈者として活躍しています。本書の注も詳細を極めた、秀れたものです。今後「白バラ」の他のメンバーの評伝を出版する予定とのこと。西ドイツ進歩的知識人の代表的存在であるヴァルター・イェンス教授夫人だそうです。

ドイツ現代史に興味をおもちの方でなければ、「ショル兄妹」という名も「白バラ」ということばもお聞きになったことはないのが普通でしょう。私自身具体的にショル兄妹の活動や、白バラグループの運動にとくに興味があったわけではありません。でも、あえて言えば、この本の価値はそのような政治史的興味とは全然別の次元で考えられてよいのではないかと思います。ここに収録された書簡にせよ手稿にせよ、具体的に政治に触れている部分はごくわずかで、書かれていることの大半は、日常生活に関わることです。時代が時代だっただけに、彼らの日常生活そのものが、たとえば現在の私たちに比べてはるかに「政治的」ではありました。戦場に駆り出され、あるいは軍需工場に動員され、時の首相の悪口を、親しいわずかの人の前で口にしたからと投獄される日常。彼らはまさにむき出しになった危機の時を生きていたのです。

しかし、その日常は、ドイツに暮す人たちすべてに共通のものでした。ごく表面的な分類にすぎませんが、ヒットラー政権下のドイツ人を三種類に分けられるかと思います。まず国家社会主義に心酔していたか否かは問わず、積極的に政府に協力していた人びと。第二に、ハンスやソフィー、その他抵抗運動に身を投じた人びとを含む、反体制的意識の人たち。そして第三に、無関心、無感覚な人たち。よく、物言わぬ大衆と呼ばれるのがこの第三の人びとです。ハンスもソフィーも、自分たちがいわゆる大衆でないことを自覚しており、自分の周囲にいる無自覚な人間に対する苛立ちを隠しません。ソフィーはこんなことを言っています。「……まったく八〇人になんなんとする人間がいて、そのうち一人も、なんらかの文化を感じさせる人間がいないって、ほとんど絶望的だわ」。

その「大衆」に自分たちが取り囲まれていること、ともすれば安きに流れるその勢いに自分も巻きこまれてしまいがちであることを痛感しつつ、正しいと信ずる生活を貫こうと苦闘する。このように自分を「大衆」とは違うと意識し、それを口に出すのは、少なくとも今の日本では正しい態度だということになっていません。おそらく鼻もちならぬ選良《エリート》意識だということになるのでしょう。もっとも日本でいわゆるエリートというのと、ハンスやソフィーが大衆に埋没することを拒絶するときの自己理解の間には相当の開きがあると思います。ハンスたちはあくまでも個人の意識を問題にしているのですから。よりよき文化を求め、よりよき社会の実現に貢献するつもりがあるかどうか。自らの良心に省みて、それと相容れなければ、万止むをえざる場合には命を賭してもあえて時の権力と妥協しない。それだけの覚悟のある人たち。それがハンスやソフィーの言う「私たちの同志」なのです。

これが選良主義であることは否定できません。彼らの行った「白バラ」としての政治活動も、首尾一貫して選良主義的でした。大学構内にビラを撒いたことはともかく、それ以外の場面では、慎重に選んだ、警察に通報しないであろうと思われる人たちにビラを郵送したというのですから。大衆操作だけで権力の座に上ったようなヒットラーの政権に対抗するのに、初めから「大衆」を排除する白バラグループの姿勢はあまりにも理想主義的、純粋に過ぎ、傷ましい思いを禁じえません。全然最初から闘争になどなっていない、と。しかし、彼らはいったい、自分たちの活動を「闘争」だと考えていたのでしょうか？　人民の解放をめざし、ファシスト政権からの権力奪取をねらう？　そうではありますまい。ハンスもソフィーも、自らの良心に忠実に、首尾一貫した生き方をしたいと願っていた。その結果、沈黙していては、国家社会主義政権のやり方を支持することになるという意識に到達し、その意識の必然的な帰結として、自分たちの全力を尽くして「使命」を果たすべく砕身した。それだけだったのではないか。彼らの王国はこの世のものではなかった（ヨハネ福音書、一八章三六節）のだと思うのです。それは、ハンスやソフィーが敗北主義だったという意味ではありません。彼らは、最大限の効果を上げるべく努力し、官憲に逮捕されぬよう、細心の注意を払っていました。しかし、国家社会主義者に握られている権力を奪い返すことを目的とはしていなかった。あくまでもビラを読んでくれる人一人一人が、自分たちと同じように覚醒した意識をもち、自発的、内発的に立ち上ってくれることを願っていたのだと思うのです。ことほどさように、彼らの意識から「大衆」は欠落しており、そのような政治活動の失敗ははじめからわかり切っていたということもできるでしょう。しかし、果たしてそれは「失敗」なのでしょうか？

スイスの精神分析家、アリス・ミラーは、『魂の殺人』（拙訳、一九八三年、新曜社）で、ヒットラー本人、および国家社会主義体制にむしろ積極的に順応したドイツの人びとの見事な分析を行っていますが、それによれば、ヒットラーがあれほど熱狂的に迎えられたのは、国民（つまり大衆）が「根本的に、まったくなんら内的生活をもたない」（一〇二頁）状態で生きていたからでした。ヒットラーはまさに、彼らの抑圧された感情を「正々堂々」と解放させてくれたのです。ほとんどすべての人間は、家庭内外で受ける教育の結果「よくも悪くも上長の思うがまま操られる」（一〇六頁）存在になってしまう。ところが、その行方も知らぬ国民の中に、一握りの順応拒絶者が存在しています。ちょうど、「大衆」の中に孤立していたハンスやソフィーのように。彼らは「それを義務意識からやっているわけでも、愚かだからやっているわけでもなく、ただひたすら自分に忠実である以外のあり方ができない」（一〇七頁）のです。

「大衆」の不気味な動きの根底には、一人一人の人間の心理があり、存在があります。「大衆」をひたすら操作の対象とするヒットラーに真に対抗するには、一人一人の人間を、潜在的に覚醒した存在であると信頼し、その精神に訴えかける以外なかったと思うのです。

そして、ハンスやソフィーの基本的な姿勢がそういうものであったからこそ、彼らの書簡、手稿は時代を越え、国境をへだてた私たちの心を打つのです。ときに目につく選良意識にもかかわらず、彼らの心の根底には、人間精神の自由と高貴さに対する深い信頼がありました。二人がこれほど自由な人間に成長した裏には、同じように自由と真実と愛を重んじる、理解ある両親と、親しい人びとの思いがあったことは、書簡からも明らかです。二人の両親は、二人が自ら選び取った死(それも大逆罪による斬首)への道を歩んでいくことを妨げることなく、最後まで見守るほど子どもたちを愛し、二人の心の支えでありつづけたのでした。

ハンスとソフィーは、もっとも個人的な親と子の関係から、すべての存在に対する敬意までを貫いて流れる「愛」を、まやかしを知らぬ青年期のきらめきのうちに記し、私たちに残してくれました。

一人でも多くの方が、このきらめく真実に触れて下さいますように。そして何よりも、私のつたない日本語が、元のことばのもつ力を、できる限り伝ええておりますよう、祈ってやみません。

本書の翻訳を担当するについては、S・フィッシャー社のベッカーマン氏に大変お世話になりました。また本書に絵・写真を収録し得たのは、ハンス、ソフィーの長姉でいらっしゃるインゲ・アイヒャー＝ショル夫人の御好意によるものです。アイヒャー＝ショル夫人には御無理を願って、日本の読者の皆さんへの挨拶のことばまでお寄せいただきました。さらに、それら資料の斡旋、アイヒャー＝ショル夫人との連絡に関して、北ドイツ放送の極東特派員で、自身ソフィー・ショルについての著書をもっておられるヘルマン・フィンケ氏の手を大変煩わせました。ありがとうございます。その他本書を翻訳・出版することを可能ならしめて下さったすべての方々、ことに、ドイツ語を学ぶ道を選び、頼りない足取りで歩いていく娘を黙って見送ってくれた両親に、心からの感謝を捧げます。

一九八五年夏のおわりに

訳　者

復刊への訳者あとがき

ある時間を長いと感じるか、短く感じるかは、場合によって様々である。本書初版の出版からは二〇年が過ぎた。改めて読み直すと、今の訳者なら用いない訳語、表記が目につく。また、あとがきに記した「白バラ」の活動に対する解釈も、現在とは異なる。

それが当然なのだ。この手稿集と出会い、心を打たれ、翻訳した。そこからすべてが始まったのだから。「何故この人たちが、どうして命を賭けて？」歴史学を学びもせぬまま、その問いの答えを求め始めたが、一つの答えは次の疑問を生み、迷いつつ、現在まで覚束ない歩みを重ねてきた。誇るべきものは何もないが、多少は自分なりにナチ時代のイメージを持つようになった、とはいえるのかもしれない。

思い返せば、この手稿集がドイツで出版された一九八〇年代半ばは、ドイツの「反ナチ」抵抗者たちへの評価が二度目の大きな変化を迎えた時期であった。この変化は当然、ナチ時代全体の評価に関わる。さらに言えば、それは歴史の担い手を誰と考えるか、という問題に繋がる。一九八〇年代半ば以降、歴史を構築するのは「われわれ」、国民一人一人である、と考えようとする流れの存在は明らかだ。

ソフィー・ショルが女性誌の「尊敬すべき女性」投票でトップに選ばれたり、「偉大なドイツ人」のリスト上位に入ったり、映画（マルク・ローテムント監督『白バラの祈り』二〇〇五年ドイツ／日本公開二〇〇六年）の主人公になったりするのも、ヒロインらしからぬヒロイン、ふつうの人間がお手本、モデルとしやすい存在として評価されているからだろう。

ナチ政権に対する抵抗のため命を落としたか否かは問わず、ここには、二人の真摯に誠実に生きた若い人間の言葉がある。そして、それは美しい。

復刊に際しては、新曜社社長、堀江洪氏に大変お世話になった。記して感謝する。

二〇〇五年一二月五日

訳　者

訳者紹介

山下　公子（やました　きみこ）

本名　村上公子
1952年　香川県高松市生れ
1975年　上智大学外国語学部独逸語学科卒業
1976年から1977年，DAAD交換留学生として西ドイツ，ボンに滞在
1980年　東京大学大学院博士課程（独語独文学専攻）中退
現　在　早稲田大学人間科学部教授
著　書　『ミュンヒェンの白いばら』筑摩書房，1988年
『ヒトラー暗殺計画と抵抗運動』講談社，1997年
『ドイツ女性の歩み』（共著）三修社，2001年
訳　書　A・ミラー『魂の殺人』1983年；『禁じられた知』1985年；『沈黙の壁を打ち砕く』1994年；『新版　才能ある子のドラマ』1996年；『子ども時代の扉をひらく』2000年；『真実をとく鍵』2004年；『闇からの目覚め』2004年（以上新曜社）／M・クリュル『トーマス・マンと魔術師たち』（共訳）新曜社，1997年／F・クルマス『まだまだまともな日本』文藝春秋，2002年／H・J・シュルツ編『彼ら抜きでいられるか』（共訳）新曜社，2004年ほか

新曜社

白バラの声
ショル兄妹の手紙

初版第1刷発行　1985年10月15日©
初版第3刷発行　2006年1月15日

著　者　ハンス・ショル
ソフィー・ショル

訳　者　山下公子

発行者　堀江　洪

発行所　株式会社　新曜社
〒101-0051　東京都千代田区神田神保町 2-10
電話（03）3264-4973(代)・Fax（03）3239-2958

印刷　真珠社　　Printed in Japan
製本　イマヰ製本所
ISBN4-7885-0219-4 C1098